辩证经济学：解构卅大经济悖论

周扬明◎著

DIALECTICAL ECONOMICS:
Deconstruction of Thirty Economic Paradoxes

中国经济出版社
CHINA ECONOMIC PUBLISHING HOUSE
北京

图书在版编目（CIP）数据

辩证经济学：解构卅大经济悖论/周扬明著.
—北京：中国经济出版社，2018.12（2024.1 重印）
ISBN 978-7-5136-5404-3

Ⅰ.①辩… Ⅱ.①周… Ⅲ.①经济学—辩证思维—研究 Ⅳ.①F0

中国版本图书馆 CIP 数据核字（2018）第 236779 号

责任编辑 叶亲忠
责任印制 马小宾
封面设计 华子图文

出版发行 中国经济出版社
印 刷 者 永清县晔盛亚胶印有限公司
经 销 者 各地新华书店
开　　本 710mm×1000mm 1/16
印　　张 21
字　　数 320 千字
版　　次 2018 年 12 月第 1 版
印　　次 2024 年 1 月第 2 次
定　　价 88.00 元
广告经营许可证 京西工商广字第 8179 号

中国经济出版社 网址 www.economyph.com 社址 北京市东城区安定门外大街 58 号 邮编 100011
本版图书如存在印装质量问题，请与本社销售中心联系调换（联系电话：010-57512564）

辩证法，在其合理形态上，引起资产阶级及其夸夸其谈的代言人的恼怒和恐怖，因为辩证法在对现存事物的肯定的理解中同时包含对现存事物的否定的理解，即对现存事物的必然灭亡的理解；辩证法对每一种既成的形式都是从不断的运动中，因而也是从它的暂时性方面去理解；辩证法不崇拜任何东西，按其本质来说，它是批判的革命的。

——摘自《资本论》（第一卷）第 24 页

事物的矛盾法则，即对立统一的法则，是唯物辩证法的最根本的法则。

——摘自《毛泽东选集》（第一卷）第 287 页

自序

1999 年，一个本应是“春眠不觉晓，处处闻啼鸟”的阳春三月，却突然出乎意料地迎来了春寒料峭的日子，一个刚从美国做学术访问归来的人，蓦然感到了一丝的寒意，除了倒春寒的天气，还仿佛夹着经济学中的若隐若现的迷雾所带来的微寒，这对于一个从事经济学教学与研究已经 20 多年的人来说，还是有生以来的头一回。

呈现在鄙人面前的诸多经济理论、命题、论断、观点，多有相互矛盾、相互背反、相互对立、相互排斥的倾向；论者往往各执一端，各抒己见，争论不休；有些理论观点甚至陷入困境抑或悖论，如计划与市场、公平与效率、公有制与私有制等。对此，这给当时的我带来了无形的压力与困惑，既无法解析，又无能解惑，就如同股市中的黑色星期一，黑云压城，行情万变，滚雪球效应，令人难以捉摸，难以逃离，完全被“搏傻”心理所俘虏。此时此刻，我无奈想到的是西方著名经济学家、不完全竞争经济学的创立者琼·罗宾逊所抨击与批判的主流经济学的“第一次危机”和“第二次危机”。心有灵犀一点通，原来是经济学的危机又来了！难道是主流经济学的“第三次危机”又不期而至？就个人而言，这似乎令人无可奈何，无能为力，别无选择。当时，在学术征程上，我只能绕道而行，背负这些困惑和悖论踉跄向前，在这个蹒跚行进的心路历程中，我只好尝试着另辟蹊径，辛勤劳碌耕耘，所幸没有白费劲，未做无用功，在科学的道路上，也曾收获过《时空经济学论纲》《中观经济本论》等获奖硕果。

当然，在这期间，本人并未决然放弃对诸多经济学之谜及经济学悖论的求索与猜想。功夫不负有心人，终于有一天，这是十多年之后的一天，在经历了3650天之后的某一天，本人终于在迷迷茫茫之中找到了可喜可泣的希望，这希望就是“辩证经济学”，即建构在辩证思维其上的经济学。在我看来，经济学就其本质而言，它应该也必须是辩证唯物论，它是辩证与唯物的融合。诚然，它首先必须是辩证的，马克思主义的经济学就是辩证的，西方现代经济学就不能说是辩证的。当然，少数西方非主流经济学，如动态经济学（哈罗德，1948）、不完全竞争经济学（琼·罗宾逊，1933）、《资本的积累》（琼·罗宾逊，1956），抨击主流经济学新古典，探索动态经济学新领域，也许可以例外，另当别论。因此，正如我国研究西方现代经济学的最权威学者、中国人民大学教授高鸿业所指出的：西方经济学总体上是不科学的。所以，吾辈完全有理由相信，辩证思维是解构经济学悖论的钥匙，或许还是拯救现代经济学危机或“第三次危机”的灵丹。之所以如此，这应该是：

其一，经济学是研究经济运动客观规律的，并且一切经济规律都具有不以人们的意志为转移的客观性，这一点与自然规律是相同的。但是，经济规律与自然规律又有所不同。经济规律的运动与自然规律的运动之不同在于是否有人参与其中。自然规律运动是不需要人参与，可以离开人的活动而独立存在，它自行运动就可以，如水往低处流、地球自转与公转等，然而，经济规律的运动是离不开人的参与，离不开人的经济活动的，因为经济活动与经济规律的运动是紧密联系在一起的。也正因如此，经济运动规律就必然是动态的、非静止的。这就是所谓的动态经济学。既然经济学是动态的、非静止的，那我们岂能用静止的、固定的观点和思维来看待这种运动的动态经济学包括那些是是非非的动态经济悖论？这显然是不可以的。如果真要用那种固定思维定式或静止片面的观点去解释动态经济学和动态经济学悖论，非但缘木求鱼，南辕北辙，而且只能是雾里看花，眼花缭乱，什么也看不清，什么也解释不清，就如同患夜盲症的人一样，一团漆黑，什么也看不见；或者如同“选择性视盲”者一样，专挑想看的，无视不想看的，或放大或缩小客观经济现象表面，不深究经济现象背后的本质。简言之，不但夜盲症者看不到动态经济学悖论，就是“选择性视盲”者也只能片面静止地看到动态经济学悖论的部分表象，如瞎子摸象，看不到、摸不着经济悖论的本原与真谛，甚至扭曲或歪曲事物的真相。更不必说少数居心叵测之人，其别有用心之举，其颠倒黑白之动，其颠覆制度之嫌，绝非“选择性遗忘”和“选择性视盲”者可以解释的！

毫无疑问，我们只能也必须用辩证逻辑的视角来审视运动着的经济学，来审视这一经济学中存在着的悖论，即用辩证思维来解构这一运动着的经济学与其经济学悖论。

其二，经济学悖论自身的特性决定了解构经济学悖论必须运用辩证思维方式。依据个人的研究表明，经济学悖论自身的特殊性主要体现在：正反双存，二元对立；阴阳互偶，相辅相成；是是非非，难分彼此；对立统一，二律背反；是非“反”动，相反相成。这样的经济学悖论的特征，在经济学说史上有些早已存在过，但古典经济学家并没有给予合理的解释，直到马克思在《资本论》中才非常睿智地运用辩证思维论证了劳动力权利的“二律背反”，高度辩证地论证了“剩余价值”“既在流通中，又不在流通中”产生，舍弃了“非此即彼”的形式逻辑法则，证明了“亦此亦彼”的辩证逻辑法则。此外，马克思还在《资本论》中对商品、货币、资本、价值、价格、信用、虚拟资本等悖论命题，天才地运用“转化”“异化”“演化”“抽象”等辩证思维做了经典而科学的论述。

应该指出的是，在这里我们还要至诚地感谢我们中华民族的先祖，是他们在2000多年以前就为我们萌发了朴素的辩证思维，诸如“无为而治”“无为与无不为”“为而不争”“正言若反”“物极则反”“阴阳相辅相成”“祸福相依伏”“大智若愚”“大勇若怯”“柔弱胜刚强”等古人智慧的结晶，特别是道家在理论上的深度与辩证性为中国哲学思想独树一帜的发展奠定了基础，为解构本书的经济学悖论也将提供明智的指引，使这一朴素的辩证思想在我们当今的“古为今用”中得到继承、弘扬和发展。一言以蔽之，解构当今的经济学悖论，中国古代人的辩证思维智慧也是不可或缺的。

毋庸置疑，对于经济学中的悖论，除了运用辩证思维来加以论证和解困之外，还可以借用舶来的“解构主义”之“道”来解构经济学中的悖论。关于由法国后结构主义哲学家德里达（1930—2004年）在20世纪60年代中期所创立的反形而上学、反逻各斯主义的“解构主义”，本人不打算参与20世纪后半期这场哲学史上的争议，因为这是哲学家的事。也就是说，我无意于对被指责为“虚无主义”“寄生性太重”“根本就是疯狂”“充满了矛盾”的德里达理论提出指责；也无意于对被赞许为“批判地加以继承”“天生叛道品格”，一支“带着镣铐的舞蹈”的德里达理论提出赞许。我只想以扬弃之扬弃的态度，摒弃其“本身随之就会被解构掉”“自相矛盾”的理论，抽取其对“现代主义正统原则和标准批判地加以继承”的解构精神，剥离出它“反形而上学”“反二元对抗”“反非黑即白”的合理内核，这对本书来讲，对解构经济学悖论而言，对当今中外主流经济学即新自由主义经济学的泛化与主流，无疑提供了深入解构的可能性。同时，相对于马克思主义经济学在中国的被边缘化，以及在中国经济改革中出现的多种经济学悖论，无疑提供了复原“正中”的或然性与解构矫正的或然性。这也许就是作者撰写此书的初衷，是本书的意识或“道”。这种意识或“道”，不仅继承了马克思主义的哲学经济学思想，而且也“合乎”来自解构主义的意识或“道”的精神为我所用。

还应该强调的是：这里将解构主义的一种内涵称为“道”，与中国古代的中庸之道有某种相通之处。中庸之道实为“正中”之道，即位于正中间，不左不右，不上不下，不偏不倚，不过不及，它的中间“正道”强调忠恕宽容，并行而不相悖。这与解构主义之“反二元对抗、反非黑即白、反形而上学”何其相似乃耳？相隔2000多年的时空隧道，如此久远的异国他乡，竟然有现代西方人与古代东方人的“道”相通，这不能不让人慨叹！不过，这反过来又证明了一些学者观点：解构主义并非像一些人认为的那样，是一种砸烂一切的学说，恰恰相反，解构主义相信传统是无法砸烂的，后人应不断地用新的视角去解读，去批判地加以继承。本书正是试图运用马克思主义的辩证唯物主义的经典理论，借用现代西方解构主义的合理意识或“道”，继承中国古代道家的“为而不争”“正言若反”“无为而无不为”的辩证法的思想和中庸之道的不左不右、不偏不倚、不过不及的思想，来解读、解析、解构经济学中的卅大悖论，用科学、严谨的解析，辩证系统的“一分为二”的解构，得出正中、公正的结论，以正视听，以飨读者。

应该说，本书的写作有特定的背景，其背景可以被认为是以我国改革开放缺乏理论支撑为前提的。中国的改革开放已经走过四十年的历程，既取得了巨大改革成果和改革红利，也存在诸多失误与负面效应。从经济学层面上看，尤以资本主义意识形态的侵入，新自由主义经济学趁机、乘虚而入，填补改革的理论缺位所造成的负面效应为重、为大。在这样的负面气候生态条件下，必然滋生或侵入诸如庸俗经济学的东西，盲目地照搬新自由主义经济学的东西，加之已被边缘化的马克思主义经济学，这定然造成了一个不伦不类的经济学大杂烩。于是乎，由于社会主义核心价值观亦被边缘化或淡化，也就必然出现无法解读的诸多经济学悖论。许多经济学悖论“无解”的浮现，又更加使人们被经济学“哥德巴赫”猜想所困惑，不知所云，不知所措，只好在从众心理的驱使下跟着风向走下去，再走下去！然而，能这样继续走下去吗？定然不能！因为前面有太多危险！话已至此，我想本人写这本书的背景和初心及出发点，也就不言而喻了。

这本书的基本内容可分为三个组成部分：第一部分阐述古典经济学悖论，重点解构“经济人”悖论、劣币悖论、价值悖论、投票悖论、伯川德悖论、里昂惕夫悖论、马歇尔悖论、节约悖论、二律背反、吉芬悖论、阿莱悖论。主要采用数理分析方式、实证分析方式、辩证思维分析方式来解析，借以揭示这些悖论的谜团、疑义、矛盾等。第二部分阐释的是传统经济学悖论，重点解构商品悖论、货币悖论、资本悖论、价格悖论、使用价值与价值悖论、资本积累悖论、物的人格化和人格的物化悖论、私人劳动悖论、信用悖论、虚拟资本悖论。主要采用辩证思维分析方式，运用现象与本质的辩证分析法、历史与逻辑相统一的分析法、抽象与具体的分析法，解析这些悖论矛盾的对立与统一。第三部分是现代经济学悖论，重点解析市场悖论、计划经济与市场经济悖论、“看不见的手”与“看得见的手”悖论、公平与效率悖论、赤字经济悖论、“杠杆化”悖论、私有制悖论、经济改革悖论、生产力悖论。主要采用“一分为二”的辩证思维方式，运用思辨法、反证法、类比法、大数据法即信息法、案例法、证伪法，对各种当今现存的经济学悖论进行现象与本质、相对与绝对、时间与空间、静态与动态、历史与现实的深邃解构，以求得到至真至善的答案与结论。

自序写到这里，不觉使我欣然想起香港中文大学、清华大学客座教授王绍光为京沪五位青年学者在2015年3月出版的《大道之行：中国共产党与中国社会主义》一书所写的书评中说的一番话：伴随着中国改革开放还有一巨大阴影：新自由主义在此期间沉渣泛起，开始在全世界范围兴风作浪。撒切尔夫人几百次地不断重复她的口头禅：你别无选择（除了资本主义，世界已别无选择）。“一犬吠形，百犬吠声”，1989年日裔美国人福山又发出“历史的终结”，叫嚣出现了意识形态的终结或资本主义和社会主义之间的趋同，这是经济和政治的自由主义完完全全的胜利。王绍光教授以为，“也许不借资本的力量，社会主义的2.0版或3.0版本不会成功，但如不给资本套上社会主义笼头，它就会变成与人民为敌的洪水猛兽，变成威胁社会主义制度的‘特洛伊木马’”。这并非耸人听闻，某些党政干部已成为资本主义意识形态的俘虏，某些精英陷在新自由主义泥潭不可自拔，依然迷恋子虚乌有的“普世价值”。是啊！某些新自由主义经济学的极端人士，制造意识混乱，搅乱认知视线，边缘化马克思主义经济学，推崇新自由主义经济学，挟洋自重，并企图使其一统天下，独领风骚，或使其钻进社会制度内部鬼混，让“特洛伊木马”来实现颠覆社会主义制度的阴谋。当前经济学界出现的经济悖论，究其原因，它不过是新自由主义经济学攻击、诋毁、边缘化马克思主义经济学的舆论阵地而已，他们企图占领这块阵地，并利用这些经济学悖论来为新自由主义经济学打桩，使其主宰经济学界，这是特别值得我们警惕的。我们只有用马克思主义辩证法思想武器去揭示它，解构它，才能破解，才能结束这莫衷一是的“无解”困境。

特别值得庆幸的是，在这块阵地上，已经有一大批像京沪高校的五位青年学者这样的勇者和先行者，他们勇敢地鼓与呼“大道之行”，拥护中国共产党，坚持中国社会主义。他们的先知、先行、勇敢、正直，且所言具有真知灼见；他们手握真理，擎天立地，委实令人赞赏！这对于我这个已年逾古稀的老者来说，深感自愧不如。更不用说，王教授给青年人的书评，如此充满正能量的言辞和浩然正义的风范，本人亦更加敬佩之至。

趁自序未央之时，我想用一句当代伟人之言来作为自序的结束语。那就是：“人间正道是沧桑”。另者，还想用一句古诗告诫极少心怀“人间正道私有制”之夙愿的人。那就是“刘郎已恨蓬山远，更隔蓬山一万重”。是的，与违背自然规律的刘郎（刘彻或刘晨）追求长生不老或“不该有的爱”一样，违背社会发展规律和经济规律之“正道”的人，迷恋上走私有化的回头路，妄想复辟，这在中国这块土地上是不可能实现的。为何？因为规律应然不许，“正道”必然不让，民心愤然不容！

噫吁嚱，危乎邪哉！天地“正道”，岂敢背道而驰，正道不走，焉能走邪路？

上 篇

中 篇

下　篇

上篇

一、劣币悖论

16 世纪英国伊丽莎白时代，财政家格雷欣（1519—1579）发现了一个秘密：消费者喜欢用成色较低的金属货币在市场上交易、流通，而把成色较高的金属货币储藏下来。这样久而久之，市面上到处是贵金属含量低的“劣币”，贵金属含量高的“良币”被收藏见不到了。这就是“劣币良币”悖论的由来，也称“劣币驱逐良币”定律。

1. 劣币驱逐良币的原因

劣币驱逐良币是有前提条件的，即这两种货币都是法定货币，并且具有一定的法定比率，两种货币的总和超过社会商品流通所需要的货币量。只有这样，才有可能使得其中的一部分良币被收藏起来退出流通领域，而使劣币反而充斥市场。

劣币驱逐良币的根本原因在于：

（1）有学者认为，那个时代市场信息不对称，比较封闭，信息流通不畅。也就是说，如果所有人都知道“良币”的成色要比“劣币”足，那么劣币使用者就很难把手里的劣币用出去，至少也会按劣币的“实际价值”而不是“法定价值”（面值）进行交易。

（2）另有学者认为，交易时间瞬息一刹那，非常短暂，使人们交易时对良币和劣币很不经意，他们关心的是交易是否成功，而不是货币作为交换媒介的优劣。

在 16 世纪的英国，贵金属不敷造币使用，必须在新铸造的货币中加入其他金属成分，故当时市场上就有两种货币，一种是原先不含杂质的货币，另一种是被加入其他金属的货币。虽然两种货币在法律上的价值相等，但人们却能加以辨认，并且储存不含杂质的货币，将含杂质的货币拿去交易流通。故市面上的良币就纷纷被储存而减少流通，市场上就只剩下劣币在交易。

稍晚到18世纪，另一种劣币驱逐良币的情形发生在金银复本位制之下，金银复本位制曾在16—19世纪的英、法长期采用。由于金币和银币之间的兑换比率是政府经由法律定下来的。所以能长期稳定不变，但市场上的金银之间的相对价值超过法定兑换率时，人们就会将手中价值较大的金币（良币）熔焙成金块，再将这些黄金卖掉换成银币（劣币）使用。经过这种过程之后，就可比直接用“金币换银币”换得更多的银币，有时人们会重复这样的过程若干次，故市面上的良币就日益被熔化而减少，劣币因此则会充斥市场并严重扰乱市场秩序。

自从人类的钱币具有一定的币值时开始，这一劣币驱逐良币的法则就开始发挥作用了。

追溯古罗马时代，人们就习惯从金银钱币上切下一角，这就意味着在货币充当交换媒介时，货币的价值含量减少了。古罗马人不傻，他们很快就发现货币越变越轻，当他们知道货币减轻的真相时，就把足值的金银货币积存起来，专门使用那些不足值的货币。这就使坏钱把好钱从流通中驱逐出去。为了控制这一现象的蔓延，政府发行了带锯齿的货币，足值货币的边缘都有细小的沟槽，如果货币边缘的沟槽被锉平，人们就知道这枚货币被人动过手脚。

早在公元前2世纪，我国西汉的贾谊曾指出“奸钱日繁，正钱日亡”的事实，这里的“奸钱”指的就是劣币，“正钱”指的就是良币。可见，在中国西汉就已出现劣币驱逐良币的现象。

事实上，在“金银天然是货币”的金银复本位制时代，金银的开采成本和市场供求是不可能完全同步变化的，当金相对于银更为贵重时，人们必然地储存更有价值的金而使用相对价值较低的银，因为交换时是以法定比价而不是实际比价来计算的。反之，如果银相对金更为贵重时，劣币就成了金，银变成了良币。综上所述，劣币驱逐良币的法则是有条件的，在现实中也有反例。比如在一个完全自由的外汇市场，亦即没有任何法制强制干预的市场，在各种货币之间并没有一定的法定比价存在，而这些货币之间价值各不相同，其中走势坚挺、含金量较高的货币被认为是硬通货，即“良币”；反之，走势疲软的货币被认为是软通货，即“劣币”。在国际贸易中，人们往往乐于接受硬通货，即“良币”，而不愿意要软通货，即“劣币”。在这里是优胜劣败，形成了“良币驱逐劣币”的局面，这恰恰是“格雷欣法则”或“劣币驱逐良币”的反例，也可称为“反格雷欣法则”。不过，这样完全自由的外汇市场也许是莫须有的，因此，“反格雷欣法则”恐怕也只能是幻想而已！

2. 劣币悖论的负面效应

“劣币驱逐良币”在现实经济生活中不乏其例，无论在经济学层面，还是在非经济学层面，都有负面效应。例如，盗版和山寨产品冲击正版产品的销售，是最为典型的“劣币驱逐良币”现象的案例。古代中国等国家的铜钱是可以私造的，大量私造铜钱（重量成色不足）流入交易市场，套换官方铜钱（重量成色足），然后再重铸成私钱，赚取其中的差价。在这个过程中，官钱（良币）会越来越少，私钱（劣币）越来越多，充斥市场，物价也会因为流入市场的私造铜钱过多而上涨，达到一定程度就会使货币的公信力下降，甚至使官方的货币金融体系崩溃，这就是劣币驱逐良币的盗版和山寨版现象的最初和最原始的案例。如今，这个词应用更为广泛，凡伪劣取代正统或正宗的产品等都可称之。又如，工厂为了精简员工，提高效率，就让双职工中必须一个下岗，工厂的原意自然希望能力强的留下，但事实上往往是比较弱的留了下来，而能力强的离开了，因为他找到新工作岗位的概率较大。然而，这样就又发生了劣币驱逐良币了。再如，柴静做的一个叫《穹顶之下》关于雾霾的纪录片中，有这样一小段采访对话。北京夜里的污染和白天一样严重，原因是生产大货车的企业造假，车牌照显示排放标准是国四，但当时车辆本身配置是不能满足国四排放标准的，车企造假了。后来采访造假车企老总，老总说：“如果环保部去执法，去抓这些造假车辆的话，我保证第二天就生产真的。否则的话，我生产真的，别人生产假的，明天我就垮了。”环保排放造假的车显然就是劣币，环保排放合格的车就是良币，造假车把合格车从市场上驱逐出去了。这应该算是极为典型的劣币驱逐良币的负面效应。比如，中国大陆在国民党政府执政末期，法币贬值，物价飞涨，民间开始使用银圆，拒收劣币。此时的国民政府虽然对付解放军不行，但禁止人民使用银圆进而没收银圆发行银（金）元券，许多私人机构开始以大米为薪金，社会交换退化到物物交换时代了。这里的问题在于，劣币驱逐良币不是产生于竞争的前提条件之下，每一套货币的发行，都是由国家强制人民接受的，尽管付款的一方很乐意使用劣币，但收款的一方却不会甘愿接受，除非国家能保证收款方接受的劣币能继续流通，劣币才能得以继续存在，这条规律才能继续发挥作用。反过来说，如果国家滥用货币发行权，通过“劣币驱逐良币”的规律或工具来掠夺国民财富，这必然会是政府消费自己的信誉和公信力的过程，这个消费过程超过了一定限度，人民就有可能拒绝所谓的法定货币，致使政府的货币金融崩溃，这样的事例在古今中外的历史上难道还少见吗？

在现今社会，这样的例子仍然存在，在我国香港的货币流通中，同时有十元纸币和十元硬币。由于十元硬币较容易伪造，且较重，携带不方便，被视为“劣币”。如果一个人同时有十元硬币和纸币，他会优先使用硬币，导致“劣币”流通量较“良币”高。

在现今社会的非经济层面上，劣币驱逐良币的负面效应也是较严重的。如充斥八卦、色情、暴力、煽情等黄色盗版小报泛滥，正版 CD 衰落，英国一份典型的黄色小报《太阳报》，竟然在英国销量最高，这显然是“劣币驱逐良币”的又一典型例子。又如准时到会的人反倒等迟到的人；“假”反倒能乱“真”的真假美猴王现象等，都反映着“劣币悖论”的负面效应。

那么，如何应对这种劣币悖论的负面效应呢？应当采取一些什么措施来排除这些负面效应呢？为了应对劣币悖论的负面效应，应采取如下措施：

①改复本位制为单本位制，避免两种货币的币值与市价之间变化差异留给劣币驱逐良币的活动空间。

②严格法律法规的强制约束，完善版权市场、音像制品市场、软件市场上的法律法规的约束机制，追究盗版驱逐正版的违法行为，避免这种违法危害社会的行为蔓延。

③提高“劣币”的违背成本，激发“良币”坚持做“良币”的强劲动力。小到迟到，大到造假、盗版等，都应当如此。

④提升全民素质，提倡厚德载物、上善若水的中华民族的优秀美德，贯彻以德治国的精神，摒弃“经济人”的利己性。

3. 解构悖论

（1）“劣币悖论”产生的间接原因，我们以为，货币的基本职能的执行是劣币悖论产生的间接原因。实际上，无论是“劣币”，还是良币，两者都是货币。既然都是货币，那么，货币的本质是什么？按照马克思在《资本论》（第一卷）第一章所分析指出的：货币是一种特殊商品。他说：等价形式同这种特殊商品的自然形式社会地结合在一起，这种特殊商品成了货币商品，或者执行货币的职能。[①] 马克思又说：“既然其他一切商品只是货币的特殊等价物，而货币是它们的一般等价物，所以它们是作为特殊商品来同作为一般商品的货币发生关系。”[②] 一言以蔽之，货币是充当一般等价物的特殊商品。所以，货币实际上既是一般商品（一般等价物），又是特殊商品，它是特殊商品和一般商品的统一。作为商品，它与普通商品一样，具有使用价值和价值，而作为特殊商品，它与普通商品相比有自己的特殊性：①具有“一种由它的特殊的社会职能产生的形式上的使用价值”,[③] 即充当一般等价物的使用价值；②货币作为一般等价物，它直接体现社会劳动，是价值的一般代表。因此，货币的最本质的特征是充当一般等价物，而一般等价物是社会公认的等价形式，它可以与其他一切商品相交换，用自己的自然形式表现其他一切商品的价值。所以，货币作为一般等价物是商品交换的媒介。也正因如此，货币具有价值尺度和流通手段两个基本职能，也正是这两个基本职能的执行中产生了“劣币悖论”。为什么如此断言呢？我们不妨来分析一下。

就价值尺度这一基本职能而言，作为执行价值尺度职能的货币，只是观念上的货币。由于商品在金上的价值表现是观念的，所以要表现商品的价值，也可以仅仅用想象的或观念的金。当然，在价值尺度职能上发生作用的货币，尽管只是想象的货币，但价格还是完全取决于现实的货币材料。于是，这里就出现价值尺度职能的衍生职能——价格标准（作为规定的金属重量）。作为价值尺度，是用货币尺度其他商品的价值，作为价格

---

① 马克思．资本论（第一卷）[M]．北京：人民出版社，1975：85.
② 马克思．资本论（第一卷）[M]．北京：人民出版社，1975：108.
③ 马克思．资本论（第一卷）[M]．北京：人民出版社，1975：108.

标准是计量货币自身使用价值的重量的计量单位。然而，即使货币本身价值变动，也不妨碍它执行价格标准的职能，因为二两黄金总是一两黄金的二倍。另外，黄金价值的变动也不会妨碍它执行价值尺度的职能，因为它仍然用自己的金身来尺度商品的价值。

显然，从价值尺度职能看，商品的价值观念仍表现在一个金量上，表现在想象的或观念的金上，这个金量由磨损不足的货币象征也不介意，因为货币“金身”未变，劣币驱逐良币正好抓住了交易者这种笃信金身的信念。

就流通手段这一基本职能来讲，货币作为商品交换媒介的流通手段职能是由商品交换或商品形态变化赋予的。在商品流通中，作为流通手段的货币，只起商品交换的媒介作用，在货币不断转手的过程中，单有货币的象征存在就足够了。特别是货币作为商品价格的转瞬即逝的客观反映，以及货币转手的风驰电掣的现实反映，加之商品形态变化中的“惊险的跳跃”的急切心情，有谁去留意货币媒介的优劣呢？正因如此，劣币驱逐良币就有机可乘了。他们大量出手劣币，留下良币。

（2）私人利己观念是悖论产生的根本原因。15 世纪，欧洲大部分封建诸侯的势力已达到了顶点，英国也处于封建制度的成熟期；到了 16 世纪，英国正处于从中世纪向近代资本主义制度的过渡期，即有限的君主专制和转型时期的社会（都铎王朝）。在这个社会转型时期，也是劣币悖论产生时期，所以产生劣币驱逐良币现象，应当有其深刻的社会原因的。一个以封建私有制向资本主义私有制转型时代，从一个私有制到另一个私有制，它不需要制度的彻底否定，更不需要制度之上的私有观念的否定。相反，资本主义私有制之上的私有观念比封建制度之上的私有观念需要更加深入、更加广泛、更加强烈、更加自由放任。这正如后来的亚当·斯密在其《国富论》中所说的那样：“在这种制度下……得到如此多数私人利己观念的支持，以致任何人类理性的攻击，都不能动摇它。……理性决不能瓦解那基于利己心的结合。”① 斯密还说：“每一个人，在他不违反正义的法律时，都应听其完全自由，让他采用自己的方法，追求自己的利益。”② 16

① 亚当·斯密. 国富论（下卷）[M]. 北京：商务印书馆，1974：36.

② 亚当·斯密. 国富论（下卷）[M]. 北京：商务印书馆，1974：252.

世纪的英国正处于社会转型时期，贵金属完全不敷造币之用，不得不在新铸造货币中加入其他金属成分，于是就出现了含与不含杂质的两种在法律上价值相等的货币。人们虽能够加以辨认，但是，由于“多数私人利己观念”的驱使，追求自己的利益的“完全自由”，将不含杂质的货币储存起来，将含杂质的货币拿到市场上去交易，于是就出现劣币驱逐良币的悖论。显而易见，这种现象的出现，其背后或内在的原因无疑是私人利己观念与自由追求自身利益行为的结合或统一。在这里，自由追求自己利益的行为是受利己观念指使的，由于劣币和良币的差异中有获利的利益空间和机会，利己观念必然号令追求自己利益的行动就此出发。

所以，将劣币悖论产生的根本原因解释为现代概念的“信息不对称”，显得过于苍白无力，甚至有点隔靴搔痒。毫无疑问，劣币驱逐良币的根本原因在于私人利己观念使然，因为劣币与良币的差别提供了一个有利可图的机会，具有利己观念的人就会不失时机地命令自身紧紧抓住这个得利的机会，这就是历史的事实写照，也是现实生活真实的折射。

（3）金银复本位制是劣币悖论产生的直接原因。金银复本位制简称“复本位制”，是“单本位制”的对应。它是以金银两种金属同时为本位货币的货币制度。其基本特征是：金银两种金属同时被确定为法定货币；金银两种铸币均为主币，均可自由铸造，都具有无限法律的效力。16—18 世纪曾被新兴资本主义国家广泛采用。复本位曾有两种形式，一种是金银两币按其各自实际价值流通的“平行本位制”，如英国 1663 年铸造金币“基尼”与原来的银币“先令”就是按市场比价同时流通的。另一种是两币按国家法定比价流通的“双本位制”，即通常所称的复本位制，美国和欧洲大陆国家曾采用这种制度。金银复本位制是一种不稳定的货币制度，因为金银同时充当本位币与货币的独占性、排他性相矛盾。在平行本位制下（英国），商品出现双重价格并随着金银市场比价的变动而波动，使商品价格和交易处于混乱状态。在双本位制下（美国等），由于价值规律的自发作用，市场比价偏离法定比价，实际流通的只有市场比价较低的一种金属货币。因此，金银复本位制不适合发达资本主义经济的需要，从 19 世纪起，英国及各主要资本主义国家先后放弃了这种复本位制，改用单本位制。

话再说回来，18 世纪的英国处于资本主义发展的初期，正好实行着这种金银复本位制，因此，不可避免地出现一种货币排挤另一种货币的现象。也就是说，两种实际价值不同而名义价值相同的金银铸币同时流通时，实际价值较高的通货，即良币，必然会被熔化、收藏，从而退出流通领域；而实际价值较低的通货，即劣币，反而充斥市场交易。这样，才有格雷欣发现的“劣币驱逐良币”现象。但实际上，这种现象早在公元前5世纪希腊剧作家阿里斯托芬的作品中即已有所揭示。事实证明，在货币流通量没有超过商品流通需要时，良币劣币可以同时流通；然而只有在金银复本位制下，金银市场比价和法定比价发生差异时，或一般在低值货币泛滥市场时，良币才会被劣币驱逐。也就是说，劣币驱逐良币现象是在金银复本位货币制度下的产物，或者说，金银复本位制是劣币悖论产生的最直接的原因。

二、价值悖论

1. 从“物以稀为贵”说起

价值范畴在当今社会与学界有广义和狭义之分。就广义而言，价值跨越了多个学科，如哲学、社会学、经济学、政治学、艺术学、文学、史学，甚至已进入理学、工学等自然科学领域；就狭义而言，价值范畴，在某一学科的单独使用，如在社会学中使用，就是社会价值，在艺术学中使用，就是艺术价值。本书仅从经济学中的经济价值，即价值范畴的发祥地来探讨价值的悖论。

亚当·斯密在其唯一的经济学著作《国富论》中讲到商品价值时，他说：应当注意，“价值”一词有两个不同的意义。它有时表示特定物品的效用，有时又表示由于占有某物而取得的对他种货物的购买力。前者可叫作使用价值，后者可叫作交换价值。接着，他又说：使用价值很大的东西，往往具有极小的交换价值，甚或没有；反之，交换价值很大的东西，往往具有极小的使用价值，甚或没有。为了证明他的使用价值与交换价值的背反，他借用了之前由约翰·劳首次提出的钻石与水悖论中的例子：水的用途最大，但我们不能以水购买任何物品，也不会拿任何物品与水交换。反之，金刚钻虽几乎无使用价值可言，但须有大量其他货物才能与之交换。① 这就是斯密提出的价值悖论，当然，由于斯密引证价值悖论的例子是借用钻石与水悖论的例证，故也称作钻石与水的悖论。

大家知道，水是人类生存的必需品，其市场价值（实为价格）却非常

---

① 亚当·斯密. 国富论（上卷）[M]. 北京：商务印书馆，1972：25.

低。相反，钻石对人类维持生存没有任何价值，但其市场价值（实为价格）却很高。乍看起来，这似乎是难以解释的悖论。但是，为什么会出现这种矛盾现象呢？从供给侧来看，水的数量非常大，几乎随处可见水（沙漠干旱地区除外）；而钻石呢？蕴藏在地表底下，且必须经过长时间与适当条件才能产生，供给量非常少。正因为如此，由于水供给量大，钻石供给量少，所以，会产生这样的悖论现象。反过来说，如果我们在沙漠干旱地区，或给定一个特殊的生命攸关的小环境，若不考虑市场上的其他因素，有可能出现沙漠干旱地区或特定生命攸关小环境中的水比钻石贵的现象，这或许是需求规律决定的。这个悖论现象，从供给侧看，印证了中国的俗谚：物以稀为贵。从需求侧看，似乎又印证了另一句中国俗语：物多不值钱或东西多了不值钱。

2. 一般解释

关于钻石与水悖论或价值悖论，如上所说，民间或普通老百姓有自己的解释，即“物以稀为贵”或“东西多了不值钱”。但学界却有学界的解释，比较有代表性的是用边际效用论来解释。他们认为，水对生命来说是重要的，所以它应该具有很高的价值；钻石对生命来说是不重要的，所以应该认为它的价值比水低。但是，即使水能够提供更多的效用，它还是比钻石便宜得多；钻石对于人的用处确实远不如水，人们从水的消费中所得到的总效用远远大于人们从钻石的使用中所得到的总效用，然而，尽管这样，商品的需求价格并不是由商品的总效用来决定，而是由商品的边际效用来决定。在边际效用论者看来，这是由于钻石作为一种奢侈品，可以给人们带来炫耀等效用，而且数量很少，所以增加一个单位的钻石消费给消费者带来的效用很大，即钻石边际效用很大，消费者愿意以较多的支出来购买。而水虽然是人的生命不可缺少的，给人们带来极高的效用，但由于地球上水的数量很多，增加一个单位的水给人们增加的效用就很低了，即水的边际效用低，所以水的价格自然也就很低了。

当然，一些学者对边际效用理论的以上解释存在质疑：水的数量虽然很多，但如果在取水的效率很低的沙漠，那么水的价值一样很高。就像太阳能，虽然在太阳旁边，太阳能一定很多，但在地球上的人们取得太阳能的效率并不高，所以太阳能一样值钱。在沙漠里如果可以发明大规模的取水设备时，那里的水一样便宜了。所以，这些学者认为，决定价值的还是效率（指生产力），以及决定效率的工具、劳力与资源。

在此，我们可以对用边际效用率来解释水与钻石悖论的观点作一个简单的，然而又是实质性的评议，也会对以上一些学者关于对边际效用论解释这个悖论的质疑提出异议。

对于边际效用价值论，我们在多处曾作过解剖，在此无须对其错误作全面的解析，我们仅对边际效用论在释解价值悖论或水与钻石悖论的关键点或要害点上作一点分析。其一，把“效用”（使用价值）当作价值实体，这在理论上是明显的错误，因为价值实体是人类活劳动的结晶。其二，断言钻石边际效用很大，水的边际效用很小。这种主观想象的意愿并不符合现实，所谓的“边际效用”大小，大多数人并非如上所说的那样，少数人也许如此！其三，把价格混同于价值，就像把使用价值等同于价值一样，价格只是价值的货币表现形式，使用价值只是商品统一体中的二因素之一，是对立统一的，是不可互相替代的。概言之，用效用论来解释价值悖论，可能是徒劳的，因为用错误的理论是无法解释错误的结论或矛盾的。

至于一些学者对用边际效用论来解释价值悖论的质疑，我们以为质疑是对的，他用“太阳能”和“沙漠取水”的事例提出有力反证，这是客观正确的，但把“效率”（生产率）当作决定价值的决定因素，这显然又重蹈“以错反错”的老路。因为决定商品价值的“质”是“无差别的人类劳动的单纯凝结，即不管以哪种形式进行的人类劳动力耗费的单纯凝结”。① 而不是“效率”［生产力（率）］。生产力（率）或效率只是改变商品价值的“量”，商品的价值量与体现在商品中的劳动量成正比，与这一劳动的生产力成反比。② 马克思说：假如能用不多的劳动把砖变成金刚石，金刚石的价值就会低于砖的价值。③ 也就是说，劳动生产力越高，生产一种物品所需要的劳动时间就越少，凝结在该物品中的劳动量就越小，该物品的价值就越小。所以，商品的使用价值量及单位商品的价值量是由生产力（率）或效率决定的，从这个意义上说，这些学者举出的“太阳

① 马克思．资本论（第一卷）［M］．北京：人民出版社，1975：51.
② 马克思．资本论（第一卷）［M］．北京：人民出版社，1975：54.
③ 马克思．资本论（第一卷）［M］．北京：人民出版社，1975：53.

能”和“沙漠取水”的事例正好证明这一点。但是生产力（率）或效率是不能改变价值实体的“质”和价值总量的，也正如马克思所说，不管生产力发生什么变化，同一劳动在同样的时间内提供的价值总量是相同的（不变），但它在同样的时间内提供的使用价值量会是不同的（使用价值量因生产力提高而增多，单位商品价值量反会降低）。所以，这些学者的质疑是正确的，举例也是有力的，只是有所失误，以为“效率”（生产力）会决定价值，难免失之东隅。联系到这些学者所提及的对水与钻石之悖论的解释，如果我们没有弄错的话，从前后并不清晰的文字间，我们似乎觉得他们是用生产效率的高低来解释水与钻石的价格。认为水的生产效率很高，它的定价必然很小，每一份水交换到的财富也很小；钻石的生产效率无法提高，它的定价越高，可以交换到的财富也越多。从这一解释所得出的结论看，无疑是符合实际的，也许是因为价格毕竟是价值的货币表现形式。但是水与钻石悖论或价值悖论，究其原因，说的是两种商品在价值上的相悖，如果抛弃“价值”实体，抓住它们的货币表现形式，来进行解释或释疑，难免会出现偏差或疏漏，因为就价值和价格的关系而言，一方面，价值决定价格，商品经济基本规律即价值规律，它要求商品的价格和它的内在价值一致，正是从这个意义上讲，上面解释的结论基本是对的，但是，价格与价值也有背离的另一方面。实际上，在每个个别场合下，价格与价值背离是经常的，当然价格还是围绕价值上下波动的。然而，价格与价值在“量”上的背离于特定情况下，其背离指数也可能是很高的，甚至令人惊叹，更不必说价格与价值还存在“质”上的背离，少数没有价值的东西却有价格并且有特高的价格。如果这样，我们用背离的价格去替代价值来解释价值悖论，恐怕就特别困难了，甚至有点牛头不对马嘴了。

3. 根源在于自相矛盾的价值论

（1）斯密懂得价值是劳动创造的，但不懂得是什么劳动创造价值。古典政治经济学派从威廉·配第开始经过亚当·斯密到大卫·李嘉图，已经有了劳动价值论，但是，在这里既有科学的成分，也有庸俗的成分。作为古典学派的代表人物之一，作为价值悖论或水与钻石悖论提出的代表人物亚当·斯密，懂得价值是劳动创造的，但只是笼统地讲劳动创造价值，不能区分劳动二重性，不懂是什么劳动创造了价值。斯密一会儿说“价值决定商品耗费的劳动”；一会儿又说价值取决于商品所购的劳动；一会儿还说，价值是由三种收入总和构成（利润、工资、地租）。斯密的话里，既包含劳动创造价值的科学成分，又包含庸俗的不科学的成分，即价值取决于商品所购的劳动以及由三种收入总和构成等自相矛盾的价值论，这其实正是斯密价值悖论的根源所在。为什么出现如此自相矛盾的价值论呢？原因很简单，就是因为斯密虽然懂得劳动创造价值，但不知道是什么劳动创造了价值。包括斯密在内的古典学派从配第到李嘉图，谁也没有解决这个问题，反倒留下了一些庸俗的成分，为后来庸俗政治经济学的人物所承袭。事实上，是马克思创立的科学劳动价值论解决了古典政治经济学劳动价值论的矛盾和漏洞的。马克思创立了劳动二重性学说，并在此基础上，完成了科学的劳动价值理论。在政治经济学史上，他第一次把“作为一切社会存在条件”的劳动，同“创造价值”的劳动区别开来，因为在他看来，价值是商品经济的特有范畴，是社会历史范畴，并非永恒的范畴。他分析了价值与交换价值的内在联系，指出价值是交换价值的内容，交换价值是价值的表现形式。他科学地解决了价值量的决定问题，指出价值量决定于生产商品所花费的社会平均劳动时间。因此，我们说，马克思劳动二重性理论是理解政治经济学的枢纽，因为只有在劳动二重性学说的基础上，才能解决政治经济学理论上一系列问题，如剩余价值理论、平均利润理论、生产价格理论、地租理论等，从而建立马克思主义政治经济学的完整科学的理论体系。具体来讲，为什么说马克思劳动二重性理论解决了斯密劳动价值论的矛盾以及他所提出的价值悖论呢？这是由于，作为具体劳动和抽象劳动的劳动二重性，其具体劳动形成使用价值，使之成为商品交换的必要条件。它是不以一切社会形式为转移的人类生存条件，是人和自然之间的物质交换的永恒的自然必然性。当然，具体劳动不是它所产生的物质财富的唯一源泉，使用价值或各种商品体，是自然物质和劳动这两种要素的结合，如配第所说：土地是财富之母，劳动是财富之父。作为劳动二重性之一的抽象劳动形成价值，抽象劳动是一般人类劳动的耗费，商品价值体现的是人类劳动本身，抽象劳动形成价值实体。生产商品的劳动是具体劳动与抽象劳动的对立统一。作为具体劳动生产商品的使用价值，作为抽象劳动生产商品的价值。劳动的二重性是商品的二因素的根源。斯密恰恰是只知道劳动创造价值，但不知道是什么劳动创造价值，也无法回答劳动多少，劳动时间多长的疑问，因而，必然陷入价值悖论的泥淖。

（2）斯密的价值概念混乱不清。如前所说，斯密在讲“价值”一词时，说它有时表示特定物品的效用，有时又表示对他物的购买力。并说前者叫使用价值，后者叫交换价值。① 在另一处，斯密又认为，“劳动是衡量一切商品交换价值的真正尺度”，却又说：但一切商品的价值，通常不是按劳动估定的。② 在这里，斯密的功绩，在于认识到“价值”取决于商品耗费的劳动，即劳动创造价值，这是科学的一面；另一方面，斯密分不清楚价值与交换价值、使用价值、效用的关系，甚至把使用价值当成价值，把效用当成价值，这无疑是斯密劳动价值论中隐含的庸俗成分，这也就为古典政治经济学派的劳动价值论留下了不可挽回的隐患，也同时给后来的效用价值论的庸俗经济学家开了方便之门，以利他们乘虚而入。事实上，效用不能视为价值，使用价值也不能视为价值，虽然，效用等于使用价值，但不能把效用、使用价值和价值三者连等起来。尽管这三者都是由劳动形成的，但它们是在劳动二重性理论上形成的，即具体劳动形成使用价值或物的有用性亦效用性；抽象劳动形成价值实体或一般人类劳动中的耗费。作为商品的使用价值和价值的二因素是对立统一的，但不是等同可替代的，不能将使用价值或效用当作价值，不能犯这种概念混淆的错误。如果真的像斯密那样分不清这些概念的联系和区别就会造成自己的理论不能自圆其说，留下不彻底、不科学的缺陷，斯密的劳动价值论不正是如此吗？

（3）斯密对交换价值的模糊与误解。斯密在论述价值时称对他物的购买力为交换价值，并说，使用价值很大的东西，往往具有极小的交换价值，甚或没有；反之，交换价值很大的东西，往往具有极小的使用价值，甚或没有。在这里，斯密的交换价值似乎是指某物品的购买力，可以被理解为某物品的价值。因为在斯密看来，这种购买力或交换价值是其“价值一词”的意义之一，如果是这样的话，即出现使用价值量与价值量的矛盾；使用价值大，价值（交换价值）小；反之，价值（交换价值）大，使用价值小。如何看待斯密提出的使用价值量与价值量（交换价值量）的矛

① 亚当·斯密．国富论（上卷）[M]．北京：商务印书馆，1972：25.

② 亚当·斯密．国富论（上卷）[M]．北京：商务印书馆，1972：27.

盾呢？究其原因，这种矛盾来源于劳动二重性。

具体来讲，这是因为，劳动生产力直接与生产使用价值的具体劳动有关，而与形成价值（交换价值）的抽象劳动无关。又因为，所谓劳动生产力，始终是指有用的具体劳动的生产力，事实上，就是指某种有目的的具体劳动在一定的时间内生产使用价值的效率或使用价值量。劳动生产力的变化只会引起使用价值量的变化，却不会引起价值总量的变化，但会引起单位产品价值量的变化，于是，就出现了使用价值量与价值量变化的对立运动即矛盾运动。劳动生产力与使用价值量成正比，与单个产品价值量成反比（与总价量无关）。也就是说，劳动二重性理论完全解开了斯密这个使用价值与交换价值（价值）的“一大一小”或“一小一大”的悖论。关于劳动价值不变的道理，斯密也是认同的，他说：“等量劳动，无论在什么时候和什么地方，对于劳动者都可以说有同等价值”。既然如此，使用价值量与价值量的变化矛盾在斯密这里已同样被解决了，为什么还要提出悖论呢？我们怀疑，斯密所说的“使用价值”与“交换价值”也许是“使用价值”与“市场价格”的矛盾，如果是这样的话，那也是容易解释的。

实际上，斯密论述价值、使用价值、交换价值之后，就把交换价值的真实尺度转换到真实价格和自然价格、普通价格、市场价格、实际价格上去了。依照他的思路，我们就可以来解构使用价值和市场价格之间的悖论了。同样，依据劳动二重性理论，作为有用的具体劳动的生产力，在一定的时间内生产使用价值的效率的高低，直接影响使用价值数量，影响单个产品的价值量，也就是说，生产力提高了，一定时间内生产的使用价值量就多了，单位产品的价值少了（因为同一劳动同一时间内提供的价值总量不变，分摊到较多单位产品的价值量就小了），产品的市场价格应该更便宜了。反过来说，如果生产力降低了，一定时间内生产的使用价值量少了，单位产品的价值多了，产品的市场价格就更昂贵了。这样，劳动二重性理论所形成的具体劳动的生产力与使用价值成正比、与单位产品价值量成反比的状况与斯密所指出的“使用价值”量与“市场价格”高低的矛盾，也是吻合的，相一致的。在此情况下这个矛盾同样有解，照样诠释清楚了。正是从这个意义上讲，我们认为，斯密的价值悖论是不成立的。至少可以认为，所谓“价值”悖论是不成立的，因为“价值”本身并未发生悖论，不能把使用价值或效用当成价值，来谈论什么价值悖论。

值得一提的是，如果斯密所说的价值是市场价格的话，用市场价格来代替价值就不如用交换价值代替价值，因为毕竟交换价值是价值形式，是在交换中表现出来的价值，所以，交换价值和价值形式可作为同义词并列，既然交换价值是在交换中表现出来的价值，所以，用它来替代价值来与使用价值相对应，也许未尝不可。但是如果斯密是用市场价格来代替价值或交换价值，来与使用价值相对应，恐怕就有失对称性、正当性，因为如前所述，价格只是价值的货币表现形式，价格与价值在一般情况下，价格围绕价值上下波动，经常表现不一致，完全一致只是偶然的特例。并且价格与价值不但发生了量的背离，还可能发生质的背离，所以，如果用价格来替代价值去与使用价值发生对立，肯定是不妥的。它们两者之间不存在对应关系，不能成为矛盾的当事双方，所以无从谈起它们之间的矛盾或悖论。

顺便提及的是，不仅商品具有使用价值和交换价值的二重性，而且使用价值也具有二重性，一是使用价值具有满足直接需要的效用，二是具有用于交换的效用，是作为交换价值的物质承担者，而作为交换手段的使用价值必须是人类劳动产品。交换的使用价值必须是社会的使用价值。也就是说，斯密价值悖论中的使用价值的二重性，它客观要求与它相对应的是价值或交换价值，而不是效用或使用价值或价格等。是交换价值当然可以，是价格就不可以，并且是错误的。因为就对应而言，使用价值与价值或交换可以形成对应关系，但使用价值不能与使用价值自身或效用、价格形成对应关系。在此难道可以实施非对应吗？当然是不可以的。

三、“经济人”悖论

人类经济行为的人格化，应该说它发轫于“经济人”。自它诞生之日开始，“经济人”行为就横生纷争。唯其如此，这种假设的具有理性行为的经济活动主体——“经济人”，却穿越时空，延绵至今。它曾是古典经济学的创始人斯密研究“国富”的出发点和支撑点，也是新古典经济学派和新古典综合派乃至现代主流经济学派的最为核心的理论基点。不是吗？当代新自由主义经济学也未敢离开“经济人”半步嘛！未能超越“利己经济人追求利润最大化”的雷池半步嘛！是的，这是西方经济学的经典，只能传承，不能舍弃。然而，世间的任何事物都是一分为二的，有主流经济学派的存在，也会有非主流学派的产生。在“经济人”的假设问题上，既有主流经济学派的传承、坚持，也有非主流经济学派的质疑、放弃。这种论争究其原因，乃是“经济人”自身的矛盾或悖论使然，需要用辩证思维来解开这莫衷一是的纷争。

1. 简释“经济人”

利己行为的“经济人”是由亚当·斯密最先提出或假设的。斯密的整个经济理论体系就是从利己“经济人”出发构建起来的。他认为每个人都只考虑自己的利益，盘算自己的利益，并把这种基于个人利益的利己称为“自爱”。他在《论分工的原由》中说：“如果能够刺激他们的利己心，使有利于他们，并告诉他们，给他们作事，是对他们自己有利的。”① 又说，“我们每天所需的食料和饮料，不是出自屠户、酿酒家或烙面师的恩惠，

① 亚当·斯密. 国民财富的性质和原因研究（上卷）[M]. 北京：商务印书馆，1972：13.

而是出于他们自利的打算。我们不说唤起他们利他心的话，而说唤起他们利己心的话。我们不说自己有需要，而说对他们有利。"① 他还说："他所盘算的只是他自己的利益。"② "让他采用自己的方法，追求自己的利益"，③ "但理性决不能瓦解那基于利己心的结合……它是一定会永远存在的。"④ 显而易见，斯密的这些言论完全勾勒了他所假设的"经济人"的利己性、自私性的一面。并且在他看来，经济人的这种利己性就是人的自然属性的体现，也是人的"本然的性能"的体现。是"人类所共有，亦为人类所特有，在其他各种动物中是找不到的。"⑤ 实际上，利己的经济人只能是一定社会经济条件下的产物，"是一切社会关系的总和"的体现，利己"本然的性能"也只能是以私有制为基础的商品经济的意识形态。所以，只要存在商品经济，利己经济人就在行动，利己行为也就会被利己经济人所表现出来。

尽管如此，斯密虽然重点论述了经济人的利己性的一面，但也未完全忘记经济人的另一面，即利他性的一面。他指出："人类行为比经济学家模型中的个人效用函数所包含的内容更为复杂。有许多情况不仅是一种财富最大化行为，而是利他的和自我施加的约束，它们会根本改变人们实际做出选择的结果。"⑥ 他又说："他追求自己的利益，往往使他能比在真正出于本意的情况下更有效地促进社会的利益。"⑦ 这就是说，斯密指出了经济人利己的主要一面之外，还有他所勉强提到的"利他"的次要一面，并认为"利己"还可以"为他"。据此，我们可以说，斯密的"经济人"是

① 亚当·斯密．国民财富的性质和原因研究（上卷）[M]．北京：商务印书馆，1972：14.

② 亚当·斯密．国民财富的性质和原因研究（上卷）[M]．北京：商务印书馆，1972：27.

③ 亚当·斯密．国民财富的性质和原因研究（下卷）[M]．北京：商务印书馆，1972：252.

④ 亚当·斯密．国民财富的性质和原因研究（上卷）[M]．北京：商务印书馆，1972：361.

⑤ 亚当·斯密．国民财富的性质和原因研究（上卷）[M]．北京：商务印书馆，1972：13.

⑥ 亚当·斯密．国富论（下卷）[M]．北京：商务印书馆，1974：27.

⑦ 亚当·斯密．国富论（下卷）[M]．北京：商务印书馆，1974：27.

两面人：一方面，利己，即为自己的“自利打算”，“追求自己的利益”，“基于利己心的结合”；另一方面，利他，即强调“利他的和自我施加的约束”，认为“追求自己的利益……更有效地促进社会的利益”。这就是说，斯密所假设的“经济人”，既是利己的经济人，又是利他的经济人，是一个具有二重性的经济人，当然，斯密并没有这么说过，这只是我们的说辞。我们认为，尽管他有这么个含混的意思，但利己和利他同处于经济人的统一体，既互相联系、相互依存，又互相区别，相互对立或矛盾。这种对人类经济行为不相一致的描述，甚至对立的“利己”与“利他”行为，理所当然地被后人称为“斯密问题”或“斯密矛盾”，而我们在这里也就理所当然或顺理成章地称它为“经济人悖论”。在这里，经济人悖论既表现在“利己”与“利他”的对立与矛盾之上，因为“利己”与“利他”是不一致的，“你的”和“我的”在私有观念里是对立的，是矛盾的；同时也表现为“利己”的“自利人”假设与现实“利他的真实人”事实的不相一致，即理性假说与现实实际脱离与矛盾。大量的利他经济行为使利己经济行为显得苍白，使这一非现实的利己人抽象假设变得有点牵强。当然，它还表现为追求利己动机同“利己”动机之外的其他如善心、公平心、同情心在形而上学和辩证思维之方法论上的冲突，即这种以点概面的片面性与全面整体性的矛盾。所以，我们可以概括地说，利己的经济人假设在以上三个层面上都存在着冲突，有着多重背反，是一个具有多重矛盾的悖论。

2. 西方学者的批评

自斯密假设的“经济人”问世200百多年来，对其赞同者有之，批评者亦有之。并且，这种赞同的声音或批评的声音从未中断过。单就批评的声音而言，归纳综合起来，有如下几点批评的观点：

第一，批评者对“经济人”的批评表现在哲学上。他们认为，在不受经济人对自己的行为的道德品质影响的意义上，把偏好视为现实的，这种预先假定的利己经济人的模型是不成立的。因为，经济人的偏好是不可观测的，并且所有的偏好不一定相等，因而这个利己经济人假设的实证基础以及方法论是存疑的。换言之，把经济人的偏好预先既定在不受其道德品质信念影响的意义上，这是缺乏实证基础的，是难以成立的。①

第二，在经济学内部，也有批评者。最为重要的抨击来自这样的一些人，他们认为完全的信息在信息不完全的场合不是一个有用的假设。假如经常没有办法计算取得额外信息的可能的边际成本和边际收益，经济行为者怎样合理决定何时停止活动呢？西蒙（1976 年）利用这个问题论证了“满足”模型和“程序”的合理性，取代了最大化模型。他提出，理性就是遵循一个可得到好的解答的程序，而不应该用最优解法来定义。由此可见，经济学家不应当在理想情形中进行分析和假设，而应把注意力直接放在经济活动和消费者实际遵循的程序上，因此，更加应该把“经济人”看作一个“有组织的人”，而不是抽象的利益最大化的追求者。②

第三，认为“经济人”是非现实的。持这种看法的学者比较多。如爱奇沃思，作为提出每一个人的行动受自利原则驱使是“经济学第一原则”的学者，也承认这个原则不是一个非常现实的东西。③ 又如阿玛蒂亚·K. 森在其《论伦理学与经济学》中批评说：“对自身利益的追逐只是人类许许多多动机中最为重要的动机，其他如人性、公正、慈爱和公共精神等品质也相当重要。因此，如果把追求私利以外的动机都排除在外，事实上，我们将无法理解人的理性，理性的人类对别人的事情不管不顾是没有道理的。”④ 对于这种非现实的“经济人”，不少学者都强调要以“真实的人”来取代非现实的“利己的人”或“虚构的人”。

第四，认为利他经济现象的确存在，不可忽视。研究利他经济现象的经济学家戴维·科勒德在他的《利他主义与经济》一书中论述了大量的利他经济行为，⑤ 从而使利己经济人在利他经济现象面前，显得格外汗颜，经济人假设的利己模型自然也就在利他实际面前自愧不如，苍白无力了。至于说，当假设的、利己经济人碰上了现实中存在的利他事实的冲突或悖

---

① 新帕尔格雷夫经济学大辞典（第 2 卷）［M］. 北京：经济科学出版社，1996：57.

② 新帕尔格雷夫经济学大辞典（第 2 卷）［M］. 北京：经济科学出版社，1996：57.

③ 庄宗明，杨旭东. 经济人假说：争论与超越［J］. 学术月刊，2001（2）.

④ 庄宗明，杨旭东. 经济人假说：争论与超越［J］. 学术月刊，2001（2）.

⑤ 庄宗明，杨旭东. 经济人假说：争论与超越［J］. 学术月刊，2001（2）.

论的情形时，新古典学派的代表人物马歇尔却也表示认同。他说：“无疑地，即使现在，人们也能做出利人的贡献，比他们通常所做的大得多。”① 他又说：“经济动机不全是利己的。……经济衡量的范围可以逐渐扩大到包括许多利人的活动在内。”② 的确，利他经济现象既然存在于人类经济生活中，就无道理忽视它，将它排除在理性之外。

第五，认为“经济人”的利己动机属于“个人活动的动机”，“不应过于注重”，应重视“共同活动的动机”。还是那位英国新古典学派的代表人物马歇尔认为：“共同活动的动机对于经济学家具有巨大的和日益增长的重要性。”③ 他强调说：“以往的英国经济学家也许过于注重个人活动的动机。但事实上，像其他一切社会科学的学者一样，经济学家研究个人，主要是将他当作社会组织中的一分子。……但是，正如德国学者所极力主张的那样，经济学对于有关财产共同所有，与共同追求重要目的的动机，加以重大的和日见增长的注意，也是确实的。”④ 这就是说，马歇尔对于以往的英国经济学家，当然包括斯密，认为他们过去太过于注重个人活动的动机，其中自然也不排除斯密的利己经济人的利己经济行为动机，也属于“个人活动的动机”，不应过于注重，而应重视“共同活动的动机”，因为共同活动的动机对于经济学家具有巨大的和日益增长的重要性。

第六，认为理性经济人假设只具有“脆弱的心理学基础”。一些学者认为，经济学中的理性概念是在心理学没有充分发展的情况下建立起来的，因而不具有心理学的基础，最多也只具有“脆弱的心理学基础”。蒂博·西托维斯基指出，经济学产生于理性时代，因而把理性作为它的基本假定之一，但今天已进入了非理性时代，心理学家和精神分析家揭示了人们实际受隐蔽的、非理性力量的推动，经济学家好像置若罔闻，仍然坚持人类理性的假定。⑤ 这无异是在说经济人假设产生于心理学尚不发达的理性时代，而如今已是心理学发达的非理性时代，经济学家仍旧坚持理性时

① 马歇尔．经济学原理（中译本上卷）［M］．北京：商务印书馆，1964：30.
② 马歇尔．经济学原理（中译本上卷）［M］．北京：商务印书馆，1964：42.
③ 马歇尔．经济学原理（中译本上卷）［M］．北京：商务印书馆，1964：45.
④ 马歇尔．经济学原理（中译本上卷）［M］．北京：商务印书馆，1964：45.
⑤ 庄宗明，杨旭东．经济人假说：争论与超越［J］．学术月刊，2001（2）.

代的假设，而这种假设并不是以现代心理学为基础的，因此是难以成立的。

第七，认为经济人“不是抽象的最大化的追求者”。拉宾在一项研究中指出：“经济学假设个人具有稳定和连续的偏好，并用无限理性使这些偏好最大化。这种假设过于简单。”① 针对“最大化”这个理性定义，经济学家采用了实地调查的方式试图予以证明，其中以霍尔和希奇领导的“牛津经济研究组”和美国经济学家莱斯特主持的调查最为有名，但结果却从反面否定了“最大化”的理性行为方式。② 可见，“理性经济人”假设是虚弱的。也就是说，它是建立在非常理想或苛刻的条件下，如完全竞争、市场均衡、充分信息以及同质性假设、补充性假设等，如果这样的条件不能达到，则经济人“最大化”的理性假设就可能过于牵强，甚至会自相矛盾，即形成经济人悖论。

第八，认为理性经济人其实是“有限理性人”。西蒙是这一理论的创导者，这一理论是直接从对传统经济理性的批评中导入的，该理论指出：理性人假定的前提实际并不存在，人的行为理性是有限的而决非完全理性，因而人们决策的标准是寻求令人满意的决策而非最优决策——最大化。③ 西蒙教授正因为这一理论创新而获 1978 年诺贝尔经济学奖。这就清楚地表明，理性经济人的假设，不仅是有苛刻条件的，而且经济人的行为理性也是有限的，而决非具有无限性。

当然，面对批评者的指责，坚持利己经济人的经济学家也并不是默不作声，而是做出了各自的回敬。以穆勒为代表的一些人认为，虽然自利经济人是一个非现实的抽象假设，但其构成经过合理地省略了某些品质和特征，并不会影响所得出的结论，而且抽象是理论构建的必经步骤。④ 另一些经济学家扩大利己经济人的自利行为的界限，试图把利他行为与自利行为统一起来，如内格尔认为，利他主义实际上是一种开明的自利原则，一

① 庄宗明，杨旭东．经济人假说：争论与超越 [J]．学术月刊，2001 (2)．
② 庄宗明，杨旭东．经济人假说：争论与超越 [J]．学术月刊，2001 (2)．
③ 庄宗明，杨旭东．经济人假说：争论与超越 [J]．学术月刊，2001 (2)．
④ 庄宗明，杨旭东．经济人假说：争论与超越 [J]．学术月刊，2001 (2)．

个人明显的利他行为会以间接的方式，或在未来给自己带来好处。[①] 又如贝克尔，他把经济人利己的含义从斯密的追求财富扩展到对声望、地位、善举、尊重等精神方面。他指出：利己部分取决于声望和人的社会地位的其他方面。又说：同僚对他的尊重，往往是他产生自尊心的基础。[②] 贝克尔作为抱定“经济人”信条，坚持用利己经济人假设来解释人类行为的经济学和社会学教授，他不仅拓宽了利己经济人的“利己”含义，为守护“经济人”做出了不小贡献，而且还将似乎抵触、格格不入的利己经济人同利他行为引入“非经济领域”（家庭），社会“仿佛”是一个扩大的家庭，以此间接证明利己主义对家庭的支配如同利己主义对市场的支配一样。认为对同胞、子女、子女的子女或任何具有相同基因的人的利他主义将有较高的存活价值,[③] 并用此解释对亲戚的利他主义是人类和动物“本性”的持久的遗传特征。[④] 进而说明利他与利己是相依的，以此达到抱定“利己”经济人的目的。当然，还有最新信息表明，有人将利己经济人的“利己”追溯到生物基因，论证了人类“利己”行为有其必然性，即存在“自私基因”或“人类的天性”。[⑤] 概言之，利己经济人的守护者是如此不遗余力地抱定利己经济人假设，从而使它在理论与实践上仍有一席之地，甚至仍占统治地位，这应该说是一个不争的事实。但是，关于利己经济人假设争议并未结束，且理屈词穷者并不分明，也许这正是经济人悖论的困惑之处吧？这也正说明经济人悖论是需要解困释惑的。

3. 用唯物辩证法解构悖论

如前所云，利己“经济人”假设是由斯密最先提出的，并且他的整个经济理论体系就是从“经济人”的非现实的抽象假设基础上构建的。对

---

① 庄宗明，杨旭东．经济人假说：争论与超越［J］．学术月刊，2001（2）．

② 贝克尔．人类行为的经济分析（中译本）［M］．上海：上海三联书店，上海人民出版社，1995：333.

③ 贝克尔．人类行为的经济分析（中译本）［M］．上海：上海三联书店，上海人民出版社，1995：9.

④ 贝克尔．人类行为的经济分析（中译本）［M］．上海：上海三联书店，上海人民出版社，1995：334.

⑤ 庄宗明，杨旭东．经济人假说：争论与超越［J］．学术月刊，2001（2）．

此，我们不妨用唯物辩证法来解析一下经济人的核心即利己、自私的本性。

（1）对“经济人”的利己本性作唯物辩证的解析

传承与守护利己经济人的一些人断言，人的本性就是利己的、自私的。认为“利己”是“人类的天性”，存在“自私基因”。持这种观点的人将人的自然属性等同于人的本性，这显然是伪科学的。因为，就人的自然属性而言，人具有一般动物的生物本能，如求生避险，吃喝繁衍，防身自卫，利己“自爱”等，所以有人将动物的这种生物本能当作人的本性，这自然是错误的。事实上，人的本性应指人的社会属性，因为人不仅是动物、自然人，还是社会人、经济人，而社会人和经济人的本质，不是费尔巴哈把宗教的本质归结为人的本质，也不是有些人把动物的本质归结为人的本性，[①] 而是如马克思所说的：“人的本质并不是单个人所固有的抽象性，实际上，它是一切社会关系的总和。”[②] 我们认为，马克思在这里所说的“一切社会关系的总和”应理解为社会生产关系的总和。因为人总是在一定的社会关系中生活的，所以人必然要打上这个社会的烙印，人的思想和意识必然反映这个社会的存在和实践，因此，人的本质必然具有社会性，甚至政治性。难怪马克思说人是社会动物，亚里士多德认为人是政治动物。所以，利己的经济人必然只能是一定社会经济条件下的产物，即商品经济的产物。所谓利己本性也只能是私有制为基础的商品经济的意识形态。所以，只要存在以私有制为基础的商品经济或市场经济，利己经济人就必然在行动，利己行为也就会被利己经济人所表现出来，尽管这种利己的意识并非人类的永恒本性，而是随着与生产力相适应的社会生产关系的变化而变化，但它毕竟会留下历史车轮滚动的痕迹，这正是唯物史观的见证。因此，如黑格尔所说：“凡是现实的都是合理的。”[③] 所以，利己经济人的存在，利己行为的存在，是具有相对的客观合理性的，虽然这种客观

---

① 周扬明．中国企业行为的经济分析［M］．北京：经济管理出版社，2002：191－192.

② 马克思．关于费尔巴哈的提纲//马克思恩格斯全集（第三卷）［M］．北京：人民出版社，1960：5.

③ 恩格斯．路德维希·费尔巴哈和德国古典哲学的终结//马克思恩格斯选集（第四卷）［M］．北京：人民出版社，1972：211－212.

合理性绝非是无条件的，而是在"这个限度内是合理的"。[①] 正因如此，对利己经济人的存在，对利己行为的存在，应该做出历史唯物主义和辩证唯物主义的分析，而不应采取历史虚无主义和形而上学的唯心主义来说事论道。[②]

然而，抱定利己经济人的学者为什么还要如此坚守这个非现实的抽象的利己经济人呢？我们发现，所以如此，是由于在他们看来，与其说抱定利己经济人，不如说是坚守让利己经济人赖以存在的私有制。也就是说，守住了利己经济人，就可能守住了私有制，因为私有制是利己经济人的生存基础，皮之不存，毛将焉附？这是抱定利己经济人的学者和现在仍占统治地位的主流经济的精英们最为担忧的。如前所说，利己经济人假设，目前是占统治地位的主流经济学体系的核心理论，所以，如果不守住利己经济人这块主流经济学的核心理论阵地，恐怕会危及利己经济人假设确立其上的经济基础即私有制度。尽管这一点，守护者与主流者是心知肚明的，但是，这种担忧也是没有必要的。历史上，私有制替代原始公有制，资本主义私有制否定封建私有制，这都是一种社会进步。至于社会主义公有制对资本主义私有制的否定之否定，虽然具有历史的必然性，然而，这也并不否定私有制在历史上的进步，尤其并不否认资本主义私有制在历史上的巨大贡献：资产阶级在它的不到一百年的阶级统治中所创造的生产力，比过去一切世代创造的全部生产力还要多，还要大。[③] 但是，"资产阶级在历史上曾经起过非常革命的作用"却被后来的"交换价值""贸易自由""利己主义打算""露骨的剥削"淹没在利己主义打算的冰水之中了。[④] 所以，资本主义私有制并非如斯密所说具有"永恒性"，而只是具有历史的暂时性。因此，我们有理由认为，不必抱定私有制以及它的私有观念或意识形态。因为抱定它也无用，这是人类社会进程或社会变迁的必然性所决定的。

---

① 贺卫．寻祖经济学［M］．北京：中国发展出版社，1999：40－41.

② 周扬明．中国企业行为的经济学分析［M］．北京：经济管理出版社，2002：192.

③ 马克思，恩格斯．共产党宣言［M］．北京：人民出版社，1994：28.

④ 马克思，恩格斯．共产党宣言［M］．北京：人民出版社，1994：26.

（2）用辩证思维解构利己“经济人”的纷争

世界上的客观事物的发展过程本身就是其自身内部矛盾运动的过程，就其本质而言，都包括有同一与差异、肯定与否定、个别与一般、现象与本质、相对与绝对、偶然与必然等多种的对立统一。但是，只有辩证思维的判断才能反映这种种的对立统一，因为辩证思维判断的本性要求人们从对立统一中去把握事物的本质，教导人们善于识别“同中之异”和“异中之同”以及“是中有否”和“否中有是”的矛盾运动的动态分辨，以具体同一性的思维来看待一切，改变那种单纯以抽象同一性看待问题的倾向。比如，过去一说社会主义建设，人们往往只认为“社会主义建设就是社会主义物质文明的建设”，这就是一种抽象同一的思维习惯，没有“同中有异”。以此来指导行动，就会带来极大的片面性。① 如果我们掌握了辩证思维判断的特征，就会自觉看到“同中之异”，从而形成“社会主义建设是物质文明建设与精神文明建设的高度统一”这样全面的认识。② 又如，本书所说“利己经济人假设”，斯密，尤其是他的一些后人，往往认为“经济人是利己的”，这显然也是一种抽象同一的思维习惯所致，没有“同中有异”，引致很大的片面性，引致批评者的反对与争论。如果斯密及其后人掌握了辩证思维判断，自觉发现“同中之异”，将经济人假设表述为“经济人是利己与利他的统一体”，也许就可能不会引发如此之久的争论不休，也不会给社会经济发展带来如此之大的自由竞争动力所促进的经济增长的正面效应的同时，也带来如此大的两极分化压力致使经济衰退的负面效应。当然，反对或批评斯密的“经济人是利己的”命题的学者又可能提出：“经济人是利他的”否定命题。至此，一说“利己”，一说“利他”，这似乎成了康德所认为的理性永远不能解决的“二律背反”的矛盾。但是，我们如果运用辩证思维就可以解决上述二律背反的矛盾，即用否定之否定判断来解决这个“公说公有理，婆说婆有理”的矛盾。

鉴于此，我们完全可以得出一个真理性的判断：“经济人是利己与利

① 沙青，徐元英．辩证逻辑简明教程［M］．石家庄：河北人民出版社，1984：171.

② 沙青，徐元英．辩证逻辑简明教程［M］．石家庄：河北人民出版社，1984：172.

他的统一。”这个新的对经济人本性的判断是对第二否定判断的否定（即反斯密者的否定判断——经济人是利他的），又是对第一个肯定判断的回归（即斯密利己判断——经济人是利己的）。实际上，这个否定之否定，它只是否定第二个否定判断对“利他”的绝对化，保留其相对性；对第一个肯定判断，它只肯定其“利己”的合理性，否定其片面性。所以否定之否定判断是对第一个肯定判断和第二个否定判断的矛盾的扬弃，达到肯定与否定的统一，使认识接近全面性，即如同斯密在其《国富论》中曾不止一次地说过的“最接近于真理”。这就是说，斯密假设的经济人既是利己的，又是利他的，即所谓“亦此亦彼”，并非是“非此即彼”，这一点，连斯密也不否认，因为他也并不认为利己是经济人或人类行为的唯一动机，如他认为作为利他行为的同情心也存在于人的内心世界，并强调同情心是无私的，① 这些在他的《国富论》和《情操论》中都有所体现。不过，令人遗憾的是，斯密在这里出现了“斯密矛盾”，出现了“某种说不清的误解”，的确，利己与利他是不一致的，是“二律背反”的，是矛盾的对抗，就像斯密说不清是什么劳动创造了价值一样，他也未能说清利己与利他的“二律背反”的悖论，因而，就像他的劳动价值论留下了不科学的成分一样，利己与利他的悖论中也留下了不科学的成分，这为他的一些后人把“利己”推到极端留下了缺口，把利己推到“最大化”，并放弃了“利他”。幸好，我们用辩证思维判断解决了“斯密问题”或“经济人悖论”，圆了斯密“最接近于真理”的梦。

① 庄宗明，杨旭东．经济人假说：争论与超越［J］．学术月刊，2001（2）．

四、投票悖论

在解构投票悖论之前，我们有必要就“投票”所属学科范畴进行一个清醒的认定，以防进错了门，引起不必要的误会。乍看起来，“投票”活动并非经济活动，而是一种社会活动，故“投票”活动应属于社会学范畴，应由社会学家来研究，而不应由经济学家来考察与研讨。事实上，投票悖论最早提出的人正是一个社会学家即法国的著名社会学家孔多塞，故投票悖论又称为孔多塞悖论。

但是，实际上，许多经济学说都主张某些活动，如公共产品的供给，应由政府来承担与管理，因而，这些活动隐含着的资源配置政策，也应由政府做出决策而不是市场决定。所以，投票以及一般的政府决策，虽然从逻辑上说是政治科学或社会学的一部分，但它显然与经济学有紧密的关系。从历史上考察，经济学家对“投票”的理论研究与贡献并不比政治学家或社会学家少。投票悖论虽然起源于孔多塞等一些社会学家或思想家，但之后并未有太大的拓展，从200年前直到60多年前，经济学家布莱克写出了一系列有关选举的逻辑性论文后才重新引起重视。自布莱克再度提出这一论题之后，许多经济学家和政治学家及社会学家都对投票悖论做出了重要贡献。不过，投票理论被纳入社会选择理论范畴，还应归功于经济学家诺贝尔奖得主肯尼思·阿罗，是他于1951年在其《社会选择与个人价值》一书中证明了著名的不可能性定理，把这个投票悖论形式化了。之后，还有不少经济学家参与讨论和研究投票悖论，如1998年诺贝尔经济学奖得主阿马蒂亚·K. 森在20世纪70年代提出解决“投票悖论”的方法，以解决投票悖论问题。还有一些学者热衷研讨投票方法或策略，如1969年由法夸尔森提出策略最优的投票，吉伯德于1973年借助求解对策论中更为一般的问题来解决投票方法不存在策略证明的问题。

总之，投票活动涉及政治学、社会学、经济学，从逻辑层面，它属社会学范畴，从性质层面，它属政治学范畴，从事实的层面，它属经济学范畴。综合起来，投票活动是多维的，是交叉的。所以，作为投票悖论，经济学来研究它，不仅理所当然，而且早已既成事实，并且经济学家在这一论题上的研究成果更加突出。实际上，这三个学科是相近学科，它们之间的关系异常紧密，如政治与经济密不可分，“政治经济学”的概念就是密不可分的典范；经济与社会同样密不可分，“经济社会”或“社会经济”的概念也是密不可分的范例。

1. “多数规则”的投票问题

最简单的投票问题是只有两个抉择而要从中选取一个。在这种情况下，简单多数规则对大多数人的印象是公正合理的；每位投票人对这个抉择或另一个抉择投赞成票（或弃权），得票较多的抉择被选定。简言之，多数规则在两个抉择中选取一个的投票是简单明了的，虽然仍旧可以提出一些异议。一个常见的异议是，对于一特定决策，取胜的多数在某种意义上可能是错误的或者被传错了信息。另一个异议，用政治理论的术语来说，是“冷漠的”多数（对抉择 A 仅仅微弱地偏爱）可能压制了“强烈的”少数（对抉择 B 有着强烈的偏爱）。当然，就经济学的观点而言，假设人与人之间的费用和收益的某种计算是可能的，则不能保证选择 A 比选择 B 会对整体提供更大的净收益。换句话说，多数规则本身也可能不那么公正与合理。①

然而，当选择域扩大到三个或更多个抉择时，投票就会产生更棘手的问题。许多不同的看来似乎公正合理的投票方法都可能存在，所有这些方法在只有两个抉择的场合下都化为简单多数规则，但在有三个或更多抉择的场合下，它们以不同的方式运作，很难说其中何种原则是简单多数原则的“自然”或“适当的推广”。并且，更仔细研究发现，这些投票方法都有严重的缺陷——它们原来并不是那样公正和合理的，并且，在一般情况

① 新帕尔格雷夫经济学大辞典（第四卷）[M]. 北京：经济科学出版社，1996：292.

下，这样的缺陷好像是不可避免的。①

为了描述的目的，我们可以把通常使用的从多个抉择中选取一个的投票方式定为三大类，即综合方法、淘汰方法、序贯二元方法。

综合方法是在单独的一步中记录所宣布的偏好并加总以确定所选取的抉择，因此，只进行一次投票。最简单的投票方式是“比多”，即“从多到少”投票：每一投票人在列名投票上投不多于一个抉择的赞成票，并由综合规则选取得票最多的抉择。另一个最新改进型的“认可”投票：每一投票人在列名的选票上可以投任意一个抉择的赞成票，而综合规则与上述的“比多”法一样（布拉姆斯和菲什伯恩，1982），其综合规则是：如果一共有 m 个抉择，那么，在每张选票上列为第一的抉择计 m 分，列为第二的计 $m-1$ 分，如此类推，而得分最多的抉择被选定。

淘汰方法最初是以某种方式综合所宣布的偏好，并在此基础上淘汰较弱的一些抉择，然后在余下的抉择中再进行一次新的投票。淘汰及再投票或再综合持续到除一个抉择外，其余的抉择都已淘汰为止。淘汰方法中又有比多加决赛投票、择一投票、穷举方式投票等。对此不再赘述了。

序贯二元方法是议会式的投票方式，其中对投票人提出一系列二元选择（如是或不是）。一个非常简单的序贯二元方法（它近似而非精确地模仿了英美式议会投票）是布莱克称为普通委员会方式，而现在一般称为标准修正方式：两个抉择配对进行简单多轮投票，胜者再与第三个抉择配对作第二次投票，如此持续直到每一个抉择都已进入了投票，赢得最后一次投票的抉择被选定。另一种序贯方式称作序贯淘汰或逐次方式：每一抉择依次在简单多数投票下确定其选上或否决，第一个得到多数支持的抉择被选定；如果除一个之外的每一个抉择都被否决了，则留下的那一个抉择就不用投票而被选定。在任一序贯方式中，抉择都必须以某种投票次序排列，这就产生了这样的可能性，即这种方式可能违反了“梅”的中性条件的精神，因为一个抉择是否被选取可能与它何时进入投票有关。②

---

① 新帕尔格雷夫经济学大辞典（第四卷）[M]. 北京：经济科学出版社，1996：892-893.

② 新帕尔格雷夫经济学大辞典（第四卷）[M]. 北京：经济科学出版社，1996：893.

综上所述，大部分选举和立法的投票规则或方法，究其实质，是多数主义的，即这些规则和方法能够使投票人的任一多数一致行动来选择这样一个抉择，不管它是哪一个，只要这是多数同意就行。这样看来，投票方式和方法的多样性，似乎已经圆满地解决了多数规则推广到多抉择的问题，但遗憾的是，我们并未解决这一问题，因为多数偏好一般没有生成“社会的顺序”。一个最简单的例证是下面的 3 个投票人 3 个抉择的例子，出现了“循环多数”现象。

例	1	1	1
第一偏好	A	B	C
第二偏好	B	C	A
第三偏好	C	A	B

这一“循环多数”现象即“投票悖论”最初是由孔多塞发现的，随后交替地遗忘和重新发现，直到 20 世纪 60 年代后期布莱克和阿罗的有关研究成果问世为止，这一悖论也未能消除。这是因为：尽管在他们俩之后仍有许多研究投票理论与方法，但这些投票方式与方法存在着过于严重的缺陷，如受制于议程的操纵，依赖于投票次序，违背弱显示偏好公理，也违背中位数投票人定理（布莱克，1915），更加背离了“真诚的”或“老实的”投票。这也就是说，在竞争的投票方式中进行选择时，不同的方式或方法满足不同的判据，并没有一个方法方式能满足我们认为公正合理的投票系统所必需的所有判据。所以，事实上，投票理论与方法与阿罗在社会选择理论中提出的“一般不可能性定理”是异曲同工的（阿罗，1951）。①也就是说，投票理论及方法的研究迄今并未终了，但由于投票的多维抉择空间、复杂投票即投票中的一种更为深刻的复杂性（真诚的或老实的投票、策略或虚假投票、极端抉择投票、信息不对称投票、政治偏见投票、意识形态性投票、一己私利心理投票、经济人的利益最大化投票等现象的存在，并未消除投票悖论的终了。这些不公正、不合理、不科学的以私有制及私有观念为基础的“循环多数”现象难道能生成或转换成公正、合

① 新帕尔格雷夫经济学大辞典（第四卷）[M]. 北京：经济科学出版社，1996：894 – 895.

理、科学的“社会顺序”或“社会偏好”吗？这显然是不可能的。

2. 悖论描述

投票悖论是指在通过“多数原则”实现个人选择到集体选择的转换过程中所遇到的障碍或非传递性，这是阿罗的不可能性定理衍生出来的难题或困惑。公共选择理论对投票行为的研究，假设投票是那些其福利受到投票结果影响的人们进行的，投票行为的作用是将个人偏好转化为社会偏好。在多数投票决胜的原则下，可能没有稳定一致的结果。多数票决胜的规则中存在着一个明显的投票悖论，这一悖论最早是由法国著名社会学家、思想家孔多塞在 18 世纪 80 年代发现的，所以又称孔多塞悖论。投票悖论是公共选择理论中的概念，又称为循环的大多数，这是指在集体投票时容易出现投票结果随投票次序的不同变化，大部分甚至全部备选方案在比较过程中都有机会轮流当选的循环现象。对这一悖论，人们常用一个例子加以说明。假定有三个投票者甲、乙、丙对 x、y、z 三个议案进行表决，假定甲的个人偏好是 A > B > C，即甲认为 x 优于 y，y 优于 z；乙认为 y 优于 z，z 优于 x，丙认为 z 优于 x，x 优于 y。

如果在 x 与 y 之间投票表决，则 x 将被选择（因甲、丙都认为 x 优于 y）；

如果在 y 与 z 之间投票表决，则 y 将被选择（因甲、乙都认为 y 优于 z）；

如果在 z 与 x 之间投票表决，则 z 将被选择（因乙、丙都认为 z 优于 x）。

这种结果显然存在矛盾，即无一致结果，而是轮流坐庄。

而如果在 x、y、z 之间进行投票表决，则会形成 x 优于 y，y 优于 z，z 优于 x 的循环怪圈。这表明，在多数为胜的原则下，明确的结果可能永远也不会产生，也就是说，个人理性导致集体非理性，即使勉强有一个结果也未必是公正、科学的。出于无奈，目前社会还往往使用这一悖论来解决许多问题。传统理论认为，个人和社会最优选择是“一致同意原则”，但人们发现“一致同意”原则在现实生活中很难实现，要么成本太高，要么存在内在逻辑不一致，因此在实际生活中用“多数原则”来实现个人选择到社会选择的转换，即通过投票来保证社会选择符合多数人的利益。然而“多数原则”本身亦存在“阿罗问题”，即存在投票悖论。

如前所云，投票悖论是法国著名社会学家孔多塞在18世纪最先提出的，故称“孔多塞悖论”，它假定甲、乙、丙三人，面对A、B、C三个备选方案，有如下的偏好排序：甲认为A>B>C，乙认为B>C>A，丙认为C>A>B。由于甲、乙都认为B好于C，根据少数服从多数原则，社会也应认为B好于C，同样乙、丙都认为C好于A，社会也应认为C好于A。按逻辑的一致性原则，社会应认为B好于A。但是，甲、丙都认为A好于B，所以出现了矛盾。因此，以投票的多数规则来确定社会或集体的选择会产生循环的结果，这就好像一只猫在追自己的尾巴，会没完没了地循环下去。结果在这些选择方案中，没有一个能够获得多数票而通过，这就被称为“投票悖论”（voting paradox）。当然，孔多塞反对简单多数规则，孔多塞说，假定60名选民表明对A、B、C三位候选人的不同意见，候选人A以简单多数获胜。可是，如果我们只拿A与B对比，A输了（25对35），而在A对C中，A又输了（23对37）。这样，简单多数规则不能精确地表达出大多数人的意见。孔多塞设计了一个简单的选民误差二项式模型：在每一个两项的比较中，每一个选民有一个正确排列候选人的概率。其恰当的数据就在所有各对投票的“多数比赛”中：B打败A，35对25；C打败A，37对23；C打败B，41对19。他提出按“最有希望的意见组合”来排列候选人的名次，在上述例子中，最有希望的组合是由排列做出的CBA。由于C超过B，C超过A，B超过A，这样的排列意味着获得对其他每个选择对象多数票的选择对象（如C）必定是排在头一位的。这样的选择对象，如果存在的话，就称为“孔多塞的胜利”。这就是说，在简单多数规则下配对投票中，或“直接斗争”中，能击败其他任一个抉择的孔多塞胜者不存在悖论现象，是由于它满足单峰偏好的条件（没有一个投票者把它排在末位的抉择），即在任意三个可供选择对象当中，处于中间位置的那个对象一定不次于其他两个对象。但孔多塞又指出，某些意见组合不具有这种胜利者，因为多数比赛包含着一种循环即“孔多塞悖论”，孔多塞胜利者也许只是一个特例，[1] 是非劣的或核心抉择。

诺贝尔经济学奖得主肯尼思·阿罗于1951年在其《社会选择与个人

---

① 新帕尔格雷夫经济学大辞典（第四卷）[M]. 北京：经济科学出版社，1996：613-614.

价值》中，证明了著名的阿罗不可能性定理，把这个投票悖论形式化了。在该书中，他运用数学工具把孔多塞的观念严格化和一般化了。既然这样，如何认识投票悖论呢？能否设计出一个消除循环投票或投票悖论的选择机制？阿罗的结论是：不存在一种社会选择机制，它能够满足上述陈述或隐含的一组合理条件，又能适合于任意的一组个人准则。简言之，就是不存在满足所有这些条件的机制或制度。

阿罗证明，不存在同时满足如下六个社会选择函数或条件：

①个人偏好的无限性，即对一个社会可能存在的所有状态，任何逻辑上可能的个人偏好都不应当先验地被排除；

②弱帕累托原则，这意味着制度不是受制的，即制度的非受制性；

③不相关可供选择对象之独立性，即关于一对社会目标的社会偏好序不受其他目标偏好序变化的影响。

④社会偏好的非独裁性，即制度不是独裁的。

⑤单调性，即假设给定偏好序轮廓中，x 社会偏好于 y，现假定有一新的偏好轮廓，在这里 x 在一些个人的偏好序中偏好有所上升，但在其他人的序中偏好没有下降，那么，与这个新的偏好轮廓相关的社会序中仍是 x 偏好于 y。

⑥社会选择必须同可递性相一致。从数学上说，按照可递性的性质，如果 A > B，而 B > C，那么 A > C；从社会选择来说，如果对 A 的偏好甚于 B，对 B 的偏好甚于 C，那么对 A 的偏好就甚于 C。社会偏好不能同可递性发生矛盾，可是事实往往是矛盾的。

简言之，阿罗的不可能性定理意味着，在一般情况下，当社会所有成员的偏好为已知时，不可能通过一定的方法从个人偏好次序得出社会偏好次序，不可能通过一定的程序准确地表达社会全体成员的个人偏好可能达到合意的公共决策。投票悖论表明：根本不存在一种能满足阿罗六个假设条件的社会选择原理。解决投票悖论的方法是限制投票偏好，即将多峰偏好改为单峰偏好。

又一个诺贝尔经济学奖得主阿马蒂亚·K. 森于 20 世纪 70 年代对投票悖论也提出了解决方法，他绕过“阿罗不可能性定理”，改变甲、乙、丙中某一个人的偏好次序，如将甲的偏好次序从 A > B > C 改为 A > C > B，新的偏好次序排列：甲 > C > B，乙 > C > A，丙 > A > B，于是得到三个社会偏好次序：A > B、C > B、C > A，这样就避开了投票悖论，但它却改变了甲的偏好次序。

阿马蒂亚·K. 森把这一发现加以拓展，得出了解决投票悖论的三种选择模式：

（1）所有人都同意其中一次选择方案并非是最佳；

（2）所有人都同意其中一次选择方案并非是次佳；

（3）所有人都同意其中一次选择方案并非是最差。

在以上三种选择模式下，投票悖论倒是不再出现，取而代之的结果是多数投票者获胜的规则能达到唯一的决策，但问题是为了追求一致性，改变、牺牲了个人偏好次序。

经济的或任何其他的社会政策，对构成社会或经济的各不相同的个人都必然会有影响，所以，可以推论，一个社会有多少人，就有多少偏好，就有多少选择社会政策的个人准则。在经济方面，各种政策都意味着产品的分配，一些人在一种政策下得到更多的产品，而另一些人在别的政策下会得到更多的产品。个人因此有不同的评价、不同的偏好，对社会公正或目标有不同理解，因此，不是所有社会决策都会令所有个人满意的，我们可以追求满足帕累托条件，即如果存在另外一种所有个人都支持的决定（策），我们就不应该选择别的决定（策）。①

3. 解构“循环多数”现象

如前所述，投票悖论作为公共选择理论中的概念，又称之为循环的大多数，是指在集体投票时容易出现投票结果随投票次序的不同而变化，大部分甚至全部备选方案在比较过程中都有机会轮流当选的循环现象。自200多年前最早发现这一悖论的孔多塞，到20世纪50年代的阿罗，再到70年代的阿马蒂亚·K. 森等人，都曾对解决悖论提出过许多方法，为此做出过杰出的贡献。但是，无论在经济的层面上，还是政治的层面上，似乎都未能令人信服地从理论上到实践上解决这个难题。因此，有必要对这个难题作进一步研究。

① 新帕尔格雷夫经济学大辞典（第一卷）[M]．北京：经济科学出版社，1996：133.

“悖论”作为一个自相矛盾的观点，经济学家使用的悖论往往被视为令人困惑的结果不无道理，因为自相矛盾的观点是通过正确可靠的推理而得出的。按照《新帕尔格雷夫经济学大辞典》第3卷第853~855页“悖论与异常”词条所言：认为“投票悖论属于来自缺乏加总条件或加总条件失效的悖论，没有提供让人信服的对总量行为的演绎说明”，却又认为“阿罗定理，就它被看作是投票悖论的一般化而言，在不同问题的不同层次上创造了一些困难［森（sen），1985］，但这并不能得出失败主义的结论，或反对使用经济理性，而是产生了一个全新的分学科的社会选择理论”。因此，从以上分析可知，阿罗的不可能性定理作为投票悖论的一般化是成立的，虽然它没对总量行为进行演绎说明，但经过了严密的数理逻辑论证，尽管也有学者对选择理论提出挑战，威胁到它的“硬核”，然而这种威胁最终还是转移到“保护带”的挑战上去了。因此，正像伊姆雷·洛卡托什指出的“在更好的理论出现之前，没有证明为假的东西(1970)”。本人赞赏这一评价，在更好的理论没出现以前，既然也未能证明它是假的东西，那就说明它是真的，是并未侵害基本信仰“可以接受的”东西，是可以借鉴的“无数相对真理”之一的东西。

“偏好”是投票悖论中的关键概念，偏好概念的确立与存在对投票悖论至关重要，偏好从根本上来说是主观的东西，从一方面说，应避免凭空想入非非、脱离客观的偏好滑入主观唯心主义；另一方面，只要主观与客观统一，即“观念的东西不外是移入人的头脑并在人的头脑中改造过的物质的东西而已”。[①] 因此，个人偏好虽然千差万别，但都是客观存在的，即使主观映像“表现为同现实似乎毫不相干的虚幻的、荒诞的观念形态，即使是歪曲、虚假的主观映像，也毕竟是对客观对象的反映”。[②] 人的意识不管主观的色彩多么浓厚，不管披上什么样的神秘外衣，它归根结底有着自己的客观“原型”。如鲁迅所说：“天才们无论怎样说大话，归根结底，还

① 马克思恩格斯选集（第四卷）［M］．北京：人民出版社，2012：217.

② 李秀林，王于，李淮春．辩证唯物主义与历史唯物主义原理［M］．北京：中国人民大学出版社，2004：79.

是不能凭空创造。”① 就偏好而言，尽管多个个体偏好主体会有不同偏好反映，甚至有偏好“中间派”的，有偏好“极端”的，还有“策略的”偏好，“老实表露偏好”和“虚假表露偏好”等，但归根结底，所有这些偏好都有着自己的客观“原型”，因此偏好的这种主观性只要是对客观对象近似真实的摹写，没有脱离客观，就不应被拒之门外，因为事实说明：个体意识的差别虽然是主观的，但由此产生的根源却是客观的。并且，投票悖论的确立不正是建立在这种多数人偏好的主观与客观相统一的基础之上吗？当然，多数规则下的多数偏好选择并不一定是公正、合理的，这恰是投票悖论的立论之点。

投票悖论的解决方法，从孔多塞提出的“孔多塞胜者”的多数偏好关系即所有配对抉择之间的简单多数规则开始，之后诸多学者，他们都想以此来消除这一悖论，但除标准修正方式外，每一个人又都违背了孔多塞的准则。此后又有人提出“淘汰方法”，即淘汰较弱的一些抉择，然后再投票，这种操纵选择程度增加或删去一些抉择人影响投票结果的办法又似乎违背了弱显示偏好公理，亦即经济学家观察不到的偏好，但可通过观察消费行为间接看到偏好。直到阿罗提出限制投票偏好，将多峰偏好改为单峰偏好，即抉择沿着一维的离散点，投票人的理想点从左到右排序，于是可推出孔多塞胜者；在多维的抉择空间，几乎可以肯定没有孔多塞胜者的场合，但在竞争性的投票过程中，可能会导致选出多少有点“中间派”的抉择。到了20世纪70年代，阿马蒂亚·K. 森绕过“阿罗不可能性定理”，提出改变甲、乙、丙其中一个人的偏好次序，以解决投票悖论问题，那是为了追求多数一致性，改变、牺牲了个人偏好次序。在目前的现实中，各国或不同领域中，人们探索和采取了各种不同的投票程序方式，如绝对多数程序、相对多数程序、正向淘汰程序、反向淘汰程序、两轮决胜程序、平均分淘汰程序等。但事实上，迄今为止，没有一个方式能够满足我们认为公正合理的投票系统所必需的所有判据。这就是说，阿罗定理所说的根本不存在一种能保证效率、尊重个人偏好，并且不依赖程序的多数规则的投票方案，这个判断，这个论点是正确的，至少可以算是“个别概念、个

① 李秀林，王于，李淮春．辩证唯物主义与历史唯物主义原理［M］．北京：中国人民大学出版社，2004：79.

别论点、个别方法”，有一定现实意义。既然如此，难道我们就无法破解这个定理吗？人类对规律、定理、公理、准则的认识总是步步深入的，本人对此也想提出点议论。

“多数同意”“多数规则”“一致同意”的原则在现实生活中的确难以实现，想要通过“多数原则”实现个人选择到社会选择的转换的确遇到了障碍或矛盾，即使通过多种方式方法勉强实现了转换，但转换的结果也未必公正、合理，大多数人也未必满意，即使当下满意了，经过一段时间甚至很长一段时间的历史审查，多数人的一致意见所投票的结果被证明是不公正、不合理、不科学的。现实生活，无论在政治生活、经济生活、社会生活中，这样的例子难道还少吗？

鉴于此，依据本人的研究，提出以下三个方略，以供读者参考。

（1）投票之前的公开舆论宣传应放在首位。任何一次政治、经济、社会民生的政策法令、领导人选，如确需投票决定的话，在投票前，一定要做好充分的准备工作，不要突然袭击，要将选择对象的信息公开，也要将投票规则公开，使投票人树立起尊重社会、尊重自己，承担起社会的责任与重托，确保自己的尊严不受损，使个人权利得以正确合理行使。同时，在公开舆论宣传过程中，要真实地发布被选择对象的信息，如候选人的介绍、政策法令规划的详细情况等，使选择人熟悉了解情况，不至于发生信息不对称的问题，并以此激发投票人的社会责任心、责任感。这样做，也有利于接受社会的广泛监督，保证投票的公正性、合理性。

（2）去一己私利，以公心参与投票。投票悖论之所以出现个人选择到社会选择转换的障碍、矛盾、困惑，要害在于：个人选择往往是从个人自身利益出发的，即经济人的利己最大化，这与社会选择从集体或整体的社会公共利益的基准是相背的，因此，这种个人选择到社会选择必然矛盾，必然令人困惑。基于这一点，我们从大量选择投票的事实中看到，投票人如不去掉或丢掉一己私利，投票的结果即个人选择是难以转换成社会选择的，即使用什么办法，如淘汰法、综合法、序贯二元法、单峰偏好法、改变偏好次序法等，也无济于事，因为这样好像改变了“循环多数”“阿罗问题”“投票悖论”，但实际上是换汤不换药，依然是利己经济人的“多数一致”，并非是公正、合理、科学的社会公认的投票结果。正因如此，去一己私利即丢掉经济人利益最大化，以公心或利他之心去参加投票，是破解悖论的核心问题，也是解构投票悖论的最重要的理论点。

（3）以“正中”之道来解构投票悖论。如前所述，这里的“正中”之道是指中国传统的中庸之道，即位于正中间，不偏不倚，不过不及的中间“正道”，强调忠恕宽容，并行而不相悖。以“正中”之道解构投票悖论是基于投票方式中的一个特别重要的缺陷而言的，即那些增加或删除一些抉择人来影响投票结果的议程操纵，违背弱显示偏好公理的投票方式。经济学家常常把这一公理看成公正合理选择的一个特征。尽管弱显示偏好是经济学家直接观察不到的偏好，但毕竟可通过间接观察消费者需求选择来联系偏好。这里蕴含着一个“正则公理”，即“正则均衡”状态：具有局部利益冲突的许多经济行为者的个人计划却是相互和谐一致的（萨缪尔森，1938）。虽然这个公理被看作努力的主观愿望，一种在缺乏令人满意的唯一性结果的情况下推动一般均衡理论前进的主观努力或主观属性。但是，这个弱显示偏好公理中的“正则公理”主观愿望的状态与我所说的“正中”之道似有相通之处，即不要违反较弱的相容性准则，我们的“正中”之道也强调忠恕宽容，不偏不倚，不要删除弱者，不要删去看不到偏好的弱显示偏好的一些抉择人，因为，这是导致选择是否公正合理的一个重要依据。依据“正中”之道，在具体的投票过程中，如果遇到三个抉择沿着思想意识尺度排列成：第一个是（相对）“左派”的抉择，第二个是（相对）“右派”的抉择，而第三个是“中间派”抉择，表示前两个之间的“正中”。如果所有投票人都相应建立了他们的偏好，在投票中，中间派的那一个，将不会被投票人排在最末，无论在配对多数投票中或者在绝大多数投票人的抉择中，即在任何场合下都存在孔多塞胜者，也就是说，必然导致选出多少有点中间派的抉择结果。这就是所谓的“多数中的多数”，即在“多数一致”原则下多数人具有对“中间派”相同的偏好与抉择。这一案例也可能就是我所谓的以“正中”之道来解构投票悖论的典型例证，也许是具有普遍性的范例。

总之，多数票决定本身不一定就公正、合理、科学，因为真理有时掌握在少数人手中，事实上，真理往往是少数人首先发现的，从这个意义上讲，多数原则应被否定，但是，反过来说，多数原则或多数主义在理论上是大数定理支撑的，理论上讲，多数决定是对的。因而，不要多数决定，难道要少数决定吗？显然也不对、也不行，这其实也是一个悖论。理论与实际的悖论，两者相分离、相矛盾，因此，在没有更好的办法与理论之前，还只能是多数人决定，这是世界各国多领域普遍接受的，尽管有点无奈，尽管存在悖论。一般来说，采取我所主张的“多数中的多数”即“正中”下的多数抉择似乎更符合现实，更合理，更无异议，但是，我们绝不能忘了“少数中的少数”，应当让少数发现或掌握真理的人，甚至一个极端和另一个极端的人，得到抚慰，尤其是少数发现真理的人，应使“少数中的少数”人的真理传递给大多数人，让多数人掌握真理，这样多数人抉择才可能更公正、合理、科学。这里既有中国古代人的“正中”或“中正”的朴素辩证的哲理，即中华民族的智慧，也蕴含着现代人的辩证思维精髓。

五、有趣的悖论：二律背反

人类常常会走入思维的困境，也常常陷入悖论。并且，这些困境与悖论又往往令人类的理性思考也似乎难以打开缺口。然而，悖论虽然使人们困惑，但也是很有趣的。比如芝诺悖论（阿其利斯追不上乌龟）、罗素悖论（理发师该不该给自己刮胡子），当然有趣的悖论中就包括二律背反。二律背反这一悖论是 18 世纪德国古典哲学家康德提出来的。二律是指两种被社会认同却正相反对的规律。也就是说，二律背反是指两个各自依据普遍公认为正确的原则建立起来的规律或命题之间的自相矛盾或冲突。

1. 逻辑证明

康德在其哲学著作《纯粹理性批判》（1781 年）中首次发现二律背反，在他的哲学概念中，二律背反是指对同一个对象或问题所形成的两种概念或命题虽然各自成立但却自相矛盾，康德把这种矛盾称为“二律背反”。康德认为，当我们要求认识“现象”之外的“世界”时，即“理性”认识要求超出“现象”的范围以外而达到对“本质”、对“物自体”的认识。在他看来，“现象”中的东西总是相对的、有条件的、不完整的，然而“理性”所追求的东西，则是绝对的、无条件的、最完整的。但是，当“理性”去追求“本质”、“物自体”时，它也就不可避免地陷入了自相矛盾。即陷入以下四个“二律背反”：

①宇宙在时间上有开端，在空间上有限；世界在时间和空间上是无限的。

②宇宙中的一切都是由单一的不可分的部分构成的；宇宙中没有单一的东西，一切都是复合的可分的。

③宇宙存在有自由；宇宙中没有自由，一切都是依自然法则。

④在宇宙原因的系列里有某种必然的存在体；宇宙原因系列里没有必然的东西，一切都是偶然的。

康德认为，既然当人的最高认识能力——“理性”，要求超出“现象”的范围去认识“物自体”时，会不可避免地碰到上述的矛盾，这就表示“物自体”是人的认识所根本达不到的，表示人的认识是有限度的。当然，康德也特别强调，这四组二律背反不是任意捏造的，它是建筑在人类理性的本性上，是不可避免的。康德并由此看到了人类理性认识的辩证性，看到了欧洲哲学史上各对立派别主张的冲突，指出独断认识的片面性，为德国唯心主义辩证法的发展奠定了理论基础。同时，康德认为二律背反的发现，是从另一个侧面证明他自己哲学的正确性，证明人绝不可能超越现象去认识物体。康德还认为，在实践理性和判断力中同样存在二律背反，在道德领域，康德认为道德的普遍法则不可避免地要进入感性经验，否则就没有客观有效性，于是在人的身上必然发生幸福和德行的二律背反，二者只有在“至善”中得到解决。在美学领域，康德提出兴趣和概念的二律背反，目的在于揭露经验派和唯理派的观点在美学上的片面性。

康德对其四组二律背反是给予了逻辑证明的，应该说是比较认真的。尽管他把“二律背反”的矛盾有时看作谬误和错觉，但他还是给予了逻辑证明。康德说，“二律背反有些仅仅是表面自相矛盾的，有些是真正自相矛盾的”。所列举的四组二律背反，他认为后两组便只是表面上的自相矛盾，即假二律背反；前两组才是真正的自相矛盾，即真二律背反。下面让我们来看康德在其《纯粹理性批判》一书中是如何给自己发现的四组二律背反作逻辑证明：

①第一组二律背反。正反题认为宇宙在时间和空间上是有限的和无限的均可以证明。他用古希腊以来惯常使用归谬法进行证明：因为如果承认宇宙在时间上是无限、没有开端的，那么就等于说到了一个时间点上（如到目前为止），一段无限的时间序列已经结束了，但这是不可能的，因为“无限”就是没有结束之意，怎能说无限的时间结束了呢？由此可见，时间只能是有限的；另外，如果承认时间有限，则等于说，宇宙在时间上有个开端，在此以前宇宙还不存在，这也就等于在开端之前，时间是空的，而在空的绝对时间中是不可能形成万物和世界的，所以，时间是无限的。这种归谬法反证说明宇宙在时间上是无限的和有限的这两个命题都是正确

的。空间是无限的与有限的这两个命题也同样可以证明都是正确的。

②第二组二律背反。正题认为复合体是由单一的不可分的原子组成，如假设复合体不是由单一的东西构成，则复合体就不成为复合体，因而正题为真；反题认为一切都可分至无限，没有单一不可分割的东西，其证明是，假如复合体由单一的不可分割的部分构成，但空间不是由单一的东西构成，它可以分至无限，故宇宙中占据空间的复合体也可分至无限。

③第三组二律背反。正题假设宇宙中有自由，即认为有超越于因果以外的自由因，其证明是：假如宇宙中只有因果变化，有果必有因，这样就可以推至无穷，所以，必须假设有自由因作为变化的起点；其反题认为宇宙中根本无自由，一切事情都按照自然的因果律而发生，其证明是，假如自然界作为一个完整的统一体，有自由，就有一个超越于因果性的自由因，那等于说，这个自由因本身不是为其他原因所产生，但是不可能有这样的东西，因为自然中的一切不可能是没有原因的。

④第四组二律背反。正题认为宇宙中有一个绝对的必然的存在，或者是它的部分，或者是它的原因，其证明是，就必然存在来说，假设一系列的原因和条件，从原因推原因，从条件推条件，一定有一个必然的存在；反题认为并无必然存在于宇宙内的宇宙主体或存在于宇宙外作为宇宙的原因。其证明是，假如有必然的存在，则它成为宇宙的开端或成为构成宇宙的主体，但成为宇宙的开端必须使时间有开端，故不可能。如认为必然存在于宇宙之外，等于存在于时间之外，这也不可能，因此，没有必然的存在体。

纯粹理性的二律背反的发现，在康德哲学形成过程中具有重要意义，它使康德深入到了对理性的批判，这不仅仅看到了以往形而上学陷入困境的根源，而且也找到了解决问题的途径。康德将二律背反看作源于人类理性追求无条件的东西的自然倾向，因而是不可避免的，他的解决办法是把无条件者不看作认识的对象而视之为道德信仰的目标，虽然他对二律背反的理解主要是消极的，但他也揭示了理性的内在矛盾的必然性，揭示了某些概念、范畴的对立和矛盾，有着明显的辩证法因素，这对于德国唯心论辩证法之后的发展，起了一定的推动作用。当然，它只能算是德国古典唯心论哲学中辩证法发展的起点而已。

2. 马克思对“二律背反”的经济学应用

马克思在其《资本论》（第一卷）中论述资本家和工人在工作日的界限上的矛盾与冲突时所形成的“二律背反”，应该说是非常经典的。

马克思认为，工作日虽然是一个可变量，但它只能在一定界限内变动。它的最低界限是无法确定的，但在资本主义社会，工作日决不会缩短到必要劳动时间这个最低限度。它的最高界限取决于两点：一是劳动力的身体界限。因为一个人在一天 24 小时中总必须在吃饭、睡觉等几方面花去一定时间。二是道德界限。因为工人必须有时间满足精神和社会需求。这种需求的范围和数量是由一般的文化状况决定的。因此，工作日是在身体界限和社会道德界限之内变动的。然而，这两个界限有很大的伸缩性，有很大的变动余地。正因为如此，资本家和工人在工作日的界限上进行过长期的斗争，出现过针锋相对的两种状况：一方面，资本家总是力图延长工作日。因为“资本家是人格化的资本”，“他的灵魂就是资本的灵魂”，“而资本只有一种生活本能，就是增殖自身，获取剩余价值”，“用自己的不变部分即生产资料吮吸尽可能多的剩余劳动”。“资本是死劳动，它像吸血鬼一样，只有吮吸活劳动才有生命，吮吸活劳动越多，它的生命就越旺盛”。① 资本家还以商品交换规律为依据，要和任何买者一样，想从他的商品使用价值即劳动力使用价值中获取尽可能多的利益。另一方面，工人尽力反对延长工作日，因为从工人的角度看，我卖给你的商品和其他的普通商品不一样，它的使用可以创造价值，而且创造的价值比它本身的价值大，正是因为这个缘故，你才购买它。在你那里是资本价值的增殖，在我这里则是劳动力的过多的支出。你和我在市场上只知道一个规律，即商品交换的规律。商品不归卖出商品的卖者消费，而归买进商品的买者消费。所以，我一天的劳动力归你使用。但是我必须依靠每天出卖劳动力的价格来逐日再生产劳动力，以便能够重新出卖劳动力。我劳动一天，需要在体力和脑力上得到恢复，明天得像今天一样，在体力、健康和精神的正常状态下来劳动。你无限制地延长工作日，就能在一天内使用掉我三天还恢复

① 马克思．资本论（第一卷）［M］．北京：人民出版社，1975：260.

不过来的劳动力。你在劳动上这样赚得的，正是我在劳动实体上损失的。使用我的劳动力和劫掠我的劳动力完全是两回事。工人要求正常的工作日，每天只想在它的正常耐力和健康发展所容许的限度内使用他们唯一的财产——劳动力，和别的卖者一样，工人要求得到劳动力的价值。

以上两种对立的状态表明：工人总是反对延长工作日，要求和别的卖者一样，得到出卖劳动力商品的价值；与之相反，资本家总是力图延长工作日，要和别的买者一样，想从他购买的劳动力商品的使用价值中获取更多的剩余价值。于是，这就出现了买者的权利和卖者的权利相冲突，而买者的权利和卖者的权利都是以商品交换规律为根据的，都是这一规律所承认的。但是，资本家和工人在工作日界限上的矛盾的确是不可调和的，买者的权利和卖者的权利终于形成了“二律背反”。这种权利和权利的对抗在资本主义社会显然是难分难解的。

的确如此，资本家和工人之间这种权利和权利对抗矛盾的解决，取决于阶级力量的对比和斗争。如马克思所说：“在平等的权利之间，力量就起决定作用。”所以，在资本主义生产的历史上，工作日的正常化过程表现为规定工作日界限的斗争，这是全体资本家即资本家阶级和全体工人即工人阶级之间的斗争。1860—1861 年，伦敦建筑工人举行大罢工，要求把工作日缩短到 9 小时。就是因为那时资本家的“狂暴行为”使工人“累死——这是目前普遍存在的现象”。[①] 1850 年的法令只是把“少年和妇女”的劳动时间从 15 小时改为 12 小时，之前的 1845 年的法令却只把 8 ~ 13 岁的儿童和妇女的工作日限制为 16 小时，但事实上，工厂主是不顾法令的，他们会强制工人劳动延长到 20 小时，在有些行业，如铁路，在旅行季节，他们往往要连续劳动 40 ~ 50 小时，他们的劳动力使用一定限度就不中用了。他们浑身麻木、头发昏、眼发花，出了车祸还要定他们为“杀人罪”，这不正是 1866 年英国伦敦出现的悲惨案例吗？

所以，正常工作日的规定，是几个世纪以来资本家和工人之间的斗争的结果，这种斗争随着工人阶级力量的壮大，直到 1886 年 5 月 1 日，美国芝加哥 20 万人大罢工，要求实现 8 小时工作制，经过了流血的斗争，最终

① 马克思．资本论（第一卷）[M]．北京：人民出版社，1975：285.

才获得了胜利。这充分说明平等权利之间矛盾的解决起决定作用的是力量和斗争以及时间。

3. 评析康德的“自相矛盾”之“自相矛盾”

（1）头脚颠倒的辩证法。康德认为，由于人类理性认识的辩证性力图超越“现象”范围去认识“物自体”，当把宇宙“理念”视为认识对象，用说明“现象”的概念去说明“本质”时，就必然产生“二律背反”。康德的这个观点，认识了人的认识在一定程度内发生矛盾或冲突的必然性，因此，康德这个观点和他早期已经用发展的观点来观察自然界，提出的著名的太阳系起源的星云假说一起，显示了他的哲学中所包含的辩证法因素。而这对于德国古典哲学的唯心论辩证法即“头脚颠倒的辩证法”的发展，起到了一定的促进作用。可以认为，康德的辩证法思想是德国古典唯心论辩证法发展的开端。

但是，康德既然认为当人的最高认识能力——理性，要求超出“现象”的范围而认识“物自体”时，会碰到上述的“二律背反”即自相矛盾，这就表示“物自体”是人的认识所根本达不到的，表示人的认识是有限度的。并且还认为“物自体”是不能有矛盾的，矛盾只属于我们的主观的认识能力——理性。从以上康德的所说可知，康德对人类认识能力的考察，从感性到理性，贯穿着一个思想，那就是把“物自体”的“本质”与“现象”割裂开来，把思想与存在割裂开来，把认识与实践割裂开来，用不可知论和唯心论的先验论反对唯物论的反映论。之所以如此，是因为他不懂得感性认识与理性认识的辩证关系，不承认知识中的普遍性和必然性源于客观事物，其结果，康德不但把理性认识看作是先验的，而且把感性认识也视为具有先验的性质，因此，他想调和唯理论和经验论的企图也就破灭了，他也就不可避免地成了欧洲古典哲学史上最有名的唯心论的先验论者。难怪乎！康德是欧洲哲学史上第一个给自己的认识论公开挂上“先验论”招牌的哲学家。这就清楚地表明，康德自己也承认他已经陷入主观唯心主义的泥坑。在康德的思想中，虽然也有些辩证法的因素，但他的辩证法是头脚颠倒的，因为康德的辩证法基本上是唯心论的辩证法，康德的哲学方法论也基本上是形而上学的：他脱离实际的认识过程而在认识开始之前就去考察认识能力，这个考察的原则本身就是形而上学的，这正如后来的黑格尔在批评他时所说的："其可笑实无异于某学究的聪明办法，在没有学会游泳以前，切勿冒险下水。"① 他不解本质（物自体）与现象之间并没有原则性的界限，不了解未知的事物将不断地转化为已知的事物，而硬要在现象和本质之间划下一条不可逾越的鸿沟，从而否定认识"物自体"、认识本质的可能性；他还认为矛盾（二律背反）本身只是谬误、错觉，而不是真实的；如此等等。② 由此可见，康德声称，人的知识是头脑里固有的，而不是来源于实践；是先天就有的，而不是后天获得的，这种典型的唯心论的先验论略见一斑；他想要限制人类认识能力于现实世界之外的"彼岸世界"，人为割断"现象"与"本质"，否认人们认识事物本质的可能性，这种不可知论同样略见一斑；更不待说他自己提出的"二律背反"的矛盾，又认为是谬误、错觉，自己打自己的脸，这难道不是对他那一点点辩证法因素的否定，退回到形而上学的老路上吗？

（2）"自相矛盾"的"自相矛盾"。康德思想中的辩证法因素，如果说在"二律背反"的矛盾冲突中有一丝丝显露的话，不如说他的这种辩证法因素在对宇宙不变论的批判中得到了较多的显露。年轻的康德向着宇宙不变论打响了第一枪。他在《宇宙发展史概论》一书中（1755 年），他大胆地取消了牛顿的"第一次推动"，夺了上帝的权，使"地球和整个太阳系表现为某种在时间的进程中逐渐生成的东西"。③ 他提出了关于天体起源的"星云假说"，用天体内部的引力和斥力之间的矛盾说明天体的发生、发展和转化，说明物质处于永恒的产生和消灭的过程中，自然界处于永恒的运动、变化和发展中。

康德的这本书本质上是批判的，它批判了牛顿的"第一次推动"，批判了"神创论"，通过批判，康德表达了他的一些朴素辩证法的观点——关于物质的必然的、自己运动的观点，关于引力和斥力相互作用的观点，关于宇宙在空间和时间上无限性的观点，关于事物的发生、发展和灭亡的

① 汪子嵩，张世英，任华．欧洲哲学史简编［M］．北京：人民出版社，1972：122.

② 汪子嵩，张世英，任华．欧洲哲学史简编［M］．北京：人民出版社，1972：128.

③ 恩格斯．自然辩证法//马克思恩格斯全集（第 20 卷）［M］．北京：人民出版社，1971：366.

普遍规律的观点，关于人类是物质发展到一定阶段上产生的观点等。这是对宇宙不变论的批判，打击了当时统治着人们头脑的形而上学宇宙观，如恩格斯所说，“在这个僵化的自然观上打开第一个缺口”，“如果立即沿着这个方面坚决地继续研究下去，那么自然科学现在就会进步得多。”① 然而，“辩证法往往还是要等待历史很久”② 康德的宇宙发展论并没有一下子为人们所接受，等待了差不多半个世纪，到1799年这本书才得以再版，才产生广泛的影响。值得玩味的是，康德在此期间，没有如恩格斯所指出的“沿着这个方向坚决地继续研究下去”，而是不进则退，他在之后1781年出版的《纯粹理性批判》的哲学著作中讲“二律背反”即“自相矛盾”时，却变得“犹抱琵琶半遮面”了，用宇宙发展论反对宇宙不变论的资产阶级革命性丧失了，未能也不可能达到彻底的辩证法了。所以，这时康德才认为矛盾（“二律背反”）本身只是谬误、错觉，不是真实的。这证明康德还根本没有认识到“矛盾”是具有普遍性特征的；矛盾存在于一切事物的发展过程中；每一事物的发展过程中存在着自始至终的矛盾运动。康德所认为的“矛盾”（“二律背反”）本身只是谬误、错觉，不是真实的，正是他的主观认识能力——理性中缺失矛盾普遍性的特征。故此出现康德理性认识中的“自相矛盾”的“自相矛盾”。一方面，是他自己提出了四个“自相矛盾”的命题；另一方面，他又自我否定自相矛盾的命题，说矛盾（“二律背反”）本身只是谬误、错觉，不是真实的。为什么康德本身的理性认识会出现如此“自相矛盾”的现象呢？他将他提出的四个“二律背反”即自相矛盾划分为第一个和第二个是真实的；第三个和第四个是虚假的。并且，他亲自对四个自相矛盾的“二律背反”进行了逻辑证明，尽管他的逻辑证明并不都令人信服，也并非都很充分，但是，康德认为这四个“二律背反”不是任意捏造的，它建筑在人类理性的本性之上，是不可避免的，并且给予了认真而严肃的逻辑证明。这无疑是说，他选择的四个“二律背反”即“自相矛盾”是真的，是客观存在的，是不可避免的。这

① 恩格斯．自然辩证法//马克思恩格斯全集（第20卷）［M］．北京：人民出版社，1971：366.

② 恩格斯．自然辩证法//马克思恩格斯全集（第20卷）［M］．北京：人民出版社，1971：450.

是符合“矛盾”也必须具有客观性的特征的要求，如果“二律背反”的命题不具备客观性，那就变成了脱离实际的套话或伪命题，从而成为主观主义或唯心论的话柄。然而，康德所以把“二律背反”的矛盾说成是不真实的，也许是指第三个和第四个，特别是第四个“二律背反”中的“存在”其实是“存在物”或“物自体”，这其中包括“上帝”、“灵魂”、宗教，这个“存在”其实是不存在的，不客观的，不是真实的，这在康德的早期思想中的朴素的唯物主义倾向中是不承认的，而如今康德的唯心主义倾向是不得不承认的。这就完全可以说明，康德本人就是一个“二律背反”“自相矛盾”的统一体，或者说康德是一个顶级的二元论者。

（3）康德的两面性。一方面，康德用宇宙发展论反对宇宙不变论，具有辩证法的因素，另一方面，他对宇宙不变论的批判又是不彻底的，是调和的。他企图调和唯物论和唯心论，科学和宗教，经验论和唯理论，最后陷入了十足的唯心论的先验论。《宇宙发展史概论》是康德最好时间的最好著作，但同样具有两面性：他批判牛顿，却又一再声明他是“根据牛顿定律”进行论证的；他一面论证自然界按照自身的规律发展，一面又连忙辩解这个规律本身就是“神的意志”；他一面说明宇宙在空间和时间上的无限性，一面又被这种无限性吓住了，含糊提出宇宙有中心、时间有开端；他一面承认天体系统无限发展的可能性，一面又把这个发展看作“火凤凰”自焚、再生、再自焚的简单循环；他一面否认人类是上帝指定的“万物之灵”，一面又宣扬“具有最高智慧的上帝”可以在“最高天体上”统治人间。同样，康德在他的《纯粹理性批判》一书中也表现出他的两面性：康德一方面反对贵族世袭，主张法治和共和，另一方面又认为贵族等级制度还可以存在；他一方面主张改善现状，承认社会进步的可能性，另一方面他又反对群众斗争，只赞成在现存政府领导下的自上而下的改革，竭力维护私有财产制度；他一方面主张“善良意志”是“无条件的”行为原则的“绝对命令”，一方面又把行为的动机与效果割裂开来，片面强调动机，滑入不管效果如何的唯心论；他一方面向往资产阶级革命和“幸福”，一方面又表现为软弱妥协，不敢进行革命实践的思想情绪；他一方面认为人们的认识能力（“感性”）在进行认识活动时，便永远会因为时间和空间的主观性而“增加和改变”了客观事物，使客观事物（“物自体”）成为不可知，另一方面又认为人们所得到的感性知识，便永远具有了“主观的、先天的”、不依赖于经验的性质；他一方面虽然唯物地、正确地承认了“物自体”的存在，承认了“物自体”是作用于我们感官而引起我们感觉的东西，一方面他又用不可知论和唯心论的先验论把这“物自体”变成了空洞的、抽象的、无意义的东西，把存在于时间、空间中的真实的客观物质世界及其规律性，说成了人的认识活动的产物；他一方面揭示了某些概念、范畴的对立和矛盾，承认了人的认识在一定程度内所发生矛盾的必然性，有一定的辩证法的因素，另一方面他又唯心地认为矛盾（“二律背反”）本身只是谬误、错觉，不是真实的。历史已经把康德远远地抛在前人的位置上了，对于他的学说与观点只要一分为二也就够了，对于所发现的“二律背反”只要知道他自身就是“自相矛盾”的也就够了。因为这是历史唯物主义和辩证唯物主义所要求的，我们不可能超越历史来苛求前人的认识论，而只能历史地、唯物地、辩证地来评说前人对客观事物、对宇宙的认识论。

六、吉芬悖论

1. 吉芬商品

吉芬商品也是一种商品，应该说它是一种特殊商品。这种商品在价格上升时需求量本应下降，却反而增加。所谓吉芬商品就是在其他因素不变的情况下，当商品价格上升时，需求量增加；价格下降时，需求量减少。这是19世纪英国统计学家罗伯特·吉芬对爱尔兰的土豆销售情况进行研究时发现并定义的。1845年，爱尔兰发生灾荒，土豆价格上升，但是土豆的需求量却反而增加了。这一现象在当时被称为“吉芬难题”，这种价格与需求量同方向变动的特殊商品以后也因此被称作为“吉芬商品”。吉芬商品特殊性在于：它的收入效应超过了它的替代效应。这也就是吉芬商品的需求曲线呈现出向右上方倾斜的特殊原因。

（1）相关争议

2001年以来，中国经济学界就需求定律展开了一场争论，但时至今日，这场争论仍无结果，对于经济学界人士和广大读者而言，需求曲线是否必定向右下角倾斜？世上到底有无“吉芬商品”？张五常等人坚持认为，需求曲线必定向右下方，现实世界不存在“吉芬商品”。黄有光、汪丁丁等人则认为存在向右上方倾斜的需求曲线，认为存在“吉芬商品”。

“吉芬商品”是否存在，一直是经济学上没有解决的难题。即使在美国学术界，也一直存在争论。如2001年华夏出版社出版的中译本《经济学的困惑与悖论》中，就有专文讨论这一问题，但仍然没有定论。在当前国内外的经济学教科书中，“吉芬商品”却是作为需求定律的例外而存在的。

（2）争议的原因

一些学者认为引起“吉芬商品”争议的原因是混淆了“心理需求”和

“实际需求”的区别。这是因为，需求定律中的需求量是心理之量，是无法验证的，需求量增加的现象，如投机品、奢侈品、吉芬物品等，因为这些经济学家认为需求定律还有例外的情况存在，因此需求定律并不存在，争论由此产生。其实，这些经济学家观察到的是“实际需求”。需求定律作为一个心理规律，是没有错的，也不会错的，但这种“意图”的理论根本没有什么实际应用价值，误导作用很大。这是引起需求定律争论的一个主要原因。

2. 吉芬反论

吉芬悖论又称吉芬反论，是指商品的需求量与价格成正向关系的状况，即是一种正向需求曲线现象。然而，按西方经济学的需求定律，当商品价格上升，需求量必然下降；当价格下降，需求量必然上升。可是，吉芬商品的出现，使需求定律出现了问题，即出现与需求定律相反的状况，正常商品的需求曲线是右下倾斜的，吉芬商品作为一种特殊商品的需求曲线呈现出向右上方倾斜的特殊状况。这是一种与需求定律不一致的观察，这种现象被经济学界称为“吉芬之谜”。“吉芬之谜”之后被经济学家解开，被看作需求定律的一种例外，需求定律背后掩盖着消费者对商品需求的差异。在经济学中，当一种商品价格发生变化时，会对消费者产生两种影响：第一种是使消费者的实际收入水平发生变化；第二种则是使商品的相对价格发生变化，这两种变化都会改变消费者对某一种商品的需求量。

对于所有商品来说，替代效应都是与价格呈反方向变动的，而且在大多数情况下收入效应的作用小于替代效应的作用，需求定律一直都有效。但是，在少数特定情况下，某些低档商品的收入效应作用要大于替代效用的作用，正是如此，经济学中将商品分为正常商品和低档商品两大类，正常商品的需求量与消费者的收入水平呈同方向变动，而低档商品则反之。这在现实中是可以理解的。爱尔兰 1845 年饥荒使得大量家庭因此陷入贫困，土豆这样的仅能维持生活和生命的低档品，无疑会在大多数贫困家庭的消费支出中占一个较大比重，土豆价格的上升更会导致贫困家庭实际收入水平大幅度下降。在这种情况下，变得更穷的人们为了生存下来，就不得不大量地增加对低档商品的购买而放弃正常商品，相比起土豆这种低档商品来说，已经没有比这更便宜的替代品了，这样发生在土豆需求上的收入效应作用大于替代效应作用，从而造成土豆的需求量随着土豆价格的上

升而增加的特殊现象。

经济学教科书上，有一个所谓的“吉芬反论”：在讲需求定律时，英国一位名叫吉芬的爵士向经济学家马歇尔提出如下一个反论例子，面包是一种主要的粮食，如果面包的价格大幅下降，消费者的购买力增加，多吃了肉类，因而少吃了面包。面包的价格下降，但需求量却减少了。这一例子中的面包被称为“吉芬商品”,① 似乎它推翻了“需求定律”。我国一些学者认为，所谓“吉芬商品”实际上是满足人们基本生存需求的最低档次的物品，“吉芬商品”降价，导致消费者的购买力增加，消费者购买力增加导致“吉芬商品”的边际效用大幅度下降，也就是低档商品价格的替代效应不足以抵消人们需求水平的变化，需求效应大于替代效应，使得降价了的“吉芬商品”的市价还是大于它的实际平均价值，所以减少了需求量。在一般情况下，商品的价值变动必然影响其价格，也就是不会影响到该商品对于人们的边际效用。比如感冒药的价格波动一般不会影响到该药品的疗效及其在人们心中的地位。可是，在特定的局限条件下出现的“吉芬商品”，其表现是随着“吉芬商品”的价格的升降，使得其价值发生变化，因而整条需求曲线发生变动。一些学者还举例予以说明。②

他们的案例是：“文化大革命”期间的 1967—1969 年，农村粮食紧张，红薯和大米是农民的主要食品，农民的“自留地”交了公，全靠生产队分配的红薯和大米为生。村里粮食定量，每人一年 300 斤谷子，且 300 斤谷子只能出 210 斤大米，远远不足一个农民一年的需求。于是生产队就以 1 斤谷子折算 10 斤红薯，由农民自己选择。一般每户要一半谷子一半红薯，家家挖地窖储存红薯。有一年，粮食减产，改为 1 斤谷子折算 8 斤红薯，即红薯交换价上涨，谷子交换价下跌，农民反而要更多的红薯，减少了谷子的需求量。为什么出现这种红薯价涨需求量上涨，谷子价跌需求量下跌的现象呢？这种情况是以交换不完备，竞争不充分为条件的。红薯价涨，谷子价跌，农民总收入减少（减产），故此重新调整了谷子和红薯的边际效用，改变了二者价值之比。也就是说，在红薯的市价（这里表现为对谷子的交换价）下跌的情况下，由于只有两种物品参与竞争，使得红薯

① 参见百度百科：吉芬反论——互动百科。

② 参见百度百科：吉芬反论——互动百科。

的边际效用（价值）大升，谷子的边际效用（价值）大跌，也就使得红薯的平均价值反而大于上涨了的市价；使得谷子的平均价值反而小于下降了的市价。农民不多要红薯便无法维持一年的最低生活。可见，在一特定的条件下，价格变动使得需求曲线移动，而不是一般情况下曲线上的滑动。应当指出的是，在我国当时粮食配给制的农村自给自足的非商品经济条件下，谈论边际效用或效用价值论，似有不妥，给人一种牛头不对马嘴之嫌！即在非商品经济条件下谈论商品经济、谈论“吉芬商品”，这不也是自相矛盾吗?

一些学者认为，吉芬反论或悖论的模式大致如下：由于竞争条件的限制，满足人们生存需求的最低档次的物品，其价值有可能按以下规律波动：“吉芬物品”涨价——消费者购买力下降——“吉芬物品”的边际效用增加——消费者只有增加“吉芬物品”的需求量才能维持基本生存条件。这一过程的结果，实际表现为“吉芬物品”的平均价值大于市场价格。“吉芬物品”降价——消费者购买力上升——“吉芬物品”的边际效用骤减——消费者可以通过减少“吉芬物品”的需求量来改善生活。这一过程的结果，实际表现为“吉芬物品”的平均价值小于市场价格。这一切是在竞争受限制的条件下产生的。实际上，这些学者以为，只要交换条件允许，竞争稍许充分，所谓“吉芬物品”就不可能存在。

3. 学界评论

对于吉芬悖论，学界历来意见纷纷，争论不休，现将不同意见、观点归纳如下：①

（1）一种观点认为“吉芬现象”或“吉芬之谜”是存在的，如爱尔兰的土豆，较为低廉的住房等。但是，并不认为它违背需求定律，也不认为它是需求定律的特例。我们绝对不能因为需求定律说“价格与需求量呈反向变动关系”，就否定“价格与需求量呈同向变动关系”这种“现象”的存在。需求定律附加了“其他条件不变”的前提，是抽象掉现实中诸多因素的形而上的东西；“吉芬商品”或“吉芬现象”则是现实的，是没有

① 参见吉芬商品——百度百科。

抽象掉其他因素的形而下的东西。就如同“劣币驱逐良币”一样，这种现象是存在的，但它不是定理或定律。与吉芬商品相类似的，也有一些商品的需求随着价格上涨反而上涨。例如黄金、股票、期权类的投资性商品（如同股民说：买涨不买跌）。还有所谓高档奢侈品，这里有一个“凡勃伦效应”：高档奢侈品越贵，越体现身份，有钱人反而愿意购买。

（2）另一种观点认为，“吉芬商品”在现实世界是不存在的，需求曲线必定向右下方。张五常先生坚持这一观点，并在“科学说需求”卷第五章中解释说：需求定律约束着价格或代价（一个变量）与需求量（另一个变量）之间的关系。然而，可以影响需求量的因素多如天上星星，价格只是其中之一罢了。大雨连天，雨伞的价格上升，但其需求量是增加了。这现象没有推翻需求定律：雨伞的需求上升，不是因为其价格上升，而是因为大雨连天。

（3）还有一种观点认为，就是在承认了在“其他条件不变”的前提下，理论吉芬商品是可以存在的。其存在的根本原因是由消费者的效用函数或无差异曲线（偏好特征）的特性造成的。在商品集合为两种商品的情况下，其无差异曲线严重斜向一个坐标轴，即其斜率的绝对值达到一定程度就出现了理论上的吉芬商品。现实中纯粹的吉芬商品现象是非常稀少的。第一，在极端灾荒年份，在当时给定收入条件下，会出现吉芬商品。第二，对于极高档商品和特殊新产品，会出现吉芬现象，如一种新产品，大多数消费者都不了解，这时如果以较低价作为普通替代商品（如自动铅笔替代普通铅笔）则需求有限，但如果以较高价作为一种高档品出现，则会有更多需求，人们购买它作为一种身份的象征。这说明，对变量的变化要明确考察时间和空间范围。

西方学界对吉芬悖论也曾有过诸多评论与探讨。如马歇尔对吉芬悖论的阐述：“正如吉芬先生所指出的那样，面包价格的提高使那些比较贫穷的家庭消耗掉如此大量的收入，并且对他们来说，货币的边际效用提高了如此之多，以致他们不得不削减自己在肉类和其他比较贵的含淀粉食品的消费；只要面包仍然是他们所能得到和可以接受的最便宜食品，他们就只会消费更多的面包，而不是减少面包消费（马歇尔，1895）。”① 施蒂格勒

① 新帕尔格雷夫经济学大辞典（第2卷）[M]. 北京：经济科学出版社，1999：561.

1947 年曾说：“没有证据表明马歇尔的同时代人——英国统计学家罗伯特·吉芬曾叙述过这个悖论。”① 对这种现象的现代解释：这是一种正向需求曲线现象。然而，从这里又导致了以下三种学术观点的产生：②

第一，经济学家们努力探索吉芬市场需求曲线产生的理论条件，以便确定这种曲线是否可能经常出现。这个问题很重要，因为如果这种悖论性现象经常出现的话，那么，大部分经济理论和许多政策处方就需要重新构筑，因为它们都涉及这样一个假设前提：价格和需求量是反向关联的。

第二，在没法证实这种悖论是如何适合或如何不适合马歇尔的一般需求理论时，产生了许多有趣和质疑的问题。一种观点认为，吉芬悖论是一种例外，不在马歇尔需求理论的解释范围之内。另一种观点认为，马歇尔是前后矛盾的，因为他给某一个人需求曲线所下的一般定义要求，货币收入或购买力的变化抵消了商品价格变化的影响，从而使得消费者的福利水平保持不变，而沿着吉芬商品的需求曲线却发生了购买力的变化，并因此使福利水平发生变化。还有一种观点认为，吉芬悖论不符合马歇尔的加性效用假设即增加了与一般理论不一致的吉芬商品、替代商品等例外可分效用，（施蒂格勒，1950）。再有一种观点认为，吉芬悖论与马歇尔的一般需求理论是一致的，因为马歇尔并没有假设效用是加性的。然而，已经得到确证了的观点是，马歇尔确实假设了加性的可分效用，而吉芬悖论则不符合这个假设。此外，事实还表明，同马歇尔所确信的相反，收入的边际效用在吉芬商品价格上涨时下降了。

第三，一些理论和实际问题妨碍了对这个悖论进行经济计量学检验的努力，并导致人们重新探索这个悖论的奥秘（博兰，1977）。

①市场供应的基本假定结构和吉芬商品需求曲线所产生的均衡是不可能实现的，因为它们是不稳定的（杜根，1982）。

②很难找到适合吉芬悖论情况的实例。

③迄今还没有人能利用家庭行为方面的数据，从实证上证明吉芬个人

---

① 新帕尔格雷夫经济学大辞典（第 2 卷）[M]. 北京：经济科学出版社，1999：561.

② 新帕尔格雷夫经济学大辞典（第 2 卷）[M]. 北京：经济科学出版社，1999：561 - 562.

需求曲线或吉芬市场需求曲线的存在。

④吉芬悖论仍然是难以捉摸的一种可能性，吉芬悖论不能增进人们对经济学一些基本原理的理解。①

4. 辨析与证伪

从以上经济学界尤其是西方经济学界的学者对吉芬悖论的评论、分析、探索的观点看，吉芬悖论的理论和实际都存在较多分歧与质疑，如何科学、正确来评析或解构这一悖论呢？这也算是我们面临的一个不大不小的难题。

（1）吉芬商品是客观存在的，这是无法否认的事实。商品，在马克思看来，“劳动产品的商品形式，或者商品的价值形式”是资本主义社会的“经济的细胞形式”，“是资产阶级生产方式的最抽象，但也是最一般的形式”:② 一方面，他把商品定义为“用于交换的劳动产品”，即必须满足两个条件：①它必须是劳动产品；②它必须是为交换而生产的。另一方面，他把作为考察对象与我们相对峙的“庞大的商品堆积”的“社会的财富”，现实地表现为其本身即包括土地、资本、劳动力、货币等所有的物、所有的关系所取得的一般的、概括的形式称为商品。因此，无论从本义上还是广义上看，吉芬商品无疑是存在的。从本义上讲，吉芬商品面包既是劳动产品，又用于交易，这是原本意义上的商品，完全符合商品的定义。从广义上讲，马克思时代的土地、资本、劳动力、货币也都取得了商品的形式，不过是特殊商品，现代社会的一些非劳动产品，也取得商品形式用于交易，如权钱交易、名誉买卖等，更不用说原始森林、阳光以及服务等也都成了商品。所以，不可思议的是，居然有少数学者不承认吉芬商品的客观存在，如张五常先生就一直坚持这一点，就连被吉芬当面提问质疑的马歇尔都承认吉芬商品是一个例外。为什么张五常先生就绝对不承认吉芬商品的存在？难道他害怕什么？害怕承认吉芬商品就意味着他所信奉的马歇尔需求理论的破产？在这里，我们要说，西方经济学家有一个通病，往往

① 新帕尔格雷夫经济学大辞典（第2卷）[M]. 北京：经济科学出版社，1999：562.

② 马克思恩格斯全集（第23卷）[M]. 北京：人民出版社，1972：8，98.

只看现象，不涉及本质。张五常先生作为崇尚西方经济学的华人学者，连西方学者都不如，连客观存在的经济现象都不肯承认，也不敢承认，委实让人不敢恭维，令人迷惑，也许张先生深谙现象与本质的辩证统一的关系，忧患如果正视了现象的客观存在，就难逃被追究本质的厄运，因为二者是辩证统一体，只认其一，不认其二，是不可能的。所以，采取现象、本质都不认的形而上学的鸵鸟之举或许更为保险。

（2）需求理论辨析。由于吉芬商品与需求理论相关，又由于吉芬与马歇尔当面对阵过，所以，我们要辨析需求理论，就不得不从马歇尔的需求理论分析开始，马歇尔对需求理论的研究是概略而不完全的，他着重研究在定义宽泛的条件下对一件或一组商品的需求。研究了个人的（反）需求函数和市场需求曲线。但是，马歇尔认为上述泛例过于复杂，没多大实用价值。他强调特例，用较实用主义的方法对待需求函数，承认存在替代商品或互补商品以及吉芬商品等例外情况，这些都与他上述简单的正规理论不一致。马歇尔决定不再在他出版的著作中进一步发展这一需求理论，所以西方经济学中的需求理论和需求定律都是后来西方学者继承与发展的。不过，从马歇尔开始，需求理论就是建立在效用论的基础上的。如前所说，效用论是建立在严峻的假设条件之上的，如消费者能判别他对多种商品组合的偏好；价格不进入效用函数；人们的需求通常是具有层次的；当然还有效用的可衡量性、边际效用依次递减、边际替代率递减等。正是由于这些假设条件与现实不符，所以，效用论也必然与现实不相符合。当然，效用论有时还被西方经济学当作价值论，这显然是错误的。因为，如果把效用当作价值实体，那么，由于产品的效用（或使用价值）可以存在于任何社会制度之中，例如，不论在哪种社会制度下，小麦都具有效用，所以效用并不显示出任何社会制度的特征，包括资本主义制度在内。既然如此，作为价值论的效用也就无法对资本主义的现象和本质进行解释，反而掩盖了资本主义的本质。不过，这也许正是一些资产阶级学者所乐见和合意的。所以，效用论解释的仅仅是一个臆想的社会，并非现实的资本主义社会。这种以效用论为基础的需求理论如此主观臆想，如此脱离现实，当然是伪科学的。

（3）吉芬商品现象“证伪”需求定律或规律的存在与否。西方经济学家认为需求曲线向右下倾斜，表明了价格和需求量二者变化的趋势：一种商品的价格上涨时，这种商品的需求量下降；相反，价格下降时，需求量上升，微观经济学把价格和需求量按反方向变化的趋势称为需求规律或定律。然而，吉芬却以吉芬商品价格上涨时，这种商品的需求量上升，价格和需求量按同方向变化的吉芬现象对需求定律提出了反论。那么，需求定律是否就因为吉芬商品事实的特例的检验而被推翻或否定了呢？我们想，要否定需求定律，应该不只是单一依据，而应是多重依据。

其一，吉芬现象或吉芬商品的事实存在，它与需求定律中一般商品的价格和需求量变化方向不同，吉芬商品的价格与需求量的变化表现为同向（同增），需求曲线向右上方倾斜；而一般商品的价格与需求量的变化则表现为反向（一增一减），需求曲线向右下方倾斜。如果说微观经济学把价格和需求量按反方向变化的现象称为需求定律或需求规律的话，它至少必须经得起“证伪”的检验，但事实上，它是会被“证伪”推翻的，因为“证伪”原则有它一定意义，每一理论都应受到经验事实的检验。波普尔认为，一旦生活或实验中找到与这个全称陈述理论不相符合，那么就可证明这个由归纳证实的理论是不正确的。显而易见，这个由需求函数归纳证实的需求定律理论无疑被生活或实验中找到的吉芬商品特例所证伪是不正确的，是被证伪原则所推翻的。这就印证了“再多的白羊也不能证明所有的羊都是白的，而只要一只黑羊就能证明所有的羊都是白的这个理论是错误的”，也许也有学者会驳斥说，需求定律中需求量是“意图需求”，不是“实际需求”，而“意图需求”是“心理需求”，是不可“证伪”的。我们可以暂不去争辩“心理需求”或“心理定律”是否可以“证伪”的问题，我们着重指出的是，“意图”和“实际”尽管“是两件事”，但却是一件事的相互联系的两个方面或二重性，它们是辩证统一的，即意图需求或心理需求和实际需求可以保持一致性，只是在特定情况下两者呈非一致性。所以，即使有些学者将“意图需求”当成了“实际需求”，一般也不会导致错误的判断和推理。况且“意图需求”也必然会有现象反映的，尽管这种反映有正面反映和负面反映，甚至有歪曲、扭曲的反映，所以对“意图需求”所反映真象或假象不是不可“证伪”的。正如一些论者所说，需求定律作为一个心理理论或“意图理论”根本没有什么实际应用价值，误导作用却很大，因为“意图”就有与“实际”不一致的可能，由此归纳出“意图”理论定然脱离现实。

其二，如上面第二点所述，需求定律是建立在效用论的基础之上的，把效用论当作价值论，无法解释资本主义的现象与本质，加之效用论的许多假设条件与现实不符，效用论必然与现实不符，所以以效用论为基础理论的需求理论只能是主观臆想的理论，这种理论脱离现实社会实际，不可能是科学真理，甚至连相对真理也不够标准。前段已作过较详尽的论证，此处不再赘述。

其三，用实践检验需求定律，看其是否经得起实践的检验。辩证唯物主义认识论科学地解决了真理标准问题，马克思主义的经典作家多次以十分明确的语言向人们指出：实践，只有实践，才是检验真理的唯一标准。为什么只有人们的社会实践才是检验真理的唯一标准呢？当然，这是由真理的本性和实践的特点所决定的。就真理的本性而言，既然真理就是标志主观同客观相符合的范畴，检验认识的真理性，就是检验主观认识同客观事物及其规律是否符合，以及符合到什么程度。只停留在主观范围内兜圈子是根本无法解决的，客观世界本身也不能充当检验真理的标准，唯一能充当检验认识的真理标准的只能是把主观和客观联系起来的“桥梁”、“纽带”，这就是人们的社会实践，只有实践才能满足真理本性的要求，成为检验真理的标准，而这正是由实践所具有的直接现实性的特点所决定。如果我们将需求定律或需求理论同客观现实相对照，就可直接检验出这个理论或定律与客观现实不相符合，不仅由于吉芬商品的存在，而且还有投资性商品，如股票、证券、期权等，高档奢侈品、高档艺术品，还有低档的必需品等，这些吉芬商品、特殊商品的存在，与需求定律的认识理论不相符合，这就完全驳倒了这个理论。

综上所述，需求定律在以上三大依据的解构之下，已经无法站立，它的确被驳倒了，被否定了。就像“吉芬现象”不能称为“定律或定理”一样，“需求定律”也不能称之为定律、规律或定理，而只能是一般经济现象，如同吉芬现象一样，不过前者是一般经济现象，后者是特殊经济现象。作为科学理论不能成立，但作为一般经济现象，可以被当作是一种经验公式。作为经验公式的需求曲线，对于研究市场经济还是有一定实际意义的，可以被用作为一种有用的分析方法和工具。这也可以算是我们用唯物辩证的思维方式来解构“需求定律”这个“一般经济现象”和“吉芬现象”这个特殊的经济现象吧！

七、伯川德悖论

1. 伯川德模型

解构伯川德悖论必须从伯川德模型（Bertrand competiton）入手，伯川德模型描述了这样一种竞争格局，即生产同质产品的寡头厂商可能并不总是以产量作为决策变量进行竞争，而是以价格作为决策变量的竞争方式进行竞争。这个模型是他在 1883 年建立的，他的这一价格竞争模型假设为：

（1）各寡头厂商通过选择价格进行竞争；

（2）各寡头厂商生产的产品是同质的；

（3）寡头厂商之间也没有正式或非正式的串谋行为。

伯川德模型假定，当企业制定其价格时，认为其他企业的价格不会因为它的决策而改变，并且 n 个（取 $n=2$）寡头企业的产品是完全替代品。A、B 两个企业的价格分别为 P_1、P_2，边际成本都等于 C。

根据该模型的假定，A、B 两个企业的产品之间有着很强的替代性，所以，消费者的选择就是价格较低的企业产品；如果 A、B 的价格相等，则两个企业平分需求；如果 A、B 的价格不同，价格高的企业会完全销不出去。

于是，每一企业的需求函数为：

$$Q_i(P_i,\ P_j)=\begin{cases}Q(P_i), & \text{if } P_i<P_j\\ \dfrac{1}{2}Q(P_i), & \text{if } P_i=P_j\\ 0, & \text{if } P_i>P_j\end{cases}$$

因此，两个企业会竞相削价以争取更多的客户。当价格降到 $P_1=P_2=MC$ 时，达到了均衡，即伯川德均衡。结论是：只要有一个竞争对手存在，企业的行为就同在完全竞争的市场结构中一样，价格等于边际成本。

依据伯川德模型，谁的价格低谁就将赢得整个市场，而谁的价格高谁就将失去整个市场，因此寡头之间相互削价，直至价格等于各自的边际成本为止，其均衡解为：根据伯川德均衡可以得出两个结论：

第一，寡头市场的均衡价格为：$P = MC$。

第二，寡头的共同经济利益为0。

这个结论表明，只要市场中企业数目不小于2个，无论实际数日多大都会出现完全竞争的结果，从理论上得出竞争价格等于边际成本，从而导致寡头共同零利润的结论，这显然与实际经验不符，即与现实社会中竞争价格高于边际成本的事实不相符。因此，被称为伯川德悖论。伯川德模型的核心在于不同厂商之间的产品是完全替代的，因此，哪一个寡头的定价更低，则那个寡头就赢得整个市场，而定价较高者则完全不能得到任何市场收益，从而亏损。这种“赢家通吃”的市场竞争格局导致寡头之间竞相降价，直至价格等于边际成本——继续降价将意味着亏损。实际上，这种定价低赢得整个市场，定价高完全得不到市场，从而竞相降价直至价格等于边际成本的极端格局并不会出现，即悖论是不可能出现的。

2. 透析模型的假设条件

伯川德模型之所以会得出如此的结论，这与它的前提假定有关系。从模型的假定看，至少存在以下两方面的问题：

（1）假定企业没有生产能力的限制。但是，如果企业的生产能力是有限的，它就无法供应整个市场，价格也就不会降到边际成本的水平之上。

（2）假定企业生产的产品是完全替代品，如果企业生产的产品不完全相同，就可以避免直接的竞争。①

事实上，该模型以价格为决策变量作为竞争方式，非但它所推导出的结果过于极端，而且与现实很不相符，曾遭到很多学者的批评。因此，学者们在研究市场中的企业竞争行为时，更多的是采用古诺模型，即用产量作为企业竞争的决策变量。然而，古诺模型也未必能破解伯川德悖论，因

① 参见百度百科：伯川德悖论。

为古诺模型的最大陷阱是假定厂商以竞争对手不改变产量为条件，这样的假定条件实际也是不存在的。

伯川德悖论，如上所说，它存在的问题比较多，从一开始，许多学者也大都持批评态度。为什么？这需要我们更加深入地分析、解构该悖论的诸多要害之处，尤其是模型的假设条件或前提值得我们重视。

其一，伯川德模型假定企业没有生产能力的限制，这是不真实的。事实上，任何一个企业的生产能力都是有限的，而不是没有限制的，即无限的。就有限生产能力来说，企业 A 单个不足以提供市场所需求的产量，无法供应整个市场，从而面临的需求曲线并非完全的需求曲线；而提高价格的企业 B 在配给原则下，完全可以获得市场需求量减去企业 A 产量的市场份额，并且能获得经济利润，即在竞争性需求中针对企业的资源配给决定时考虑平等、效率、可行性等权重原则下，通过提高价格，获取市场份额，如果这样，悖论也就不可能存在了。

其二，从时间维度的假设看，企业的博弈行为并非一次性博弈，企业 B 在失去市场的情况下将会调整价格重新夺回失去的市场份额，重复博弈的结果使竞争企业会权衡长期的利润损失与短期所得，从而认为合谋更有利于企业利益，因此，模型假设厂商之间没有正式或非正式的串谋或合谋也是不现实的，因而模型也不可能成立，悖论也就消除了。

其三，从产品差别化角度看，假设企业 A 与 B 生产产品是同质的，但实际上，完全同质产品是不存在的，即使是同一产品，不同企业生产也会有差异的，如质量合格率、成本的高低、品种的批次等。因此，可以排除极端垄断竞争现象和完全竞争的可能性，企业必将拥有一定的市场活力和一定的竞争潜力，从而使企业竞争价格高于边际成本，而不是等于边际成本导致长期经济利润为零。

其四，从企业制定价格看，假定当甲企业制定价格时，乙企业的价格不会因甲的决策而改变，这个假定同样是不成立的。模型本来已假定厂商之间没有正式或非正式的合谋行为，既然如此，怎么又假定甲企业制定价格时乙企业不会因甲的决策而改变呢？它不是自相矛盾的假设吗？实际上，既然没有正式或非正式的合谋，谁也不需承担责任，谁也无须信守承诺，你甲企业制定价格，我乙企业为何不可应对你甲企业的价格决策呢？或者降或者升，做出相应的改变呢？这不仅是事实，也是理所当然的竞争行为，难道我乙企业就只会坐以待毙吗？所以这一假设是站不住脚的，悖论也是站不住脚的。

其五，模型假定只要有一个竞争对手存在，企业的行为就同在完全竞争的市场结构中一样，价格等于边际成本。这个假设与结论同样是令人存疑的。一方面模型口口声声称“寡头市场”“寡头厂商”，这俨然是一个不完全竞争市场的背景和环境；另一方面模型又声称竞争行为是在“完全竞争市场”的结构中进行的，并且有“完全竞争”的结果，即伯川德均衡，亦即价格等于边际成本。在这里又出现了自相矛盾的市场环境了，出现了理论上不能自圆其说的裂缝了。不知模型假设者是如何看待“完全竞争市场”的，难道伯川德相信存在“完全竞争市场”吗？西方学者大多相信这一“理想”的“完全竞争市场”。事实上，这种“理想”的完全竞争市场是不存在的，“非完全竞争市场”或“不完全竞争市场”才是现实的客观存在的。“寡头”就是“非完全竞争市场”的最为典型的范例之一，关于“不完全竞争市场”在西方经济学中，早已由琼·罗宾逊等提出并论证过，而且也基本上形成了共识。

对完全竞争市场，西方现代经济学规定，具有以下特征的市场为完全竞争市场：进入市场的为数众多的买者和卖者都是既定价格的接受者，而不是价格的决定者；所有卖者向市场提供的产品是同质的，对买者来说没有任何差别；所有资源都可以自由流动，进入或退出市场。除此之外，当然也存在完全竞争者都具有理性的假设，包括买者和卖者具有完备的信息假设。西方学者普遍认为，这些假设条件非常严峻，使完全竞争市场很难在现实中存在，但是他们又总是把完全竞争市场的分析当作市场理论的主要内容，把它当作一个“理想”状态，以便和现实相比较。之所以如此，是因为西方学者往往以长期均衡来代表资本主义市场机制运行最终要达到的状态，资本主义能以最优方式使用资源来使消费者得到最大满足。这样一个社会显然就是一个“理想社会”。“理想社会”之所以能取得，原因在于利己动机。消费者进行购买的目的是取得自己的最大效用，而厂商进行生产的目的是给自己取得最大利润。在利己动机驱使下，通过完全竞争市场机制，资本主义就得到“理想社会”的结果，这便是西方学者论证斯密“看不见的手”调节“完全竞争市场”的部分内容和要害。

以上分析可知，“完全竞争市场”是不存在的，所以伯川德模型的最

大假设背景为“完全竞争市场”也是不能成立的，也许伯川德了解或知晓这一点，于是他在模型假设中不断重复“寡头厂商”和“寡头市场”，这与现实较为接近，但与“完全竞争”市场相距较远，难道他想在“完全”与“不完全”之间调和？

其六，“边际”成本也在模型中出现，当价格等于边际成本时，即达到伯川德“均衡”。这里的“边际”与“均衡”值得质疑。边际理论是19世纪70年代，由杰文斯、门格尔和瓦尔拉斯三位经济学家几乎同时提出的。而伯川德模型的建立也正处于1883年。这就是说，模型中的“边际”“均衡”正是刚刚提出边际理论中的新概念。作为门格尔开创的奥地利学派的代表人物之一的维塞尔（1851—1926年），对边际理论有不可忽视的贡献，一方面，该理论的突破对后世经济学的发展具有奠基性的作用；另一方面，由于历史的局限性，其理论内在的缺陷和偏差又对后世经济学，乃至整个社会进步产生了重大误导。纵观维塞尔的边际理论，最突出的特征莫过于“均衡”，其理论自创始就被广泛接受并成为后世微观经济学的基础理论之一，但同时这几乎视同为真理的边际理论在价值取向上存在着严重的偏差，它以“均衡”为其价值取向，这与现代伦理理论通常以“正义”“自由”为社会价值目标是有偏颇的，“均衡”仅仅是作为实现社会价值目标的手段和途径而已，而维塞尔的边际理论却将“均衡”作为其直接和最终追求的价值目标，这无异于买椟还珠。维塞尔作为门格尔的继承者为后世的经济发展奠定了微观基础，但是，另外，由于其片面强调“均衡”，走向了另一个极端，造成了思想上的理论偏差，因此将其界定为“伟大的误导者”当不为过吧！还有，维塞尔还有意无意地假设了“计算”边际成本，这一进程本身既然没有成本（或至少是成本小至可以忽略不计），又谈何“计算”边际成本呢？

资产阶级经济学从它的产生到现在，经历了重商主义、古典经济学、庸俗经济学和后庸俗经济学这四个阶段。庸俗经济学产生于18世纪末，当时，古典经济学仍居主要地位。1830年之后，资产阶级经济学从古典学派的阶段完全走上了庸俗的道路。对此，马克思曾指出：在当时，“法国和英国的资产阶级夺得了政权。从那时起，阶级斗争在实践方面和理论方面采取了日益鲜明的和带有威胁性的形式。它敲响了科学的资产阶级经济学的丧钟。现在问题不再是这个或那个原理是否正确，而是它对资本有利还是有害，方便还是不方便，违背警章，还是不违背警章。”① 不过，那时的庸俗的经济学不只是反对空想社会主义，但当《资本论》（第一卷）于1867年出版后，从19世纪70年代开始，西方经济学的任务之一就是反马克思主义经济学。这个时代建立起的英国学派（英国的杰文斯）、奥地利学派（奥地利门格尔）、洛桑学派（瑞士瓦尔拉斯）三个派别，其学说并不完全一致，但是有一个重要的共同点，即放弃古典经济学斯密和李嘉图的劳动价值理论并提出边际效用价值论来与马克思的科学劳动价值相抗衡。从这一时代背景看，身逢其时的伯川德及其模型难道可以洁身自好，不染庸俗经济学的腥味吗？这显然是不可能的。况且，他的“边际”和“均衡”概念完全是与当时的三大学派的理论观点不谋而合，完全一致的。他以此新概念来作为模型的假设条件或构架，自然也不可能支撑起伯川德悖论与模型，甚至还有“伟大的误导”之患。

3. 评判与结论

建立于19世纪末的伯川德模型及其悖论，正当“科学的资产阶级经济学的丧钟”已敲响，庸俗经济学的边际效用论正在开始与马克思科学劳动价值相对抗之时，与其同呼吸共命运地打着“边际”与“均衡”等新概念旗帜的伯川德悖论在当时的学界并不被看好，反而遭到许多人的批评，认为它脱离客观实际，过于主观乃至极端，以至于它都未能选入《新帕尔格雷夫经济学大辞典》，这或许可以反证伯川德悖论及模型的科学性是遭质疑的。在一个“科学的资产阶级经济学”的丧钟已敲响时代的资产阶级经济学已走向庸俗经济学即伪科学之时，难道还有科学的资产阶级经济学吗？除非它不是“经济学”，而是自然科学，因为自然科学并无时代性、阶级性，任何时代、任何人发现的自然规律都是科学的、正确的真理。

但是，伯川德悖论并非自然科学，而是经济学，就经济学而言，它是有阶级性的，有时代性的，它受意识形态支配，这一点就连西方经济学家萨缪尔森都直言不讳，他说：“总的看来，意识形态在整个思想的广泛领域中的普遍盛行已经得到公认。”② 因此，伯川德模型及悖论不是自然科

① 马克思．资本论（第一卷）［M］．北京：人民出版社，1975：17.

② 萨缪尔森．经济学中的意识形态［M］．北京：商务印书馆，1989.

学，不是“伽利略悖论”，“伽利略悖论”是正确的、科学的，但伯川德悖论不属自然科学范畴，当然不能从自然科学角度评判它，而只能从经济科学的角度来评判，然而，从经济学的角度，除古典经济学具有科学内核以外，当资产阶级经济学走向庸俗经济学道路之后，直到后庸俗经济学或现代西方经济学，从整体上看，它是不科学的，所以，伯川德悖论就难以争取到科学的桂冠；从个别或部分侧面看，伯川德悖论能否摘取“个别概念、个别论点和个别方法”反映现实经济情况，具有一定现实意义的荣誉称号呢？这显然也是一场空欢喜。因为伯川德悖论并无反映现实经济状况、具有一定现实意义的表现，相反它倒脱离客观实际，主观臆想假设，推导结果极端，与现实很不相符，正因为这样，才被称为伯川德悖论，也正是从这个意义上讲，这个悖论是不能成立的，是不科学的，它绝对不能算是“整体不科学”但“个别科学”的标本。

然而，难以理解的是，在中国现今的经济学术界，却有一些人仍然拿着鸡毛当令箭，挥着现代西方经济学的伪科学大棒，占据着主流经济的地位，大肆美化宣扬现代西方经济学的所谓灵丹妙药，就连新古典经济学的一些沉渣都可能泛起。君不见，网上铺天盖地出现一些人打着“研究”“探讨”的旗号，把“伯川德悖论”捧上了天，什么“著名的伯川德悖论”，什么“基于伯川德模型”的博弈分析。对于经济学界这种不分是非、照抄照搬的学术氛围，我们不得不说：这种跟西风的学术态度，要么是买椟还珠的眼力所至，要么是“身在曹营心在汉”的心力所为。不管怎么说，伯川德悖论属于浅尝辄止之说，并非“真理”，这一点是毋庸置疑的。所以，该否定的就否定，哪怕不是彻底否定，因为就伯川德研究产品成本这一点而言，还是有可取之处的。这就是我们对待世界上任何人和事物的辩证法，不是吗？任何人和事物都是“一分为二”的，伯川德悖论也不例外。

八、马歇尔悖论

英国经济学家马歇尔（1842—1924 年）在其名著《经济学原理》（1890 年）一书中最早揭示了关于规模经济和垄断之间的矛盾和冲突。马歇尔把市场形态归结为两种：完全竞争和纯粹垄断。他承认规模经济的好处，即大量生产带来的好处和效益；同时又认为，追求规模经济的结果会带来垄断的发展，而垄断会阻碍价格机制的自由运行，阻碍自由竞争的发展，即抑制企业竞争活力，造成资源配置不合理。因此，社会面临着一种如何求得自由竞争和规模经济之间的有效、合理的均衡并获取最好的生产效率的难题。

1. “组织”和“局部均衡”

人们往往难以避免在两难中进行选择，这对于 19 世纪末的英国经济学家马歇尔来说，也毫不例外。这位剑桥学院的创始人在对价格机制和需求理论的诠释方面表现得得心应手、富有想象力；在面对规模经济和竞争活力两者之间的冲突时，依然别出心裁、富有想象力，是追求规模经济而宁愿扼杀竞争活力？还是为了保持竞争活力而牺牲规模经济？马歇尔在这两难选择上，不仅“急于驱逐经济人的幽灵”，还对解决这道冲突难题提出了“第四生产要素”概念和“局部均衡理论”留给了后人。围绕这道冲突难题，经济学家们开展了旷日持久的辩论，逐渐形成了一门新的经济理论——产业组织理论，即通过“组织”来解决这一冲突或悖论。当我们说到产业组织理论，似乎就毫不犹豫地推崇著有现代产业组织理论经典著作《产业组织》（1959）的美国经济学家贝恩。然而，从这个理论的渊源看，完全可以追溯到马歇尔的经济理论。马歇尔在他的《经济学原理》中，在论及生产要素时，独出心裁地提出了第四生产要素，即“组织”。在当时，马歇尔所使用的“组织”概念里，既包括企业内的组织形态，又包括产业内企业之间的组织形态，还包括产业之间的组织形态，甚至包括国家组织等。后来产生的组织理论，是从其中第二组织形态，即产业内企业之间的关系形态发展起来的。

马歇尔之所以把“组织”作为生产的第四要素，是因为他在研究分工与机器、某一地区特定产业的集中、大规模生产及企业的经营管理、企业形态等问题时，触及了“规模经济”问题。规模经济实际上是指大量或大规模生产带来的好处或效益。很显然，这种好处或效益是和“组织”直接相关的。同时，马歇尔还关注到，追求规模经济的结果会导致垄断的形成，而垄断的形成就会阻碍价格机制的作用。垄断会使价格受到人为因素的控制，扼杀自由竞争这一经济运行的原动力，从而使经济活动失去活力，进而破坏资源的合理配置。于是，在马歇尔那里，规模经济和垄断的问题就变成了一对难分难解的矛盾，以致后来人称这对矛盾为“马歇尔冲突”。马歇尔本人面对这个矛盾，企图用任何企业的发展都有生成——发展——衰退过程，来说明垄断是不会无限蔓延的，或者说规模经济和竞争是可以获得某种均衡的，即所谓的“行业均衡”“短期均衡”“暂时均衡”“局部均衡”与“有条件的垄断”之间的矛盾是可以“调和”的。然而，马歇尔的这种观点和见解受到了后来的斯拉法等人的抨击，因此，在20世纪20年代末曾触发过有关“马歇尔冲突”的一场论争。在这场有关“马歇尔冲突”的争辩之中，其核心论题当然就是“竞争的活力和规模经济两者的关系”，这个论题其实也正是现代产业组织理论所探讨的核心论题。尽管不少学者不认同马歇尔关于这个论题的观点，但是，由于马歇尔是产业组织概念的最早提出者以及对其中内在矛盾的揭示者，因此，许多产业组织论者仍然把马歇尔视为产业组织理论的先驱者。

古典经济学的开山鼻祖亚当·斯密认为，人们追求自身利益的竞争就像一只无形的手，支配着人、财、物等资源在各产业间移动，从而使社会需求和社会生产实现均衡，使资源利用趋于合理，这就是西方经济学中的“看不见的手”原理。具体说，一个社会的有限资源如何通过“看不见的手”实现资源的合理分配呢？西方学者认为，担此大任就是价格机制，价格以及由价格引来的利润就像一盏信号灯，指示着哪种商品生产、哪个产业部门的资源分配过多或不足，分配过多则生产过剩，价格下跌，无利可图；分配不足则供不应求，价格上涨，获利丰厚。这样，在价格机制的引导下，追求私人利益的竞争就会使资源从无利可图的地方转移到获利丰厚的部门，从而达到资源在产业之间的合理分配，使社会生产和需求趋于均衡，同时，在生产同一种商品的众多劳动者之间，存在劳动生产率和生产成本的差别，生产成本较低的生产者就可以以较低的价格出售产品，赢得更多的顾客和市场占有率，从而能使其生产进一步扩大，占有更多资源。相反，那些成本较高的生产者就会在竞争中失去顾客，失去市场，并最后失去手中的资源。这样的价格机制和竞争机制又可以为效率更高的生产者配置更多的资源。由于价格机制的作用是自动的，无须任何人劳神费心，这只“看不见的手”就会引发利己竞争，这种为利益的竞争最终可使资源配置达到最优，这就是西方经济学的基本观点。他们认为，自由竞争是一切经济活动和经济增长的原动力。这一信条经过马歇尔的诠释，提出所谓的“有条件竞争”和“局部均衡”，似乎更加诱人。以至于时至今日，人们仍然把自由竞争作为经济学的第一要务，不敢有丝毫的怠慢。

2. 规模经济的利与弊

19 世纪后半叶，工业革命的浪潮席卷世界，致使企业规模的迅速扩大在技术上和物质上均成为可能。这时，人们开始对规模经济怦然心动。这里所说的经济，当然是指节省、好处或效益。经济学的研究表明，即随着经济规模的扩大，其单位产出的平均成本是不断下降的，生产产品越多，平均成本越低。在这种具有规模经济的产业中，与其说让很多企业相互自由竞争，每个企业都生产一点，谁都吃不饱，平均成本居高不下，倒不如把全部生产都交给少数几家，甚至一家企业，让它开足马力，社会需要多少就生产多少，把平均成本降到最低。当然，要实现这一目标，必须由产业组织的权威力量或政府的管理来加以控制与调节。但实际上，在市场经济条件下，实现这一目标是通过市场的自由竞争，优胜劣汰，“大鱼吃小鱼，小鱼吃虾米”，以及伴随破产、倒闭、资源浪费等无政府状态来实现的。这个由千万个小企业到几个大企业乃至寡头垄断的过程，是一个血与火的洗礼过程，是一个血腥的资本积累过程，也是一个从自由竞争资本主义走向垄断资本主义过渡的过程。由此可见，规模经济的好处和效益是非常诱人的，对企业个体、对社会是很利好的。但是规模经济形成的过程和发展趋势，又是令人忧心忡忡的。尤其是它在“看不见的手”指令下家破人亡的灾难性形成过程，还有它发展寡头垄断的趋向对自由竞争的扼杀以及垄断价格和垄断利益的独占和技术的封闭等，不能不说，这是规模经济的极端异化，这显然是规模经济带来的规模不经济，这就是不应忽视的规模经济的弊。这也是辩证法教给我们的警言：事物都是一分为二的，任何事情都不能过于极端。一句话，大规模生产的好处令人垂涎欲滴，但追求规模经济的结果往往会导致垄断的形成，它将使价格机制失去作用，资源的市场配置机制遭到扭曲，自由竞争的原动力被抑制，经济活动失去了活力。

以长途电话为例来实证以上观点，如果允许多企业开展自由竞争，各自去铺设相互重叠的通讯网，无疑会导致经济资源的巨大浪费，但如果让其中的一家企业扩大规模，将所有的业务都交给它经营，反而对整个社会是有利的。充分享有规模经济，对提高单个企业的效益，乃至整个国民经济的效益，都具有重大意义。依据英国学者马克西和西尔伯斯通对汽车生产规模的研究表明，当一种车型的年产量从1000辆增至10万辆时，单位成本下降55%。当然，如再扩大规模，单位成本下降就不再如此之大了，直至单位成本不下降为止。因此，不幸的是，每个行业的市场规模和企业生产规模以及追求规模经济的行动交织在一起时，必然导致生产越来越集中，企业数目在竞争机制中减少再减少，最终可能形成一个独霸市场的垄断寡头，从而使它获得人为操纵价格的力量，即使在少数几个占有某一行业或产业大部分生产的垄断市场上，它们为了避免在竞争中两败俱伤，也常常通过合谋或组成卡特尔等垄断组织形式，控制这一行业或产业的产品价格，扭曲市场的资源配置，使市场丧失竞争活力。

又如，当某一产业的生产能力出现了过剩时，如果市场机制能充分发挥作用，一部分资源就会自动从该产业中退出或转移出来，但如果市场形成了垄断，垄断扼杀了自由竞争，处于垄断地位的企业就可能通过暗地达成协议，来限制产量，维持固定价格，使这些企业在开工不足、设备闲置的情况下安然无恙地生存下去，不发生资源移动。这显然是一种巨大的浪费，反过来，如果某一产业的生产能力不足，垄断寡头又通过设置重重壁垒，阻止资源的流入和新企业的加入，从而使自己安享垄断超额利润。这样，一旦垄断价格得以形成，企业之间的价格竞争就不存在了，垄断企业的市场地位就会相对稳定下来。竞争的压力减小了，企业追求技术进步的动力也相应减弱了。企业活力也因此大大削弱，企业生产力也因此停滞不前，这就是垄断的利与弊。如何驱弊保利？这自然是经济学家责无旁贷的事。

3. 解决冲突的路径

长期以来，经济学家对如何解决“马歇尔冲突”进行了不懈的探索。1940 年，英国经济学家克拉克提出了有效竞争的概念，在他看来，所谓有效竞争就是一种将规模经济和市场竞争活力有效协调，从而形成一种有利于长期均衡的竞争格局。但克拉克未论述实现有效竞争的客观条件和衡量标准。我国学者王俊豪在总结前人研究成果的基础上，提出了有效竞争的三个标准。①

第一，有效竞争是竞争效益大于竞争成本的竞争；

第二，有效竞争是适度竞争，即介于竞争不足和竞争过度之间的竞争；

第三，有效竞争满足规模经济的要求，竞争企业生产规模处于适度规模的范围，即处于最小经济规模和最大经济规模之间。

综上所述，有效竞争就是要兼顾规模经济和市场竞争活力，有效竞争是适度规模和适度竞争的有机结合，有效竞争是解决“马歇尔冲突”的有效路径。

4. 解构者的观点

马歇尔从 1885 年任剑桥大学政治经济学教授到 1890 年出版他的巨著《经济学原理》，他已完成了把三个学派（19 世纪 70 年代刚建立起来的英国学派、奥地利学派和洛桑学派）的边际效用论以及当时资产阶级经济学的其他观点，如供求论、节欲论、生产费用论等，构成了一个折中的理论体系，以马歇尔的理论体系为基础，形成了以马歇尔和瓦尔拉斯为代表的西方经济思想。自 19 世纪末以来，马歇尔和瓦尔拉斯把完全竞争和充分就业假设为既存的条件，进而从供给与需求的角度来分析市场价格，以便解

① 参见百度百科：马歇尔冲突。

决资源在产品生产上的分配、资源的报酬等问题。事实上，他们赞赏资本主义的价格机制，声称资本主义使每种生产要素都得到应得的报酬，没有剥削，使每个人都得到了最大的满足，而且还说资本主义是一架可以自行调节的机器，能够自行解决其各种矛盾，包括我们在这里解构的“马歇尔冲突”。事实果真如此吗？当然不是的，这套理论企图把资本主义描绘成一个“理想的社会”，充其量算是美化资本主义的理论。对于马歇尔冲突或悖论，本人有如下解构观点：

（1）马歇尔悖论或冲突是资本主义特有的痼疾，是制度性的矛盾。自诩为或被标榜为继承古典学派传统的马歇尔、庇古等剑桥学派经济学家，其实是集传统西方经济学之大成的剑桥学派或者更确切地是指 19 世纪末 20 世纪初的边际主义学派，而不是指做过科学贡献的古典政治经济学的奠基人、发展者和完成者。马歇尔的价值论被称为基数效用论，而基数效用论有两个使西方学者在理论上处于不利地位的假设条件，即效用量是可以衡量的和边际效用量随着物品数量的增加而递减。这种把作为主观心理状态的效用说成可以衡量、可以增减是难以令人信服的。资产阶级经济学不得不自我否定它。不过，这种自我否定仍然是资产阶级经济学体系内的事，即边际效用论的流派之争而已。我们再回到“马歇尔冲突”上来，虽然马歇尔本人对该“冲突”提出了所谓“有条件的垄断”“行业均衡”“局部均衡”等，企图解决“冲突”修补资本主义制度缺陷，但是，这种努力未免有点徒劳无功。因为这种“冲突”是资本主义制度本身的弊病，是制度性的，是资本主义基本矛盾的派生矛盾。就资本主义基本矛盾而言，即生产的社会性与资本主义私人占有之间的矛盾。也就是说，生产资料的资本主义私有制与社会化大生产不相容。这个矛盾是资本主义社会的基本矛盾，资本主义社会里许多矛盾是这个基本矛盾的具体表现形式。如无产阶级与资产阶级的矛盾就是这个基本矛盾的阶级表现；又如资本主义生产无限扩大和广大劳动人民有支付能力的需求相对缩小的矛盾是这个基本矛盾的生产与市场总量上的表现；再如个别企业生产的有组织性和社会生产无政府状态之间的矛盾是这个基本矛盾在生产和市场结构上的表现；同理，马歇尔冲突，即规模经济和垄断弊病之间的矛盾是这个基本矛盾在生产和市场在机制上的表现。显而易见，这个机制上的冲突，涉及自由竞争的价格机制，也涉及生产集中走向垄断的竞争机制，而机制问题归根到底是制度问题。19 世纪 60—70 年代，正是自由资本主义发展到了顶点，开始向垄断资本主义过渡，到 19 世纪末 20 世纪初进入了垄断资本主义。尽管垄断资本主义是资本主义的特殊阶段，尽管马歇尔冲突就产生于这个期间，即产生于自由资本主义刚刚进入垄断资本主义这个资本主义的特殊阶段，“冲突”产生的根源在于生产力和生产社会化的发展，在于资本主义私人占有制的束缚，在于生产力与生产关系之间不适应的矛盾。也就是说，这个“冲突”是制度性的冲突，这个矛盾是资本主义基本矛盾的具体体现，是资本主义制度的痼疾所在。

（2）马歇尔冲突在资本主义制度下是不可能克服的。如上所述，作为资本主义基本矛盾的具体形式表现之一的马歇尔冲突或矛盾，是资本主义私人占有制的必然产物，因而在这个制度的笼子里是不可能克服或消除这个矛盾的。马歇尔虽然发现了刚刚从自由资本主义进入垄断资本主义的这一经济现象，并且又以一只大啄木鸟的身份，在资本主义制度笼子里，试图用“局部均衡”“行为均衡”“短期均衡”以及“有条件垄断”等药剂来医治资本主义制度这个不治之症，然而，事实上这是医治无效的。不仅马歇尔如此，其他经济学家，如英国经济学家克拉克于 1940 年提出“有效竞争”概念，试图将规模经济和市场竞争活力有效地协调，从而形成一种有利于长期均衡的竞争格局。但他却没有论述实现有效竞争的客观条件和衡量标准。事实上，他根本不是没有提出条件和标准，而是根本不可能提出这样的条件和标准，在资本主义制度这个笼子里，根本不存在根治这个弊病的良药，如果有，也只能是头痛医头，脚痛医脚的庸医之策，那是医治不好资本主义的这个不治之症的。我国学者王俊豪尽管在前人研究成果的基础上，提出了“有效竞争”的三个标准，但这对于资本主义来说，似乎也只能隔靴搔痒，不顶用。怎样才能克服或医治这个冲突或弊病呢？唯一的办法，只能是废弃资本主义私人占有制这个笼子。

（3）马歇尔作为 19 世纪末 20 世纪初自由资本主义过渡到垄断资本主义时期西方边际效用论的代表人物，他能够观察到资本主义发展趋势中的“马歇尔冲突”，能客观地承认它，并提出“组织”概念来解决冲突，这一点我们还是可以给予一定程度肯定的。另外，马歇尔的思想中还有“他急于驱逐经济人的幽灵”的观点，认为“个人不仅绝非狭义的金钱最大化者，而且在很大程度上是有缺陷的最大化者”。这种从道德观念上对经济人的相对否定的看法，我以为是可取的，也具有一定的现实意义。另外，他最早提出的“需求弹性”概念也是可以借用的。当然，这并不表明马歇尔的整个理论体系不属于资产阶级意识形态的范畴，不具有为资本主义制度的辩护性和美化性。恰恰相反，马歇尔的理论体系的整体是不科学的，是宣扬资本主义的论调，是美化资本主义制度可以自行解决各种矛盾，实现局部均衡的边际效用理论。

九、节约悖论

18 世纪，荷兰的曼德维尔博士在《蜜蜂的寓言》一书中讲过一个有趣的故事：有这样两群蜜蜂：一群蜜蜂为了追求豪华的生活，大肆挥霍；另一群蜜蜂崇尚节俭，不屑于奢侈生活。那么，这两群蜜蜂哪一群更加兴旺发达呢？是大肆挥霍的蜜蜂，还是崇尚节俭的蜜蜂？其结果是：奢侈的蜜蜂群更加兴旺发达。这就是著名的“节约悖论”的由来。

1. 悖论的提出及其核心

众所周知，节俭是一种美德，并且是中国人的传统美德。从理论上讲，节俭是个人积累财富最常见、最常用的方式。然而，凯恩斯从“蜜蜂故事”中看到了刺激消费和增加总需求对经济发展的积极作用。也就是说，增加消费减少储蓄（节俭）会通过增加总需求而引起国民收入的增加，进而促进经济繁荣。1936 年，凯恩斯出版了向传统宏观经济理论发难的著作《就业、利息和货币通论》，简称《通论》。他根据其国民收入决定理论，认为消费的变动会引起国民收入同方向变动，储蓄的变动会引起国民收入反方向变动。他进一步依托储蓄变动会引起国民收入反向变动的理论，认为增加储蓄会减少国民收入，会使经济衰退，是恶的；而减少储蓄会增加国民收入，使经济繁荣，是好的。这种矛盾就被称之为“节约悖论”。“节约悖论”是由凯恩斯最早提出的，也称为“节俭悖论”“节约反论”“节约的矛盾”。

一般认为，节约悖论是根据凯恩斯主义的国民收入决定理论推导出来的结论，它在资源没有得到充分利用的情况下是存在的，是短期的。在长期中或当资源得到充分利用时，节约的悖论是不存在的。

凯恩斯承认，虽然《通论》的表达方式比较复杂，但它的核心内容却

“实在是异常简单”。[①] 但是，这并不排斥也是凯恩斯所承认的：晦涩难懂的《通论》是写给西方经济学者看的。不管他如何说，对我们而言，重要的是抓住《通论》的核心内容。对《通论》这一“异常简单”的核心内容，几乎所有的西方经济学教科书都以大致类似的图形来说明其核心的内容。我们就选择萨缪尔森教科书中更为形象化的图形为代表来说明《通论》的核心或中心内容吧！这个图形（本书省略）为左右两个方框，有环形管道相连相通，左角有一个投资量的进口，右下角为一储蓄流出口。左边的方框表示——经济社会的企业整体，即把整个社会的全部企业合成为一个巨型企业；右边的方框表示该社会的居民整体，即把全部居民合在一起，形成一个人的集体。图形的环形管道中流动的水代表国民收入，水的流量的大小表示国民收入的多寡。

假设在某一单位时间内（如一年），该社会的全部企业生产了价值100个货币单位的物品和劳务。由于生产这些物品和劳务，企业必须向集体的人购置生产要素（劳动、资本、土地）。按照西方的国民收入统计方法，利润、利息和地租都被算作生产要素的报酬，因此，企业为了生产价值100个货币单位的物品和劳务而必须支付的生产要素也必然为100个货币单位。这样，100个货币单位从管道上部流进“公众”的方框。当“公众”拿到这100个货币单位后，他们为了生活和投资的需要，会向“企业”购买消费品和投资品。假设作为消费者的“公众”花费了60个货币单位去购买消费品，那么，便会有60个货币单位从环形管道的底部流回到企业的方框。这时，如果作为投资者的“公众”正好用40个货币单位来购买投资品，那么“企业”所得到的款项正好等于其产品和劳务的价值。既然生产出来的产品和劳务被全部销售掉，“企业”会再把所收到的100个货币单位用于购买生产要素进行生产，如此往复进行。假如100个货币单位代表充分就业时的国民收入，那么，该社会即年复一年地处于充分就业的均衡状态。

按照凯恩斯的意见，上述的充分就业的均衡状态虽然有可能存在，但未必一定存在，其原因是来自“公众”的方框，“公众”是一个社会居民

---

① 凯恩斯．就业、利息和货币通论［M］．北京：商务印书馆，1983：3.

的整体，它由许多不同的个人组成。当这些人得到各自的收入时，有的人多消费点，少储蓄一点；有些人则少消费一点，多储蓄一点。总体来说，储蓄占收入中的一定部分。在上述例子中，在100个货币单位的收入中，60个货币单位被用于消费，40个货币单位被储蓄起来。在图形中，即有40个货币单位从储蓄的开口中漏掉，另一方面，在“公众”的集体内，也会有些人把一部分储蓄用于投资，另一些人可能把全部储蓄用于投资，甚至还可能有人不但把本年的全部储蓄，而且还把过去积累的储蓄用于投资。与此相反，“公众”的一部分也许根本不进行投资，只是一味地储蓄。凯恩斯的意思是：投资与储蓄的数量取决于各个人的意图，从而对每个人而言，二者的数量不一定相等。因此，作为个人的整体的“公众”的投资与储蓄量也不一定相等。就图形而言，由唧筒口射进管道的投资量不一定和储蓄口流出去的储蓄量相等。

根据以上的分析，包括凯恩斯在内的西方学者得到两个公式：国民收入=消费+储蓄；投资=储蓄。并认为：只有投资=储蓄，市场上的总的供求才能相等，从而国民收入不会变动。

国民收入的决定，是凯恩斯经济学的核心或中心内容，也是节约悖论的核心内容，按照凯恩斯的观点，储蓄和投资的相互作用决定国民收入的均衡水平。他认为，这种均衡水平不一定是充分就业水平，而通常处于低于充分就业的状态。为了说明储蓄与投资是如何决定收入水平的，先假设经济社会不存在政府部门，也不存在对外贸易，而只存在家庭部门和企业部门。之后，凯恩斯还进行了多部门的收入决定分析与论述。但这都是在非自愿失业存在的前提下进行的短期的、静态的分析，也是一种总量分析，并未具体分析消费结构和收入结构。也就是说，他在此仅作了国民收入决定的总量宏观分析，未对其个量进行微观分析。

2. 悖论的数学演绎推导

凯恩斯及其西方学者认为，国民收入均衡的条件是 $I=S$，即投资=储蓄，其中 $S=Y-C$，即储蓄=国民收入-消费。而消费则被假定为一线性函数：$C=C_0+CY$，其中 C_0 为不受收入影响的自然消费或基本消费，C 为边际消费倾向，即增加的消费占增加的收入的比重。由于假定边际消费倾向不变，C 同时也为平均消费倾向，即消费占收入的比重。

由于 $S=Y-C$，其中 $C=C_0+CY$

所以得：$S=Y-(C_0+CY)$

于是有：$S=-C_0+(1-C)Y$（边际消费倾向的数值大于0而小于1，即 $0<C<1$）

又假定投资固定不变，即 $I=I_0$

于是得出两部门国民收入决定方程：

$$I_0=-C_0+(1-C)Y$$

解方程得：

均衡的国民收入 $Y=(C_0+I_0)/(1-C)$

在这一式子中，C 作为边际消费倾向，是一个小于1的数，当 C 变大时，$1/(1-C)$ 的值变大，国民收入 Y 增加；当 C 变小时，$1/(1-C)$ 的值变小，国民收入 Y 变小。这意味着，当国民增加消费在收入中的比例时，将会导致更多的国民收入，从而使整个国民经济呈现繁荣的局面；而当国民降低消费在收入中的比例时，则会引起国民收入下降，从而使整个经济陷入衰退。简言之，挥霍导致繁荣，节约导致萧条。需要指出的是，这种节约悖论的存在是以现代社会在收入不成问题的基本理论为前提的。因为在生产社会化的情况下，是消费制约生产，而非生产制约消费，如果不消费或降低消费会使资本的运动停滞，随后又会引致对劳动力需求的停滞，最终导致生产的停滞不前。

3. 对悖论的几种解释

自凯恩斯国民收入决定分析及节约悖论提出来之后，学界和实业界以极大的兴趣开展了研究与讨论。

有一种观点如是说：凯恩斯1936年在《通论》中提出节约悖论时曾引用了一则古老的寓言：说是一窝蜜蜂原本十分繁荣兴隆，每只蜜蜂都整天大吃大喝。后来一位哲人教导它们说，不能这样挥霍浪费，应该厉行节约。蜜蜂听了哲人的话，各个争当节约模范，但结果出乎意料，蜂群从此迅速衰败了。所以，这种观点认为，处在当时经济大萧条时期，凯恩斯想用蜜蜂听了哲人的话，然后各个争当节约模范，最后迅速衰败的寓言来证明当年的资本主义第一次昏天黑地的大危机的原因，显然是不适当的。因为人类的经济大危机与生物的衰败是不可比的。这样容易掩盖人类社会尤其是资本主义经济危机的真正原因及其实质。

另有一种观点认为，要理解这一问题，关键是注意凯恩斯的国民收入决定分析，是在非自愿失业存在的前提下进行的短期、静态分析。换句话说，国民收入决定分析是在经济陷入了严重的萧条状态，市场上有大量产品积压在仓库中，找不到销路，不能计入国民收入统计的背景下进行的。在这种情况下，如果国民增加消费，积压的产品就能实现其市场价值，从而使统计到的国民收入数字增加；反之，如果国民减少消费，积压产品增加，统计到的国民收入数字就会下降，国民经济就会雪上加霜。所以，这就是凯恩斯国民收入决定分析的实际意义所在，从这个意义上讲，凯恩斯在此提出的“节约悖论”，实际上只不过是推销经济危机所积压的产品罢了。

还有一种观点解释说，众所周知，节俭是一种美德。从理论上讲，节俭是个人积累财富最常用的方式。从微观上分析，某个家庭勤俭持家，减少浪费，增加储蓄，往往可以致富，即人们都相信节约能使个人发家，使国家富强。然而，熟悉西方经济学的人都知道，根据凯恩斯的总需求决定的国民收入的理论，储蓄与国民收入呈现反方向变动，储蓄增加国民收入就减少，储蓄减少国民收入就增加。根据这种看法，增加消费减少储蓄会通过增加总需求而引起国民收入增加，就会促进经济繁荣；反之，就会导致经济萧条，所以，节约对于经济增长并没有什么好处。这种看法从一方面说，不无道理，但从另一方面说，这种观点有知其一不知其二的嫌疑，凯恩斯的总需求决定国民收入理论本身就有陷入片面追求消费之嫌，他的这一理论引导的资本主义经济的不死不活的“滞胀”就是最好的佐证。

最后一种观点解释说，凯恩斯的国民收入决定分析是一种总量分析，没有具体分析消费结构和收入结构。在凯恩斯看来，只要减少储蓄，增加消费在收入中的比例，就能增加国民收入，使经济繁荣。其实不尽然。就总量而言，国民收入分为消费和储蓄两部分，一部分多了，另一部分就少了，此消彼长。因此，凯恩斯认为，减少储蓄，必然增加消费在收入中的比例，就能增加国民收入，使经济繁荣，这似乎是好的，是唯一正确的，但事实上不一定如此。就个量而言，个人收入的一部分用于消费，另一部分用于储蓄，而储蓄则会通过银行转到厂商手中，用于增加投资。厂商生产的产品，一部分被消费者购买用于消费，另一部分被其他厂商购买用于投资，如果厂商生产的产品能全部销售出去的话，则整个国民收入就可能实现了充分就业的所谓均衡。但实际上，并不能如愿，厂商生产的产品并不会完全销售得出去，原因在于产品结构与需求结构不一致。例如，中国在2000年前后，市场上积压了大量彩色电视机，尽管彩电价格一降再降，但市场反应却十分冷淡。为什么？因为消费者家庭已经普遍购买了彩电，整个彩电市场已经饱和，市场明显疲软。在这样的情况下，单纯的刺激消费、扩大消费，或者说一味减少储蓄，增加消费，又有何用？能使彩电市场繁荣或经济繁荣吗？当然不能。

针对以上问题，学界有人提出，唯一的出路只能是调整产品结构，使之与需求结构相一致。更明确地说，必须开发新型替代产品，使之与消费者潜在的市场需求结构相一致。例如，在模拟信号彩电市场饱和的情况下，应开发数字化的液晶彩电或等离子彩电，这样消费者手里的钱就会转化为现实的购买力，从而使市场走出萧条的困境，进入新一轮繁荣。当然，要开发新产品，必须有大量投资支持，这又必须有大量居民储蓄。正是从这个角度看，节约非但不会导致经济萧条，反而会促进经济增长和繁荣。

对于解决节约悖论的措施，学界也有人提出，鉴于中国作为一个发展中国家，不能依据凯恩斯的观点，大肆鼓吹刺激消费。要跳出凯恩斯短期、静态、总量分析非辩证思维的框框，着眼现实经济生活，换用长期、动态、结构分析的思路，为明天的经济发展着想，继续保持和发扬节约的美德。

4. “凯恩斯主义”存在自相矛盾

（1）在对“节约悖论”作具体或直接解构之前，我们有必要先来分析一下这个悖论的提出者凯恩斯及其《通论》的理论根基。应该首先注意到的是，凯恩斯及其《通论》的特点分别是：凯恩斯是“凯恩斯革命”的主体以及具有贬低“价格效应”强调“收入效应”和“干预效应”为特征的“凯恩斯主义”的代表。而《通论》的精华或特色在于它的“宏观经济”特色以区别于他的前辈们的观点中显著的“微观经济”特色；在于它以“非均衡”“政府干预”区别于他的前辈们的观点中凸显的“一般均衡”和“市场调节”的特色。如果说，这是对西方经济学的一份贡献的话，我想，这应该是可以认同的。但是，在理论和政策两个方面，“凯恩斯主义”都自相矛盾地增强了凯恩斯本人在《通论》前言中的预告提出的观点：“我预期那些与我称之为‘古典理论’具有难舍难分关系的人们，将在两种意见中摇摆不定，一种意见认为我完全错误，另一种意见则认为我并未提出任何新东西。”① 正如凯恩斯所预言的那样，他虽然进行了“凯恩斯革命”，获得了“凯恩斯主义”，也确实给西方经济学填补了一些缺失，但他的理论也同样存在自相矛盾，以新的错误去修正旧的错误，结果仍然使经济“滞胀”。事实上，他与“古典理论”难舍难分，根本没有脱离旧窠臼。

我们可以重点来看看凯恩斯的《通论》中，究竟有哪些理论是与“古典理论”难舍难分的。首先，关于“总需求不足论”，凯恩斯在分析1929—1933年的大危机时，提出这个“总需求不足论”，认为这包括生产消费和个人消费不足。进而认为消费不足的原因在于三个基本心理因素：心理上的消费倾向、心理上的流动偏好和心理上的资本资产未来收益和预期。他强调，经济危机主要是由心理上的资本边际效率的突然崩溃造成的。可见，凯恩斯的有效需求不足论同时又是一种庸俗的主观的心理论。总而言之，危机和失业是消费不足造成的，是主观心理因素造成的，同资本主义制度及其固有的矛盾无关，这就是凯恩斯在危机和失业的根源问题上得出的让资产阶级感到放心的结论。

其次，关于消费函数和投资函数。凯恩斯根据“先验的人性”断言存在基本心理的消费倾向规律，即在收入增量中消费部分越来越小而储蓄部分越来越大，并以此作为消费不足论的概括。事实上，劳动者收入的增加常常落后于最低生活费用的增加，而不是消费的增加落后于收入的增加。广大劳动者的消费水平低，不是因为消费倾向低或储蓄倾向高，而是资本主义制度造成的。同样，凯恩斯用心理因素解释投资行为，并把投资不足归结为心理因素造成的资本边际效率下降和流动偏好的关系。事实上，现代资本主义社会出现大量“资本过剩”，是由于垄断资本追逐利润，寻求更有利的投资机会造成的，投资不足的根本原因是资本主义生产的发展受

---

① 新帕尔格雷夫经济学大辞典（第三卷）[M]. 北京：经济科学出版社，1996：51.

到这种制度造成的社会消费需求的限制。显然，把心理因素说成消费行为和投资行为的决定因素，是完全错误的。消费和投资决定于经济因素，决定于经济关系或生产关系。

最后，关于凯恩斯模型的核心内容，即四组公式（产品市场的均衡条件、资产市场的均衡条件、生产函数、劳动市场的均衡条件）与“古典”模型的公式相比，不但可以使我们认识到：凯恩斯究竟是否推翻了以萨伊定律为主要核心的“古典”理论及其萨伊定律？西方经济学的萨伊的销售论①即认为“供给能创造自己的需求”。也就是说，一个社会在充分就业条件下生产出来的全部产品都能被销售掉，从而资本主义不出现持久性的大量失业问题。这是通过资本主义市场机制自动调节来做到的。但是，1928—1933 年的资本主义的大危机已彻底宣告这一理论破产。但是，凯恩斯的模型的四组公式，本来是以大危机为背景的，是挑战“古典”模型的公式的，然而，凯恩斯并不否定资本主义市场机制的作用，也未真正否定萨伊定律。他只是说：市场机制未必一定能把宏观经济的运行调节到使充足就业下的投资等于储蓄的地步，而二者的相等又是萨伊定律得以实现的必要条件。因此，萨伊定律的实现不过是资本主义宏观经济运行的一个特例，而不是一般情况。这一点连西方学者也承认：“凯恩斯并没有抛弃古典经济学（指以马歇尔和瓦尔拉斯为代表的传统西方经济学）的任何一个理论，他甚至保存了‘萨伊定律’”。可见，尽管凯恩斯正视了资本主义的大危机，部分抨击了传统西方经济学的理论观点，但他并未脱离“古典”理论的樊篱，并且不愧为现代资产阶级经济学家中第一个最有影响的国家垄断资本主义的理论家。

（2）“节约悖论”在阶级性层面上的表现。研究消费和收入之间的依赖关系本来是一件有意义的事，但凯恩斯的消费函数完全抹杀了资本主义社会消费的阶级差别和性质。用所谓的心理倾向来解释消费行为，抽掉了阶级性，用“先验的人性论”代替了意识形态论，事实上，在资本主义社会，资本家的寄生性消费和劳动者的维持最低生活水准的消费在质和量上及变化趋向上是不同的。广大劳动者的消费水平低，不是由于消费倾向

---

① 马克思．资本论（第一卷）[M]．北京：人民出版社，1975：132－133.

低，而是资本主义制度本身造成的；资本家的寄生性消费水平不高，也不是因为消费倾向低或者说是所谓的“节欲”或“自我节约”行为，而是追逐高额利润和“未来享受”造成的，说到底，仍然是资本主义制度造成的，凯恩斯对此难道视而不见，他为什么要反对他的前辈西尼耳的“节约论”，而提出“节约悖论”？究其实，此一时也，彼一时也。当初 18 世纪末到 19 世纪初正当古典政治经济学开始庸俗化之时，反对古典政治经济学的劳动价值理论，需要 19 世纪中叶以西尼耳的“节欲论”这种最为露骨的庸俗政治经济学来为资本主义辩护；而到了 20 世纪 30 年代，这种被批得体无完肤的、臭名昭著的过时观点必然会被新的服务于资产阶级利益的新观点所替代。时代变了，万变不离其宗，掩盖资本主义制度本质，为资产阶级利益服务的阶级性不变。这一点，凯恩斯本人也是毫不隐讳的。他说：“如果当真要追求阶级利益，那我就得追求属于我自己那个阶级的利益。……在阶级斗争中会发现，我是站在有教养的资产阶级一边的。”① 由此可见，对于“节约”“消费”“节约悖论”，不同时代、不同人在不同社会制度背景下，都有不同认识、不同理解，但都会打上不同阶级的烙印，这是毋庸置疑的。

5. 辩证认识节约悖论

（1）正确处理好积累与消费的关系，可使“节约悖论”有解，正确处理好积累和消费的关系，实际上是处理储蓄与消费的比重关系，或者说是解决“节约悖论”的关键，所谓正确处理这两者之间的比重关系，就是要合理、科学地调控它们之间的矛盾。这种调控不仅对社会经济的稳定与发展具有重要意义，而且对于破解“节约悖论”也是很有意义的。如何正确处理积累与消费的关系呢？总的原则应是积累与消费兼顾，不能只顾一头忽视另一头。在宏观层面上，有三条原则必须遵循：

①在国民收入增长的前提下，使积累和消费都增长。对于一个社会主义发展中的国家来说，任何时候也不能忽视人民的消费要求，不断提高人民的物质和文化生活水平是社会主义制度的生产目的和本质要求，所以，

① 程恩富. 现代政治经济学案例［M］. 上海：上海财经大学出版社，2003：16.

在国民收入增长的情况下，既要使人民生活有所改善，又要使积累有所增加，实现积累和消费同时增长。如果国民收入增长速度较快，则可以使积累的增长速度等于或略高于消费的增长速度。这就是说，即使在国民收入增长的情况下，我们仍然要坚持厉行节约的优良传统，适当控制消费增长速度，尽可能多积累一点，保持较高的积累率，使积累与消费协调增长，化解二者之间的矛盾，消除“节约悖论”。

②积累和消费的比例要同国民收入的实物构成相适应。积累基金主要用于扩大再生产和非生产性基本建设，主要应当与新增生产资料相适应；消费基金则应与消费资料的供给相适应。如果出现不相适应的情况，其差额在一定范围内可通过调整生产和生活两种产品的用途以及实施供给侧政策来解决，还可以用调整进出口商品结构的途径来解决。只有积累和消费的比例与国民收入的实物构成相适应了，积累和消费的关系才能协调一致，社会经济生活才能正常运转，“节约悖论”才能不悖而论了。

③确定积累率的依据和原则。一个国家在某一特定历史条件下，具体确定积累水平时究竟需要考虑哪些依据和原则呢？就依据而言，主要是一国在某一特定历史条件下的国情和历史任务。就中国而论，国情就是“底子薄，人口多”。底子薄，是说我国社会财富的积累有限，面临着长期的巨大的积累任务；人口多，说明有充沛的人力资源，但在消费方面存在巨大的压力。这就是说，存在艰巨的积累任务和巨大的消费压力之间的矛盾。面对如此艰巨的积累和巨大的消费压力，我们必须追求尽可能高的可行的积累率，才能保证国民经济的快速发展和国民收入的快速增长，才能满足人民的巨大的消费需求。因为，毫无疑问，积累是扩大再生产的源泉，积累是国民经济增长的源泉，这是不言而喻的。然而，可行的高积累应遵循什么原则呢？我们认为，作为生产性积累在国民收入中的比率，也就是投资率，它的高低是有界限的，不是越高越好，当然也不是越低越好。投资中的高低有技术界限和经济界限，就技术界限而言，是指年产品中的投资品数量所能容纳的投资率最高水平。从短期看，已经生产出的年产品是既定量，这时的投资率的技术界限也就由年产品中所包含的投资品所规定。进一步来看，投资的技术界限不仅一般地取决于投资品总量，而且还特别取决于投资品中的“瓶颈”或“短板”产品的供应能力。因此，实际投资率的技术界限是低于按投资品总量得出的技术界限的。就经济界

限而言，投资率的选择或确定要在社会经济意义上可行，还必须考虑投资对消费的影响。我们把投资率的经济界限定格在最低限度的消费增长率之上，即当实际消费增长低于这个速率时，在其他条件不变的条件下将引起劳动生产率的下降。这个最低限度的消费增长率也可称为社会必要消费增长率。这个社会必要消费增长率对劳动生产率的影响，可以从两方面说明。首先，消费增长动态和劳动者的劳动积极性有关系；其次，消费水平影响劳动者的消费构成，从而影响劳动者的体力与智力素质。这样，当过高的投资率导致消费实际增长不能满足必要消费增长率时，一则挫伤劳动者的积极性、工作热情；二则可能压制或延缓劳动者对文化生活、技能培训等需求，损害了劳动生产率增长的基础。结果是，牺牲了当前消费，却未能从未来的更大的消费增长中得到补偿。投资率的迅速提高也未能带来劳动生产率的相应提高和经济增长率的快速增长。

综上所述，我们认为，投资率的上限应是它的技术界限，即年产品中的投资品数量所能容纳的投资率最高水平。下限应是它的经济界限，即社会必要消费增长率或最低限度消费增长率之上。在这个下限和上限之间，一国可依据国情和历史使命，对当前利益和未来利益进行平衡之后，对积累率做出合乎科学的选择。应该说，这种科学、正确、有弹性的动态选择积累率，对于积累与消费关系的正确的、辩证的处理，是极为重要的；对于破解“节约悖论”，也是一把钥匙。

（2）不能片面夸大消费的作用。消费无疑对生产的发展，对经济增长和国民收入增长有着巨大的促进作用，这是成年的地球人都知道的。但是，消费对生产，消费对国民收入的反作用，有不少片面的人为地加以夸大的成分。这无论在理论层面还是在实际层面上都是如此。从理论上看，凯恩斯把 1923 年到 1933 年的经济大危机的原因归结为“消费不足”论，掩盖了资本主义制度基本矛盾所致，当然是错误的。就实际层面而言，国内外片面夸大消费作用的学者也大有人在，如日本在 20 世纪 50 年代，就有人鼓吹和实施高消费；凯恩斯所提出的“节约悖论”，事实上也是在片面鼓吹高消费；美国二战后，一直在推行超前消费，居民不储蓄，赤字财政。有所谓中国老太攒钱到老买房和美国老太年轻时就已贷款买房提前消费的故事。中国最近二三十年来，片面夸大消费作用的倾向也随之而至，尤其是年青一代中，片面追求高消费、超前消费的倾向更为凸显。殊不知，这种片面追求高消费，夸大消费作用是缺乏辩证思维的，在现实中是有害的。马克思对“生产与消费”有过非常精辟的论述。他说：“没有生产，就没有消费，但没有消费，也就没有生产。”① 马克思认为，生产与消费的关系是辩证的，相互依存，相互作用，缺一不可的。不可错误地像萨伊那样，教条地、片面地认为生产创造消费或供给创造需求；也不可错误地像凯恩斯那样，片面地、教条地认为消费不足决定生产危机或经济危机，并由此认为“消费”与“节约”是背反的。这显然是片面强调消费作用的翻版，说明他已坠入形而上学地、片面地追求消费的陷阱。

（3）不要静止地谈论节约。节约在不同时代和不同国度，在同一国度不同时期，都是不一样的，不要用一个尺度去衡量节约。就是说，不能用静止或静态的分析来看待“节约”。不然的话，“节约悖论”或许就有可能产生。对此，马克思曾用动态分析的观点来看待资本主义社会所谓的“节约”。他说：在机器生产出现以前，工厂主们晚上在酒店聚会时花的费用从来不会超过6便士一杯果汁和1便士一包烟。直到1758年，才出现了划时代的事情，人们第一次看到“一个实际从事营业的人坐上自己的马车!”“第四个时期”，即18世纪最后30年，“是穷奢极欲，大肆挥霍的时期，这是靠扩大营业来维持的”，“因此节俭啊，节俭啊，也就是把尽可能多的剩余价值或剩余产品重新转化为资本！为积累而积累，为生产而生产”。② 马克思就是这样从历史进程的动态思维来分析资产阶级的所谓“节俭”、消费和积累的，在大工业或机器生产之前，工厂主可能是“节俭”的，1758年，开始坐自己的马车，不“节约”了，到18世纪最后30年，开始大肆挥霍了，并且“穷奢极欲”地高消费。从这里可以看出，当资本生产力起步时期，他们以“节俭”将尽可能多的剩余产品重新转化为生产积累，推动了经济增长与繁荣，这里根本不存在什么“节约悖论”；当资本主义发展到它的最高阶段，他们不“节俭”了，大肆挥霍且穷奢极欲，这时反倒没有出现经济持续增长与繁荣，如此的高消费反倒引致经济大危机，高消费并未维持和挽救资本主义的繁荣，凯恩斯把大危机归结为消费

① 马克思．马克思恩格斯全集（第46卷上）［M］．北京：人民出版社，1978：28.

② 马克思．资本论（第一卷）［M］．北京：人民出版社，1975：652.

不足，如果说消费不足，那是广大劳动者的消费不足，而这恰恰是资本主义制度症结所在。一句话，讨论“节约”必须历史地、动态地分析问题，不能用静止的观点、教条的观点，来分析这个古今中外的老话题，说什么悖论与不悖论。其实，凯恩斯作为西方经济学的大家，尽管他对西方经济学曾有过不小的贡献，但是，他在分析国民收入决定理论时提出“节俭悖论”，就是一种在非自愿失业存在的前提下，即在经济危机的萧条期，所进行的短期、静态分析，这种就事论事的主观静止的分析，是违反辩证法的，显然是难以得出科学性结论的。

十、阿莱悖论

1. 悖论的由来

阿莱悖论是决策论中的一个悖论。1952 年，法国经济学家、诺贝尔经济学奖得主阿莱作了一个著名的实验：对 100 人测试所设计的赌局：

赌局 A：100% 的机会得到 100 万元。

赌局 B：10% 的机会得到 500 万元，89% 的机会得到 100 万元，1% 的机会什么也得不到。

实验结果：绝大多数人选择 A 而不是 B，即赌局 A 的期望值（100 万元）虽然小于赌局 B 的期望值（139 万元），但是，A 的效用值大于 B 的效用值，即

$$1.00U(1m) > 0.89U(1m) + 0.01U(0) + 0.1U(5m) \qquad [1]$$

请注意，期望效用值是用以挑战全额期望值作决策标准的，早在 1738 年的圣彼得堡悖论（掷币游戏）中就已经提出。

然后，阿莱使用新赌局对这些人继续进行测试。

赌局 C：11% 的机会得到 100 万元，89% 的机会什么也得不到。

赌局 D：10% 的机会得到 500 万元，90% 的机会什么也得不到。

实验结果：绝大多数人选择 D 而非 C，即赌局 C 的期望值（11 万元）小于赌局 D 的期望值（50 万元），而且 C 的效用值也小于 D 的效用值，即

$$0.89U(0) + 0.11U(1m) < 0.9U(0) + 0.10(5m) \qquad [2]$$

由式［2］得

$0.11U(1m) < 0.01U(0) + 0.10U(5m)$（期望值）和 $0.11U(1m) + 0.89U(0) < 0.1U(5m) + 0.9U(0)$（效用值）

这与式［1］$1.00U(1m) < 0.10U(5m) + 0.89U(1m)$（期望值）和

1.00U(1m)>0.89U(1m)+0.01U(0)+0.10U(5m)（效用值）发生了矛盾。在式［2］中，绝大多数人选择D似乎理所当然，因为D的期望值和效用值都大于C，但在式［1］中，绝大多数人选择A，而A虽然效用值大于B，但期望值小于B，人们没有选择B，却选择了A，令人费解。式［1］与式［2］对比，式［1］偏爱保险（确定得到），式［2］偏爱风险（期望效用），这或许就是阿莱悖论吧！

当然，阿莱悖论还有一种表述：按期望效用理论，风险厌恶者应该选择A和C；而风险爱好者应该选择B和D。然而实验中的大多数人却选择A和D！这显然与期望效用理论相悖。

2. 所谓的"确定效应"与"齐当别"抉择模型

一般认为，出现阿莱悖论的原因是所谓的确定效应，即人在决策时对结果确定的现象过度重视。

有学者认为，期望效用理论假设概率是线性的，而针对其线性假设的最著名反例便是阿莱悖论。阿莱悖论包含了两对二择一选择题。第一对选择题包括一个肯定方案和一个风险备择方案。第二对选择题实际上是从第一对选择题脱胎而来：消除了一个多方案所共同拥有的可能结果（0.89的概率获得1000000美元），选择A便成了选择C，而选择B便成了选择D。据阿莱报告，面临第一对二择一选择题时，大多数人偏爱A（肯定备择方案），该选择在期望效用理论里意味着：

$$U(1000000)>0.10U(5000000)+0.89U(1000000)+0.01U(0)$$

$$\text{或}(1-0.89)U(1000000)>0.10U(5000000)$$

然而，面临第二对二择一时，大多数人则偏爱D，该选择在期望效望理论里意味着逆向的不等关系：0.11U(1000000)<0.10U（5000000）

以上结果违背了期望效用理论的独立性原则或称为"确定事件原则"。依独立性原则，人们对选择A（C）或选择B（D）的偏爱不应受到由0.89的概率所产生的共同结果值（1000000美元或0美元）的影响。

自阿莱悖论问世以来，研究者在20世纪七八十年代积累了许多实验证据，证明独立性原则会被违背。决策领域也因此新发展了许多修订线性假说的理性期望模型。其中，以Kanneman和Tversky的期望理论（Prospect theory）最具代表性。该理论提出了一个非线性的权重函数π。他们认为低估大

中概率（大概率、中概率）的结果可导致被权重的概率之和小于1，即$\pi(p)+\pi(1+p)<1$。这种权重函数的特性被他们称之为“次确定性”。正是这所谓的“次确定性”化解了阿莱所发现的悖论：$(1-0.89)U(1000000)>0.10U(5000000)>0.11U(1000000)$，或$(1-0.89)>0.11$。请注意，期望理论是预先假定被人们选定的方案一定是具备了某种“最大值”的方案，即在第一对选择题中，A的“总价值”>B的“总价值”；在第二对选择题中，D的“总价值”>C的“总价值”，从而演绎出“次确定性”关系：$\pi(1.0)-\pi(0.89)>\pi(0.11)$。

也有学者的研究设计是基于对一所谓“齐当别”抉择模型的检验，这一抉择模型认为决策者的认知能力无法胜任最优化模式所需要的精确定量计算，也不能够以“效用”或者“心理距离”的方法表达对选择对象整体估算的结果。因此假定：左右人类风险决策行为的机制不是最大限度地追求某种形式的期望值，而是在某种形式上辨认选择对象之间是否存在优势性关系。借助一表征系统（最好和最坏可能结果维度）来描述涉及了阿莱选择题的备择方案，该模型将人类的抉择行为描述为一种搜寻一备择方案在主观上优越于另一备择方案的过程。即在方案A（C）在最坏可能结果维度上优越于方案B（D），而方案B（D）在最好可能结果维度上优越于方案A（C）的情况下，为了利用“弱优势”原则达成决策，人们必须在一维度上将差别较小的两个可能结果人为地“齐同”掉，而在另一维度上将“辨别”差异较大的两个可能结果作为最终抉择的依据。

“齐当别”模型看待阿莱悖论的方式与现代派生的理性期望模型很不一样。该模型注意到，若假设人们对金钱的主观价值函数（效用）为非线性的凹型，在第一对选择题中，B方案的“坏结果”（获0元）与A方案的“肯定结果”（获100万元）之间的差异显得非常突出；而在第二对选择题中，D方案的“好结果”（获500万元）与C方案的“好结果”（获100万元）之间的差异显得非常突出。这意味着，在第一对选择题中大部分人的决策是在最坏可能结果维度上进行，在第二对选择题中大部分人的决策是在最好可能结果维度上进行。阿莱悖论的产生，是因为人们的先后两次决策不是固定在同一维度上进行的。

还有学者认为，先后两次决策不是在同一维度上进行，从而导致违背期望效用理论之公理的分析也可应用于违背不变性原则的“亚洲疾病问题”。在“亚洲疾病问题”中，B方案的零结果（最坏可能结果）与A方案的肯定结果（200人将生还）之间的差异在正面框架里显得非常突出，而D方案的“零结果”（最好可能结果）与C方案的肯定结果（400人将死去）之间的差异在负面框架里显得非常突出。这意味着，当正面表征时大部分人的决策是在最坏可能结果维度上进行，当负面表征时大部分人的决策是在最好可能结果维度上进行。由此可见，改变“共同结果值”和更替“正负框架”均可改变最好和最坏可能结果维度上的相对差别。因此，如果研究者借此尝试将原问题中的维度差别朝相反方向转换，便有可能产生与原阿莱悖论相反的选择结果。在这种思路指导下，一些研究者设计了一系列涉及阿莱悖论的实验，如“登山队问题”以及“瓦斯爆炸问题”等，在这些实验中也都同样证明期望效用理论的独立性原则被人违背。研究者据此认为，从所收集的数据表明：只有“共同结果值”的变化能够改变不同维度上可能结果的大小差别，阿莱悖论才有可能产生；改变了“共同结果值”而没有改变不同维度上可能结果的大小差别，阿莱悖论则不可能产生。

3. 悖论的实验

为了进一步验证人们对阿莱选择题的反应确实受到“齐当别”策略支配，该项研究者采用了一种称为“判断”的任务，并进行了实验设计：

（1）材料

此项实验要求被试者完成两种任务：选择任务和判断任务。选择任务即阿莱的选择题，呈现的被试的选择题如前所示。判断任务如下所示：第一对判断题（选出差别最大的配对）

F：“肯定获100万元”对“0.10的概率获得500万元”。

G：“肯定获100万元”对“0.10的概率获得0元”。

第二对判断题（选出差别最大的配对）

I：“0.11的概率获得100万元”对“0.10的概率获得500万元”。

J：“0.89的概率获得0元”对“0.90的概率获得0元”。

反应顺序为：第一对选择题、第一对判断题、第二对选择题、第二对判断题。

（2）实验结果

阿莱式的选择结果意味着，选择类型与共同结果值之间存在着一定的关系。当共同结果的值为 100 万元时，人们喜欢肯定备择方案；当共同结果的值减至 0 元时，人们变换其选择方案。在第一次选择和判断中，此项实验有过半数（61%）的被试者喜欢风险方案 B，其结果与阿莱式的选择结果不尽相符。然而，选择差异可以被判断类型所解释的效应为显著性水平的 11%（Pu 落选硬币的值）。这让人们开始研究“金钱错觉”，特别是家境贫困孩子的“金钱错觉”，从而推导出这能使以上不等式成立的 U 函数将客观标准的值换成主观标准的值后，小男孩的行为就变得可以理喻了。换言之，这个领域里的研究者总是从预测失败中想到“最大化”的标准可能出了差错，要做的可能是再接再厉修改不符合实际的“最大化标准”，而鲜有人怀疑“最大化”的原则本身会出错。

然而，根据人们的实际选择演绎出非线性的价值函数（如在受益和受损区域分别为凹型和凸型的 S 状价值函数 V）和非线性的权重函数（如 π 函数），然后利用演绎出的非线性函数来让人信服修正后的“最大化”选择模型是有度的，这种做法并不能证明“最大化”假设本身是正确的。这样做犹如能寻觅到证据来证明一个古老的假设——地球是扁平的。

这个实验收集到的数据表明，由判断类型所揭示的“齐当别”策略能够对不同“共同结果值”条件下的风险决策行为做出较连贯的解释。这些结果连同“登山队问题”等结果，一起质疑了人类风险决策行为是某种期望值的最大化的说法。也许不断修正的期望模型最终又能演绎出新的主观价值函数或主观概率函数，将人们的风险决策行为圆满地描述为最大化过程；也许指导人们作风险决策的原则根本就不是期望法则，所修正的期望模型只不过是为了掩盖旧错误而犯下的新错误，现在到了后来人考虑摆脱“期望法则怪圈”的时候了。①

4. 既是悖论，又不是悖论

（1）决策科学是一门应用学科，它的研究需要自然科学和社会科学的各种基础理论和方法，包括数学方法、辩证方法。这些方法具有很强的理

① 参见百度百科：http：//baike. baidu. com/view/1163902. htm。

论性和高度的抽象性。但是，决策科学作为一门应用学科，它具有的应用性、实践性更强，要求决策理论与决策实践紧密结合。理论的建立，既要源于实践，又要高于实践。就阿莱悖论所涉及的决策理论而言，它涉及的一般均衡理论、竞争均衡理论、基数效用理论、序数效用理论等，如前所述，效用论是建立在严峻假设条件之上的，由于这些条件与现实不相符合，所以效用论也与现实不相符合。况且，效用论被当作西方经济学的价值论，把效用（使用价值）当作价值实体，这显然是错误的，因为效用论无法解释资本主义的现象和本质，它解释的仅仅是一个臆想的社会，而不是现实的资本主义制度。至于说到一般均衡和竞争均衡，西方学者也承认，它好像一座富丽堂皇的宫殿，但是，它只能满足人们的幻想，却不能有助于居住问题的解决。西方学者认为均衡是资本主义经济的常态，把不均衡看作对均衡的暂时偏离。事实上，作为资本主义经济常态的不是均衡，而是不均衡。这种经济虽然要求均衡，但其内在矛盾使它无法经常达到均衡。况且，均衡理论是建立在边际效用论（基数论和序数论）和供求论基础之上，这些理论作为阿莱决策论的基础，即错误的理论基础之上能建立正确的理论大厦吗？这一点阿莱自己也是承认的：正如圣彼得堡悖论促使丹尼尔·伯努利以伯努利基数效用极大原理取代货币价值数学期望值最大原理一样，阿莱悖论促使人们在伯努利方程中加入了代表风险偏好的特殊项，以说明整个基数效用的分布（阿莱，1978 年和 1983 年）。① 以上分析可知，支撑阿莱悖论的理论基础是效用论，尤其是基数效用论，它是对西方学者，特别是序数效用论者的非难和讥讽。因为，实际上，不但效用未必能衡量，而且边际效用也未必递减。西方经济学不同派别之间在效用论上互掐就把什么都说明了，还需要再去谈效用论的科学性吗？还需要再去评说阿莱悖论的理论基石的正确与否吗？诚然，阿莱反例即悖论的提出，本身就是对伯努利基数效用极大原理的质疑，也是对新伯努利公式即期望效用理论的挑战，但是，这种质疑与挑战是半推半就的，半途而废的，或者说，半是挑战，半是依旧。

（2）阿莱悖论既是悖论，又不是悖论。关于阿莱悖论是否存在？是否

---

① 新帕尔格雷夫经济学大辞典（第一卷）[M]. 北京：经济科学出版社，1996：88.

悖论？学界也是众说纷纭，说法不一。有的学者非常肯定地说：无论圣彼得堡悖论还是阿莱悖论，都不是悖论。它们都符合基本的心理现实。① 但是，大多数人毫无疑问地认为阿莱所设计的反例既然与他之前读过的《对策论》之公式（3）完全不相一致，既然“独立性原理”与他认定的“每个人在确定性的邻域显示出的安全偏好不一致”，它（反例）也就理所当然地成为著名的“阿莱悖论”。这就是说，有人承认阿莱悖论是悖论，有人不承认它是悖论。那么，阿莱自己如何看呢？他开始只是说：这些想法促使我设计了一些反例，并未提及“悖论”。后来，他对以他的名字命名的“阿莱悖论”，实际上是默认的。

作者认为，阿莱悖论既是悖论，又不是悖论。说它是悖论，是因为阿莱设计的这个反例是经过精心设计的，它与《对策论》之公式（3）及其导出的公理（独立性原理）相悖，即每个人在确定性的领域显示出的安全偏好与假设的具有独立性的原理的期望效用偏好不相一致。而且，阿莱设计的反例中，第一对选择题和第二对选择题之间也发生了背反，即实验结果：在 A 和 B 备选方案时选了 A，当 C 和 D 备选方案时选了 D，这违背了期望效用理论中的独立性和传递性公理。按独立性和传递性公理，在第二对选择题 C 和 D 备选方案中，还应选择 C，但事实上，大多数人选择 D。这就是说，阿莱反例中的第二对选择题不仅与期望效用论中的独立性公理相悖，与第一对选择题的结论也是相悖的。所以，我们完全可以认为阿莱悖论可以称之为悖论。

但是，我们为什么又认为它不是悖论呢？这是学界最新研究成果给我的启示。作者的结论基于对一所谓“齐当别”抉择模型的检验。这一抉择模型认为决策者的认知能力无法胜任最优化模式所需要的精确定量计算，也不能够以“效用”或“心理距离”的方式表达对选择对象整体估算的结果。因而假定左右人类风险抉择行为的机制不是最大限度地追求某种形式的期望值最大化，而是以某种形式辨认选择对象之间是否存在优势性关系。借助这一表征系统（最好和最坏可能结果维度）来描述涉及阿莱选择题的备择方案，该模型将人类的抉择行为描述为一种搜寻一备择方案在主

---

① 新帕尔格雷夫经济学大辞典（第一卷）［M］. 北京：经济科学出版社，1996：88.

观上优势于另一备择方案的过程。在第一对选择题中，A 方案的“肯定结果”（获 100 万）与 B 方案的“坏结果”（获 0 元）之间的差异非常突出；而在第二对选择题中，D 方案的“好结果”（获 500 万）与 C 方案的“好结果”（获 100 万）之间的差异也非常突出。这就意味着，第一对选择题中大部分人的决策是在最坏可能结果维度上进行的；第二对选择题中大部分人的决策是在最好可能结果维度上进行的。这就是说，阿莱悖论的产生，是因为人们的先后两次决策不是固定在同一维度上进行。从收集到的数据表明：只有“共同结果值”的变化能够改变不同维度上可能结果的大小差异，阿莱悖论才能产生；改变了“共同结果值”而没有改变不同维度上可能结果的大小差异，阿莱悖论则不可能产生。以阿莱设计的反例为例，在第一对选择题中，当“共同结果值”为 100 万元时，人们喜欢选择肯定备择方案；当“共同结果值”减至 0 元的第二对选择题时，人们变换其选择方案，大多数人的决策是在最好可能结果维度又是在风险可能性较大的结果维度上进行。也就是说，必须在不同的维度上进行，才可能产生悖论。不然，如果按期望效用理论的独立性和传递性公理，在第二对选择题中，不是事实上的大多数人选 D，而是选择 C 的话，那阿莱悖论在这反例中就自动消除了。正是从这个意义上讲，阿莱悖论在此就不存在了，也就当然不是悖论了。所以，我们还是应该辩证地看待阿莱悖论。

（3）阿莱自身思维的悖论，围绕阿莱悖论的理论与实践，我们发现阿莱自身思维存在一定矛盾性，即自相矛盾，或者说阿莱自身悖论。悖论问题的实质说到底是人类自身思维的矛盾性。悖论不仅包括人们思维成果之间的矛盾，也包括思维成果与现实世界之间的矛盾。就阿莱而言，在围绕阿莱悖论问题上的探讨，是既有理论又有经验为依据的，并且这种对风险选择理论的探讨和对经验的积累，是伴随于前人的思维成果的继承与否定的矛盾运动中进行的，是以这种人类自身思维的矛盾为动力推动风险选择理论的发展和经验的积累的。对阿莱来说，风险选择理论从历史过程看要经过四个步骤：第一步，假设货币收益的数学预期等于奖券的自然评估。第二步，便是这种收益的数学预期效用的运用。第三步，考虑主观概率，美国学派弗理德曼、马夏克、冯·诺伊曼、莫根施特恩、萨缪尔森和萨维奇等大多数人只考虑这三步。阿莱对此有歧义，认为必须再完成第四个步骤，即奖券的价值是个泛函数，取决于收益参数化的概率密度。[①] 在这里，阿莱自身思维的矛盾表现为：一方面，他批评了弗里德曼、萨维奇等人的"新伯努利方程"，即期望效用理论的探讨，并未放弃其核心——期望效用和最大效用均衡等概念。这说明，阿莱自身思维是存在矛盾的，存在歧义的。不过，正是这种歧义与矛盾促使他继续前行，获得了他该得到思维成果。

阿莱自身思维矛盾当然也表现为对伯努利（1738年）方程及理论的继承与批判上。一方面，他系统地批判了伯努利原理所依托的公理，按他的说法，这些公理无助于在不确定环境中确定合理性。他的主要论据是，在确定性的领域，理性经济行为者更倾向于绝对安全。阿莱于是提出了在风险情况下关于合理性的可供选择的定义：选择必须是有序的；必须遵循于绝对偏好原则（这就是说，假如在每种情况下，一种奖券提供的盈利大于另一种，那么，任何一个经济行为者将会选择前一种奖券）；以及只考虑客观概率。关于这第三条，阿莱认为，伯努利原理只考虑收益的分布，而收益的心理价值的分布才是应该考虑的。关于这三条定义，我们认为在进行风险抉择时是有参考价值的。另一方面，他又继承了伯努利原理的整体框架中的主要理论支柱，如一般均衡理论、效用论（基数效用论、序数效用论）等，阿莱把他的不确定条件下的行为理论应用于一般均衡型（阿莱，1953）就是证明。另外，阿莱对效用论，尤其是基数效用论，是承认的，并且是在被他批判的萨维奇认为"基数效用是无稽之谈"的情况下承认的。关于一般均衡理论和效用论的真伪，前面已经评述过，在此不再赘述。不可否认的是，一般均衡理论对于观察和研究市场经济中每一个市场和相关市场之间在供给、需求、价格方面的相互影响还是有意义的，作为一个经济分析工具，是可以借鉴的。

阿莱自身思维矛盾应该还表现在他的思维成果与现实世界之间的矛盾上。自1952年阿莱设计并公布一些反例之后，阿莱悖论就广泛流传，但它的真正含义也被广泛地误解了。这种情况的出现，其实它涉及"阿莱悖论"作为一个思维成果它与现实世界之间所存在的矛盾。实证研究表明：

---

① 新帕尔格雷夫经济学大辞典（第一卷）[M]．北京：经济科学出版社，1996：84.

在分析了对 1952 年“问题表”的答案之后，我们发现大约 53% 符合阿莱悖论，而与新伯努利公式违背（阿莱，1977）。这种例子并不是孤立的，还有一次测验，违反新伯努利方程甚至达到 100%。1952 年以后，进行了大量实证研究，它证明许多按理性行事的人，其行为与新伯努利方程相悖，遇到这些结果，新伯努利者始终把它们解释成“反常的”“误差”“实验对象思考不充分”或由不合格人员所做的“设计错误和非决定性”的实验、“在实验心理学方面缺乏经验”等。但是，面对众多研究者在不同国家不同时间采用不同方法所观察到的大量反例，这些解释显然很难成立。以上实证表明，阿莱悖论作为阿莱的思维成果与现实世界之间的矛盾虽然存在，但不突出，因为作为阿莱自身思维成果的理论与现实世界即实践是比较一致的（53%），而新伯努利方程却与实践极不相一致（100%）。既然主观和客观或理论与现实，抑或思维与实践之间仍然存在矛盾，那么可以说，这个矛盾将仍然是理论发展与经验积累的推力。

十一、里昂惕夫悖论

第二次世界大战之后，在第三次科技革命浪潮的推动下，世界经济发展迅猛，国际分工与国际贸易发生了很大的变化，传统的国际分工与国际贸易理论凸显脱离实际。在这样的形势下，一部分西方经济学家试图用新的理论来解释国际分工与国际贸易中存在的一些问题，这个转折点就是里昂惕夫悖论或反论，也称里昂惕夫之谜。

1. 简介悖论

依据传统的要素禀赋理论，第二次世界大战后美国出口的产品应该是资本密集型产品，进口劳动密集型产品，但是，诺贝尔经济学奖得主、美籍俄裔经济学家里昂惕夫（1906—1999 年）采用投入产出法对战后美国对外贸易发展状况进行分析后，却发现美国进口的是资本密集型产品，出口的是劳动密集型产品。这一发现恰恰与传统的赫－俄的要素禀赋理论相反，即得出了与要素禀赋理论相矛盾的结论。

1953 年，里昂惕夫调查了美国 200 家企业，并着重对外贸统计数据进行了分析。根据他的分析发现，1947 年美国每生产 100 万美元的出口商品，用资本 2550780 美元，用工 182 人/年，每人每年耗资 14015 美元；而每生产 100 万美元的进口商品，用资本 3091339 美元，用工 170 人/年，每人每年耗资 18184 美元。美国生产进口商品的资本与劳动之比（18184 美元）同出口商品的资本与劳动之比（14015 美元），二者间的比率为 1.30。这表明：美国出口的是劳动密集型产品，进口的却是资本密集型产品。这一结果在当时完全出乎里昂惕夫所料，也因此引起经济学家们的震惊。

1956 年，里昂惕夫运用投入产出法和美国的 1951 年的统计资料，对美国的贸易结构进行了第二次验证。其结果是：美国生产进口商品的资本与劳动之比是13726美元，出口商品的资本与劳动之比是12977美元，两者的比率为1.06，即发现美国进口替代品所占有的资本高于美国出口品约6%，如果把投入产出系数中的资本替代也考虑在内，则高于17.5%，这与1953年验证的结论基本一致，里昂惕夫悖论仍然成立。里昂惕夫据此认为，美国平均每百万美元的出口与国内生产等量的进口替代品相比较，在出口中包含较少的资本和较多的劳动，故美国参与国际分工是以劳动密集型产业的专业化为基础。即美国进行对外贸易的目的在于节约其资本而处理过剩的劳动。他认为，过去广泛流行的美国经济的特征与世界其他地区相比是资本相对有余而劳动相对短缺的看法已被证实是错误的。里昂惕夫的这一结论与赫—俄定理完全相反。因为赫—俄定理认为，生产要素配置的差异是贸易发生的原因，一国必然对生产并出口密集使用其丰裕要素的产品，而进口密集使用其稀缺要素的产品。正因如此，里昂惕夫的结论一时轰动了西方经济学界，并称为“要素稀少性定理中的里昂惕夫反论”。

2. 解释反论

为了解开里昂惕夫反论，西方学术界提出了许多解释，如劳动效率说、消费偏向说、贸易壁垒干扰说、人力资本说、美国经济延伸说等，学者们企图从不同角度来解释这一反常现象。

(1) 劳动熟练说

劳动熟练说，又称人类技能说和劳动效率说，这一解释最早是由里昂惕夫本人提出的，后来由美国经济学家基辛加以发展，想用劳动效率和劳动熟练或技能的差异来解释里昂惕夫之谜。

里昂惕夫自己以为，“谜”的产生可能是由美国工人的劳动效率比其他国家工人高3倍所造成的。这样，在劳动以效率单位衡量的情况下，美国就成为劳动要素相对丰富、资本要素相对稀缺的国家。为什么美国工人的劳动效率比其他国家高呢？他认为这是美国企业管理水平较高、工人所受到的教育和培训较好、较多，以及美国工人的进取精神较强的结果。但是，有些学者认为里昂惕夫的解释过于武断。一些研究表明美国的实际情况并非如此。比如，美国经济学家克雷宁经过验证，认为美国工人的劳动效率和欧洲工人相比，最多高出1.2~1.5倍。因此，里昂惕夫的观点，通常不为学界所接受。

此后，美国经济学家基辛对这个问题又进行了研究。他利用美国 1960 年人口普查资料，将美国企业职工区分为熟练劳动和非熟练劳动两大类。熟练劳动包括科学家、工程师、厂长或经理、技术员、制图员、机械工人、电工、办事员、推销员、其他专业人员和熟练的手工操作工人等。非熟练劳动指不熟练和半熟练工人。他还根据这两大分类对 14 个国家的进出口商品结构进行了分析，得出了资本较丰裕的国家倾向于出口熟练劳动密集型商品，资本较缺乏的国家倾向于出口非熟练劳动密集型商品的结论。例如，在 14 个国家的出口商品中，美国的熟练劳动比重最高，非熟练劳动比重最低；印度的熟练劳动比重最低，非熟练劳动比重最高。在进口商品方面，正好与出口商品相反。这表明，发达国家在生产含有较多熟练劳动的商品方面具有比较优势，而发展中国家在生产含有较少熟练劳动的商品方面具有比较优势。因此，熟练劳动程度的不同是国际贸易发生和发展的重要因素之一。可见基辛的熟练劳动一说与里昂惕夫的劳动效率说是如出一辙的，劳动熟练程度的高低差异是对劳动效率高低差异的最直接原因的最好解释。

（2）人力资本说

人力资本说是美国经济学家凯南、舒尔茨等人提出并用它来解释美国对外贸易商品结构的。凯南等人认为，劳动是不同质的，这种不同质表现为劳动效率的差异，这种差异又是由劳动熟练程度所决定的，而劳动熟练程度的高低，又取决对劳动者进行培训、教育和其他有关的支出，即决定智力开支的投资。因此，较高劳动效率和熟练劳动，归根结底是一种投资的结果，是一种资本支出的产物。凯南认为，国际贸易商品生产所需的资本应包括有形资本和无形资本即人力资本。人力资本投入，可提高劳动技能和专门知识水平，促进劳动生产率的提高。由于美国投入较多的人力资本，而拥有较多的熟练技术和劳动力，因此，美国出口产品含有较多的熟练技术劳动。如果把熟练技术劳动的收入高出简单劳动的部分算作资本并同有形资本相加，经过这样处理之后，美国仍然是出口资本密集型产品。这个结论却正好是符合赫—俄定理的。因为在该定理的 H—O 模型中，虽然劳动是同质的，即劳动力的知识、技能是相同的，但在实际的现实中，各国劳动力的质有很大差异。美国劳动力和越南劳动力相比，很难说是同质的。前者多是技能高的熟练劳动力，它包含了大量人力资本投资；而后者多为技能水平较低的非熟练劳动力，包含的人力资本投资较少。在里昂惕夫计算美国出口商品的资本劳动比率时，只计算了实物资本数量，如果把人力资本加入到实物资本上，美国出口商品资本劳动比率就会大于进口商品的资本劳动比率，这样美国出口商品依旧是资本密集型产品。不过，这就把里昂惕夫之谜颠倒过来了，即解除了里昂惕夫悖论。

就人力资本说而言，凯南其实只是将里昂惕夫和基辛的观点进一步深化了，是对劳动效率和熟练劳动的一定补充解释。这种解释的难点在于难以具体衡量人力资本的真正价值或无形资本，所以，并非人人都认同这一人力资本说。

（3）技术差异说

技术差异说又称技术间隔说，是由美国经济学家波斯纳提出，并由格鲁伯和弗农等人进一步论证的关于技术领先的国家，具有较强开发新产品和新工艺的能力，形成或扩大了国际的技术差距，而有可能暂时享有生产和出口某类高技术产品的比较优势的理论。

波斯纳认为，人力资本是过去对教育和培训投资的结果，因而可以将其作为一种资本或独立的生产要素，而技术是过去对研究与发展进行投资的结果，也可以作为一种资本或独立的生产要素。但是，由于各国对技术的投资和技术革新的进展不一致，因而存在一定的技术差距。这样就使得技术资源相对丰裕的或者在技术发展中处于领先的国家，有可能享有生产和出口技术密集型产品的比较优势。

为了验证这一理论观点，格鲁伯和弗农等人根据1962年美国19个产业的有关资料所做的统计分析，其中5个具有高度技术水平的产业（运输、电器、工具、化学、机器制造）的科研和发展经费占19个产业全部科研和发展总数的89.4%；5个产业中的技术人员占19个产业总数的85.3%；5个产业的销售额占19个产业总销售额的39.1%；5个产业的出口量占19个产业总出口量的72%。这种实证研究表明，美国在上述5个技术密集型产品的生产和出口方面确实处于比较优势。因此可以认为，出口科技和技术密集型产品的国家也就是资本要素相对丰裕的国家。据上述资料分析，美国就是这种国家。从这个意义上说，技术差距说是完全可以与赫—俄原理相衔接的，也算是对里昂惕夫悖论的一种解释。

（4）产品周期说

产品周期说是由美国经济学家弗农提出的，它是在技术差距说的基础上，将产品生命周期理论引入国际贸易理论对里昂惕夫悖论的一种解释。它认为许多新产品的生命周期经历三个时期：

①产品创新时期：这一时期，生产企业几乎没有竞争对手，企业竞争的关键也不是生产成本，同时国外还没有生产该产品，当地对新产品需求完全靠创新国家的企业出口来满足。

②产品成熟时期：随着技术的成熟，生产企业不断增加，企业之间的竞争加强了。产品成本和价格变得日益重要。在这种情况下，企业若想保持和扩大对国外市场的占领就必须选择对外直接投资。利用当地廉价资源，减少关税、运费、保险费支出，大大降低成本，增加企业竞争力，巩固扩大市场。

③产品标准化时期：此时由于发达国家劳动力价格较高，生产最佳地点从发达国家转向发展中国家，对此类产品需求转向从国外进口，若要保持优势，只能选择新的发明创新。

总之，产品生命周期说是一种动态经济理论，从产品要素的密集性上看，在产品生命周期的不同时期，其生产要素比例会发生规律性变化。从不同国家上看，在产品生命周期的不同时期，其比较利益将从一个国家转向另一个国家，这就使赫—俄静态的要素比例说变成动态要素比例说。用产品生命周期来解释里昂惕夫悖论，似乎也比较勉强，难以令人信服，因为就某一种产品生命周期来说，也许某一产品某一生命周期恰好与里昂惕夫所选数据的时期相吻合，但就千千万万产品而言，所有的产品生命周期的某一阶段都与里昂惕夫所选数据的时期相一致，这是很困难的。

（5）需求偏好相似说

这是瑞典经济学家林德提出的，即用国家之间需求相似来解释工业制成品贸易发展的理论。林德认为，一国的需求结构和人均收入是直接相关的，人均收入越相似的国家，其消费偏好和需求结构越相近，产品的相互适应性越强，贸易交往越密切。就是说，即使一国拥有比较优势的产品，但由于其他国家的收入水平与它不同，对其产品没有需求，这种比较优势产品就不能成为贸易产品。用需求偏好相似说来解释国家之间的贸易结构，作为一个影响因素，也许存在一定的可能性，但用它来解释里昂惕夫悖论，也难免牵强一点。

（6）产业内贸易说

美国经济学家格鲁贝尔等人研究共同市场成员国之间贸易量的增长时，发现发达国家之间贸易并不是按赫—俄原理进行即工业制成品和初级品之间的贸易，而是产业内部同类产品的相互交换。他们认为，当代国际贸易中的产品结构，可分为产业间贸易和产业内贸易。双方贸易的同产业生产的产品，如美日相互输出汽车，就是产业内贸易。用这种产业内贸易说来解释里昂惕夫悖论，似乎没有太多的说服力，因为这给人一种以点概面的疑虑。

（7）要素密集度逆转说

在H—O理论中，曾假设，如果在某一要素价格比率下，商品x是劳动密集型的，y是资本密集型的，那么在所有要素价格比率下，商品x总是劳动密集型的，商品y总是资本密集型的。但在现实中，要素密集度可能发生逆转，所谓逆转是指一种给定的商品（小麦）在劳动丰裕的国度（如1国）是劳动密集型的产品，而在资本丰裕的国度（如2国）却是资本密集型产品。

如果产品要素密集度发生逆转，则H—O定理就会被颠覆。比如玩具在中国是劳动密集型产品，如果要素密集度不逆转，则玩具在美国也应是劳动密集型的，根据H—O定理，中国出口玩具，美国应进口玩具。但是，如果要素密集度逆转，即玩具在美国是资本密集型产品，在这种情况下，中国向美国出口玩具，对中国而言属于出口劳动密集型产品，而对美国来说，则属于出口资本密集型产品，并以此来解释里昂惕夫之谜。

（8）贸易壁垒干扰说

H—O理论是建立在完全自由竞争的假设之上的，而国际贸易的现实中却存在着大量的关税和非关税壁垒等不完全竞争的事实壁垒。例如，美国的贸易政策是：限制高技术产品（一般是资本密集型的）的出口，阻碍劳动密集型产品的进口。

一些研究表明，美国进口劳动密集型产品比进口资本密集型产品受到更严格的进口壁垒限制，特别受到保护的是技术落后的产业和非熟练、半熟练的劳工集团。这就是贸易壁垒干扰说对里昂惕夫反论的一种解释。尽

管这种贸易壁垒干扰说不一定能解释得了里昂惕夫反论，但是，不能说这种“干扰”对国际贸易不无干扰。

（9）天然资源稀缺说

里昂惕夫之谜中只计算了资本和劳动的比率，未考虑自然资源。美国进口商品之所以是资本密集型的，一个原因是美国是大量矿产（如石油）的进口国，而这些矿产品既使用大量的自然资源，也使用大量的非人力资本。由于美国对许多自然资源的进口依赖性很强，这是导致美国进口产品的较高资本密集度的重要原因，因此，如扣除自然资源因素，里昂惕夫之谜也许就不复存在了。

3. 对“多种解释”的解释

综上所述，西方学者对里昂惕夫悖论有太多的解释，其中也不乏“高见”，不无道理，但坦率地说，这些解释如同西方经济学整体一样，只看经济现象，不触及经济本质；也如同传统的西方国际分工和国际贸易理论一样，只是从产品分工与市场交换的表面现象来分析问题，而不涉及问题的实质，不涉及国际生产关系。个人赞同一些学者对西方学者关于里昂惕夫之谜所作出的解释。

（1）从阶级性上讲，他们掩盖了国际分工和国际贸易的主要性质，把国际分工和国际贸易只作为分配世界资源的中性机制，而不是在一定条件下发达国家通过不等价交换对发展中国家进行剥削的工具；他们抹杀了劳动与资本的界限，把受到教育与培训的熟练劳动者当作“人力资本”，他们掩盖了西方跨国公司对技术垄断与对外扩张的事实，而把发达国家的新技术产品生产的扩散过程，当成单纯地由发达国家向发展中国家转移的过程。

（2）从历史发展看，国际分工和国际贸易发展与资本主义生产方式有密切关系，但他们不是用历史的观点来研究资本主义国际分工和国际贸易的产生发展进程，而是把它们作为万古不复的自然现象，仅仅从生产力的角度，来研究国际分工和国际贸易产生和发展的原因、格局和比较利益。

（3）从理论上看，传统的西方理论通常由一个或两个经济学者提出一种理论，每个理论体系具有相对独立性和稳定性，但战后的这些新学说，在较短时间内，围绕着里昂惕夫之谜，涌现出“一群”理论，各人从不同角度来解释或论述当代国际分工和国际贸易中存在的一些重要问题，因此，在理论体系上表现为分散性、片面性和不完整性。

4. 是否“虚假悖论”

对里昂惕夫之谜，如上所说，西方学者如此之多的理论解说，但都难以令人信服，就连他们自己也是各执一词，众说纷纭，莫衷一是。我国一些学者对此也进行过一些分析、批判，值得赞赏，作者对里昂惕夫之谜以及西方学者的解释，也有一些独自的看法和观点，提出来与学界商榷。

（1）作者以为里昂惕夫反论或悖论是假象而非真象。所谓假象是指那些以否定方式或从反面歪曲地表现本质的现象。客观事物的本质，大量地表现为真象（那些从正面直接表现本质的现象），但假象在自然界、特别是在社会生活中也是客观存在、屡见不鲜的。就里昂惕夫反论而言，就是指他在1953年根据自己的调查提出的一种与当时占主导的经济论点相反的观点即美国进口的是资本密集型产品，出口的是劳动密集型产品的结论。里昂惕夫所调查到的美国当时进出口的外贸数据不仅是客观存在的经济现象，而且这一现象与传统的要素禀赋理论，即与赫—俄模型刚好相反，因为根据要素禀赋理论，战后美国出口的应是资本密集型产品，进口的是劳动密集型产品。这显然是对赫—俄定理的否定。然而，这个否定能否成立，需要打一个大问号。事实上，被里昂惕夫调查到的当时美国在国际贸易中的进出口数据是客观存在的，但却是从反面歪曲地表现事物本质的现象，即假象，它虽然是客观存在的，但它是各种客观的实际条件造成的，比如，用对人力投资的差异来解释里昂惕夫反论的观点认定，美国仍然是出口资本密集型产品，符合赫-俄定理，而使里昂惕夫反论被颠倒，即否定之否定。又比如，用技术差距来解释里昂惕夫反论，实证研究表明，美国在5个技术密集型产品的生产和出口方面确实处于比较优势。因此，出口技术密集型产品国家也就是资本要素相对丰裕的国家，从这个意义上讲，技术差距论是完全可以与赫-俄定理相衔接的，也就是说，里昂惕夫反论因技术差异条件而不复存在了。还比如，里昂惕夫反论中，未考虑资源来计算资本与劳动比率，但实际上美国进口商品之所以是资本密集型的，一个原因美国是大量矿产（石油）进口国，而这些产品使用大量自然资源和非人力资本，这是导致美国进口产品的较高资本密集度的重要原因，如扣除这一因素，里昂惕夫反论也就不“反”了。这就是说，里昂惕夫反论作为对一种经济现象描述的观点，不是建立在那些从正面直接表现事物本质的真象之上的，而是依据那些以否定方式或从反面歪曲地表现事物本质的假象之上的。诚然，假象即使同事物本质明确对立，但归根到底也为本质所决定，也是本质的表现。如列宁指出："假象的东西是本质的一个规定，本质的一个方面，本质的一个环节。"① 这就是说，假象和本质也具有同一性。因此，作为被假象颠倒的本质可以再被颠倒过来。这也就是说，建立在被假象否定的里昂惕夫反论可以否定之否定了。

（2）我们认为，西方一些学者对悖论的"解释"有些以偏概全、"管中窥豹"，缺乏辩证性。里昂惕夫悖论是假象形成的，而假象也是由多种客观实际条件造成的，因此，这个悖论尽管轰动一时，尽管许多人都来解释，但是，他们往往从不同角度，从不同侧面进行解释，显得较分散、零碎、片面，因此难以服人。然而，既然悖论是被假象笼罩，又受太多条件限制，因此，解释这个"谜"必须从全面、系统的高度，运用辩证思维破解悖论，绝不可以偏概全，抓住一点不及其余，只见树木，不见森林，不见整体。唯物辩证法把世界看作相互联系的统一整体，要求用整体性的观点来观察事物。马克思主义所以能把关于社会的学说变成科学，一个十分重要的原因就是，它从社会各种现象的复杂的总联系中把握各个社会现象，从而确定它们各自在社会有机体中的地位和作用。从经济层面上讲，离开了同消费、交换、分配的联系，无法正确认识生产；离开了同生产、交换、分配的联系，也无法理解消费。正如列宁指出："要真正认识事物，就必须把握、研究它的一切方面、一切联系和'中介'。我们决不会完全地做到这一点，但是，全面性的要求可以使我们防止错误和防止僵化。"② 的确如此，在解释里昂惕夫反论的过程中所暴露出的西方经济学家的一大通病，那就是孤立地、片面地看问题，只见树木，不见森林，形而上学地就事论事，只看现象，不涉及本质；只看个体，不看整体；只及片面，不及全面；只顾孤立，不顾相互联系，凡此种种，一言以蔽之，他们陷入了以偏概全、以点概面的毫无辩证思维的形而上学的泥潭。

（3）里昂惕夫悖论无视劳动与资本的对立统一关系，抹杀了资本对劳

① 列宁．列宁全集（第38卷）［M］．北京：人民出版社，1986：137.

② 列宁．列宁全集（第4卷）［M］．北京：人民出版社，1960：453.

动的剥削性质。在资本主义生产方式下，资本起初是在历史上既有的技术条件下使劳动服从自己的，随着资本主义发展，在生产过程中，资本发展成为对劳动的指挥权，强制劳动超出必要劳动尽量多地提供剩余劳动。资本对劳动的这种强制，大大超过以往任何社会，“作为别人辛勤劳动的制造者，作为剩余劳动的榨取者和劳动力的剥削者，资本在精力、贪婪和效率方面，远远超过了以往一切的直接强制劳动为基础的生产制度。”① 资本对劳动的强制，造成人和物的关系的颠倒。本来在劳动过程中，是工人（劳动）掌握生产资料（资本），可是在价值增值过程中，事情颠倒了：生产资料（资本）立即转化为吮吸他人劳动的压榨器和吸收器、生产资料（资本）变成了榨取他人劳动和剩余劳动的合法权和强制权。不是工人（劳动）使用生产资料（资本）而是资本化了的生产资料使用工人（劳动）。在这里，劳动者作为社会的劳动者所展开的生产力是资本的生产力，“人力资本”也不例外。劳动的社会生产力是劳动被置于一定的诸条件之下时无偿展开的；而将它们置于这种条件之下的正是资本。很显然，在传统的国际分工和国际贸易理论中，在西方经济学家的视野里，在里昂惕夫悖论中，这种劳动与资本的对立以及资本对劳动的强制与剥削往往消失了。发达国家通过不等价交换对发展中国家进行的剥削也不见了。在所谓的资本密集型产品（商品）和劳动密集型产品（商品）的价格比率中，在某一要素价格的比率下，劳动作为生产商品的劳动，在资本的生产过程中所表现出的劳动的二重成果，即劳动在它的抽象的一般属性中给生产资料（资本）的价值附加新价值，在其具体的有用的属性中，将生产资料（资本）的价值转移到商品中去，并在商品中维持它。在这里，劳动作为价值形成和价值增值所蕴含的价值被抹杀了，取而代之的是资本的价格或某一要素价格。本来，在资本这种商品的价格的场合，资本本身具有一定的价值额，但价格并不反映它，这一价格是背后没有价值的价格，这就是说“没有价值的东西在形式上可以具有价格”。那么，在里昂惕夫悖论中的要素价格或产品价格形式是以什么为其内容的呢？原来它们是以效用价值论取代科学的劳动价值论的，仅从单一生产力的角度，仅从使用价值的角

① 马克思．资本论（第一卷）[M]．北京：人民出版社，1975：344.

度，仅从效用（偏好）的角度，来建立起它们的要素价格这种“虚幻的价格形式”。这种效用价值论是建立在严峻的假设条件之上，这些条件与现实极不相符，所以，效用论所解释的仅仅是一种臆想的社会，而并非现实的资本主义制度。

归纳起来，在我看来，里昂惕夫悖论或许是假象所“谜”，并不是悖论，只是“虚假悖论”而已；或者是以偏概全，缺乏辩证性、整体性、全局性地解谜，因而越解越谜；抑或是无视劳动与资本的对立统一辩证关系，抹杀了资本对劳动强制性与剥削性的人和物的颠倒的“反论”关系。

中篇

十二、商品悖论

伟人毛泽东指出："马克思从资本主义最单纯的因素——商品开始，周密地研究了资本主义社会的经济结构。商品这个东西，千百万人，天天看它、用它，但是熟视无睹。只有马克思科学地研究了它，他从商品的实际发展中作了巨大的研究工作，从普遍的存在中找出完全科学的理论来。"① 是的，商品这个东西，作为资本主义社会最基本、最单纯的经济细胞形式，表现为这个社会财富的元素形式，人们每天都同它打交道，也未发现任何蹊跷，难道还有什么神秘之处吗？或者有什么矛盾之疑吗？然而，正是马克思的科学研究告诉我们：商品包含着资本主义社会一切矛盾的胚芽。

1. 商品悖论来自商品形式自身

物质产品本来是简单且平常的东西，但当产品成为商品之后却变得十分复杂，充满矛盾，充满神秘感。如马克思所说：最初一看，商品好像是一种很简单很平凡的东西，对商品的分析表明，它却是一种很古怪的东西，充满形而上学的微妙和神学的怪诞。② 他的研究指出，商品包含着资本主义社会一切矛盾的胚芽，即资本主义社会的矛盾，都是从这里开始发展起来的。列宁曾说："马克思在《资本论》中首先分析资产阶级社会（商品社会）里最简单、最普遍、最基本、最常见、最平凡，碰到过亿万次的关系——商品交换。这一分析从这个最简单的现象中，从资产阶级社

① 毛泽东．整顿党的作风//毛泽东选集（第三卷）［M］．北京：人民出版社，1953：819.

② 马克思．资本论（第一卷）［M］．北京：人民出版社，1975：87.

会的这个‘细胞’中揭示出现代社会的一切矛盾（或一切矛盾的胚芽)”。[①] 这就告诉我们：商品是用来交换的劳动产品，它是使用价值和价值的对立统一，包含着矛盾与神秘，其最为突出的矛盾与神秘在于：在商品生产社会中，由于使用价值是交换价值的物质承担者，其交换价值首先表现为一种使用价值同另一种使用价值相交换的量的比例，于是就出现了被作为物质承担者的使用价值掩盖了相交换的量的比例背后的一个共同的东西即价值，也就是把物化在商品中的人与人的关系，颠倒地看作是物与物的关系，价值的本质被物的外壳掩盖了。这种本质与现象的矛盾使人不解，使人迷惑，使人神秘，就好像宗教世界中人们崇拜人脑的产物——上帝、真主等偶像一样，在商品世界里，人们崇拜人手的产物——商品。这就是说，商品本是人用自己的双手生产出来的劳动产品，现在反倒把自己双手生产出的产物当偶像来崇拜。这是为什么？因为人们无法解开商品体内使用价值与价值的矛盾。商品的使用价值和价值是统一地存在于商品体内，相互依存，但又是相互矛盾的。其矛盾主要体现在：对于商品生产者来说，有意义的只是商品价值，对他而言没有直接的使用价值即非使用价值。他必须实现商品价值，使生产商品所耗费的劳动得到补偿；对于商品需求者来说，有意义的则是商品的使用价值，他想要得到使用价值，以满足自己的需要，这是一个矛盾。如何解决，只有通过交换。如马克思所说：一切商品对它们的所有者是非使用价值，对它们的非所有者是使用价值。因此，商品必须全面转手。[②] 然而，在商品交换过程中，同样存在使用价值和价值的对立或矛盾，矛盾表现为它们各自的实现都要以对方的实现为前提：一方面，如果商品不能交换到别人手中去实现使用价值，其价值就不能得以实现，即生产商品所耗费的劳动不能得到等量劳动的补偿；另一方面，如果不使商品的价值得到实现，商品也无法到达需要使用价值的人手中，使用价值无法得以实现。但是，这个实现过程或交换过程，既想获得别人的使用价值，又想实现自己商品的价值，很矛盾，也很困难。因为商品如果不能全面转手，不能从商品形态转化为货币形态，则商品的

---

① 列宁．谈谈辩证法问题//列宁选集（第二卷）［M］．北京：人民出版社，1960：712－713.

② 马克思．资本论（第一卷）［M］．北京：人民出版社，1975：103.

使用价值和价值都不能实现，从而使商品生产者受到亏损甚至破产，这是一个生死攸关的问题。但是，要实现转化，又很困难，也很矛盾，“这是商品的惊险的跳跃。这个跳跃如果不成功，摔坏的不是商品，但一定是商品所有者”。① 这也就是说，商品内在的使用价值和价值的对立，还有私人劳动同时必须表现为直接社会劳动的对立，特殊的具体劳动同时只是当作抽象的一般的劳动的对立，物的人格化和人格的物化的对立等矛盾，存在于商品这个细胞中，特别是使用价值和价值的相互排斥和对立更凸显在商品这个细胞之中。它孕育着资本主义商品经济中的一切矛盾的胚芽，它“包含着危机的可能性”。一言以蔽之，商品悖论是指商品内在使用价值与价值、私人劳动与社会劳动、具体劳动与抽象劳动、物的人格化与人格的物化等矛盾的对立与背反。本来最简单、最平凡的商品摇身一变，变成最复杂、最神秘的商品；本来是物化在商品中的人与人关系，被物的外壳掩盖着，颠倒为物与物的关系；本来是天天看它用它的劳动产品，神秘转身，变成了人们崇拜人手的产物——商品。这一切似乎让人疑惑不解，显得异常神秘莫测。然而，这个商品悖论的神秘性质来自于哪里呢？

（1）商品悖论的神秘性质不是来自商品使用价值。商品的使用价值，无论从它对人有用，或是从它是某种具体劳动生产出来的产品来看，都没有什么神秘之处。例如，木头经过人的具体劳动，用木头做成桌子，木头形状改变了，但是桌子还是木头的。所以，桌子作为使用价值，是可以感觉的，没有什么神秘。但是，桌子一旦成为商品，情况就不同了，它不仅有使用价值，还有价值。从使用价值看，桌子是可以感觉的物体；从价值看，则是超乎感觉的东西。所以，商品的神秘感不是从它的使用价值发生的，而可能是从它的价值方面发生的。

（2）商品的神秘性质也不是来自价值规定的内容。商品价值所规定的内容，就是形成商品价值实体的抽象人类劳动或人类劳动力的耗费。这也没有什么神秘可言。因为从劳动的质来讲，它在实质上都是人的脑、神经、肌肉、感官等的耗费，这是生理意义上的支出，不会产生神秘感。从劳动的量来讲，它在数量上都是生产所耗费的劳动时间，生产产品所耗费

① 马克思．资本论（第一卷）［M］．北京：人民出版社，1975：124.

的劳动时间，在任何社会都是人们关心的事，尽管关心的程度不同，但不具有什么神秘性质。从劳动的社会形式讲，人们从事生产时，无论何时，都必须以一定的方式结合起来劳动，因而，他们的劳动具有一定的社会形式，这也没有什么神秘性质。

(3) 商品的神秘性质来自于商品形式的本身。商品形式本身怎么会表现出具有这谜一般的神秘性质呢？这是因为：①“人类劳动的等同性，取得了劳动产品的等同的价值对象性这种物的形式。[①] 这就是说，人类的劳动表现为商品的价值，这使人难以认识它的真面目。价值看不见摸不着，却又是客观存在的，它是同一的幽灵般的对象性。”[②] 但“商品的价值对象不同于快嘴桂嫂”,[③] 因快嘴桂嫂，不藏头盖脸，一目了然。一言以蔽之曰：“价值物总是不可捉摸的”。[④] ②用劳动的持续时间来计量人类劳动力的耗费，取得了劳动产品的价值量的形式。[⑤] 换言之，生产产品的劳动量表现为商品的价值量，这也使人迷惑不解。③“劳动的那些社会规定借以实现的生产者的关系，取得了劳动产品的社会关系的形式。”[⑥] 也就是说，生产者之间相互交换劳动的社会关系，表现为商品的物与物之间的交换关系，现象掩盖了本质，由此产生了神秘性质。以上分析可见，商品悖论的神秘性质完全来源于商品形式本身。这是由于人们把商品形式的本质与现象、内容与形式颠倒过来错误认识的结果，是人们没有解开商品内在多种相互排斥对立的矛盾奥秘所导致的。

2. 悖论神秘性质存在的根本原因

商品悖论或商品拜物教之所以存在，不仅有它发生的一般原因，而且还有它产生的根本原因。可以肯定地说，商品拜物教产生的根本原因在于私人劳动与社会劳动的矛盾。在私有制条件下，生产商品的劳动，一方面，表现为私人劳动，劳动是他们自己的事；另一方面，由于社会分工的

① 马克思．资本论（第一卷）[M]．北京：人民出版社，1975：88.
② 马克思．资本论（第一卷）[M]．北京：人民出版社，1975：51.
③ 马克思．资本论（第一卷）[M]．北京：人民出版社，1975：61.
④ 马克思．资本论（第一卷）[M]．北京：人民出版社，1975：61.
⑤ 马克思．资本论（第一卷）[M]．北京：人民出版社，1975：88.
⑥ 马克思．资本论（第一卷）[M]．北京：人民出版社，1975：88.

存在，它又是社会总劳动的一部分，是社会劳动。然而，私人劳动并不直接就是社会劳动，这种私人劳动要通过抽象一般性的形式，才能变成社会劳动。但劳动的抽象一般性又必须通过劳动产品的交换才能表现出来。因此，在生产者面前，他们的私人劳动的社会关系就不是表现为人们在自己劳动中的直接的社会关系，而是表现为人们之间的物的关系和物之间的社会关系。换句话说，在私有制的条件下，私人劳动的社会关系只有通过劳动产品的交换才能得以表现为物与物的关系这种颠倒的或虚幻的形式。这种颠倒的关系具体表现如下：

首先，由于商品生产者的私人劳动具有二重的社会性质，即一方面是私人劳动的社会有用性，另一方面是私人劳动的社会均等性，在交换过程中表现为商品具有使用价值和价值的形式。这样，很容易使人们把劳动产品的社会性质看成是劳动产品本身的物质属性。他们在交换过程中使他们的多种产品作为价值彼此相等时，不是因为他们看来这些物只是同种的人类劳动的物质外壳。如马克思所说：他们没有意识到这一点，但是他们这样做了。价值没有在额上写明它是什么。不仅如此，价值还把每个劳动产品变成社会的象形文字。① 后来，人们竭力要猜出这种象形文字的含义，要了解他们自己的社会产品的秘密，原来是把使用物品当成了价值。

其次，由于商品价值的实体，即抽象人类劳动，总是凝结在商品的物质的外壳之中，所以，很容易产生物统治人的幻觉。劳动产品成了商品之后，商品就成了可感觉又超感觉的物或社会的物。科学研究发现劳动产品作为价值，只是生产它们时所耗费的人类劳动的物的表现，这一发现在人类发展史上划了一个时代，但是，它绝没有消除劳动的社会性质的物的外观。所以，受商品生产关系束缚的人们看来，商品的物质外壳是可变的，是可感觉的，而凝结在外壳中的人类劳动即价值实体是超感觉的，并且因为人们把使用物品当作价值，这样就给予使用物品超常的魔力，似乎商品的物质外壳无所不为，无所不能，也就容易产生物统治人的幻觉。

再次，由价值量运动规律的客观强制力，在交换过程中，不以商品交换者的个人意志为转移，这也就造成了物的运动支配着人的虚幻。马克思

① 马克思．资本论（第一卷）[M]．北京：人民出版社，1975：91.

说：在交换者看来，他们本身的社会运动具有物的运动形式，不是他们控制这一运动，而是他们受这一运动控制……生产这些产品的社会必要劳动时间作为起调节作用的价值规律，就像房屋倒塌时重力定律强制为自己开辟道路一样。① 是的，价值规律在商品交换中的这种客观强制力，不以人的意志为转移，为自己的运动强制开辟道路，在人们未能认识和利用这一规律之前，自然容易形成物的运动支配人的运动幻觉。

最后，在价格形式上，由于货币直接与一般商品相交换，似乎金银本身的物质属性就是一般等价物，这就使商品拜物教之谜更加迷惑人了。马克思说：中介运动在它本身的结果中消失了，而且没有留下任何痕迹。商品没有出什么力就发现一个在它们之外与它们并存的商品体是它们的现成的价值形态。这些物，即金和银，一从地底下出来，就是一切人类劳动的直接化身。货币的魔术就是由此而来的。② 事实上，这是一种假象，好像金银具有的等价形式是天然的社会属性。但是，“金银天然不是货币”，不要让假象迷惑住了，货币也是商品，不过它是一种特殊商品。这个迷惑留到货币拜物教之谜再去解惑吧！

综上所述，商品拜物教的形成或者说商品悖论的产生，是由于生产商品的私人劳动所特有的社会性质所决定的，是这种私人劳动采取价值、价值量、货币等抽象一般性的形式和劳动产品相交换的特殊形式，把私人劳动的社会关系颠倒地表现为人们之间的物的关系和物之间的社会关系所引起的。所以，我们完全有理由认为，商品拜物教是商品生产社会的必然产物。确切地说，是以私有制为基础的商品生产社会的必然产物。

3. 解商品拜物教之谜

既然商品拜物教是私有制条件下商品生产社会的必然产物，那么，在非商品生产社会就不存在商品拜物教吗？是的，在非商品生产社会就不存在商品拜物教。正如马克思所说：因此，一旦我们逃到其他的生产形式中去，商品世界的全部神秘性，在商品生产的基础上笼罩着劳动产品的一切魔法妖术，就立刻消失了。在马克思看来，在非商品生产的社会里，劳动

① 马克思．资本论（第一卷）［M］．北京：人民出版社，1975：91，92.
② 马克思．资本论（第一卷）［M］．北京：人民出版社，1975：111.

不必以价值的形式来表现，劳动时间不必以价值量的形式来表现，从而人与人在生产上相互交换其活动的关系也不必通过物的社会关系来表现，所以，商品的神秘性就消失了。为证明“对它的科学分析”，马克思举出了以下四个方面的例证：

（1）生活在孤岛上的鲁滨逊，不管他生活得怎样简朴，他终究要满足各种需要，因此要从事多种有用劳动即具体劳动，把他的时间适当分配在多种不同职能之上，并记住这多种产品平均所消耗的劳动时间。但是，他的劳动是个人活动的不同具体形式，他和他所创造的那种物品之间的关系，是简单明了的，甚至用不着费什么脑筋也能了解，这里不存在商品拜物教。

（2）在封建社会里，在欧洲昏暗的中世纪，我们看到的不再是一个独立的人了，因为人与人之间人身依附关系构成该社会的基础，劳动和产品也就用不着采取与它们的实际存在不同的虚幻形式，它们作为劳役和实物贡赋而进入社会机构之中。在这里，劳动的自然形式，劳动的特殊性是劳动的直接社会形式。农奴的劳动或其产品是当作劳役和实物地租交给地主阶级的。这直接表现为人身的依附关系，而没有披着物与物之间即劳动产品之间的社会关系的外衣，根本不存在什么商品拜物教。

（3）在自给自足的农村家长制生产中，在这种农民家庭中，为了自身的需要而生产粮食、牲畜、纱、布、衣服等，这种种不同的物都是它的家庭劳动的不同产品，但它们不是互相作为商品发生关系。生产这些产品的种种不同的劳动，如耕、牧、纺、织、缝等，是由性别、年龄的差异形成的自然分工，其中每一成员的劳动都表现为家庭总劳动的不可分割的一部分，这种自然形式上分工的家庭职能，就是社会职能。因此，这里的劳动与产品都不是互相作为商品在发生关系，同样不存在商品拜物教。

（4）在马克思设想的自由人联合体中，他们用公共的生产资料进行劳动，并且自觉地把他们许多个人劳动力当作一个社会劳动力来使用。这个联合体的总产品是社会的产品，一部分重新作为生产资料，一部分作为生活资料由联合体成员消费，每个生产者在生活资料中得到的份额是由他们的劳动时间来决定的。在那里，人们同他们的劳动和劳动产品的社会关系，无论是在生产上还是在分配上，都是简单明了的，同样不存在商品拜物教。

必须指出的是，马克思所设想的自由人联合体是指社会主义社会，即按社会主义原则组织起来的联合体。在联合体里，第一，实行生产资料公有制，人们用公有的生产资料进行劳动，并自觉地把许多个人劳动力当作一个社会劳动力来使用。第二，社会生产分为两大类：生产资料生产和消费资料生产。第三，实行计划经济，劳动时间由社会有计划分配，调节着各种劳动职能同各种需要的适当的比例。第四，实行按劳分配，劳动时间是计量生产者个人在共同劳动中所占份额的尺度。正是由于马克思当时所设想的社会主义不存在商品生产，当然也就没有商品拜物教。然而，马克思又认为，从有商品拜物教到没有商品拜物教，是一个长期的历史过程，它的消亡必须具备如下条件：一是生产资料公有制；二是实行计划经济；三是一定的社会物质基础或一系列物质生存条件。从以上马克思的论述可知，马克思的价值理论有两个非常重要的原理：其一，商品价值的本质体现商品生产者的社会关系，不过这种社会关系是在物的外壳掩盖之下的；其二，价值是一个历史范畴。因为，揭掉其神秘纱幕的一系列物质生存条件本身是长期的、痛苦的历史发展的自然产物。但是，资产阶级经济学家出于其阶级立场和世界观的缘故，完全不了解马克思的这两个非常重要的原理，他们把商品价值看成是劳动产品天然具有的属性，甚至完全颠倒了商品的属性，竟然认为使用价值是社会属性，而交换价值是物质属性，因此，他们陷入了商品拜物教的幻觉之中。马克思指出：商品世界具有的拜物教性质或劳动的社会规定所具有的物的外观，怎样使一部分经济学家受到迷惑，也可以从关于自然在交换价值的形成中的作用所进行的枯燥无味的争论中得到证明。既然交换价值是表示消耗在物上的劳动的一定社会方式，它就像汇率一样并不包含自然物质。的确，价值没有丝毫的自然元素，不包含任何自然物质。然而，一些自作聪明的经济学家就是无法从物的外壳掩盖下被颠倒的商品关系泥潭之中拔出来。因此，商品悖论或商品拜物教之谜在他们那里一切照旧，不会消失。

4. 商品经济的正负面效应

马克思和恩格斯曾设想，在未来的社会主义社会中不再存在商品生产和商品交换。他们所以做出这一重大论断，其逻辑依据主要是：在一切生产资料归全体社会成员所有的社会主义社会中，全社会将是一个统一的生产单位和分配单位，劳动产品将仅仅是社会统一分配的对象，而不再是互相交换的对象，由于劳动产品不再是商品，物化在产品中的劳动当然也不再表现为价值。马克思在《哥达纲领批判》中明确表示，在未来共产主义社会的初级阶段（社会主义社会）里，“生产者并不交换自己的产品，耗费在产品生产上的劳动，在这里也不表现为这些产品的价值”。① 这就是说，马克思的这一论断是以生产资料全民所有制为理论前提的，但后来社会主义革命胜利的国家都没有能实现完全意义的生产资料全民所有制，因为还存在有集体所有制这样的公有制。另外，马克思在分析商品价值关系消亡的生产力条件时，他指出，价值关系和以价值为基础的生产的前提，是直接劳动时间的量、所耗费的劳动量为财富生产的决定因素。他说：“随着大工业的发展，现实财富的创造较少地取决于劳动时间和已耗费的劳动量，较少地取决于在劳动时间内所运用的动因的力量，而这种动因自身——它们的巨大效率——又和生产它们所花费的直接劳动时间不成比例，相反地却取决于一般的科学水平和技术进步，或者说取决于科学在生产上的应用。”② 马克思这段话告诉我们，大工业和科学技术的发展，使生产力达到如此高度：产品生产需要耗费的活劳动减少，主要依靠科学生产力。人们只要花少量直接劳动就可以生产大量产品。一旦达到这一步，“以交换价值为基础的生产便会崩溃。”③ 可见，马克思所设想的未来社会主义社会不再存在商品生产和商品交换，不仅以生产资料全民所有制为逻辑起点，而且以社会生产力高度发展为基点。并且，马克思曾寄希望像英国等欧洲生产力高度发达的国家最先取得社会主义革命成功。如果能如马克思所愿，社会主义革命能在英国等欧洲生产力高度发达国家连片取得成功，实行生产资料全民所有制，有可能会使商品生产与交换归于消亡，但也有可能以交换价值为基础的生产崩溃，但崩而不亡。因为马克思还说过价值是一个历史范畴，“需要一系列物质生存条件，而这些条件本身又是

---

① 马克思．哥达纲领批判//马克思恩格斯全集（第 19 卷）［M］．北京：人民出版社，1963：20.

② 马克思．1857—1858 年经济学手稿//马克思恩格斯全集（第 46 卷下）［M］．北京：人民出版社，1980：218.

③ 马克思．1857—1858 年经济学手稿//马克思恩格斯全集（第 46 卷下）［M］．北京：人民出版社，1980：218.

长期的、痛苦的历史发展的自然产物”。[①] 然而，事实上，社会主义革命并没有如马克思所愿在欧洲生产力高度发达的国家如英国等国连片取得成功，相反在资本主义链条最薄弱的俄罗斯和东方的中国等生产力水平落后的国家首先取得成功。在这样的革命实践中，要使商品关系归于消亡，就可能是长期的、痛苦的，不可能是短期的、轻松的。十月革命后，列宁曾一度取消商品货币关系，企图在全国范围内实行无偿调拨的统一生产和统一分配，但列宁很快发现，这样是行不通的，转而采取新经济政策，恢复贸易自由，发展工农业间的商品交换，并在国有经济中推行经济核算制，在形式上保持相对独立的商品生产者的法人地位。

以上分析说明，社会主义革命的实践检验了经典作家的论断，并且突破了经典作家的设想。商品关系不可能过早地取消，它还会相当长时间存在于人类社会，包括社会主义初级阶段。之所以如此，一是因为商品经济在历史上产生的物质基本条件（a. 社会分工；b. 生产资料和产品属于不同所有者）依然存在；二是社会主义革命成功的各国生产力发展水平较低。所以，商品生产和商品交换的存在是必然的，当然也是必要的。就必要性来说，这是由于商品经济的基本经济规律即价值规律的作用机制可以刺激生产者改进技术，节约生产资料成本，提高劳动生产率，从而推动社会生产力的发展。基本规律即价值规律这一促进与推动社会生产力的发展，对于革命刚刚成功但生产力水平十分落后的社会主义国家来说，尤其重要，特别必要，因为这是巩固和发展社会主义制度的基本保障。实践证明，这一点是非常成功的。以我国为例，发展了几十年的社会主义商品经济，已使我国社会财富极大地丰富，最大限度地满足了人民的物质文化生活需要，使我国成为世界第二大经济体。同时，社会主义制度的优越性得到最大限度发挥，社会主义制度得到了空前巩固与发展。应该说，这是社会主义商品经济存在与发展的正面效应。当然，用一分为二的观点看问题，我们也不应回避社会主义商品经济的存在与发展所产生的负面效应。商品经济的负面效应也是因其基本规律的作用机制产生的。价值规律的作用之一是刺激商品生产者展开激烈竞争，促使生产者发生两极分化。在我

① 马克思．资本论（第一卷）[M]．北京：人民出版社，1975：97.

国，价值规律的这一作用已经使得我国贫富差距拉大，两极分化较为严重，基尼系数长期处于高位，甚至高于美国，在世界上也算是靠前的。很显然，这就是商品关系或商品经济的双面效应所致，一方面，商品经济的发展，推动了生产力的发展，创造了丰富巨大的社会财富；另一方面，商品关系发展，又撬动了生产关系的不和谐，制造了一部分人的破产与贫穷。就是说，商品经济这把双刃剑，一面创造财富，一面制造贫穷；一面产生少数富豪，拥有社会财富的80%，一面制造大多数（80%）穷人，只拥有社会财富的20%，而这少数人与多数人在富有与贫穷面前，又大多“认命”，甚至崇尚商品拜物教，这着实可悲可愤！殊不知，这正是商品悖论“一面致富，一面致穷”所致，这并无什么奥秘！关于这一点，无论是政界，还是学界，都未能引起足够大的重视，这是值得反思反省且应予以纠正的。

十三、货币悖论

马克思说，“随着商品交换的发展，这种形式（一般等价形式）就只是固定在某些特定种类的商品上，或者说结晶为货币形式”。① 货币形式只是其他一切商品关系固定在一种商品上面的反映，然而，作为这种结晶的货币形式，当“结晶为货币形式的时候，这种假象也就完全形成了”，②“货币的魔术就是由此而来的”。③ 也就是说，其货币拜物教也由此开始了，因为人们误解：“物的货币形式是物本身以外的东西，它只是隐藏在物后面的人的关系的表现形式。”④ 正像货币作为商品中的商品占据了特殊的地位一样，它的拜物教也成了商品拜物教的发展了的结晶。因此，货币拜物教的谜就是商品拜物教的谜，只不过变得明显了，耀眼了。⑤

1. 货币的魔术

商品的价值，被虚幻为似乎是商品作为物所具有的，其实，无论如何把商品作为物来考察，都不可能从中看出价值。事实上，商品交换采取了将一个商品的价值用另一个商品的使用价值来表现和度量的方法。货币，作为这些商品价值的一般表现尺度，只是所有商品中的一种商品的转化物而已，即作为一种价值形式。但是，在表示这一商品价值的价值形式中，被赋予了表示商品价值职能的等价物，其使用价值本身成为被表示价值的

① 马克思．资本论（第一卷）[M]．北京：人民出版社，1975：106.
② 马克思．资本论（第一卷）[M]．北京：人民出版社，1975：111.
③ 马克思．资本论（第一卷）[M]．北京：人民出版社，1975：111.
④ 马克思．资本论（第一卷）[M]．北京：人民出版社，1975：109.
⑤ 马克思．资本论（第一卷）[M]．北京：人民出版社，1975：111.

商品价值，永久处于可以要求同那种商品相交换的地位。货币，作为表示一切商品价值的一般等价物，成为永远可以购买任何商品的东西。同时，作为货币的金，似乎其使用价值本身是价值。尽管金也同其他商品一样，由生产它所耗费的劳动时间来决定它的价值，可是这幻觉总是难以消除。一种商品成为货币，似乎不是因为其他商品都通过它来表现自己的价值，相反，似乎因为这种商品是货币，其他商品才都通过它来表现自己的价值。中介运动在它本身的结果中消失了，而且没有留下任何痕迹。货币的魔术就是由此产生的，货币拜物教也由此而生。同样，货币悖论也是由此而生的。如马克思所说："因为从货币身上看不出它是由什么东西变成的，那么，一切东西，不论是不是商品，都可以变成货币，一切东西都可以买卖。流通成了巨大的社会蒸馏器，一切东西抛至里面去，再出来时却成为货币的结晶。……正如商品的一切质的差别在货币上消灭了一样，货币作为激进的平均主义者把一切差别都消灭了"。① 为此，马克思还引用了莎士比亚在《雅典的泰门》中讽刺："金子！黄黄的，发光的，宝贵的金子！只这一点点儿，就可以使黑的变成白的，丑的变成美的，错的变成对的，卑贱变成尊贵，老人变成少年，懦夫变成勇士。"② 是啊，"货币把一切差别都消灭了"，金子"可以使黑的变成白的"，"错的变成对的"，"丑的变成美的"，"卑贱变成尊贵"，太神奇了，太幻觉了！货币多令人神往，因为它是"万能货币"！这难道不令人崇拜，比崇拜宗教还要更加崇拜这万能的货币！然而，这种崇拜又回到对商品崇拜的老路上去了，货币本身也是商品，这种崇拜同样是崇拜人手之物，自己双手生产的商品和手中使用的货币，成了顶礼膜拜之物，这本身就是悖论，就是自相矛盾的。但是，为什么会发生如此虔诚地崇拜货币或金钱的怪诞现象呢？为什么会出现这种膜拜人们自己用双手生产并使用的货币商品的矛盾现象呢？经研究表明，归纳起来，应该包括如下几点直接的或浅层的原因：

（1）货币唯一财富论使然。把金银和货币等同起来，把货币看作财富的唯一形态，认为拥有货币多寡是衡量国家或个人富裕程度的根本标准，为了积累财富，就积累货币，为了积累货币，除了开采金银矿藏，就靠对

---

① 马克思．资本论（第一卷）[M]．北京：人民出版社，1975：152.

② 马克思．资本论（第一卷）[M]．北京：人民出版社，1975：152.

外贸易，一切经济活动的目的都在于积累货币财富。在这里，货币储藏者为了金偶像而牺牲自己的肉体享受，他们追求金偶像的欲望本性是无止境的。在质的方面，货币作为物质财富的一般代表，它能直接转化成任何商品，因此货币是无限的；在量的方面，每一个现实的货币额又是有限的，因而只是作为有限的购买手段。货币的这种量的有限性和质的无限性之间的矛盾，迫使货币储藏者不断从事息息法斯（希腊神话中的贪婪的国王）式的积累劳动，然而他们的永无止境的息息法斯式的积累劳动，并无法实现他们无止境地追求金偶像或货币财富的欲望本性。并且还可能由于他们对货币财富唯一的、无止境的追求欲望和虔诚的崇拜，使他们陷入货币量的有限性和质的无限性的矛盾之中，困惑在无止境的追求货币财富和无止境的息息法斯式的积累劳动的矛盾之中，无法自拔，也难以解救。

（2）货币金属论使然。这种论调把货币同足值的金银等同，认为只有金属货币才是真正的货币，即所谓“金银天然是货币”。这种论调把货币归结为金银的物质属性，不理解货币是商品内在矛盾发展的必然产物，因而不理解货币是商品价值的一般等价物，不理解可以用不足值的辅币和货币的代表物（纸币或银行券）来执行流通手段和支付手段的职能，片面地突出了货币的价值尺度、贮藏手段和世界货币的职能。但是，事实上，许多人对此是没有认识的，相反，他们受货币金属论的影响深重。他们对“金银天然是货币”深信不疑，并五体投地地跪倒在金偶像面前，甚至发生幻觉。殊不知，在价值形式发展史上，金银本来并不是货币，但后来由于金银具有最适宜于充当货币之用的特点，货币形式的发展必然要以金银作为货币的材料。为什么金银的自然属性适宜于担当货币的职能呢？有五个原因：①金银具有均质性；②金银具有可分性；③金银具有可合性；④金银具有昂贵性；⑤银具有耐损性。所以，并非“金银天然是货币”，而是“货币天然是金银”。

（3）货币的支付手段带来货币危机的可能也会使货币悖论发生可能。随着商品生产和商品流通的发展，所需要的先赊购后还债的支付手段的量也会越来越多。为了节省这个量，客观上会使支付的锁链关系社会规模的扩展。但这个支付的锁链关系有可能发生故障，比如某商品所有者在规定期限内没有卖掉他的商品，他就不能按时还债，在这个锁链上一系列的人也就随之不能还债。于是乎，大家都要求现金支付，从而形成货币危机或

“货币荒”，这也就必然造成人们对货币的过度追求和疯狂抢劫货币，酿成对货币的疑惑感、神秘感。也就是说，货币作为支付手段的职能包含着一个直接的矛盾。在多种支付互相抵消时，货币就只是在观念上执行计算货币或价值尺度的职能，而在必须进行实际支付时，货币又不是充当流通手段，而是充当交换价值的独立存在。这种矛盾在货币危机的那一时刻暴露得特别明显。当支付的锁链被打乱后，货币就会突然直接地从计算货币的纯粹观念形态变成坚硬的货币。像鹿渴求清泉一样，他们的灵魂渴求货币这唯一的财富。在这一危机时期，货币和商品之间的对立发展成绝对矛盾，货币作为支付手职能包含的直接矛盾或悖论也在此特别凸显。

（4）作为社会权力的货币贮藏职能也是货币悖论产生的一个直接原因。随着商品生产的进一步发展，商品生产者要不断地买进生产资料和生活资料，但他生产和出卖自己的商品是要费时间的，并且能否顺利卖掉还有偶然性。这样，他们为了能够不断地买，就必须把前次卖掉他的商品所得到的货币贮藏起来。然而，随着商品流通的扩展，货币的权力也日益扩大，一切东西都可以买卖，货币交换就侵入到一切领域，谁占有更多的货币，谁就有更大的权力。正如马克思所指出的：“货币——财富的随时可用的绝对社会形式——的权力也日益增大。”① 的确如此，每一个商品生产者似乎都必须握有这个物的神经，这个“社会的抵押品”即货币，有了这“物的神经”，有了货币这个“社会的抵押品”，就意味着有了“社会权力”，而且谁的货币更多，谁的权力就更大。这难道不是说明货币正走向自己的反面，走向权力，走向社会权力。不言自明，货币的贮藏职能也会导致货币悖论的产生。

2. 货币悖论产生的根本原因

货币悖论产生的根本原因与商品悖论一样，都是由私人劳动和社会劳动的矛盾决定的。当然，在表现形式上是有所不同的。就相同点而言，在私有制条件下，生产商品的劳动，一方面表现为私人劳动，另一方面表现为社会劳动。但是，私人劳动并不直接表现为社会劳动。就是说，私人劳

① 马克思．资本论（第一卷）［M］．北京：人民出版社，1975：151.

动要转化为社会劳动，必须通过劳动产品交换才能表现出来。然而，交换要得以实现也是很困难的，不说物物交换的困难，只说以货币为媒介的交换也是很困难的。就这一点来讲，货币悖论和商品悖论产生的根本原因是相同的或者说是共同的，即存在于以货币为媒介的交换过程或商品的第一形态变化或卖的阶段（W—G）之中。这是因为，从商品形态转化为货币形态，实现商品的使用价值和价值，使私人劳动转化为社会劳动，这是困难的，是一个惊险的跳跃，商品爱货币，但“真爱情的道路绝不是平坦的”，所以，我们说，私人劳动和社会劳动的矛盾作为商品悖论与货币悖论产生的根本原因，在以上“惊险的跳跃”的难点是共同的。诚然，货币悖论表现在私人劳动和社会劳动的矛盾上，也有其特别的表现形式，这就是货币作为流通手段给商业危机带来的可能性。自从货币打破了物物交换的困难和限制以后，在克服卖的困难或完成商品形态到货币形态转化之后，以货币为媒介的交换过程中，卖与买两个行为在时间上和空间上就分离了。在这个以货币为媒介的错综复杂的商品交换序列中，一个不买，后面一系列商品，因为没有货币周转，一个个都随之不能卖。也正是由于这个缘故，商品内的使用价值和价值的矛盾，私人劳动和社会劳动的矛盾，具体劳动和抽象劳动的矛盾，物的人格化和人格的物化的矛盾，特别是其中的私人劳动和社会劳动的矛盾对立，使得商品形态变化的对立（商品与货币）以及货币自身的矛盾对立取得了发展的运动形式，这些形式包含着危机的可能性。这就是货币作为流通手段所带来的商业危机的可能性，这也是货币悖论产生的唯一转折点：一方面，货币原本作为商品交换媒介，使交换克服物物交换困难和其他困难，顺利得以实现交换；另一方面，货币在交换过程中形成的卖与买在时空上的分离，使得商品形态变化再度对立，再度发生交换困难，致使不能顺利实现交换。货币悖论在流通环境中的出现，非但不能说明私人劳动和社会劳动的矛盾在这里得到化解或消失，反而印证私人劳动和社会劳动的矛盾恰是货币悖论产生的最为深层或根本原因。

3. 摒弃“一切向钱看”

（1）必须深刻地、辩证地认识货币的本质，即正确理解货币是特殊商品还是一般商品。为此，我们先来研读一下马克思的论述。马克思在其

《资本论》（第一卷）第一章分析一般价值形式到货币形式的过渡时明确指出：货币是一种特殊商品。他说："等价形式同这种特殊商品的自然形式社会地结合在一起，这种特殊商品成了货币商品，或者执行货币的职能。"① 然而，他在第二章分析交换过程时，又把货币当作一般商品。他说："既然其他一切商品只是货币的特殊等价物，而货币是它们的一般等价物，所以它们是作为特殊商品来同作为一般商品的货币发生关系。"② 显然，马克思在两次论述中对货币的表述是不一样的：一曰特殊商品；一曰一般商品。那么，货币究竟是特殊商品还是一般商品呢？我们认为，货币是充当一般等价物的特殊商品。或者说，货币既是一般商品，也是特殊商品。因为任何现实存在的事物都是共性和个性的有机统一，共性即寓于个性之中，个性也必然与共性相联系而存在。共性与个性的有机统一，既是客观事物本来的辩证法，又是指导我们正确认识的科学方法论。就货币而言，它首先是商品，作为商品，它与其他普通商品一样，具有使用价值和价值。"它作为商品具有特殊的商用价值，如金可以镶牙，可以用作奢侈品的原料等。"③ 货币商品本身也有价值，也是人类抽象劳动的凝结。其次，货币不仅是商品，而且又是特殊的商品。这是由于它与普通商品相比有它自己的特殊性。这种特殊性表现为：①普通商品的使用价值只是用自己的物质性能满足人们的某种需要，而作为货币商品，它除了自身的物质性能，可以镶牙等之外，还具有"一种由它的特殊的社会职能产生的形式上的使用价值"，④ 即充当一般等价物的使用价值。②普通商品的价值要通过和货币交换才能表现出来，而货币作为一般等价物，它直接体现社会劳动，是价值的一般代表。③普通商品是用以交换的劳动产品，而货币商品是商品交换发展的产物，所以，货币商品的出现，要比普通商品晚很多。再次，货币的最本质特征是充当一般等价物。作为一般等价物，它是社会公认的等价形式，它可以与其他一切商品相交换，用自己的自然形式表现其他一切商品的价值，一切商品都必须换成货币，才能实现自己的价值，

① 马克思．资本论（第一卷）［M］．北京：人民出版社，1975：85.
② 马克思．资本论（第一卷）［M］．北京：人民出版社，1975：108.
③ 马克思．资本论（第一卷）［M］．北京：人民出版社，1975：108.
④ 马克思．资本论（第一卷）［M］．北京：人民出版社，1975：108.

一切具体劳动都必须通过货币才能还原为抽象劳动。一切私人劳动都必须通过货币才能实现为社会劳动。所以，货币作为一般等价物，它是商品交换的媒介。由此可见，货币是充当一般等价物的特殊商品。它既是一般商品，又是特殊商品，是一般与个别的有机统一。我们必须科学地、辩证地认识货币的本质特征，以避免犯认识论上的错误；同时，也避免落入货币拜物教之谜渊或货币悖论之陷阱。

（2）务必摒弃“一切向钱看”的错误思想和思潮。自改革开放以来，已经四十年了。我国社会，自上而下，对金钱的渴望与追求似乎一浪高过一浪。如果说，在别的许多问题上人们难以形成共识的话，但在金钱的渴望与追求上几乎形成了人们的共识：大家都想多挣点钱。应该说，这或许并没有什么错。回溯改革开放之初，发轫于对“平均主义”的批判。有人认为不论在农村还是在城市，都不能“干和不干一个样”，“干多干少一个样”，必须打破“大锅饭”。在此之后，城市的国有企业开始实行奖金制，发放超额奖等。同样应该说，这对于调动职工的积极性、创造性，激发劳动者的活力，提高企业生产力，有着不可争辩的历史功绩。但是，另一方面，我们在实行奖金制的同时，完全放松了传统的优良的思想政治教育和工作，不讲“政治挂帅”，只讲“奖金挂帅”，单纯追求奖金的作用，结果是，奖金项目越来越多，但奖金的作用越来越差，奖金居高不下，企业的经济效益也未能提高上去。如果说，刚开始实行奖金制时，也许还有一点激发劳动者积极性的作用，越往后，这种作用越小，甚至在一些地方还出现了负面效应，因为滥发奖金所引起的不公平及其矛盾，必定诱发劳动者积极性的急剧下降。但是，这一事实并未能引起政界、学界和企业界的重视，社会上一部分人仍然推波助澜，鼓吹奖金挂帅、片面的物质鼓励，而将“政治挂帅”、精神鼓励、讲奉献置于脑后而不顾。结果是，这种向钱看的浪潮一浪高过一浪，久而久之，二十年过去了，三十年过去了，人们仿佛觉得向钱看是天经地义，是理所当然的，干什么事都要钱，不给钱不干，钱给少了也不干。这就使得一般向钱看朝着“一切向钱看”迈出了关键一大步。然而，这是可悲可叹的一步。我们强调：不是不要发奖金，而是不要滥发奖金；不是不要向钱看，而不能一切向钱看。这个问题同样是一个辩证思辨的或一分为二的，不要走极端，要么不发奖金，要么滥发奖金；要么不看钱，要么一切都向钱看。我们一些人就习惯性地走极端，总是惯于从一个极端走向另一个极端，不改变这种形而上学的思维惯性，摒弃"一切向钱看"的思想和思潮，推进我国社会进步、文明、公有、为公必将是很困难的，我们决不将"一切向钱看"带进社会主义的新时代。

(3) 批判"有钱能使鬼推磨"的魔咒。在民间，在社会上，较广泛地流传着"有钱能使鬼推磨"的魔咒，这显然也是货币悖论或货币拜物教的托词。事实上，社会上就是有一些人，迷信钱是万能的，认为只要有钱什么都可以办。他们所想的正如莎士比亚所描写的那样：金子！……只这一点点，就可以使黑的变成白的，错的变成对的，卑贱变成尊贵……我们现实社会中的确有那么少数人，他们狂妄地然而又是怯懦地尝试过"有钱能使鬼推磨"，尝试过"钱的万能"：他们花巨款去行贿买官，妄图获取社会公权或社会权力；他们花大钱购买假文凭、假学位，以图一官半职，变卑贱为尊贵；他们花大价钱贿赂律师、法官，为自己减罪、免罪，想使黑的变成白的；他们花钱私了涉及交通事故、刑事案件、社会治安等肇事，想把错的变成对的，免除处罚。如此等等，不一而足。然而，事实上，有钱真能使鬼推磨吗？钱真的能万能吗？非也，除个别侥幸漏网之外，绝大多数用钱买官，用钱买权，花钱消灾，花钱枉法的都未能得逞。所以，奉劝怀有"有钱能使鬼推磨"的人，丢掉金钱万能的幻想，摒弃"有钱能使鬼推磨"的魔咒，认清货币的本质，认清货币只是充当一般等价物的特殊商品，并没有什么神秘之处。认清货币悖论产生的原因，记住马克思的话："货币可以是粪土。"①

---

① 马克思．资本论（第一卷）[M]．北京：人民出版社，1975：128.

十四、资本悖论

马克思明确指出：商品流通是资本的起点。商品生产和发达的商品流通，即贸易，是资本产生的历史前提。世界贸易和世界市场在16世纪揭开了资本的近代生活史。经典作家在此已经揭开了资本的起点和产生的历史前提以及近代生活史，那么，依据辩证唯物主义关于矛盾普遍性的论述，即矛盾存在于一切事物的发展过程；每一事物的发展过程中存在自始至终的矛盾运动。就让我们来考察和揭示这个在16世纪的世界市场上就已来到人间的资本，其发展过程或近代生活史中的矛盾运动以及悖论和拜物教之谜吧！

1. 货币如何转化为资本

资本在历史上起初是货币形式，或者说，货币是资本的最初表现形式。为了认识货币是资本的最初形式，可以不必回顾资本产生的历史。因为如马克思所说，“这个历史每天都在我们眼前重演。现在每一个新资本最初仍然是作为货币出现在舞台上……经过一定的过程，这个货币就转化为资本”。① 那么，货币是如何转化为资本的呢？也许有人要说：货币不就是资本吗？资本不也就是货币吗？还有什么货币转化为资本之说呢？事实上，这种认识是错误的。虽然货币是资本的最初表现形式，但这并不是说货币就等同于资本，当作货币的货币和当作资本的货币是有区别的。当然它们也有共同点。就其共同点来说，主要包括：都有卖和买两个对立阶段；都有商品和货币两个对立物；都有卖者和买者两个人对立；都有三个

① 马克思．资本论（第一卷）[M]．北京：人民出版社，1975：168.

当事人登场：一个只卖，一个只买，一个既买又卖。就其不同点而言，主要包括：A. 流通的形式不同；B. 货币使用方式不同；C. 流通的目的不同；D. 流通的内容不同；E. 流通的界限不同；F. 价值在流通中的作用不同。需要指出的是，价值在流通中的不同作用这一点极为重要，是本质性的区别，因为当作货币的货币，它在流通中是充当商品媒介的；当作资本的货币，它在流通中，价值变成一个自动的主体，它会自行增值。换言之，当作货币的货币和当作资本的货币，其根本性或本质性的区别在于一个只作为商品交换的媒介，不会自行增值，另一个恰恰相反，它会在流通中下金蛋或产仔，自行增值，或者说，资本是带来剩余价值的价值。如马克思所说："可见，原预付价值不仅在流通中保存下来，而且在流通中改变了自己的价值量，加上了一个剩余价值，或者增值了。正是这种运动使价值转化为资本。"① 但是，货币究竟是怎样转化为资本的呢？我们认为，这个转化要得以实现，必须以劳动力成为商品为前提。用一句话来加以概括，那就是劳动力成为商品，货币才能转化为资本。

马克思关于劳动力成为商品，货币才能转化为资本的论断，是政治经济学学说史上的一场重大革命，是对资产阶级政治经济学的强有力批判。这是因为，在社会科学上，是马克思第一次提出了劳动力这个特殊商品的范畴，非常明确区分了劳动和劳动力，而且充分论证了只有在一定的社会条件下，劳动力才能成为商品。正是这样，才从根本上揭露了资本主义剥削的秘密，以及劳动者在资本主义制度下的受剥削的地位。关于这一点，恩格斯曾不止一次地指出其重大意义。他说："他研究了货币向资本的转化，并证明这种转化是以劳动力的买卖为基础的。他以劳动力这一创造价值的属性代替了劳动，因而一下子就解决了使李嘉图学派破产的一道难题，也就是解决了资本和劳动的相互交换与李嘉图的劳动决定价值这一规律无法相容这个难题。"② 的确如此，李嘉图没有区分劳动力与劳动的关系，因而对劳动与资本的相互交换关系说不清楚，自相矛盾：如等价交换，利润从何而来？如不等价交换，又违反等价交换原则。

所以，劳动力成为商品，货币转化为资本的分析与研究，为分析资本

---

① 马克思．资本论（第一卷）[M]．北京：人民出版社，1975：172.

② 恩格斯．资本论（第二卷序言）[M]．北京：人民出版社，1975：22.

主义生产过程即剩余价值生产过程提供了理论基础，也为劳动力成为商品，货币转化为资本提供了理论铺垫或理论前提。研究表明：劳动力成为商品是有条件的；劳动力成为商品，货币才能转化为资本。首先，我们分析劳动力成为商品的条件。作为存在于活的人体中的劳动能力或劳动力，在各种社会都存在，但只有在资本主义社会才成为商品。这是由于劳动力成为商品必须具备两个基本条件：第一，劳动者具有人身自由，即劳动者可自由出卖自身的劳动力；第二，劳动者一无所有，即除了自身劳动能力外，两手空空。其次，我们再来分析只有劳动力成为商品，货币才能转化为资本。事实上，劳动力成为商品的两个条件并不是自然形成的，而是在一定历史条件下形成的，它是资本主义社会的产物。例如英国15世纪末实行的“圈地运动”，用暴力或各种欺诈手段强占公有地和农民的份地，用栅栏和沟渠圈围起来养羊，造成的“羊吃人”的悲惨景象，就是非常典型极端残酷地用暴力把农民从土地上赶出来，并用血腥法律强制农民不准流浪和乞丐，迫使失地农民就范成为雇佣劳动者。所以，劳动力成为商品是一定历史条件下形成的，是资本主义社会的产物。所以，只有当生产资料和生活资料的所有者在市场上找到出卖自己劳动力的自由工人的时候，资本才会产生。也就是说，只有劳动力成为商品，货币才能转化为资本。

那么，为什么只有劳动力成为商品，货币才能转化为资本呢？概言之，因为只有劳动力成为商品之后，劳动力这个特殊商品才能使货币下金蛋或增值，使货币转化为资本，带来剩余价值。这是由于劳动力作为一种特殊商品，它所具有的使用价值对货币转化为资本所做出的不可磨灭的独特贡献。

2. 资本总公式的矛盾解析

这一问题的关键是分析资本总公式的矛盾，即分析货币是如何下金蛋的，资本是怎样产生剩余价值的？也就是说，解构“资本不能从流通中产生，又不能不从流通中产生，它必须既在流通中又不在流通中产生”① 的资本悖论或资本总公式的矛盾。

---

① 马克思．资本论（第一卷）[M]．北京：人民出版社，1975：188.

首先，马克思分析流通过程，从等价交换和不等价交换两个层面来看是否会产生剩余价值即增值。他认为，流通过程中如果是等价交换，当然不会产生剩余价值或增值。这是因为：①流通次序的颠倒不会产生剩余价值。由于是等价交换，仅仅颠倒先卖后买或先买后卖的次序，无论是简单商品流通还是资本流通，都不会产生剩余价值或增殖。②交换中使用价值的不同也不会发生增殖。因为流通过程中，交换者互通有无，交换使用价值，按等价交换原则进行，任何一方都没有价值增殖。③商品价值形式变化也不会有增殖价值。在等价交换条件下，商品交换只不过是价值形式变化的等价物交换，并不包含价值量的改变，所以，不可能有价值增殖或产生剩余价值。马克思认为，流通过程如果是不等价交换，也不会产生剩余价值或增值。这是由于：①高价出卖。在市场上，作为商品生产者，既是卖者同时又是买者，卖者与买者之间的权利是平等的。作为卖者高价出卖赚的钱，会因作为买者吃亏而抵消，因此，并不产生剩余价值或增殖。②低价购买。作为买者因低价购买得到的便宜，同样也会在作为卖者低价卖出时吃亏而抵消，不会产生剩余价值或增殖。③高价出售。高价出售必须先有一个前提，即社会上存在一个只消费不生产而只买不卖的阶级，这个特权阶级又必须无偿地占有生产者的一部分货币。在这种情况下，高价出售实际上只是生产者把被无偿夺去的货币骗回一部分而已。这绝不是发财致富或创造剩余价值。① ④用欺诈手段也不能产生剩余价值。因为一方所得，是另一方所失，总价值仍然不变。②

总之，“如果是等价交换，不产生剩余价值，如果是非等价交换，也不能产生剩余价值。流通或商品交换不创造价值。”③ 也就是说，流通过程中不创造价值和剩余价值。

其次，马克思离开流通过程来分析剩余价值的产生。他分析说，流通过程不产生剩余价值，但是，剩余价值的形成又不能离开流通过程。这是因为流通是商品所有者的全部相互关系的总和。在流通以外，商品所有者只同他自己的商品发生关系。他能用自己的劳动创造价值，但如果不同其

① 马克思．资本论（第一卷）[M]．北京：人民出版社，1975：185.

② 马克思．资本论（第一卷）[M]．北京：人民出版社，1975：185.

③ 马克思．资本论（第一卷）[M]．北京：人民出版社，1975：186.

他商品所有者接触，就不能使价值增殖，也就不会产生剩余价值，不会有资本。所以，马克思说，资本不能从流通中产生，又不能不从流通中产生。它必须既在流通中又不在流通中产生。

那么，资本总公式的矛盾如何解决呢？我们必须依据商品交换的内在规律，即等价交换的原则来加以解析。在等价交换的原则下，若要产生剩余价值，货币所有者就必须在市场上找到这样一种商品，“它的使用价值本身具有成为价值源泉的特殊属性”。① 货币所有者终于在市场上找到了这种特殊的商品，它就是劳动力。如前所说，劳动力这种特殊商品，它是价值的源泉，它不仅能创造价值，而且能创造比劳动力本身的价值更大的价值。然而这个价值和更大的价值是如何实现的呢？研究表明，劳动力商品有一个特点，就是劳动力的价值和劳动力的使用价值在时间上是分开实现的。劳动力的价值是在流通领域实现的。但劳动力的使用却发生在生产领域内，劳动力的使用过程才是生产商品和剩余价值的过程。如前所云，货币只有在购买劳动力这一特殊商品后才有可能转化为资本，但这仅仅是可能性，并非现实性，因为在市场上，货币和劳动力价值是等价交换，还不会生出剩余价值。货币转化为资本的秘密只有到生产过程才会被揭开，流通过程的自由、平等的虚伪性掩盖了资本对雇佣劳动的剥削关系。我们只要离开流通领域，进入那个挂着“非公莫入”牌子的生产场所，在那里不仅可以看到资本是如何进行生产的，而且还可以看到资本本身是如何被生产出来的。资本主义的剥削秘密即剩余价值或增殖的奥秘就暴露无遗了，资本总公式的矛盾或资本悖论的锁链也彻底打开了。

那么，这个价值增殖的奥秘或者说总公式的矛盾究竟何在？马克思的研究表明，价值增殖的奥秘在于：劳动力的价值和劳动力的使用价值即劳动，在劳动过程中创造的价值是两个不同的量。资本家购买劳动力时，正是看中了这个价值差额。劳动力的卖者和任何别的商品卖者一样，实现劳动力的交换价值而让渡劳动力的使用价值。但是，在这里，具有决定意义的是这个商品独特的使用价值，即它是价值的源泉，并且是大于它自身的价值的源泉。比如，资本家支付了劳动力的价值，于是，劳动力一天的使

① 马克思．资本论（第一卷）［M］．北京：人民出版社，1975：190.

用，即一天的劳动就归资本家所有。劳动力维持一天劳动能力假定只费半个工作日，而劳动力却能劳动一整天，因此，劳动力使用一天所创造的价值比劳动力自身一天的价值大一倍。显而易见，这个超过劳动力价值的部分就是价值的增殖部分，也就是被资本家无偿占有的剩余价值。我们完全有理由相信，马克思所解析的价值增殖的秘密，也完全解决了资本总公式的矛盾或资本悖论。因为，在这里，价值并不违背商品等价交换规律，反而是在货币所有者"公平交易"地购买了劳动力之后，在劳动力的使用中产生了这个早已看中的差额。这样，货币转化为资本的条件也就实现了。资本既在流通中进行，又不在流通中进行。它是以流通为媒介，因为它以在商品市场上购买劳动力为条件，这说明它既在流通中进行，但它又不在流通中进行，是因为流通只是为价值增殖过程做准备，而这个过程是在生产领域中进行的。在生产领域，我们的资本家投入的商品价值的总和是27先令，产出的价值是30先令，带来了3先令的剩余价值。马克思说："戏法终于变成了，货币转化为资本了。"① 资本总公式的矛盾解决了，资本悖论也解除了。马克思幽默地讽刺说：所以，"在这个最美好的世界上，一切都十全十美。"② 他接着又说："当他（资本家）把活劳动力同这些商品的死的物质合并在一起时，他就把价值，把过去的、物化的、死的劳动变为资本，变为自行增殖的价值，变为一个有灵性的怪物，它用'好像害相思病'的劲头开始去'劳动'。"③ 的确，隐藏着资本主义的剥削秘密，隐藏着死劳动吸吮活劳动的残酷的对抗与背反，隐藏着资本这个有灵性的怪物为了自行增殖而以"相思病"的劲头去"劳动"的奥秘。

3. 批判"有灵性的怪物"

资产阶级经济学关于资本的理论，名目繁多，观点不一，在此，择其要者，作一点分析与批判。

（1）资本劳动论与劳动说

资本劳动论的主要观点是：认为资本是积蓄的劳动，这种"劳动"与

① 马克思．资本论（第一卷）［M］．北京：人民出版社，1975：220.

② 马克思．资本论（第一卷）［M］．北京：人民出版社，1975：221.

③ 马克思．资本论（第一卷）［M］．北京：人民出版社，1975：221.

直接的劳动共同创造价值。其代表人物英国庸俗经济学家詹姆斯·穆勒，他在其《政治经济学纲要》（1821年）中提出上述论点。我们认为，穆勒的上述论点完全抹杀了资本的剥削本质，歪曲了资本所体现的生产关系，混淆了资本和劳动的界限。尤其是混淆资本与劳动的界限，应当引起人们的足够的重视，在穆勒眼里的资本是积蓄的劳动，这种“劳动”与直接的劳动共同创造价值，这显然是荒谬的。因为所谓的积蓄的劳动，就是马克思所说的“过去的、物化的、死的劳动”，它已变为资本，穆勒也承认它是资本，只不过他认为这个资本是积蓄劳动，与直接的劳动共同创造价值。我们说，只有活劳动创造价值和剩余价值，积蓄的劳动或过去的、物化的、死的劳动即资本，其价值只会依靠活劳动而转移，不会自己创造价值。

劳动说的主要观点是：认为资本家在生产过程中的监督和指挥也要花费体力和脑力，所以也是一种劳动。认为资本家的利润就是资本家进行监督和指挥这种劳动的报酬。几乎所有的资产阶级经济学家都这样认为。对此，有一种观点持绝对否认的看法，认为资本家的指挥和监督不是劳动，而是剥削活动。认为劳动要消耗体力和脑力不错，但不是消耗体力和脑力的都是劳动。例如，强盗抢劫也消耗体力和脑力，但不是劳动，而是抢劫活动。同样，资本家监督和指挥也消耗体力和脑力，但是为了榨取工人的血汗，也不是劳动，而是剥削活动。我们对此看法有所异议，我们认为任何一种事物都要一分为二，不要绝对肯定，也不要绝对否定，即辩证地看待任何事物。就资本家的监督、指挥这一专业管理行为来看，我们还是根据马克思关于管理二重性原理来认识这一问题吧！马克思指出：“如果说资本主义的管理就其内容来说是二重的——因为它所管理的生产过程本身具有二重性：一方面是制造产品的社会劳动过程，另一方面是资本的价值增殖过程。”① 这就是说，资本主义企业管理的二重性表现为：一方面，它是为了组织协作劳动，适应社会化大生产的要求，采取科学方法，合理组织生产，具有生产力性质；另一方面，它体现为剥削雇佣劳动的职能，有着阶级对抗性质，即具有生产关系性质。据此，我们认为，应该肯定资本

---

① 马克思．资本论（第一卷）[M]．北京：人民出版社，1975：368.

家的组织、指挥是一种管理劳动，而且是较复杂的劳动。这是从生产力方面予以肯定的。当然，我们不能肯定生产关系方面即剥削雇佣劳动的阶级对抗的监督职能或专制。这就是说既肯定、又否定；不能绝对否定，也不能绝对肯定。

（2）节欲论和延缓论

节欲论主张用“节欲”来代替“资本”，认为资本就是节欲的结果，是由资本家放弃个人的快乐和消费而产生的。其代表人物是英国庸俗经济学家西尼耳，他在《政治经济学大纲》（1836 年）一书中极力宣扬上述观点。他反对李嘉图提出的价值由劳动时间决定的论点，“发现”利润来源于资本家的劳动，利息来源于资本家的禁欲主义，来源于他的“节欲”。之后，他又公开宣布工厂主的全部“纯利润”来源于“最后一小时”的“原始发现”。这一派胡言本身是陈旧的，但“节欲”这个词似乎是新鲜的。马克思说节欲论是庸俗经济学“发现”的不可超越的标本，是用阿谀的词句来替换经济学的范畴。资本是雇佣工人创造的财富，而绝不是资本家节欲的产物。

延缓论认为资本家积累资本就是“延缓”自己的消费和享受，利润就是这种资本的报酬。其代表人物是法国庸俗经济学家巴师夏，他在其《经济和谐》（1850 年）一书中所鼓吹的这种谬论。和西尼耳一样，这个被马克思不止一次批判和嘲讽的巴师夏，只不过是用“延缓”一词代替了西尼耳的“节欲”一词罢了。其实质就是抹杀资产阶级和无产阶级之间的剥削和被剥削的关系，宣扬超阶级的“经济和谐论”。

（3）人民资本说

人民资本说的主要论点是，认为现在资本主义已经变质了，资本主义社会人民大众都成了资本家。这种论点大肆宣扬：资本民主化，人民大众都成了企业的主人；经理制度论，人民大众已成为企业管理者；收入革命论，人民大众已充分享有自己的劳动成果。其代表人物是美国经济学者、垄断资本的代表人凯尔索和阿德勒，这两个人合著了一本《资本家宣言》（1958 年），他们狂妄地宣称要以他们的《资本家宣言》代替马克思和恩格斯的《共产党宣言》。这种论点，究其实质，它是庸俗经济学的生产费用说的进一步庸俗化，即认为商品的价值决定于它的生产费用，包括工资、利润和地租。换言之，它是把资本主义社会各阶级的收入说成是价值的源泉，即劳动创造工资，资本创造利润，土地创造地租，这也就是被马克思批得体无完肤的、臭名昭著的庸俗经济学家萨伊的“三位一体公式”或称“三要素论”。这个蒙人的“人民资本说”只不过是拾萨伊等人的生产费用说的牙慧而已，只不过他们比萨伊等人更为狂妄、张扬虚伪罢了。在政治上人民资本说是一种欺骗性的宣传以混淆视听。如《纽约时报》所指出，“一种新型的东西，过去没有给它安上一个恰当的名字，这是我们在争取人心的世界斗争中所犯的一个错误”。结果找到了，就是每当我们提到资本主义的时候，都在前面冠以“人民的”形容词。显而易见，“人民资本”只是资产阶级欺骗人民，在历史的庸俗经济学的陈词滥调上，安上一个蒙人的新名词而已。这难道能够掩盖这个“有灵性的怪物”即资本的真实面目，难道能够隐瞒它的剥削秘密，难道能够掩饰这个死劳动吸吮活劳动的“有灵性的怪物”的价值增殖秘密吗？显然是不可能的。

十五、价格悖论

价格在人们的现实生活中，早已是耳熟能详的名词概念了。因为人们天天都会碰到它，就像商品一样。人们天天碰到商品，当然也就会天天碰到价格，因为没有价格的商品时至今日还未到来。那么，这样一个天天见的价格还存在什么悖论或矛盾吗？应该说，商品价格确实存在悖论或矛盾。这是矛盾的普遍性和客观性所决定的，矛盾无处不在，矛盾无时不有，这是毋庸置疑的。

1. 价格的偏离与背离

商品的价格是商品价值的货币表现形式。价格从形式上看，是商品同货币的交换比例指数。比如100斤大米的价格200元，这个价格就是商品100斤大米和200元货币的交换比例的指数。商品价格从内容上看，是商品价值量的货币表现。从这个意义上讲，价格又是作为价值量的指数。例如，100斤大米凝结了2000小时劳动，200元货币也就凝结了2000小时劳动，商品100斤大米和200元货币这一交换的比例，是等量的2000小时劳动的凝结物即价值量的交换。由此可见，当形式与内容相一致时，即价格准确地反映价值的时候，商品和货币交换比例的指数和商品价值量的指数是一致的。但是，当形式和内容不一致即价格背离价值的时候，商品同货币交换比例的指数就和商品价值量的指数不一致。由于价格可能背离价值，因而不能反过来说，商品同货币的交换比例的指数必然是商品价值量的指数。这是因为，价格作为商品价值的货币表现形式，在这里，如果形式和内容不一致了，价格也就背离价值了。正如马克思所说："可见，价格和价值量之间的不一致的可能性，或者价格偏离价值量的可能性，已经包含在价格形式本身中。”① 也就是说，价格在量上偏离价值量了，矛盾的产生有了可能。非但如此，价格形式不仅可能引起价格和价值量之间即价值量和它的货币表现之间的量的不一致，而且还会包藏一个质的矛盾，“以致货币虽然只是商品的价值形式，但价格可以完全不是价值的表现”。② 有些东西本身并不是商品，例如良心、名誉等，但是也可以被它们的所有者出卖以换取金钱，并通过它们的价格，取得商品形式。“因此，没有价值的东西在形式上可以具有价格。在这里，价格表现是虚幻的，就像数学中的某些数量一样。”③ 可以断言，这种虚幻的价格形式必定掩盖实在的价值关系，并颠倒由此派生的其他关系，产生更多更复杂的质的矛盾。这无疑就是价格悖论。概言之，价格悖论是指价格从质和量两个方面偏离和背离价值所形成的矛盾冲突。这种矛盾的发生是经常的、常态的，这主要指价格在量上偏离价值，价格形式与价值内容不一致，却仍然围绕价值上下波动，不一致是常态，一致是偶然。当然，价格在质上背离价值也虽然时有发生，但并非常态化。

2. 虚幻价格破解

如上所说，价格悖论作为价格从质和量两个方面偏离或背离价值的矛盾，作为没有价值的东西在形式上可以具有价格的“虚幻价格”的更复杂的矛盾，我们将如何破解这一复杂矛盾或悖论呢？

首先，我们必须明确价值决定价格。我们说，价值规律要求商品的价格与商品内在的价值相一致。一方面，商品的价格的变动是由商品价值和货币价值二者的变动关系来决定。有时商品价值并未发生变动，商品价格却因货币价值变动而发生了变动，比如通货膨胀时，货币贬值了，货币价值变动了，引发了价格变动，这种情况下仍然是价格与价值相一致。另一方面，价格标准的变动不会使价格与价值发生偏离。虽然由于多种原因，金属货币重量名称同它原来的重量名称逐渐分离，但一定的金属重量仍旧是金属货币的标准。比如英镑的含金量，从当初（1694 年英镑发行时）一

① 马克思．资本论（第一卷）[M]．北京：人民出版社，1975：120.
② 马克思．资本论（第一卷）[M]．北京：人民出版社，1975：120.
③ 马克思．资本论（第一卷）[M]．北京：人民出版社，1975：121.

英镑白银相当于一盎司黄金 28.349 克，到了马克思所处的时代（1821 年英国正式启用金本位制之后）降至 1/4 盎司 7.322 克；1967 年 11 月改为 1/14 盎司 2.13281 克；到目前只有 1/20 盎司 1.4 克。尽管如此，金属货币重量名称同它原来的重量名称逐渐分离了，但一定的金属重量仍旧是金属货币的标准。1 英镑等于 20 先令，1 先令等于 12 便士（旧制），价格标准的不同金量之间的比例不变。这就是说，价格标准作为规定的金属重量，它的变动不会使价格与价值发生偏离，即不会产生矛盾或悖论，这一点当然是毋庸置疑的。

其次，认清价格与价值在量上的偏离。实际上，在每个个别场合价格和价值并不正好相等，而是经常偏离的。之所以如此，是因为价格作为商品价值量的指数，是商品同货币的交换比例指数，如前所说，但并不能由此反过来说，商品同货币的交换比例的指数必然是商品价值量的指数。因为价格和价值的偏离就存在于价格形式之中。然而，马克思强调指出："但这并不是这种形式的缺点，相反地，却使这种形式成为这样一种生产方式的适当形式，在这种生产方式下，规则只能作为没有规则性的盲目起作用的平均数规律来为自己开辟道路。"① 在这里，马克思所说的这种形式成为这样生产方式的适当形式，规则只能作为没有规则性的盲目起作用的平均数规律来为自己开辟道路，此处所说的"这种生产方式"当然是指资本主义生产方式，此处所说的"规则"应该是指"价值法则"即价值规律，此处所说的平均数规律应当是指统计学的平均数规律，即大量变量对平均数的偶然性离差会相互抵触，它们的集体性规律通过平均数表现出来。马克思的意思是说，价格偏离价值的可能性已经包含在价格形式本身中，但这并非价格形式的缺点，相反，这种形式会成为资本主义生产方式的适当形式，这种适当形式其实就是价值法则或规则，而这种价值法则或规则只能通过没有规则性的盲目起作用的大量变量的集体性规律或无规则性的盲目起作用的平均数规律表现出来并为自己开辟道路。事实上，随着价值量转化价格，商品的价值量表现为一种必然的、内在的同社会劳动时间的关系，这种必然的关系又表现为商品同在它之外存在的货币的交换比

① 马克思．资本论（第一卷）[M]．北京：人民出版社，1975：120.

例。这种交换比例既可以表现为商品的价值量，也可以表现比它大或小的量，在一定条件下，商品就是按这种较大或较小的量来让渡的、交换的。换言之，商品价格以价值为中心，围绕价值上下波动，是价值法则或规则在资本主义生产方式下实际发生作用的表现形式，而这种价格围绕价值上下波动的表现形式及其作用又是通过没有规则性的盲目起作用的平均数规律为其开辟道路的。

最后，洞察价格和价值在质上的背离。价格形式不仅可以在量上与价值偏离，而且还会在质上完全与价值背离。价格可以完全不是价值的表现，形式和内容完全分割开来。前面已经讲到：有的东西本身并不是商品，例如良心、名誉等，但是也可以被它们的所有者出卖以换取金钱，并通过它们的价格，取得商品的形式，因此，本来没有价值的东西在形式上可以具有价格。在这里，价格表现是虚幻的，这种虚幻的价格表现又会掩盖实在的价值关系及其派生关系。不难看出，这种没有价值的东西却有了虚幻的价格，可以出卖，可以换取金钱，这不就意味着是对劳动创造价值的否定吗？是对劳动创造财富的否定吗？回答应当是肯定的。但是，资本主义社会如果任凭这种虚幻的价格盛行，其危害是不言而喻的，其后果也是不堪想象的，因为号称平等、自由、公正的价值关系被掩盖了，其派生的价格与价值、货币与价值、交换价值与价值、价值符号与价值等关系，也都被扭曲或被掩盖了。

就价格与价值的关系而言，如上所云，由于价格在质上背离价值，不是商品即不是劳动产品的东西，也能有价格，也能出卖换取金钱，这就给社会一个错误的指向：可以不劳而获，可以出卖灵魂或别的什么非劳动产品来获取非法利益。劳动创造价值，劳动创造财富的理论和道德观念被抛到九霄云外了。一个社会如果容许如此道德沦丧、违法乱纪、不劳而获、巧取豪夺的、丑恶的、不正常的现象存在，那这个社会还会有生机活力吗？

就货币与价值的关系而言，同样会因为价格背离价值所形成虚幻价格导致价值关系所派生的货币与价值关系的被掩盖或扭曲。货币与价值的关系主要表现在货币的第一职能——价值尺度上，即用货币来计量商品的价值，或者说，把商品价值表现为一定量的货币，以表示各种商品的价值在质的方面的相同，在量的方面可以比较。商品内在价值尺度是社会必要劳动时间，因此，货币的价值尺度职能只不过是这内在尺度的外在的必然表现形式而已。执行价值尺度职能的货币，只是观念上的货币，这是由于商品在金上的价值表现是观念的，所以要表现商品的价值，也可以仅仅用想象或观念的金。然而，在价值尺度职能上发生作用的货币，尽管只是想象的货币，由于“货币并没有价格”，货币的价值尺度职能是通过价格形式来表现的，所以，价格是价值的货币表现，价格完全取决于实在的货币材料，尽管只是想象的货币执行价值尺度的职能，但必须通过价格形式表现出来。在这里，转了半圈又回到了原点即又回到价格与价值的关系上来了。有两点需要说明：第一点是，货币与价值的关系表现在货币的第一职能即用货币来计量商品的价值，即货币在执行价值尺度的职能时，只是想象的或观念的货币，这种情况就会引起种种最荒谬的学说和种种最丑恶的“洗钱”行为。第二点是，既然已从货币与价值的关系回到了价格与价值关系的原点，那么，价格背离价值的危害在此处也是适用的，因为货币的价值尺度职能毕竟是通过价格形式来表现的，这就是说，货币与价值的关系和价格与价值的关系是互相联系、相互依存、互相作用的。

就交换价值与价值的关系来说，由于价值形式是在交换中表现出来的价值，所以价值形式和交换价值是作为同义词并列的；同理，由于商品的价值关系也是在交换中表现出来的，故价值关系也称交换关系。交换价值或价值形式与价值的关系，是指价值的表现形式即交换价值，不只是要表现价值，而且要表现一定量的价值即价值量。正如马克思所指出的：“可见，通过价值关系，商品 B 的自然形式成了商品 A 的价值形式，或者说，商品 B 的物体成了反映商品 A 的价值的镜子。”① 马克思把价值形式或交换价值作为研究对象，就是要通过对价值形式的发展即从简单的价值形式到一般价值形式再到货币形式，揭示出货币的起源和本质。由于这里“就包含着货币形式的全部秘密，因此，也就包含着萌芽状态的劳动产品中的一切资产阶级形式的全部秘密”。② 也就是说，人类的劳动凝结为商品的价值，本来就使人难于认识清楚；到了简单的价值形式即交换价值情况下，本来是生产者之间互相交换劳动的社会关系，但当它表现为商品的物与物之间的交换关系时，现象掩盖了本质，因而产生了神秘感；然而，价值形

① 马克思. 资本论（第一卷）[M]. 北京：人民出版社，1975：67.

② 马克思恩格斯全集（第 31 卷）[M]. 北京：人民出版社，1972：311.

式发展到货币形式之后，这种以货币为媒介的商品交接关系，更加使虚幻的物与物的关系代替了人与人的关系，人们对货币形式或价值形式下的交换价值与价值的关系，更加云里雾里，不知所云，不知所措。所以，交换价值与价值的关系即使被歪曲了，也可能无人问津。

就价值符号与价值的关系而言，这里所说的价值符号是指纸币。纸币是直接从金或金属铸币的流通中产生出来的，它是国家强制流通的。纸币的流通规律只反映货币的流通规律，这一规律要求纸币的发行限于它象征地代表的金或银的实际流通的数量，如果纸币超量发行，就可能通货膨胀，就可能贬值，纸币就不能代表特定的金量，它与商品价值的比例关系就下降了。纸币作为金的符号或货币符号，纸币同商品价值的关系只不过是：商品价值观念地表现在一个金量上，这个金量由纸币象征地可感觉地体现出来，纸币只有代表金量才能成其为价值符号。纸币作为价值符号为什么可以代替金或银呢？这是与货币的价值尺度和流通手段的职能不可分的。从价值尺度职能来看，商品价值观念地表现在一个金量上，这个金量则可以由纸币象征地可感觉地体现出来，即当着金的符号或货币符号来执行职能，当然，也可以由符号来代替。从货币的流通手段的职能来看，作为流通手段的货币，只起商品交换的媒介作用，在货币不断转手的过程中，只有货币的象征存在也就足够了。因此，价值符号与价值的正常的关系，是以纸币的发行限于它象征地代表的金或银的实际流通的数量为前提和基础的。反之，如果滥发纸币，纸币的发行超过它象征地代表的金或银的实际流通的数量，将必然引起一连串的连锁反应，形成多重的矛盾，如价值符号与价值的矛盾、交换价值与价值的矛盾、货币与价值的矛盾、价格与价值的矛盾。其中，价格与价值的矛盾可能更为突出，构成价格悖论，等待我们去解析，等待我们去解决。

从哲学的层面看，价格悖论较多涉及形式与内容的这对范畴。无论是价格与价值、货币与价值，还是交换价值或价值形式与价值、价值符号与价值等，都是内容和形式的统一。一般说来，内容决定形式，形式依赖于内容；有什么样的内容，就有什么样与之相适应的形式。内容和形式作为事物所固有的两个侧面，是相互联系、相互依存、不可分割的。唯物辩证法认为，二者始终存在矛盾，这种矛盾往往不断激化，甚至形成尖锐的冲突，如价格不但在量上偏离价值，而且还会在质上背离价值，出现了没有

价值的东西却有虚幻价格的“形式伤害内容”的现象。当然，这种现象是客观存在的，但它毕竟是以否定方式或从反面歪曲地表现本质的假象。这种假象和真象一样，虽然也是客观存在的，但它是由各种客观的实际条件造成的，因此，必须有针对性地改变或改善这些客观的实际条件，借以消除价格形式这种在量和质上对价值和价值量的偏离和背离，即消除价格悖论，发挥价格的正面的、积极的作用与效应。

3. 价格悖论告诫我们什么

价格及价格作用机制，在商品经济条件下，一般都认为它像一只看不见的手，有调节商品生产和流通的积极作用。即商品生产者通过价格的涨跌，调节自己的生产，进而调节社会资源的配置；有刺激生产者改进生产技术和提高劳动生产率的积极的促进作用。即商品生产者想要使自己的个别劳动时间低于社会必要劳动时间，亦即使自己个别产品的成本价格低于社会的平均价格，就必须改进技术，提高劳动生产率。显然，价格作用机制这种积极的作用，都是通过市场价格的自由变动来实现的：价格上涨时，对供给者扩大生产有刺激作用，对需求者的购买有抑制作用；价格下跌时，对供给者的扩大规模有抑制作用；对需求者的购买需求有刺激作用。价格的这种自由升降涨跌，使之实现了经济资源的优化配置。然而，我们不能只看到价格作用机制的正面的积极作用，而且也应看到它的负面消极的作用。况且，它的正面的积极的作用的发挥也会受到来自于各方面的消极因素的制约，特别是价格作用机制的消极作用所造成的商品生产者的两极分化的后果，不容低估，不容无视。更不用说价格悖论中的价格背离价值的真象与假象，使人们迷惑不解，其危害使我们不得不郑重地关切。价格悖论究竟告诫我们什么呢？我想至少有以下三点：

（1）价格双轨制并不适当。我国改革初期，国家对同一种产品（主要是生产资料）的计划内和计划外部分，分别实行计划价格和市场价格，由此形成价格的双轨制。这种价格双轨制作为过渡性的、渐进式的价格改革的价格体制，也许是无可非议的，因为它对打破僵化的、扭曲的计划价格体制，搞活经济，保证国家重点建设有一定的积极作用。但是，它存在的一些漏洞和弊病，尤其是价格的自身矛盾：同质不同价，不能等价交换这种人为的价格悖论现象，严重地阻碍我国经济的发展和社会的进步。其一是不少企业利用双轨价差，把需要的原材料想方设法挤进指令性计划的分配计划，生产的产品在没有完成国家供货合同的情况下，就擅自以市场价自销。这样，不仅指令性物资分配计划无法缩小，而且造成企业生产和竞争条件下的新的、人为的不平等，使企业经济效益无法正确评估，产生新的苦乐不均，并使资源也无法实现有效配置。其二是价格双轨制形成了"寻租"和滋生腐败的客观条件。一些单位和个人利用手中的权力，采取各种合法和非法的手段套购计划内紧缺物资，倒买倒卖，从中牟取暴利。从某种意义上讲，这正是我国少数人钻价格双轨制的空子，"寻租"和腐败，行贿受贿，贪赃枉法的起点，也是少数暴发户敛财致富的原罪。所以，价格双轨制尽管是一只替罪羊，但它的漏洞与弊病是不可小觑的，尽管它已经离我们远去了，但我们还是难以忘却的，因为它不仅留下的伤疤还在，而且其后患是仍在我们的身体上继续戳出伤疤和新的创伤。

（2）价格作用不可估计过高。通过市场价格的自由变动来配置资源和引导生产、分配、交换、消费等经济行为的价格作用，其实就是价值规律的作用，因为货币出现之后，商品的价值就表现为价格。所以，价格的作用就是价值规律的作用。然而，价值规律的作用除了通过价格的涨跌起着调节社会资源配置的作用和刺激生产者改进技术与提高劳动生产率的作用之外，还有通过价格的涨跌刺激供需，使生产条件好和差的不同生产者处于优和劣的不同地位，导致竞争中两极分化的作用，这显然是价格作用或价值规律作用的负面的、消极的效应，是应予抑制的。不然的话，这种两极分化的作用后果是极为严重的：要么是贫富悬殊拉大，要么倒闭破产，甚至是跳楼自杀……当然，至于价格或价值规律的积极的、正面的作用，也不要过高地评估它，因为价格作用机制的发挥是会受到来自方方面面的积极的或消极的因素影响和制约的。即使是价格的最基本的最积极的作用——配置资源，也并不是可以达到最优化和最合理的目标。比如，有人认为，在不同的市场和不同的企业或消费者之间，谁的需求更大且能支付更高的需求价格，资源或物品就流向谁；谁的物品或要素的供给成本更低且能够标出更低的供给价格，市场上的需求就流向谁。这样，最有效率的生产者得到最优先的资源使用权，最急需的消费者得到最优先的产品和服务的使用权。所以，通过价格的升降，经济资源可以实现最优配置。乍看起来，这样的资源配置，各取所需，各得其所，十全十美！然而，在两个"最优先”的背后，有没有“合理”与“公平”的立足之地？两个“最优先”难道不是对两个生产条件好的两个“优势”地位的生产者和消费者恩赐吗？那些生产条件差处于“劣势”地位的生产者与消费者绝对与两个“最优势”是无缘的，价格作用机制对他们是不管不问，是有失公允的。所以，我们说，价格配置资源不容忽视，但又不能高估，而且还须大力监督。

（3）必须加强市场价格监督。我国价格改革的目标，是形成在国家调控下主要由市场调节的价格机制。时至今日，这个目标已基本实现。但是，市场价格秩序依然混乱有余，规范不足。如无序型价格上涨，即通常所说的乱涨价、乱收费；又如有的企业借价格改革搭便车涨价，有些地方为了局部利益，越权定价，乱收费用；有的经营者不执行明码标价制度，漫天要价，垄断价格，欺行霸市；有些企业实行价格歧视，对同样的商品或服务，对不同顾客索取不同价格；还有一些企业大搞不正当的价格竞争，以牟取暴利。有鉴于此，我们不得不大声疾呼：针对价格秩序混乱的状况，必须大力加强价格监督管理，搞好市场和价格立法，规范市场价格行为，特别要反对取缔不正当价格竞争行为，反对并取缔“价格歧视”行为，反对并取缔漫天要价，牟取暴利行为。同时要对结构调整型价格上涨，进行有效的、必要的控制与管理，以避免通货膨胀，伤及民生和经济发展。

十六、使用价值与价值悖论

商品的两个因素，即商品内在的使用价值与价值。其物的有用性使物具有使用价值，且这种有用性不是悬在空中的，它实实在在决定于商品体的属性，离开了商品体就不复存在。所以，“使用价值总是社会财富的物质内容”。如果我们把劳动产品的使用价值抽去，体现在劳动产品中的各种劳动的有用性质也就消失了，而这些劳动的各种具体形式也就随之消失，全都化为相同的抽象人类劳动，即无差别的人类劳动力耗费的单纯凝结。这个社会实体的结晶，就是商品的价值。然而，商品的这两个因素之间难道还存在矛盾，即构成悖论吗？是的，商品内在的使用价值和价值的对立统一构成一个矛盾的统一体，并且包含着资本主义社会一切矛盾的胚芽，这绝不是“一个形容语的矛盾”，即非“木制的铁”“圆形的方”之类的矛盾，而是客观存在的商品体内的对立统一的矛盾。

1. 矛盾的对立统一体

众所周知，商品是使用价值和价值的对立统一。可是，何谓对立？何谓统一？这是值得进一步探究的。

就对立而言，也就是讲矛盾对立，广义地讲，有差异就有矛盾，有矛盾就有悖论。对立即矛盾，矛盾即悖论。那么，使用价值和价值的矛盾对立何在呢？我们认为，二者的对立或矛盾有如下几个：

（1）质和量的不同对立。商品的使用价值表现为各种商品之间质的差别，商品的价值则表现为各种商品之间量的差别。比如，上衣与麻布是不同质的使用价值，同样，决定它们存在的劳动即缝和织，也是不同质的。反过来说，如果这些物不是不同质的使用价值，从而不是不同质的有用劳动的产品，它们就根本不能作为商品来互相对立。因为上衣不会与上衣交换，一种使用价值不会与同种使用价值相交换。又如，上衣的价值比麻布的价值大一倍即一件上衣的价值比 10 码麻布的价值大一倍。这是商品之间价值量的差别。它们价值量的这种差别是从哪里来的呢？这是由于麻布所包含的劳动只有上衣的一半，因而生产后者所要耗费劳动力的时间必须比生产前者多一倍。这种由于包含的劳动量不同必然引起商品的价值量的不同与对立。

（2）人的因素和物的因素的对立。物的有用性使物具有使用价值，这种有用性离不开商品体。商品的使用价值只是在使用或消费中得到实现。无疑，使用价值是物的因素，如马克思所说："不论财富的社会形式如何，使用价值总是构成财富的物质内容。"① 并且，还必须承认，使用价值同时又是交换价值的物质承担者。价值就不同了，它是人的因素，而不是物的因素，因为价值是人类抽象劳动的凝结。假如我们把商品体的使用价值撇开，商品体就只剩下一个属性，即劳动产品这个属性。如果我们把劳动产品的使用价值抽去，那么也就是把那些使劳动产品成为使用价值的物质组成部分和形式抽去，它们不再是纱和布、桌子、房屋或别的什么有用之物，它们的一切可以感觉到的属性都消失了。随着劳动产品的有用性质的消失，体现在劳动产品中的各种劳动的有用性质也消失了，因而这些劳动的各种具体形式也消失了，如纺纱劳动、木匠劳动、瓦匠劳动等。由此，各种劳动不再有什么差别，全都化为相同的人类劳动即抽象人类劳动，这种相同或无差别的人类劳动的凝结不就是价值吗？这种物的因素和人的因素的对立不也就在此形成了吗？

（3）买者角色和卖者角色的对立。一个商品所有者不能同时占有商品的使用价值和价值，二者必择其一。要么让渡使用价值，实现价值；要么不让渡使用价值，也就实现不了价值。商品对卖者是价值，非使用价值；商品对买者是使用价值，非价值。一方面，商品在能够作为使用价值实现之前，必须先作为价值来实现，即商品必须形成商品交换，使商品彼此作为价值发生关系并作为价值来实现。另一方面，商品在能够作为价值实现之前，必须证明自己是使用价值，因为耗费在商品上的人类劳动，只有耗费在对别人有用的形式上，才能算数。然而，这种劳动对别人是否有用，

① 马克思．资本论（第一卷）［M］．北京：人民出版社，1975：48.

它的产品能否满足别人的需要，只有在商品交换中才能得以证明。所以，人们扮演的经济角色或卖者或买者，都不过是经济关系的人格化，人们是作为这种关系的承担者（卖者、买者）而彼此对应着的。

（4）使用价值量与单位产品价值量的对立。劳动生产力与使用价值量成正比，与单位产品价值量成反比，这是一种对立的矛盾运动。马克思指出：因此，不管生产力发生了什么变化，同一劳动在同样的时间内提供的价值量总是相同的。但它在同样的时间内提供的使用价值量会是不同的：生产力提高时就多些，生产力降低时就少些。这就是说，劳动生产力的提高或降低，可以增大或减少使用价值的量，所以是正比关系，但劳动生产力的变化并不影响同一劳动在同样的时间内提供的价值量。正因为价值量相同，使用价值量变多了或变少了，单位产品或单位使用价值的价值量就反而变少了或变多了，成反比例。显然，这就是使用价值量与价值量的矛盾对立。这种对立的矛盾运动来源于劳动的二重性，下文将要分解，此处不再详述了。

在叙述了使用价值和价值的矛盾对立之后，有必要对使用价值与价值的统一的一面作有限的叙述，矛盾的对立与统一是缺一不可的，它们共同处于商品体内，其主要表现是：

①二者相互依存。商品的使用价值和价值是商品的两个因素，它们统一于商品体内，彼此互相依存，而不能孤立地存在和发展。“不是冤家不聚头”，二者正因为是“冤家”即对立面，才能聚集在一起构成一个对立统一体。

②二者互为条件。一方面，使用价值是价值的物质承担者，一种商品如果没有使用价值，就会没有价值；另一方面，一种物品如果没有价值，只有使用价值，它就不是商品。这就是说，二者互为条件。

③二者互相转化。使用价值和价值的对立面彼此相通，有互相转化的趋势。一切商品对它的卖者来说是非使用价值，卖者是要实现商品的价值，而对于买者来说是使用价值，非价值。卖者和买者的愿望只有通过商品交换或“全面转手”，才能实现使用价值和价值的互相转化。卖者通过交换，其使用价值转化成价值了；买者通过交换，其价值转化成使用价值了。通过交换，各得其愿，多亏这谜一般的“全面转手”形式的魅力。

综上所述，在商品内在的使用价值和价值的矛盾对立统一体中，价值无可争辩地是矛盾的主要方面，正是它决定了劳动产品的商品性，反过来说，也正是它决定了商品的最大特点，就是商品具有价值。正如恩格斯所说：“价值规律正是商品生产的基本规律。”①

2. 解析使用价值与价值的悖论

如前所述，商品体内存在着使用价值和价值对立或矛盾，存在着使用价值和价值的悖论，那么，为什么商品体内存在着使用价值与价值的矛盾或悖论呢？这是矛盾的客观普遍性即矛盾为一切事物、现象所固有，不以人的主观意志为转移和矛盾存在于一切事物的发展过程中，这一唯物辩证宇宙观的基本理论所决定的吗？是的，完全正确。不过，不仅如此，商品体内的使用价值和价值的矛盾形成还有其特定原因和形成机理。

我们确信，商品的二因素即使用价值和价值根源于生产商品的劳动的二重性；同理，二因素即使用价值和价值的矛盾也根源于劳动二重性的矛盾。何谓劳动二重性？这当然是指具体劳动和抽象劳动。马克思指出：“商品中包含的劳动的这种二重性，是首先由我批判地证明了的。这一点是理解政治经济学的枢纽。”②

作为形成使用价值的具体劳动，马克思主要分析了如下几点：①具体劳动是在一定的具体形式下所进行的有一定目的的劳动，它形成使用价值。其作用是生产不同质的使用价值，使之成为商品交换的必要条件。②具体劳动是人类永恒的自然条件，是不以一切社会形式为转移的人类生存条件，是人和自然之间的物质交换。③具体劳动不是它所生产的物质财富的唯一源泉。使用价值是自然物质和劳动这两个要素的结合。

作为形成价值的抽象劳动，马克思主要作了如下分析：①抽象劳动是一般人类劳动的耗费，它形成商品价值的实体。②抽象劳动是每个普通人肌体平均具有的简单劳动力的耗费。复杂劳动是多倍的简单劳动。③抽象劳动形成的价值量只是表示商品中包含的劳动量即耗费劳动力的时间。

因此，作为形成使用价值的具体劳动来说，有意义的是从质的方面被考察，它回答是怎样劳动，什么劳动的问题；作为形成价值的抽象劳动来说，有意义的是从量的方面被考察，它回答的是劳动多少，劳动时间多长

① 恩格斯．反杜林论［M］．北京：人民出版社，1971：308.

② 马克思．资本论（第一卷）［M］．北京：人民出版社，1975：55.

的问题。于是，表现为具体劳动的“质”和表现为抽象劳动的“量”的对立统一就不可避免地出现了。而这种具体劳动的“质”和抽象劳动的“量”的对立又必然引起使用价值量与价值量变化的对立运动，或者说，使用价值量与价值量的矛盾或悖论，就来源于劳动二重性。为什么呢？因为生产使用价值的具体有用形式的劳动即具体劳动直接与劳动生产力有关，而与形成价值的抽象劳动无关，或者说，劳动生产力的变化丝毫也不影响形成价值的抽象劳动，而只与有用的具体劳动形式有关。我们说，所谓劳动的生产力，始终是指有用的具体劳动的生产力，而实际上，就是指某种有目的的具体劳动在一定时间内生产使用价值的数量或效率。因此，劳动生产力的变化只会引起使用价值量的变化，不会引起价值总量的变化，但会引起单位产品价值量的变化，这就出现了使用价值量与价值量变化的对立运动。正像马克思所说：“因此，有用劳动成为较富或较贫的产品源泉与有用劳动的生产力的提高或降低成正比。相反地，生产力的变化本身丝毫也不会影响表现为价值的劳动。”这再一次证明：随着物质财富量或使用价值量的增长，它的价值量可能同时下降这种对立运动，是来源于劳动的二重性，即来源于具体劳动和抽象劳动的矛盾对立。换言之，劳动的二重性是商品二因素即使用价值和价值的根源，即作为具体劳动生产商品的使用价值，作为抽象劳动形成商品的价值。所以，使用价值与价值的悖论当然也就源于劳动的二重性，即使用价值与价值的矛盾是具体劳动和抽象劳动矛盾的嫡传。

在这里，需要指出的是，前面所讲的是以“不管生产力发生了什么变化，同一劳动在同样的时间内提供的价值量总是相同的”为前提的，在这样的情况下，才会产生使用价值量和价值量的悖论，但是，如果“同一劳动”变了，变成了“不同劳动”即“复杂劳动”或“提高劳动强度的劳动”，那么，不同的劳动在同样的时间内提供的价值量总是相同的就可能变为“不相同的”，有可能增大了价值量。而如果这种由于复杂劳动或强度增大的劳动代替了原来的同一劳动，使得价值量也增大，并且增大的比例与使用价值量增大的比例相同或者比例还大于使用价值增大的比例的话，则这个使用价值量与价值量“一个增长，一个下降”的对立矛盾就可能不存在了，因此，这个悖论也就自然消失了。这在理论上和事实上，都是存在可能性的。马克思也认为，复杂劳动是“自乘”或“多倍”的简单

劳动，可以在同样长的时间内创造更多的价值，或物化较多的价值。① 至于说，增大强度的劳动也有同样的道理，在现实经济生活中无论在资本主义社会，还是社会主义社会，复杂劳动和强度大的劳动会创造更多的价值，这都是一样的，如果这样，使用价值量增加与价值量的不变或下降的对立就可能不存在了，使用价值和价值的对立似乎也不存在了，这样使用价值和价值悖论好像也不复存在了。然而，事实又并非如此，理论上也是说不通的，因为即使由于复杂劳动或强度大的劳动参与劳动过程，使得使用价值量增加与价值量下降的对立不存在了，也不会导致使用价值和价值的对立悖论的消失，理由很简单，支撑使用价值与价值对立或矛盾的共有四根支柱：质和量的不同对立；人的因素和物的因素的对立；买者角色和卖者角色的对立；使用价值量与单位产品价值量的对立。现在第四根支柱因为复杂劳动或强度大的劳动的参与可能不再能支撑悖论，但是，在此的“一票否决”是不起作用的，一根柱子不发挥作用，还有另外三根柱子在发挥作用，还会使使用价值与价值的对立与矛盾依然存在。所以，我们在这里不能静止片面地以偏概全，攻其一点不及其余，违反辩证唯物论的“一果多因，同果异因”的因果观，从而误入形而上学的泥淖。

3. 应当避免的错误倾向

我们在上面解析使用价值和价值的矛盾对立时，已经触碰到矛盾的对立和统一及其关联的基本哲学范畴。并且，我们也注意到，在这个哲学的基本范畴中，也容易出现一些形而上学的错误的认识倾向，在使用价值和价值的矛盾对立与统一中，我们应当避免如下几点错误的认识倾向。

（1）避免脱离同一性的错误认识

我们讨论使用价值与价值的矛盾对立或悖论时，往往容易看到它们之间的差别和对立，而无视它们之间所具有的同一的性质，无视双方的共同点，即异中之同。就使用价值和价值而论，双方的共同点表现为它们同处商品体内，商品是它们的共同载体或共同基础，它们是商品体内占有特殊地位的两个因素，因而它们具有同一性。一方面，有使用价值的东西可以

① 马克思．资本论（第一卷）［M］．北京：人民出版社，1975：223.

不是价值，从而也就不是商品；另一方面，没有一个商品有价值而没有使用价值，价值是不能离开使用价值而单独存在的。这就是说，二者是相互依存，不可分离，缺一不可的。失去或脱离其中一方，都会使矛盾或对立不成其为矛盾和对立。矛盾的同一性使得使用价值和价值在商品的对立统一体内得以存在和发展，对立面双方相互依存、相互促进、相互转化，促进和推动商品的发展。所以，鼓吹脱离同一性的绝对对立的形而上学的观点应当予以否定，因为这种绝对的对立就是绝对的否定，就是否定一切，排斥一切。当然也就否定了同一性的相互依存、相互包含、相互变通、相互转化。如果这样，矛盾也就不复存在了。当然，我们也不会赞同绝对同一的观点，因为它认为事物只能和自身同一，不能包含它的否定即对立方面，因而认为事物永远只能是老样子。我们的观点是，避免脱离同一性，在充分肯定矛盾的同一性在事物发展中的作用时，又要看到矛盾的对立性或斗争性在事物发展中的重大作用。这正是辩证法的革命性的要求。

（2）避免走极端的倾向

在认识使用价值与价值悖论时，我们还应该避免在认识上走极端。人们在探索真理的过程中，难免会出现这样或那样的认识上的错误。我们承认错误认识在所难免，但不能任其泛滥，特别要注意避免走极端的错误倾向。在我们的现实经济生活中，无论在理论认识上，还是在实践行为上，走极端的事实屡见不鲜。在本书所述的使用价值与价值的矛盾对立的两极上，同样存在走极端的错误倾向。如一些看法把使用价值和价值在人的因素和物的因素的对立推到极致，要么只承认使用价值是物的因素，要么只承认价值是人的因素；又如一些认识把使用价值和价值在买者和卖者的对立也推到极致，或者只承认买者是使用价值，或者只承认卖者是价值。这种承认使用价值、否定价值或承认价值、否定使用价值的极端认识，就像政治上的极左与极右一样，是一种无视对立的两极是互相依存的，承认其一，否定其二，这种走极端的认识就会导致矛盾对立的消亡，就使用价值和价值而言，既然在双方之间走了极端，即承认一面，否定另一面，就等同于商品的消亡，因为商品二因素，是缺一不可的。使用价值和价值是“相比较而存在”，没有使用价值作比较，就无所谓价值；相反，没有价值作比较，也就无所谓使用价值。这是使用价值和价值的统一性所要求的。不然的话，即走极端，必然“物极必反”：或者不是商品，或者是“变形

了的商品”；或者是“废品”，或者“赠品”；或者是商品的“异化”，或者是商品的“同化”。

（3）避免唯生产力论的倾向

前文我们在谈到使用价值和价值的对立时，提到了这种对立中所包含的物的因素和人的因素的对立，即指使用价值是物的因素，价值是人的因素。并指出这两个对立面也是相互依存，不可或缺的。但是，仍然有人不以为然，过度强调物的因素，过分重视物的有用性，片面性、直线性地夸大物的自然属性，甚至“见物不见人”，持有一种唯生产力论的倾向。他们理由是：①不论财富的社会形式如何，使用价值总是构成财富的物质内容；②使用价值具有多方面的物质性能，具有满足人们多方面需要的有用性；③生产力属于具体有用形式的劳动，劳动生产力与使用价值量成正比；④价值是看不见摸不着的，是“同一的幽灵般的对象性”。以上是唯生产力论调陈述的四条理由，其理由本身并没有错，错就错在论调持有者过于片面地、表面地、直线地、孤立地谈论这几条理由，因为作为物的使用价值或作为使用价值的使用价值作为交换价值的物质承担者的作用，它是商品学研究的对象，而不是政治经济学的研究对象和范围，只有当使用价值同时是交换价值的物质承担者，才是政治经济学的研究对象和范围。因此，把物的使用价值的作用和特点即“财富的物质内容”和“多种物质性能”的自然属性唯一化、固定化，排除使用价值同时又是交换价值或价值的物质承担者的社会属性，显然是见物不见人的形而上学的错误认识，同时，劳动生产力与使用价值量成正比，这并不意味着使用价值量正比之果是劳动生产力单因素所致。事实上，任何社会的使用价值量或财富都是生产关系与生产力共同作用的结果，尤其是生产关系对生产力的反作用力是不容低估的，资本主义社会比起封建社会，其生产关系对生产力的反作用较为突出，社会主义社会比起资本主义社会，其生产关系对生产力的反作用更加凸显。至于说，价值是看不见摸不着的，是“同一的幽灵般的对象性”的所谓理由，不值一驳，因为在这里重要的是，虽然它看不见摸不着，但它是客观存在的；虽然是幽灵般的，但毕竟是实实在在的对象性的。所以，持唯生产力论调者，他们丝毫没有理由把客观存在排除在视野之外。概言之，这种见物不见人的唯生产力论调，这种唯使用价值，否认价值的形而上学的论调是应当避免的，并且应当唾弃的。

十七、物的人格化和人格的物化悖论

在现代经济社会，人和人的关系、人和物的关系、物和物的关系等，常常令人困惑不解，因为这些关系被扰乱了，被歪曲了，甚至被颠倒了。这样，在人们视觉里，往往是幻觉满满，虚拟多多，人人物物，何啻混淆？或空手经济，或债务经济，或镜花疑惑，或人物颠倒。何其怪哉，不一而足！

1. 悖论的由来与梗概

当我们一讲到物的人格化和人格的物化悖论时，有点给人似曾相识的感觉。不错，的确如此，物的人格化和人格的物化这两个概念在许多文章里都可能碰到，但未必有过详尽的论述。这里，我们将对它们的含义、内容、本质等作充分的诠释与解析。

首先，我们来解释一下物的人格化和人格的物化这两个概念。所谓物的人格化，是指商品这个物实际上体现人与人交换劳动的社会关系，如上衣与皮靴这两个商品的交换，实际是体现裁缝匠的劳动与鞋匠的劳动之间交换劳动的社会关系。所谓人格的物化，是指人与人的关系是通过商品这个物的关系表现出来的。如上例，裁缝匠与鞋匠的人与人的关系是通过上衣和皮靴这两个商品的物体表现出来。

其次，物的人格化和人格的物化悖论是从何谈起呢？我们说，悖论从二者的对立说起。实际上，这二者的对立是指人和物的对立，或者也可以说是主体与客体的对立或矛盾。这种主体与客体的对立或矛盾，正是物的人格化和人格的物化悖论的由来。就商品生产而言，生产商品体本来应该人是主体，是人通过自己的劳动生产出商品体；商品体即物是客体，是被生产者的劳动生产出来的，是被生产的对象。但是，在商品关系中，却颠

倒地表现为物统治人的矛盾对立，这种对立或矛盾，就是人和物的颠倒关系。马克思在《资本论》第一卷中指出："但是桌子一旦作为商品出现，就变成一个可感觉而又超感觉的物了。它不仅用它的脚站在地上，而且在对其他一切商品的关系上用头倒立着，从它的木脑袋里生出比它自动跳舞还奇怪得多的狂想。"①

这就是说，桌子本来是客体，是被生产的对象，但是，当被生产出来作为商品出现之后，它与其他一切商品的关系上是用头倒立着，并且"从它的木脑袋里生出比它自动跳舞还奇怪得多的狂想"，客体颠倒为主体了，物和人关系也被颠倒了。这正如马克思在《资本论》第三卷中所论述的那样："在商品中，特别是作为资本产品的商品上，已经包含着作为资本主义生产方式的特征的生产的社会规定的物化和生产的物质基础的主体化。"② 在这里，马克思非常明确地指出资本主义生产方式一开始就有两个特征。第一，它生产的产品是商品。使它和其他生产方式相互区别的，不在于生产商品，而在于成为商品是它的产品占统治地位的、决定的性质。这种生产方式的主要当事人，资本家和雇佣工人，本身不过是资本和雇佣劳动的体现者，人格化；第二，剩余价值的生产是生产的直接目的和决定动机。资本本质上是生产资本的，但只有生产剩余价值，它才生产资本。在这种资本主义特有的生产方式下，劳动的社会生产力是作为与工人相对立的资本的独立力量，因而直接与工人本身的发展相对立。资本家作为资本的人格化在直接生产过程中取得了权威，这种权威的执掌者，只是作为同劳动相对立的劳动条件的人格化。因此，这才有马克思在上面的论断，即在资本产品的商品中，已经包含着作为整个资本主义生产方式的特征的生产的社会规定的物化和生产的物质基础的主体化。显而易见，资本主义生产方式的特征的生产的社会规定的物化，就是指资本家和雇佣工人的雇佣劳动关系通过资本的增殖和积累过程表现出来的，因为资本本质是生产资本的，并且只有生产剩余价值，它才生产资本，资本说到底，是能够带来剩余价值的价值，它是雇佣劳动的活劳动创造的新价值即劳动力价值的再生产和增殖。然而，尽管劳动作为雇佣劳动的形式对整个资本主义的积

① 马克思．资本论（第一卷）[M]．北京：人民出版社，1975：87.

② 马克思．资本论（第一卷）[M]．北京：人民出版社，1975：995.

累过程和生产本身的特殊方式有决定的作用，但是雇佣劳动并不决定价值与剩余价值，也就是说，人和物的关系被颠倒了，即生产价值和剩余价值的雇佣劳动本来是主体，价值和剩余价值本来是资本产品的商品，是雇佣工人活劳动的产物，是被生产出的客体，而现在资本的生产力反倒成了与雇佣劳动相对立的独立力量，资本的人格化，物的人格化，使资本由客体变成了主体，使资本主义生产方式下的生产的物质基础的主体化成为这个生产方式的人格化或人格化的资本在直接生产过程中取得了绝对的权威，与雇佣工人相对立，这种物的人格化又通过与人格的物化的对立得以表现出来，不过，这种人与人之间的关系即资本和雇佣劳动的关系是被物掩盖了实质的人和物的颠倒关系。所以，这似乎令人有点困惑不解，然而，这就是物的人格化和人格的物化的矛盾对立，也就是物的人格化与人格的物化的悖论。

2. 解析悖论

物的人格化和人格的物化的矛盾对立，从总体上讲，它是一定的社会生产关系的产物。其人格化，是由社会生产过程加在个人身上的一定的社会性质。如资本主义生产方式下，资本家是资本的人格化，或者说，资本家是人格化的资本。又如，在一般商品生产条件下，物化在商品中的人与人的关系，即人格的物化，是通过商品这个物表现出来的，而且这种物化在商品中的人与人的关系，往往颠倒地看成是物与物的关系。当然，到了资本产品的商品中，这种人和物的对立，主体和客体的矛盾，人和物的颠倒关系即物统治人，亦即物的人格化和人格的物化，在资本主义生产方式中，得到了强化和固化，人格的物化已成为“社会规定”的物化，而作为物的人格化的资本物或物质基础却已主体化。这种颠倒的物统治人的矛盾，这种人和物的对立更加严酷、更加凸显。那么，为什么会出现这种颠倒的物统治人的对立矛盾呢？对此，学界一般都认为这是由于私有制和社会分工产生的私人劳动和社会劳动的对立所致。这个对立在商品生产中表现为具体劳动的“质”和抽象劳动的“量”的对立，这个对立又产生了使用价值量和价值量变化的对立，这个对立还形成了物的人格化和人格的物化的对立，等等。所以，要解释物的人格化和人格的物化的对立，就必须解析私人劳动和社会劳动的对立，而要解析私人劳动与社会劳动的对立，

又必须先解析作为商品经济产生和存在的两个基本条件即私有制和社会分工。

关于商品生产或商品经济产生和存在的条件，马克思在其《资本论》第一卷中是这样指出的，他认为商品生产存在的条件有两条：一是社会分工；二是私有制。[①] 在马克思看来，这两条必须同时具备，只具备第一条社会分工是不够的，是不能产生商品生产的。这种分工是商品生产存在的条件，但不能反过来说商品生产是社会分工存在的条件。因为在古代印度公社中就有社会分工，但产品并不成为商品。就一个较近的例子来说，每个工厂内都有系统的分工，但是这种分工也不是通过工人交换他们个人的产品来实现的。只有独立的互不依赖的私人劳动的产品，才作为商品互相对立。这也就是说，只有私有制产生之后，在社会分工的条件下，各个独立的自主的私人劳动的产品，在彼此承认“你的就是你的，我的就是我的”的前提下，才可能发生产品交换，才可能成为商品互相对立。

对于商品生产的产生和存在的条件问题，我国学者联系社会主义商品生产，曾提出了许多不同的见解与观点，主要有：[②]

①“社会分工决定论”。这种观点认为：社会分工是商品产生和存在的唯一条件，社会分工决定商品生产的存在。只要有社会分工、有交换，就有商品的产生和存在。

②“私有制决定论”。这种观点认为：私有制是商品经济的前提，只有在私有制条件下，私人劳动才间接地转化为社会劳动，劳动才表现为价值，因而才有商品的产生和存在。

③“两条件决定论”。这种观点认为：社会分工以及生产资料和产品属于不同所有者，是商品产生和存在的原因。我国大多数经济学家是持这种观点的。他们坚持马克思主义经典作家关于社会分工和所有制是商品生产产生和存在的两个条件的论断。认为这两个条件缺一不可，社会主义商品生产存在的原因亦如此。

④“生产力水平决定论”。这种观点认为，生产力水平决定商品生产

① 马克思．资本论（第一卷）［M］．北京：人民出版社，1975：55.

② 洪远朋．新编《资本论》教程（第一卷）［M］上海：复旦大学出版社，1988：85－86.

的存在，这是对商品产生和发展进行历史考察而得出的结论，是依据生产力决定生产关系的规律而得出的结论。

⑤“劳动本质差别决定论”。这种观点认为，人们在生产发展的一定历史阶段必然形成的劳动本质差别，是商品生产和存在的原因，有的学者则进一步认为，社会主义联合劳动的差别性是社会主义商品经济存在的主要原因。

⑥“按劳分配决定论”。这种观点认为，社会主义社会商品生产和商品流通的必要性是由社会主义按劳分配的经济规律的作用所制约的。它指出，除了社会分工和生产的社会化外，个人消费品实行按劳分配的必然性，是全民所有制经济内部存在商品生产的重要原因，因为按劳分配不单是分配问题，它包括个别劳动和社会劳动的矛盾，是影响整个社会主义经济生活的。

⑦“劳动力个人所有或部分所有决定论”。这种观点认为，劳动力的个人所有或部分所有必然带来对劳动产品的个人或企业的部分所有权，从而形成全民所有制企业具有相对独立的经济利益，导致全民所有制的生产资料所有权和经营权能够分离，因而它是社会主义经济，特别是全民所有制的国有企业之间存在商品关系的根本原因。

以上关于商品生产的产生和存在的诸多探讨，就个人而言，还是比较赞成坚持经典作家“两条件决定论”的观点，至于其他一些观点，难免有失偏颇，尤其是“一条件决定论”。当然，也有个别观点对社会主义社会商品存在的原因的探究，有独到之处，甚至有在坚持马克思主义经济学基础之上发展马克思主义经济学之希冀，这是难能可贵的。

无论有关商品生产产生和存在的原因有何不同的看法，但从历史唯物主义的观点来看，从原始共同体的尽头处的偶然的个别的最早的商品交换产生开始，历经简单的、漫长的小商品经济，到资本主义商品经济，再到社会主义商品经济，在人类历史长河中，这并非一滴水，也并非一瞬间，而是人类历史长河中相当长的一段，相当久的一时，这是不争的商品生产与交换产生与发展的历史事实。既然如此，我们就不必再纠结于商品生产与交换产生的原因，而着重探索商品这个物的人格化和人格的物化矛盾对立的原因。诚然，商品这个物的人格化和人格的物化的对立的原因与商品这个物产生的原因是有最直接联系的，或者说，它们是具有共同基础的，这个共同基础就是私有制。商品交换是以私有制为基础的，商品这个物的人格化和人格的物化的对立，也是以私有制为基础的。就商品交换而言，商品交换是通过商品所有者来进行的，要使交换得以实现，交换双方必须有共同一致的意志行为，如果一方同意，另一方不同意，商品交换就不能成功实现。这种共同的意志行为是以私有制为基础的，即他们必须彼此承认对方是商品的私有者，亦即“你的就是你的，我的就是我的”。就商品这个物的人格化和人格的物化来说，同样如此，人与人的交换劳动的社会关系不就是通过两个人各自私有的上衣和皮靴这两个商品相交换来体现的吗？所以，商品交换的矛盾和物的人格化和人格的物化的矛盾，其根本原因都源于私有制，源于私有制制度下的私人劳动和社会劳动的矛盾。这与前面所阐述的商品悖论即商品拜物教之谜的根本原因是一样的。

那么，私人劳动和社会劳动的矛盾是如何决定物的人格化和人格的物化的矛盾呢？我们认为，在私有制的社会条件下，生产商品的劳动，一方面表现为私人劳动；另一方面由于社会分工，它又是社会总劳动的一部分，是社会劳动。但是，私人劳动并不直接就是社会劳动，这种私人劳动要通过抽象一般性的形式，才能变成社会劳动，而劳动的抽象一般性又必须通过劳动产品的交换才能表现出来。换句话说，私人劳动在事实上要证实为社会总劳动的一部分，只是由于交换才使劳动产品之间，从而使生产者之间发生关系。因此，在生产者面前，他们的私人劳动的社会关系不是表现为人们在自己劳动中的直接的社会关系，而是表现为人们之间的物的关系和物之间的社会关系。这也就是说，私人劳动的社会关系在交换中表现出来了，物的人格化和人格的物化也在交换中表现出来了。

然而，为什么私人劳动的产品这个物会在交换中表现出私人劳动的社会关系呢？为什么私人劳动的产品这个物会在交换中表现出物的人格化和人格的物化呢？毫无疑问，这是因为生产者的私人劳动真正取得了二重的社会性质。一方面，生产者的私人劳动必须作为一定的有用劳动来满足一定的社会需要，从而证明它们是社会总劳动的一部分，是自然形成的社会分工体系的一部分。另一方面，只有在每一种特殊的有用的私人劳动可以同任何另一种有用的私人劳动相交换从而相等时，生产者的私人劳动才能满足生产者本人的多种需要。① 那么，为什么一种有用的私人劳动和另一种有用的私人劳动相交换会相等呢？完全不同的劳动之所以能够相等，这是因为它们的实际差别已被抽去，它们已经被化成它们作为人类劳动力的耗费，并作为抽象的人类劳动所具有的共同性质。虽然私人生产者的头脑里把他们的私人劳动的这种二重的社会性质，只反映在实际交易的产品相交换的表现形式中，即把他们的私人劳动的社会有用性，反映在劳动产品必须有用，而且是对别人有用的形式上；把不同种劳动的相等这种社会性质，反映在这些在物质上不同的物即劳动产品具有共同的价值性质的形式中。尽管如此，无论他们有无意识到私人劳动的这种二重社会性质，他们这样做了，这也就够了。正由于他们对私人劳动二重社会性质的践行，帮助我们证实了私人劳动和社会劳动的对立统一是如何决定和化解物的人格化和人格的物化的对立统一，如何解析这一物的人格化和人格的物化这一悖论的迷惑。

3. 两点再认识

（1）对价值规律的再认识

马克思在阐述资本主义生产方式的主要当事人即资本家和雇佣工人时，认为这本身不过是资本和雇佣劳动的体现者或人格化，是由社会生产过程加在个人身上的一定的社会性质，是一定社会生产关系的产物。这种关系决定着他们的产品的价值增殖和产品到生活资料或生产资料的再转化。但是，产品作为商品的性质或商品作为资本主义生产的商品的性质，就必然会得出全部由价值决定和得出全部生产由价值来进行调节的结论。马克思认为："在这里，价值规律不过作为内在规律，对单个当事人作为盲目的自然规律起作用，并且是在生产的各种偶然变动中，维持着生产的社会平衡。"② 所以如此，这是基于这个社会劳动的分配，它的产品的互相补充，它的产品的物质变换，它的从属和加入社会机构，却听任资本主义生产者个人偶然的、互相抵消的冲动去摆布。因为这些人不过作为商品所有者互相对立，每个人都企图尽可能以高价出售商品，甚至生产本身似乎

① 马克思．资本论（第一卷）[M]．北京：人民出版社，1975：90.
② 马克思．资本论（第三卷）[M]．北京：人民出版社，1975：995.

也只是由他们任意调节的。可见，马克思在这里对价值规律的调节作用是有限性的肯定，即“不过作为内在规律”，“作为盲目的自然规律起作用”，“在生产的各种偶然变动中”，“维持着生产的社会平衡”。因为，在马克思看来，“内在规律只有通过它们之间的竞争，它们互相施加的压力来实现，正是通过这种竞争和压力，各种偏离才得以互相抵消。马克思的这些关于价值规律的有限性或暂时性的肯定，被后来的资本主义的一次又一次的经济危机所充分证实是适当的、辩证的。1929 年到 1933 年，那一次天昏地暗的资本主义经济大危机以及之后频发的经济危机或“滞胀”说明，资本主义经济的“各种偏离”并没有“得到互相抵消”，“生产的社会平衡”也未能“维持着”，价值规律的调节作用不知跑到哪儿去了？然而，我们的理论界对价值规律的这种调节作用，如果说改革开放之初，认识还比较理性的话，那么，到了近几年，就显然有失偏颇了，甚至有点神化它，什么商品经济的基本规律，什么“看不见的手”，尤其是将它捧上“垄断”的神台，排斥或否定有计划发展规律，使我们在这个问题上又一次陷入形而上学的泥潭。当然，这与新自由主义经济学的泛滥不无关系，是它绑架或俘获了我们一些同志的理性认识。事实证明，对价值规律需要再认识；肯定它刺激生产者改进技术、节约成本，提高劳动生产率的促进作用，同时防止它刺激竞争、造成贫富悬殊的分化作用，要实行有计划发展规律同运用价值规律的相统一的“双轨制”，要辩证地认识价值规律：既要看到它的自发调节社会总劳动的分配作用，也要看到它的调节的滞后性造成的社会资源浪费的后果，既要重视它的自发性调节的积极作用，又不要忽视它的盲目性负面作用；既要发挥它的有效调节作用范围，又不要无视它的无效作用的盲区和缺陷。所以，应当这样辩证地再认识价值规律，实施有计划发展规律与价值规律的“双轨制”，这是因为有计划发展规律是在生产资料公有制基础上从整个社会全面利益出发进行调节，而价值规律则表现为分散的、独立的生产经营者或私有生产者从局部或个人利益出发的行为调节机制。

（2）对“物的人格化”的再认识

商品这个物体现人与人之间的社会关系，即“物的人格化”；人与人的关系通过物的关系表现出来，即“人格的物化”，这种人和物的颠倒的实质，在这里被充分地揭示了出来。然而，货币出现以后，商品这个物的内在矛盾在流通中更加发展了，它在商品形态变化的对立中取得了发展的运动形式。不仅作为价值物的商品，而且作为价值物的资本也具有人格的物化这种性质。资本实质上体现的也是物掩盖下的人与人之间的关系即资本和雇佣劳动的关系。也就是说，物的人格化和人格的物化的对立在商品形态变化的对立中取得了发展的运动形式。应当说，这是符合历史唯物主义的基本原理的，因为人们在物质资料生产中的关系即生产关系或经济关系，决定着、支配着其他社会关系。人们的意志和行为，归根结底是受客观的经济关系制约的。人们的社会关系，也是由客观经济关系决定的。也正是从这个意义上讲，商品这个物体现人与人之间的社会关系和人与人的关系通过物的关系表现出来，是社会生产关系或经济关系决定、支配的。正因如此，采取商品经济形式的社会主义初级阶段，人们的社会关系，也还是这种客观经济关系决定的，人们的意志和行为也会受到这种客观经济关系的制约。也就是说，物的人格化即商品这个物体现人与人之间的社会关系和“人格的物化”即人与人的关系通过物的关系表现出来的情形，会依旧存在或死灰复燃。君不见，当下物欲横流，见物不见人，拼命追逐物质利益，见物忘义，甚至在物的外壳掩盖下行贿受贿，进行权钱交易，商品关系泛滥。这种情形，也许是当初认为社会主义仍然采取商品经济形式的人所不愿看到的，但是，可以毫不轻率地说，当初他们对商品这个物的“物的人格化”和“人格的物化”是认识不足的。严格地说，是缺乏认识的。我们的理论工作者，同样对此认识不足。把“同志式”的关系转换成“商品关系”，看起来简单，但实际是困难的。所以，毫不隐晦地说，在这个问题上需要补课，需要再认识，不然的话，我们的民族，我们的国家，我们的人民，是要吃大亏的，搞不好，老百姓要吃二遍苦，受二茬罪，这绝不是危言耸听。因为如前所说，人们的意志和行为，归根结底是受客观的经济关系或生产关系制约，人们的社会关系也是由客观的经济关系决定的。因此，如果不对“物的人格化”和“人格的物化”这种对立的人和物的颠倒的实质进行再认识、再研究；如果不发挥上层建筑和意识形态对经济基础包括经济关系的反作用和引领，人们的意志和行为就可能削弱或泯灭，甚至误入歧路。

十八、私人劳动悖论

私人劳动问题在此之前有关悖论的解析之中已经涉及，不过那只涉及它的侧面的某个角度，本篇将正面地、整体地解析私人劳动悖论，以求全面系统地把握私人劳动的性质以及私人劳动和社会劳动的对立统一关系，揭示私人劳动的矛盾或悖论，期许私人劳动实现为完全的直接社会劳动。

1. 私人劳动与社会劳动的矛盾

在以私有制为基础的商品经济中，生产商品的劳动必然具有私人的性质。所以如此，这是因为：一方面，生产资料归私人所有，商品生产者都是独立、分散地进行生产，生产什么，生产多少，怎样生产，这完全属于商品生产者的私人的事情，由他私人来决定，劳动产品也归生产者个人占有与支配。因之，这些商品生产者的个人劳动具有私人性质，直接表现为私人劳动。另一方面，由于社会分工的存在，决定着生产者的相互依存关系，决定着每一种私人劳动又都是社会总劳动的一部分，因而，它们又必须是社会劳动。由此可见，既是私人劳动，又是社会劳动，二者显然是矛盾的。于是，商品生产者的劳动使这个矛盾既对立又统一，形成了辩证的对立统一关系。

私人劳动和社会劳动的矛盾，只有通过商品交换才能得以解决。这是由于在商品交换中，各种具体形式的私人劳动无法进行量的比较，如上衣和皮靴如何进行量的比较？只有撇开具体形式抽象出无差别的人类劳动才能进行量的比较，这就必然要求将具体劳动还原为抽象劳动，由此来实现商品使用价值的让渡和价值的补偿。但是，如果私人劳动不符合社会需求，就不能被承认为社会劳动，它作为具体劳动的有用性也不被社会承认为有用，因而就不能还原为抽象劳动，体现抽象劳动的商品价值也就不能

补偿。这也就是说，商品交换不能顺利进行，使用价值的让渡和价值的补偿受阻，使用价值和价值的矛盾未能解决，是由于体现在商品中具体劳动和抽象劳动的矛盾未能顺利转化，其根源又在于商品生产者的劳动作为私人劳动与社会劳动之间的矛盾所使然。所以，私人劳动与社会劳动这个矛盾，它是以私有制为基础的商品经济的基本矛盾。

学界一般认为，私人劳动和社会劳动的矛盾，是对立统一的。其统一性表现为：私人劳动和社会劳动是互相联系、互相依存的，即生产商品的私人劳动必须具有社会性质，不具有社会性的私人劳动，就不能算是生产商品的劳动，如自产自用的劳动；反之，生产商品的社会劳动又是由各个商品生产者提供的，它首先是以私人劳动的形式而存在，离开了各个商品生产者的私人劳动，也就不存在什么社会劳动。它们之间的矛盾表现为：商品生产者的私人劳动必须表现出它的社会性，必须转化为社会劳动；然而，在生产过程中，商品生产者的劳动直接表现出的却是它的私人性，而不是它的社会性，其私人劳动的社会性能否得到社会的承认，不是他自身所能决定的，这样就势必形成了私人劳动和社会劳动的矛盾。事实上，在私有制为基础的商品经济中，要使私人劳动转化为社会劳动，或者说，私人劳动要得到社会的认可，并不是很顺利的，而应当说是很困难的，因为，作为直接表现为私人劳动的产品，它是按其私人利益和对市场信息不对称的主观判断而生产的，因而这种个人产品不一定能符合社会需求，不一定能被社会承认，因而不一定能卖得出去；而如果卖不出去，他的劳动耗费就得不到补偿，甚至亏本破产，这非但不能使私人劳动和社会劳动的矛盾得以解决，而且会导致商品生产者破产倒闭，它决定着商品生产者生死攸关的命运。所以，私人劳动和社会劳动的矛盾或称悖论，被称作商品经济中最基本的矛盾是不为过的。当然，它也就是商品经济中的最基本的悖论。

2. 私人劳动的二重性

私人劳动悖论是基于私人劳动和社会劳动的矛盾而言的。那么，私人劳动悖论究竟是如何产生的？私人劳动悖论产生的原因是多层面的，我们认为，归根结底源于私有制。也就是说，有私有制存在，就必然有私人劳动的矛盾或悖论的产生和存在，私有制与私人劳动具有天然的从属关系，是相伴相生的。为了说明和证实这一点，我们不得不从历史的唯物主义即唯物史观的角度，先来考察个人劳动或私人劳动：个人劳动作为一种劳动形态，是和一定的历史条件相适应的。在人类的原始社会里，社会生产力的水平极端低下，人类为了生存与发展不得不进行集体劳动，因为如果不进行集体劳动，就无法抗拒洪水猛兽等自然力的侵害，也无法进行有效率的劳动。但是，随着社会生产力的发展，尤其是随着金属工具的出现，形成了由集体劳动向个体劳动逐渐过渡或转换的必要与可能。这个时期的个体劳动与原始的集体劳动相比，显示出较高的生产力，这当然是一种历史的进步，社会的进步。也正是在这个时期，私有制产生了。在生产资料私有制的社会里，每个生产者作为私有者，是在独立、分散的情况下进行个人劳动的。生产什么，生产多少，怎样生产，都由生产者个人自己决定，劳动产品也归生产者自己所有。到了以私有制为基础的简单商品经济社会，一方面，商品生产者的个人劳动直接就是私人劳动；另一方面，社会分工又使他们相互依赖，其私人劳动又必须是自发的社会分工体系的社会总劳动的一部分，具有社会劳动的性质。从这里我们可以清楚地看出，个人劳动直接表现为私人劳动，是在私有制度产生之后，在以私有制为基础的简单商品经济中正式登场的。可见，这种私人劳动是历史的范畴，只有在以生产资料公有制为基础的共产主义社会中，才会消失，才会退出历史舞台。也就是说，它与私有制共同消亡，退出历史舞台。这也就表明，私人劳动与私有制共生、共荣、共亡。到那时即共产主义社会，社会将会自觉地把许多个人劳动或私人劳动当作一个社会劳动力来使用，那时，劳动者的个人劳动或私人劳动才会实现为完全的直接社会劳动。到此，完全能够一言以蔽之：私人劳动源于私有制，私人劳动悖论亦源于私有制。然而，这样说来，似乎私有制就真是万恶之源，不可宽恕。其实不尽然，从唯物史观辩证地看，私有制的产生是生产力发展之必然，具有历史进步性；它反过来对生产力发展又具有促进作用。私有制也存在矛盾，存在悖论。关于这个问题可看后文分解，此处不再赘述。

从具体层面看，私人劳动悖论产生的原因应归因于其内因，即归因于私人劳动自身的二重社会性质：一方面，生产者的私人劳动必须作为一定的有用劳动来满足一定的社会需要，从而证实它是社会总劳动的一部分。另一方面，只有在每一种特殊的有用的私人劳动可以同任何另一种有用的私人劳动相交换从而相等时，生产者的私人劳动才能满足生产者本人的多种需要。马克思指出：“私人生产者的头脑把他们的私人劳动的这种二重的社会性质，只是反映在从实际交易、产品交换中表现出来的那些形式中，也就是把他们的私人劳动的社会有用性，反映在劳动产品上必须有用，而且是在对别人有用的形式中；把不同劳动的相等这种社会性质，反映在这些在物质上不同的物即劳动产品具有共同的价值性质的形式中。”① 马克思在这里指明了私人劳动产品分裂为“有用物”和“价值物”，是私人劳动的二重社会性“有用劳动”和“相等劳动”所导致的。也就是说，私人劳动产品分裂为有用物和价值物，各不相同的使用价值对象性和社会等同的价值对象性也分离了，这就是私人劳动的二重社会性的内在矛盾所引致的私人劳动的“有用物”与“价值物”“使用价值对象性”和“价值对象性”的分裂、分离、对立与矛盾，即私人劳动悖论。换言之，私人劳动悖论产生的原因是内因与外因的结合，从外因来说，私有制基础上的商品经济，其私人劳动无疑是以私有制为外部社会条件的；从内因来说，私人劳动自身的二重社会性质无疑是它的内部依据。所以，私人劳动悖论产生的原因当然是以外部私有制为条件的，以内部二重性质为根据的，并且缺一不可。不过，由于事物联系的复杂性和发展的无限性，在一定条件下，内因、外因也是可以转化的。

进一步说，私人劳动悖论产生的原因其内因根据是它自身的二重社会性质，即“有用物”和“价值物”。然而，这二重性的矛盾的解决又必须依赖于商品交换，只有商品交换成功，才能使二者的矛盾得以解决。但是要顺利成功交换，又不是一件轻而易举的事，因为人们把他们的私人劳动的产品彼此当着价值发生关系，不是因为在他们看来这些物只是同种的人类劳动的物质外壳，而恰恰相反，他们在交换中使他们的各种私有产品作为价值彼此相等，也就是使他们的各种私人劳动作为人类劳动而彼此相等。在这里，关键在于产品按什么样的比例交换。私人劳动产品的交换者实际关心的是他用自己的产品能换取多少别人的产品，即按什么样的比例交换。这就涉及私人劳动产品彼此当作价值发生关系时触及的“价值量”

① 马克思．资本论（第一卷）［M］．北京：人民出版社，1975：90.

问题。然而，价值量是不以交换者的意志、设想和活动为转移而不断地变动着。价值量由劳动时间决定，是一个隐藏在商品相对价值的表面运动背后的秘密。揭开这个秘密，无疑就等于解开私人劳动悖论。

价值是由劳动时间决定，但不是由私人劳动的个别劳动时间来决定，而是由社会必要劳动时间来决定。因此，商品的价值是由社会必要劳动时间形成的社会价值来决定，而不是由个别劳动时间形成的个别价值来决定。同理，商品在交换时，也就是私人劳动自身二重社会性矛盾的解决必须依赖于商品交换的这个交换，也不是按照个别价值，而是按照社会价值，即以社会平均生产率为基础所形成的价值进行的。商品的个别价值低于社会价值，在交换过程中，个别生产者就可以获得或多或少的额外收入；反之，商品的个别价值高于社会价值，在交换过程中，就会有一部分生产耗费得不到补偿，个别商品生产者就必然要亏损。这就是说，私人劳动自身的二重社会性的矛盾，即“有用物”和“价值物”的矛盾转化成商品的个别价值和社会价值的矛盾，而这个矛盾在商品交换过程中确实解决了。矛盾解决的结果是：私人劳动的商品生产者有三种结局：一部分商品的个别价值低于社会价值的获利，一部分商品的个别价值高于社会价值的亏本，还有部分商品的个别价值等于社会价值的保本。在以私有制为基础的商品经济社会，各个商品生产者保本不亏，获得盈利，就必须竞相改进生产技术和生产方法，提高个人生产率，增强竞争能力，在这种情况下，在一定程度上促进了生产力发展，但势必引起商品生产者的贫富两极分化。旧的矛盾似乎解决了，新的矛盾又出现了；原来理论认识上的矛盾转化成现实社会矛盾了，小矛盾变成大矛盾了。当然，这并不违反客观矛盾普遍性的原则。相反，它完全符合矛盾从一个过程向另一过程转化的矛盾运动的普遍性原理。

事实上，个别价值和社会价值的矛盾，不仅存在于简单商品经济中，而且在资本主义商品经济中，它非但存在且得到扩大。在资本主义生产方式下，在剩余价值的生产中，同样是一种商品的价值也是由生产该商品所耗费的社会必要劳动时间所决定的，即由社会价值决定的。因此，如果个别资本家采用了新技术、新工艺，提高了劳动生产率，就可能使生产某种商品实际耗费的个别劳动时间低于社会必要劳动时间，即个别价值低于社会价值。由于该商品的市场价值仍由生产这种商品所必需的社会劳动时间来计量，即由该种商品的社会价值来决定，因而这种商品的个别价值和社会价值的量的差额，就形成了超额剩余价值。在这种情况下，一些资本家企业生产某种商品的个别价值高于社会价值时，它们却只能按低于实际耗费的劳动时间来实现自己的商品价值，此时，这些资本家企业的商品中所包含的剩余价值的一部分就不可能实现。而另一些资本家企业生产某种商品的个别价值低于社会价值，这些资本家企业就可能按高于实际耗费的劳动时间来实现自己商品的价值，就可能获取剩余价值或超额利润。至此，私人劳动的自身二重社会性的矛盾或私人劳动悖论，又转化为资本主义企业的个别价值和社会价值的矛盾，使得少数企业获取超额剩余价值，或者说分割了别的个别价值高于社会价值的企业的雇佣工人所创造的剩余价值。于是，市场竞争加剧了，激烈了。弱肉强食的森林法则在这里得到了最高限度的凸显，私人劳动悖论在这样的条件下，即在资本主义私有制条件下，还能有解吗？我们认为，就其制度本身而论，是无解的。

3. 为什么“三个和尚没水吃”

（1）私人劳动是否是历史范畴？

关于私人劳动是否是一个历史范畴问题，学术界的意见主要有两种：一种意见认为，私人劳动只是一个历史的范畴。它是与以私有制为基础的商品经济紧密相联系的一个概念，即有商品经济存在，就存在私人劳动，如果商品经济消亡了，私人劳动也就不存在了。从这个意义上讲，私人劳动是私有制条件下的劳动，它依托于私有制，与私有制不可分离，离开了私有制，私人劳动就无从谈起。这种意见完全赞同马克思关于在古代印度的原始公社中“生产者的劳动也不具有私人劳动的性质”和未来自由人联合体的联合劳动中也不存在私人劳动的论断，认为私人劳动只是以私有制为基础的商品经济特有的范畴，是历史的范畴。另一种意见认为，私人劳动不是一个历史范畴，更不是以私有制为基础的商品经济的特有范畴，它很可能存在于人类社会发展的各个不同时期，如奴隶社会、封建社会、资本主义社会、社会主义社会，甚至未来的共产主义社会。对于以上不同学术观点，笔者倾向于前一种看法，认为前一种意见既有理论支撑，又有事实印证，即有理有据。而后一种意见似乎过于主观武断，不能说是有理有据的，仅是一种猜测而已！不过，我们赞成继续研讨，以求索真理。

（2）私人劳动在社会主义公有制基础上与在资本主义私有制基础上有何不同？

个人劳动与集体劳动或共同劳动相对称，作为一种劳动形态，它和一定的历史条件相适应。在以私有制为基础的简单商品经济中，商品生产者的个人劳动直接就是私人劳动；在社会主义公有制为基础的社会里，这种私人劳动直接表现为个人劳动。有学者认为，这种个人劳动与资本主义私有制基础上的私人劳动是有区别的：①它沐浴社会主义公有制的雨露阳光即“普照的光”，对公有制发挥补充作用；②有利于增加小商品生产，满足社会的需要和服务；③接受社会主义法治的监督与管理，对社会的有用性得到提升，其自私性受到抑制。但是，也有学者认为：什么区别不区别，还不都是一样的，他们照样是个体私有制，照样是私人劳动，照样是为挣钱赚钱，甚至还可能因谋求私利而从事不正常的经营活动，对社会起消极作用。这两种意见尖锐对立，是由于个人劳动者或私人劳动者，他们本身就是一个对立统一的矛盾体，既是劳动者，又是私有者，作为劳动者，依靠自己的劳动取得收益，不剥削他人；作为私有者，却又自私、狭隘，为追求一己私利可能违法乱纪，从事不正常经营。这就是“两面人”的矛盾对立。所以，学界对他们在两种制度下的私人劳动行为有着不同的看法是完全可以理解的，也是可以进一步研究探讨的。

（3）为什么“三个和尚没水吃”？

毫无疑问，这个问题涉及私人劳动与协作劳动或联合劳动的生产率问题。私人劳动生产率在这里是指个人劳动生产率或个人生产力或单个生产力。个人劳动通常是由单个劳动力生产单位产品所耗费的个别劳动时间来计算的，它是形成商品个别价值的基础。然而，单个劳动力或个人劳动力是与共同劳动力、结合劳动力、整体劳动力、联合劳动力相对而言的。在封建社会，农民家庭中的个体劳动力是作为家庭共同劳动力的器官发挥作用的。到了资本主义社会，劳动力成为商品，资本家在市场购买的不是一个劳动力，而是购买许多单个劳动力，这许多单个劳动力在资本主义生产过程中，被指令为结合劳动力，其创造的价值大于单个劳动力创造的价值的总和。不过，结合劳动力创造的结合生产力表现为资本的生产力，统统归资本家所有。值得注意的是，个人生产力或私人生产力相对于结合生产力或协作生产力或联合生产力来说，即使多个单个劳动力所独自创造价值的算术和也绝对小于结合劳动力或协作劳动力或联合劳动力所创造的总价值。原因很简单，这就是规模经济与效应，这就是一加一大于二。关于这一点，理论界几乎是一致认同的，但也不排除少数人仍有不同认识，特别是联系到私人劳动生产率或单个劳动生产率的问题上，总有一些不同的声音发出：单干好，单干自由，单干能发挥个人积极性，单干能出效率等。甚至还有人以“三个和尚没水吃”的例证来反驳持上述观点的学者。于是乎，什么包产到户，什么联产承包，什么个人大包干等趋之若鹜，然后是“富了和尚，穷了庙”，国有资产流失了，贫富悬殊拉大了，而劳动生产率却不见提高，经济效益不见提高，只见少数人的口袋鼓鼓的，企业却多数破产了。这就是说，有些人不信规模经济与效应，不信总体功能大于局部功能简单相加之和的系统理论，即 $1+1>2$。也忘了中国几千年小农经济的分散、个体、单干的落后低下的劳动生产率所造成的贫穷与落后，什么都忘了，什么都不顾了，在他们的心目中也许只留下了私人劳动或个人劳动的私有观念，认为私有观念能激发私心，能激发个人劳动生产率。也许这一点不能绝对否认，但是公心难道就不能激发个人生产力？殊不知，个人“精神生产力”的激发主要来自于人的智力与意志力或公心力。诚然，话得说回来，私人劳动生产率问题仍然是一个值得进一步探讨的问题，期待百家争鸣。在此，还是要重复几句：私人劳动生产率或个人劳动生产率的高低是受多种因素制约，不是单因素作用的结果，从哲学意义上讲，它是“一果多因”的，甚至是“复合因果”，原因和结果的辩证联系，是客观的、普遍的。有些现象的原因暂时还未被认识，但产生这种现象的原因肯定是客观存在的。

就拿“三个和尚没水吃”这个现象来说吧，持这个观点的人为什么不扪心自问：为什么“三个和尚没水吃”？是什么原因呢？在我们看来，之所以“三个和尚没水吃”是有多种原因的，肯定是“一果多因”，但有一个原因明眼人一看就知道，你可以是“三个和尚没水吃”，我们也可以叫你“三个和尚有水吃”。很简单，对三个和尚进行“组织”“管理”就会立竿见影，因为“组织”与“管理”是可以出生产率的，这被称为生产力的第四要素。所以，如果进行有效管理，协调组织，三个和尚不但有水吃，而且还有充足的水吃。概而言之，私人劳动生产率或个人劳动生产率高低问题，是一个在现实中表现得复杂多样的因果关系。因此，要坚持辩证唯物论的因果观，要同形而上学的机械决定论划清界限。一般来说，人多力量大，人多在一起干活能激发劳动热情和干劲，能激发活力，能提高劳动生产率，能获取规模效益。当然，要获得劳动生产率的提高和规模经济，这是有条件的，是“一果多因”的。从宏观上看，社会的经济制度、生产关系以及劳动者的社会地位等，从微观上看，企业制度、管理机制、组织机制以及企业劳动者的主人翁精神和智力开发等，自然还有其他许多具体条件或因素影响劳动者的积极性、主动性或活力的发挥乃至劳动生产率的提高。所以，单打独斗的个人劳动生产率或私人劳动生产率是无法与集体劳动或协作劳动的生产率相比拟的。这一点已经被社会主义经济建设的实践无数次地证明了的。

十九、资本积累悖论

马克思指出："把剩余价值当作资本使用，或者说，把剩余价值再转化为资本，叫作资本积累。"① 这就是说，资本主义生产由于剩余价值不断地转化为资本，从而使得资本主义再生产的规模也就不断扩大。所以，正是从这个意义上讲，"资本积累就是资本的规模不断扩大的再生产。"② 也正因为如此，资本积累和扩大再生产是由资本主义生产本质决定的一种客观必然性，这种客观必然性始终贯穿于资本主义生产方式的全过程或总过程。

1. 资本积累悖论概要

资本积累作为剩余价值再转化为资本从而使资本的规模不断扩大的再生产，之所以具有资本主义生产的本质决定的客观必然性和必要性，这是因为对剩余价值的无止境追求或无限贪婪是资本主义生产的唯一目的，剩余价值生产是资本主义这个生产方式的绝对规律。正是资本主义生产方式的这个内在规律在外在竞争的强制规律的支配和驱使下，使得每个资本家在"竞争迫使资本家不断扩大自己的资本来维持自己的资本，而他扩大资本只能靠累进的积累"的扩大再生产过程中，已经积累得越多，就越要更多地积累。然而，资本主义的又一客观经济规律，即一般利润率（平均利润率）规律却随着资本主义发展趋向下降的客观必然性从反向袭来，积累越多，再生产规模越是扩大，一般利润率就越趋向下降。毋庸置疑，这是资本积累规律在利润领域中的必然反映。利润率下降趋势规律的内在矛盾反映了资本主义条件下生产扩大和价值增殖之间的冲突与矛盾。资本主义

① 马克思．资本论（第一卷）[M]．北京：人民出版社，1975：635.

② 马克思．资本论（第一卷）[M]．北京：人民出版社，1975：637.

生产的目的和动机是追逐尽可能多的利润和尽可能高的利润率，其手段就是扩大再生产和提高劳动生产力；这种手段又必然导致一般利润率下降和资本贬值。这种积累导致扩大再生产和利润率下降与资本贬值的矛盾，使人们困惑不解，成了“从来不能解决”的谜，这就是资本积累悖论。

尽管150年前，马克思在当年并没有把这种资本积累导致的扩大再生产和一般利润率下降与资本贬值的问题称为“资本积累悖论”，而只是将它称为“互相矛盾”“冲突”“两重结果”等，甚至与商品拜物教之谜、货币拜物教之谜、资本拜物教之谜一样，称为“这个谜”。但究其实，马克思在此说的“矛盾”、“冲突”和“谜”，就是现代人所谓的令人困惑的矛盾，令人难解的冲突或自相矛盾之谜，就是悖论。所以，我们把马克思所说的“互相矛盾”之“谜”称为悖论，是符合经典作家原意的。何况现代西方学者也是将这一“困惑”的矛盾称为“资本理论悖论”。然而，我们认为“悖论”概念可取，但“资本理论”一词在此并不贴切，因而改用“资本积累”一词，这样便是我们在文中使用的“资本积累悖论”的由来。固然，名词、概念很重要，但更为重要的是其实质内容。就实质内容而言，学者们讲的都是资本积累的增长与一般利润率下降的矛盾或“谜”或悖论问题。所以，我们没有必要再纠结用词和概念之别，尤为重要的是，我们要看看马克思是如何揭示这个资本积累不断增长与一般利润率不断呈下降趋势之谜，如何解析资本主义生产方式下资本积累增长、再生产扩大和一般利润下降、资本贬值的矛盾或悖论的。

2. “双重结果”是“二重性规律”的反映

马克思认为，“一般利润率日益下降的趋势，只是劳动的社会生产力日益发展在资本主义生产方式下所特有的表现。”① 所以如此，这是因为在资本主义制度下，资本家为了追逐超额剩余价值或超额利润，为了在竞争中打败对手，竞相采用先进的技术设备以提高劳动生产率，这样就促进了企业、部门乃至整个社会资本有机构成的提高，从而使可变资本同不变资本以及社会总资本相比，日益相对减少。也就是说，社会所使用的活劳动

① 马克思．资本论（第三卷）[M]．北京：人民出版社，1975：237.

量同它所推动的物化劳动量或死劳动量相比，同在生产中消费掉的生产资料量相比，日益相对减少了，正因为这样，活劳动在资本主义生产过程中所创造的剩余价值同所使用的总资本价值的比率即一般利润率，也就必然趋势于下降。对此，马克思明确指出："资本主义生产，随着可变资本同不变资本相比的日益相对减少，使总资本的有机构成不断提高，由此产生的直接结果是：在劳动剥削程度不变甚至提高时，剩余价值率会表现为一个不断下降的一般利润率。"① 毫无疑问，一般利润率趋向下降的直接原因，就是社会平均资本有机构成的提高，使社会所使用的活劳动量同它所推动的死劳动量或物化劳动量相比日益相对减少了，从而使活劳动所创造的剩余价值同所用的总资本价值的比率即平均利润率或一般利润率，呈日益下降的趋势。当然，造成平均利润率下降趋势的根源或根本原因乃是以剩余价值生产为特征的资本主义制度。

马克思进一步解析说："在生产过程和积累过程的发展中，可以被占有和已经被占有的剩余劳动的量，从而社会资本所占有的利润的绝对量，都必然会增加。但是，同样一些生产规律和积累规律，会在不变资本的量增加时，使不变资本的价值同转化为活劳动的可变资本部分的价值相比，越来越迅速地增加起来。因此，同样一些规律，会使社会资本的绝对利润量日益增加，而使它的利润率日益下降。"② 在此，马克思指出了利润率的下降和利润量的增长同时产生于资本积累过程，是资本积累规律在利润领域中所导致的双重结果。那么，这是何故？为什么会出现双重结果呢？事实上，平均利润率的降低并不是由于可变资本及其推动的活劳动量和剩余劳动量的绝对减少，请注意不是"绝对"；相反，倒是因为它们对不变资本量和总资本量的相对减少。同样，请注意，是"相对"。实际上，在资本积累过程中，随着社会生产力的发展和社会总资本的不断扩大，可变资本的绝对量也会有所增长，资本所支配的劳动大军也会有所扩大，资本对雇佣劳动的剥削程度也会提高，从而资本所榨取的剩余价值绝对量也必然趋于增长。这就是利润量的增长与利润率的下降为什么同时产生于资本积累过程的最直接原因。马克思把"利润率的下降和绝对利润量的同时增

① 马克思．资本论（第三卷）［M］．北京：人民出版社，1975：237.

② 马克思．资本论（第三卷）［M］．北京：人民出版社，1975：244.

加”看作是一个“二重性的规律”，并认为这个规律产生于“同一些原因”，反映了“两个表面上互相矛盾的事物之间的这种内在的和必然的联系”。① 在这里，马克思强调指出，在资本积累过程中所存在的“利润率下降和利润量同时增长”的双重结果就是“二重性的规律”，这个规律的矛盾反映在表面上，但其内在有着必然的联系。这自然是说，利润率下降和利润量同时增长这个二重性的规律的内在存在客观的必然性，换句话说，事物内在客观存在的必然性就是规律性。因此，我们必须尊重这种规律性或必然性，尊重这种必然规律。因为这种必然性代表事物发展的总趋势。但是，我们又必须秉承辩证的科学态度，坚持必然性和偶然性辩证统一的原理，不忽视偶然性。不要把偶然性当作“科学的敌人”。事实上，在这个二重性规律内在客观存在必然性的同时，也仍然存在与必然性相联系的偶然性。

马克思告诉我们：“引起一般利润率下降的同一些原因，又会产生反作用，阻碍、延缓并且部分地抵消这种下降。”② 这些起反作用的偶然性因素大致有：第一，不变资本各要素变得便宜。由于劳动生产率的提高，降低了不变资本各要素的价值，使不变资本价值量的增长慢于它的物质量的增长，从而降低了社会资本价值构成的提高程度，延缓了一般利润率的下降。第二，相对过剩人口。相对过剩人口的产生，造成雇佣工人的数量众多和价格低廉，使某些生产部门继续大量使用手工劳动并保持剩余价值率和剩余价值量都非常高，当然利润率也就比较高，这也就或多或少抵消了一般利润率下降的趋势。第三，对外贸易。一方面使用可变资本转化成的必要生活资料变得便宜，从而使不变资本价值降低，使剩余价值率提高，具有提高利润率的作用，因此，对外贸易也会阻碍一般利润率的下降趋势。第四，股份资本的增加。这里所说的股份资本只是作为生息资本来计算和使用，只要求相当于利息的股息，并不参加一般利润率的平均化过程，即同一般利润率无关，因而缓和了一般利润率的下降程度。第五，劳动剥削程度的提高。劳动剥削程度的提高，可以通过延长工作日和劳动的强化即加速机器运转等方法，在不增加固定资本的情况下榨取工人更多的剩余价值；也可以通过大规模使用女工和童工，不改变资本量而仅仅利用

① 马克思．资本论（第三卷）[M]．北京：人民出版社，1975：250.

② 马克思．资本论（第三卷）[M]．北京：人民出版社，1975：266.

改良生产方法来促进相对剩余价值生产，攫取更多剩余价值；还可以通过利用先进技术、先进工艺榨取超额剩余价值，以及把雇佣工人的工资压低到劳动力的价值以下等来获取更多剩余价值。所有这些都会提高剩余价值率，从而提高利润率，延缓、阻碍一般利润率下降的趋势。

上述各种起反作用的偶然性因素，尽管不会取消一般利润率下降的规律，但是，它会减弱规律的作用，“使它只有趋势的性质”。① 这种作用和反作用是一般利润率下降的规律的必然性和偶然性引起的，这种必然性和偶然性是对立统一的。必然性和偶然性是两种不同的趋势，在事物的联系和发展中起不同的作用，即作用与反作用。必然性产生于事物内部的主要原因，因而在事物发展过程中居于支配地位，代表着一定要发展下去的趋势，决定事物发展的前途和方向；偶然性则不同，它产生于事物次要和外部的原因，因而在发展中一般居于从属地位，对事物发展的必然过程起着促进或者延缓、削弱的作用，使事物发展的必然趋势带有这样或那样的特点或偏差。一般利润率的下降规律在必然性因素和偶然性因素的作用与反作用下，难道不正是如此这般吗？是的，一般利润率下降趋势规律的必然趋势是由其必然性支配和决定的，其必然趋势的偏差或削弱是由其偶然性阻碍和促进的。

在马克思看来，一般利润率下降规律包含着利润率趋于下降和利润量趋于增长的两种趋势，这是以社会劳动生产力发展为基础的资本积累过程所必然产生的两种互相对立的矛盾：一是随着资本积累的增长，雇佣工人的绝对增加、相对剩余价值率的提高、年产品中再转化为资本的价值部分的放大和同一资本价值体现为更多的物质要素，社会现有的资本价值总量和利润总量必然趋于增长；二是随着生产资料和生活资料价值的降低，资本有机构成的提高和雇佣工人的相对减少，社会现有资本必然趋于贬值和利润率必然趋于下降。这两种对立的趋势在积累过程中，必然相互矛盾与冲突，并周期地表现出危机。

马克思认为，利润率下降趋势规律的对立矛盾反映资本主义生产方式下生产扩大和价值增殖之间的冲突。一方面，资本主义生产的目的和动力是竭力追逐尽可能高的利润率，其手段是扩大生产和提高劳动生产率，然

① 马克思．资本论（第三卷）[M]．北京：人民出版社，1975：258.

而，这种手段又必然导致利润率下降和资本贬值。正如马克思所说："总的说来，矛盾在于：资本主义生产方式包含着绝对发展生产力的趋势，而不管价值及其中包含的剩余价值如何，也不管资本主义生产借以进行的社会关系如何；而另一方面，它的目的是保存现有资本价值和最大限度地增殖资本价值……它用来达到这个目的的方法包含着：降低利润率，使现在资本贬值，靠牺牲已经生产出来的生产力来发展劳动生产力。"① 的确，生产扩大和价值增殖相矛盾。无限制地发展生产力是手段，保存和增殖资本价值是目的。然而，剩余价值的生产与剩余价值的实现是有矛盾的，因为在资本主义社会生产无政府状态和分配关系对抗的条件下，剩余价值的实现受到了"不同生产部门的比例和社会消费力的限制"，从而使资本主义生产的扩大受到限制。而发展生产力的方法又必然周期地导致利润率下降和资本贬值，阻碍了资本价值的保存和增殖，手段为了目的，反又破坏了目的；目的依赖手段，反又限制了手段。这正如马克思所说："手段——社会生产力的无条件发展——不断地和现有资本的增殖这个有限的目的发生冲突。"② 由此可见，利润率下降趋势规律矛盾的根源，不在于"生产扩大"和"发展生产力"，而在于资本主义制度的基本矛盾，即社会化的生产力和资本主义私有制生产关系的矛盾。所以，有理由认为，利润率下降趋势规律的矛盾揭示了资本主义生产的历史局限性和历史暂时性，证明了"资本主义生产的真正限制是资本自身"。③ 因为在这种生产方式下，生产的扩大和缩小不是取决于社会的需要，而是取决于利润率。"资本主义生产不是在需要的满足要求停顿时停顿，而是在利润的生产和实现要求停顿时停顿。"④ 的确如此，利润率的下降趋势表现出对资本主义生产的限制，资本主义生产方式在生产力的发展中和资本的积累过程中，遇到了一种同财富生产本身无关的限制，这种特有的限制完全证明了资本主义生产方式的历史的过渡性质。利润率趋于下降和利润量趋于增长的矛盾或悖论，资本主义制度自身是无法彻底解决的，但可以在一定范围内表现为强制地获得暂

① 马克思．资本论（第三卷）[M]．北京：人民出版社，1975：278.
② 马克思．资本论（第三卷）[M]．北京：人民出版社，1975：279.
③ 马克思．资本论（第三卷）[M]．北京：人民出版社，1975：278.
④ 马克思．资本论（第三卷）[M]．北京：人民出版社，1975：288.

时的缓和或缓解。

3. 评析资产阶级经济学派对悖论的摸索

马克思曾强调，利润率下降趋势规律“是现代政治经济学的最重要的规律，是理解最困难的关系的最本质的规律”。① 正因为这个规律如此重要，又如此本质，自亚当·斯密以来的各种资产阶级经济学派都力图对它进行摸索与考证。如斯密就曾用资本之间竞争的加剧来解释利润率伴随着资本积累而发生的下降趋势。李嘉图则认为利润率的下降是由于农产品价格上涨所引起的工人名义工资的上涨，把利润率下降的原因归咎于农业生产力的降低，归咎于自然。至于庸俗经济学家如巴斯夏之流，则断言利润率的下降必然意味着工资率的增长，以此为资本主义辩护。还有庞巴维克、杰文斯试图根据要素的边际生产率理论引申出利息率与利润率同社会物质边际生产率或总资本有联系：重视其他投入的资本量的相对增加可能同资本的较低边际生产率相联系，从而也同较低的均衡利率与利润率相联系，以其边际效用价值理论来为他们的“利润是对资本家提供的报酬”的辩护理论来进行辩护。直到琼·罗宾逊（1954 年）指出一种“稀奇的现象”，即机械化程度与较高工资率和较低利润率之间的联系，可能比它与较低工资率和较高利润率的联系要弱和斯拉法（1960 年）证明资本品与资本结构的不同一性即不同生产过程中劳动和中间投入之间的不同比例，会随着利润率和单位工资的变化正常地出现。这使他们似乎触摸到悖论的皮毛或鼓边。20 世纪 60 年代，突然掀起以新古典综合派代表人物萨缪尔森等人与斯塔雷特和斯蒂格利茨等人一系列的争论。萨缪尔森企图通过建立一种“代用生产函数”来“综合比喻”或寻找利润率与技术选择之间的单调关系的一些条件的假设。然而，他自己后来（1962 年）也承认这是一种“错误的猜测”。几年之后，他的博士研究生列夫哈里声称整个技术矩阵的转换是不可能的，即“排除了技术转换”，因此，有可能把“代用生产函数”的应用引申到基本商品生产技术的非线性案例中去（列夫哈里，1965）。然而，1965 年在罗马召开的经济计量学会第一次世界大会上，路

① 马克思．马克思恩格斯全集（第 46 卷）（下册）［M］．北京：人民出版社，1980：267.

奇·帕西内蒂的一篇论文证明了列夫哈里的定理不能成立。但萨缪尔森却含糊其辞，不置可否地认为利率下跌明显地与选择资本更加密集的技术相联系“不可能是普天下都适用的”。尽管这次讨论会的参加者大多数人都承认技术转换有其逻辑的可能性，无论是“可分解的”技术还是“不可分解的”技术，都可能出现转换。但也有少数人对这种可能性提出了质疑，试图通过保持生产函数的平滑性，以“足够的”替代办法来排除技术的转换。然而，帕西内蒂仍坚持认为，技术转换成为一种十分正常的现象（1969 年），而且，在不存在转换的情况下，也可以获得利润率和人均资本之间的非单调的关系（1966 年）。

这场辩论在 20 世纪 60 年代末和 70 年代初持续了好几年。迄今为止，对利润率与生产过程中使用的“资本量”之间存在一种相反而单调的关系以及是否把“技术转换”排除在外的争议结论几乎没有了，但由结论引起的最终意义和对经济理论的实质作用依然存在争议。归纳起来，大体有三种:①

第一，一部分经济学者坚持认为，资本理论中有关利润率、人均资本与技术选择之间的关系的新发现，要求人们从根本上重建经济理论。他们强调，传统的观念是由对短期微观经济行为理论做出错误的概括而形成的。因此，应该放弃那种容易引起前后矛盾的经济理论（边际经济理论）（帕西内蒂，1981）。

第二，一部分经济学者坚持认为，经济理论家应该放弃那些均衡分析工具，集中精力研究经济体系中的现实的历史动力。一个独特的论点是，对“资本悖论”的分析是通过对比不同水平的利润率和不同水平的单位工资的实际形势来进行的，而采用这种方法，就不可能“描述从一个均衡点向另一个均衡点移动的实际过程”（罗宾逊，1975）。

第三，一部分经济学者声称，资本理论领域“异常现象”的发现，的确表明传统经济理论存在严重缺陷，放弃新古典理论中的“总资本”概念是合情合理的。然而，他们又声称，有办法克服这种缺陷，无须放弃传统理论的基本前提，特别是无须否定应用供求结构去研究生产。认为“资本悖论”的重要性已得到明确承认，但与“资本悖论”有关的困难则被转移

---

① 新帕尔格雷夫经济学大辞典（中文版）（第一卷）［M］. 北京：经济科学出版社，1996：398.

到稳定性分析的领域去处理。

必须指出的是，资产阶级经济学派，无论是古典学派，抑或是新古典学派，或者新古典综合学派，都未能真正揭开利润率下降趋势这个谜，虽然有些学派个别人已经触摸到“谜”的边缘，但很快又缩回了手，也许是害怕了；尽管个别学派的个别人从“谜”中看到了传统经济理论的缺陷或错误，想要医治，但却又讳疾忌医，或“头痛医头，脚痛医脚”，不想根治。甚至躲避“资本悖论”，让它转移到别处处理或医治。虽然个别学派个别学者自称对利润下降与人均资本和技术选择之间的关系有所谓的“新发现”，但又不愿放弃传统理论的“基本前提”，不愿否定“均衡”理论。应当说，这不是偶然的，也是不奇怪的。因为他们走不出或者不愿走出资产阶级的樊篱，他们被那个阶级的立场与偏见束缚了。这是他们的阶级局限性使然。他们自认为能克服理论缺陷，事实上，他们不能。如马克思所指出的：“他们从来没有彻底分析过资本有机构成的差别，因而从来没有彻底分析过一般利润率的形成——那么，它们从来不能解决这个谜这一点，就不再是什么谜了。”① 的确如此，这个“谜”也就不再是什么“谜”了。事实上，“这一规律虽然十分简单，可是直到现在还没有人能理解，更没有被自觉地表述出来。”这里根本不需要什么数学模型来表述，用数学模型来表述其实是在故弄玄虚，欲盖弥彰。为什么这样讲呢？因为这一规律虽然简单，但反映出资本主义的基本矛盾。如马克思指出的那样：“超出一定点，生产力的发展就变成对资本的一种限制；因此，超过一定点，资本关系就变成对劳动生产力发展的一种限制。”② 这种矛盾或限制会导致爆发经济危机，一部分资本被消灭，以暴力方式使资本回复到它能够充分利用自己的生产力而不致自杀的水平。但是，这种定期发生的灾难最终将导致用暴力推翻资本。这是规律揭示的资本的本质，是资产阶级自己及其学派不愿看到的，不愿意揭开这个谜——公开的谜。当然，认识到传统经济理论有缺陷比那些把资本主义捧为“永恒的”的庸俗经济学家还是要好些，或许他们还算是资产阶级的有识之士吧！

---

① 马克思. 资本论（第三卷）[M]. 北京：人民出版社，1975：238.

② 马克思. 马克思恩格斯全集（第 46 卷）（下）[M]. 北京：人民出版社，1980：268.

廿、信用悖论

信用，它是在商品生产和货币流通条件下，以商品赊销或货币借贷的形式所体现的一种经济关系，是以偿还或“有借有还”为条件的价值的特殊运动形式。如马克思所说：“这个运动——以偿还为条件的付出——一般说就是贷和借的运动，即货币或商品的只是有条件的让渡的这种独特形式的运动。”① 在这种运动形式中，作为债权人赊销出商品或贷放出货币后，经过一定时间，要将赊销商品的价值额或贷出的货币额，连同一个利息额一并收回。而作为债务人也必须按契约或协议规定，到期偿还贷款和支付利息，如果现实的回流（偿还贷款和支付利息）没有按时进行，借入者即债务人必须寻求别的办法来履行他对贷出者或债权人的义务。从表现的形式上看，商品和货币的贷出和偿还，好像只取决于贷出者和借入者之间的协议即法律契约，而与现实生产过程无关。但实际上，这种借贷关系不过是由现实生产过程决定的一种特殊的交易形式而已。就是说，当作独特的商品，生息资本具有它的独特让渡方式，把货币放出即贷出一定时间，然后把它连同利息一起收回，这是生息资本本身所具有的运动的全部形式。尽管贷出的货币作为资本所进行的现实运动，是贷出者和借入者之间的交易以外的事情，就生息资本来说，它当作资本的回流，好像只取决于贷出者和借入者之间的协议，不再表现为由生产过程决定的结果。事实上，这种交易是由现实的回流决定的，回流的时间取决于再生产的过程。当然，这一点不会在交易本身中表现出来，因为在双方交易中，中介过程消失了，看不见了，不直接包含在内了，交易本身与贷出的货币作为资本

---

① 马克思．资本论（第三卷）[M]．北京：人民出版社，1975：390.

所进行的现实运动相分离了。

1. 信用在资本主义生产和流通中的作用

信用关系虽然不是资本主义生产方式所特有，而是商品经济所共有。但是，资本主义的商品生产和交换，是资本主义信用得以产生和发展的自然基础。正如马克思所指出的："信用是资本主义生产方式本身所创造的一种形式。"①"生息资本在信用上取得了资本主义生产所特有的并与它相适应的形式。"② 他又说："产业资本为了使生息资本从属于自己而使用的真正方式，是创造一种产业资本所特有的形式——信用制度。……信用制度本身是产业资本的一种形式，它开始于工场手工业，随着大工业而进一步发展起来。"③

资本主义的信用和信用制度是在资本主义的商品生产和流通的基础上产生和形成的，但当它一旦产生和形成，它又对资本主义的生产和流通发挥着相当大的作用，它被当作资本主义生产不可或缺的条件，并且成为"促使资本主义生产方式发展到它所能达到的最高和最后形式的动力"。④信用对资本主义生产和流通的促进作用，主要体现如下：

第一，信用加速了利润率的平均化过程，促进了资本主义生产的发展。这是因为信用对于资本在利润率高低不同的产业部门之间所进行的自由转移起着中介作用。所以，它不仅使利润转化为平均利润、价值转化为生产价格成为可能并变得易于进行，而且由此促进资本主义生产在它"意识到自己是一种社会权力"⑤ 的"社会前提"⑥ 下得以发展。

第二，信用和信用制度加速了商品流通，减少了流通中占用的货币资

---

① 马克思. 马克思恩格斯全集（第26卷）（第三册）[M]. 北京：人民出版社，1974：576.

② 马克思. 马克思恩格斯全集（第26卷）（第三册）[M]. 北京：人民出版社，1974：576.

③ 马克思. 马克思恩格斯全集（第26卷）（第三册）[M]. 北京：人民出版社，1974：519.

④ 马克思. 资本论（第三卷）[M]. 北京：人民出版社，1975：685.

⑤ 马克思. 资本论（第三卷）[M]. 北京：人民出版社，1975：219.

⑥ 马克思. 资本论（第三卷）[M]. 北京：人民出版社，1975：219.

本，节约了流通费用。因为信用通过它的流通工具如商品票据、银行券、支票等，代替了金属货币的流通，从而就突破了贵金属生产规模即货币材料的再生产规模对商品流通的限制，使现实交易中的很大一部分不再借助于货币。这就使得在信用制度下形成的债务锁链，在债权人和债务人各方通过相互转账、抵消和平衡差额后，相当大的一部分交易完全用不着货币了。正因为信用加速了商品形态和资本形态的变化，节省了流通中的货币资本，以及银行集中了全社会的准备金，这就不仅加速了资本周转，加快了整个社会再生产过程，相对地增加了社会总资本中用于生产的资本部分。一言以蔽之，一切节约流通手段的方法，都是以信用为基础的，而这种节约，反过来又促进了社会再生产规模的扩大。①

第三，信用是加速资本积累和资本集中，从而促进股份资本形成和股份公司成立的有力杠杆。随着资本主义生产的发展，信用事业作为积累的小小的助手不声不响地挤了进来。马克思说："起初，它作为积累的小小的助手不声不响地挤了进来，通过一根根无形的线把那些分散在社会表面上的大大小小的货币资金吸引到单个或联合的资本家手中"；② 于是，它就很快成了竞争斗争中的一个新的可怕的武器；最后，它变成了一个实现资本集中的庞大的社会机构。也正是由于信用把社会上一切可用的、可能的、尚未积极发挥作用的货币资本集中起来，并交给职能资本家去支配，所以才使那些单个资本家在短期内无力举办的巨型企业，如修筑铁路、开凿运河等，迅速兴建起来。正因如此，信用制度才构成了资本主义的私人企业逐渐转化为资本主义的股份公司的基础。马克思说："在股份公司内，职能已经同资本所有权相分离，因而劳动也已经完全同生产资料的所有权和剩余劳动的所有权相分离。"马克思接着指出："资本主义生产极度发展的这个结果，是资本再转化为生产者的财产所必需的过渡点，不过这种财产不再是各个互相分离的生产者的私有财产，而是联合起来的生产者的财产，即直接的社会财产。"这当然是说，资本主义生产极度发展的结果表明：一方面，表现了信用对资本积累和资本集中的加速，大大促进了股份

① 顾金吾．范畴、概念//宋涛．资本论辞典［M］．济南：山东人民出版社，1988：638.

② 马克思．资本论（第一卷）［M］．北京：人民出版社，1975：687.

资本的形成和股份公司的成立。从而创造了单个资本和股份公司利用别人的财产、社会的财产进行更大规模的资本主义社会生产力发展的同时，把整个社会生产力越来越变成资本生产力。另一方面，股份公司以及在这个基础上进一步发展起来的垄断组织如托拉斯等，也就因此成为私人资本转化为联合起来的生产者的财产，即直接的社会财产所必需的过渡点，并成为资本在其资本主义生产方式本身范围内的扬弃。①

第四，信用和信用制度还有力促进了对外贸易的发展和世界市场的形成。在国家信用或国债制度发展的同时，国际信用制度也发展起来了。国际信用制度不仅使资本主义的对外贸易迅速向世界的每一个角落扩展和延伸，从而开拓出巨大的世界市场，而且还成为资本主义国家进行原始积累和扩充殖民地的强有力的杠杆。

总而言之，信用和信用制度的形成和发展，它在资本主义生产和流通过程中，发挥了巨大的作用，它促进了资本主义社会生产力在物质上的发展和世界市场的形成，并使这二者作为新生产形式的物质基础发展到了一定高度，这是完全可以肯定的。但是，信用和信用制度在促进资本主义生产方式使命完成的同时，也滋生了失信（不信用）、投机、欺诈、用社会财富去赌博和冒险的行为，从而激化了资本主义社会的基本矛盾和各种固有的矛盾，加深了资本主义的经济危机，这一点也是不可否认的。

2. 信用在资本主义生产和流通中的负作用

如上所说，信用对于资本主义生产和流通来说，不仅有它的正面作用，也有它的负面作用，其负面作用主要表现如下：

第一，信用和信用制度是引发生产过剩的主要杠杆。因为信用和银行为资本主义生产和资本的增殖准备了发展的条件，这样就加剧和拓展了资本主义生产扩大的盲目性。在大工业的一切领域，生产以日益增长的速度增加，再生产过程强化到了极限，而与此相反，这些增产的产品市场的扩大却日益变慢，大工业在几个月生产的产品，市场在几年内都未必吸收得了。这就必然造成了资本过剩和生产过剩，而借助于信用发展起来的商品

① 顾金吾．范畴、概念//宋涛．资本论辞典［M］．济南：山东人民出版社，1988：638.

过度投机，又往往掩盖着这种过剩，并极力制造出市场的虚假繁荣。显然，信用和信用制度不仅是引发生产过剩的杠杆，而且又是掩盖这种过剩的帮手。

第二，信用和信用制度是引起经济危机的导火线。随着信用和信用制度的形成和发展，信用关系也日益发达和复杂，当全社会范围内结成的信用关系锁链，一旦在某处断裂，即到期的汇票不能得以支付，信用危机和货币危机就可能爆发，由信用联结起来并被信用掩盖的资本主义生产和流通的矛盾，生产和消费这一对抗性矛盾，就可能激化起来，信用就可能成为导火线引致经济危机的爆发。这时，“历来受人称赞的自由竞争已经日暮途穷，必然要自行宣告明显的可耻破产。”①

第三，信用和信用制度是引发投机、欺诈、赌博行为的一种有效手段。信用机构不仅集中了全社会的货币资本和有价证券，从而再生产出了一种新的金融贵族，即银行家、创业人、徒有其名的董事和交易经纪人，而且还在“创立公司、发行股票和进行股票交易方面再生产出了一整套投机和欺诈活动”。② 这些新的金融贵族和投机家，利用社会的财富去进行赌博、冒险、欺诈和投机，这样就会使社会财富更加为少数人所占有。这些纯粹的冒险家之所以能够这样所作所为，是由于财富在这里是以虚拟资本的形式存在。这些虚拟资本，尤其是股票的运动和转移，就纯粹变成了交易所赌博的结果。马克思说：“在这种赌博中，小鱼为鲨鱼所吞掉，羊为交易所的狼所吞掉。”③ 这样一来，信用事业就不仅为少数大资本家开辟了千百个突然致富的源泉，而且使资本主义制度发展成为最纯粹最巨大的赌博欺诈制度。毋庸置疑，信用作为资产阶级手中的工具，起着加重对工人阶级和全体劳动人民的剥削，从而激化了资本主义社会固有的各种矛盾的作用。④

3. 信用悖论的解构

从以上分析可知，信用和信用制度不仅对资本主义生产和流通具有巨

① 马克思．资本论（第三卷）[M]．北京：人民出版社，1975：495.
② 马克思．资本论（第三卷）[M]．北京：人民出版社，1975：496.
③ 马克思．资本论（第三卷）[M]．北京：人民出版社，1975：496.
④ 顾金吾．范畴、概念//宋涛．资本论辞典 [M]．济南：山东人民出版社，1988：639.

大的、正面的促进作用，同时也具有不小的、负面的消极作用，即它掩盖并激化生产和消费的对抗性矛盾，并导致经济危机的爆发。这就是说，信用和信用制度的作用具有二重性：一方面，它突破了生产所造成的内在的限制，使货币资本集中并交给职能资本家支配，促进了资本主义生产的发展，并且它“又是转到一种新生产方式的过渡形式”；另一方面，即与此同时，也加深了社会再生产过程中的各种对抗性矛盾，激化了资本主义社会的各种固有的矛盾，加深了资本主义的经济危机，并且使其发展为最纯粹、最巨大的赌博欺诈制度。信用和信用制度的作用二重性，这种正面作用和反面作用是相反相存的，或者说是相辅相成的。当然也是互相对立或相互对抗的。这就是矛盾的对立统一，就是信用悖论。毫无疑义，就矛盾的统一体来说，就信用悖论而言，支撑信用悖论的支点理所当然的是信用自身的作用的二重性。这种信用作用的对立和统一的二重性，应该说是信用和信用制度这一事物内所固有的两种相反的属性，但二者又是相互联系、不可分离的。如果失去其中任何一种，都会使这个矛盾不成其为矛盾。矛盾的双方是相互包含，“你中有我，我中有你”的，矛盾的对立面也是彼此相通，包含着互相转化的趋势。在这里，尤其要予以关注的是，矛盾双方的互相贯通规定着事物发展的基本趋势，发展是一事物转化为他物，但不是转化为别的东西，而是转化为自己的他物，是向自己的对立面的转化。比如，本书所述的信用和信用制度这一事物，其作用二重性的矛盾双方，其发展的趋势就是这样一种一物转化为他物，不是转化为别的东西，而是转化为自己的他物。马克思在论述到以信用和信用制度为中介的资本集中基础上形成的股份公司时指出：“那种本身建立在社会生产方式的基础上并以生产资料和劳动力的社会集中为前提的资本，在这里直接取得了社会资本（即那些直接联合起来的个人的资本）的形式，而与私人资本相对立，并且它的企业也表现为社会企业，而与私人企业相对立。这是作为私人财产的资本在资本主义生产方式本身范围内的扬弃。”① 他还进一步指出：“这是资本主义生产方式在资本主义生产方式本身范围内的扬弃，因为是一个自行扬弃的矛盾，这个矛盾首先表现为通向一种新的生产形式

① 马克思．资本论（第三卷）[M]．北京：人民出版社，1975：493.

的单纯过渡点。"① 显而易见，马克思这里所指出的由信用和信用制度的作用所形成的股份公司是在资本主义生产方式本身范围内的扬弃，是一个自行扬弃的矛盾，并且是通向新的生产形式的过渡点。这无疑是说，以信用为中介，以社会集中为前提的资本，在这里直接取得了社会资本和社会企业的形式，而这正是信用为单个资本家提供的对社会资本的支配权，使他在资本主义体系本身的基础上对资本主义的私人产业的扬弃。使一物转化为他物，不是转化为别的东西，而是转化为自己的他物，从而使它成为通向一种新的生产形式的过渡点。不过，以上所述只是信用制度二重性的矛盾双方转化的一个方面，或称为信用和信用制度的二重性作用的正面作用吧，或者也可称为二重矛盾的主要方面吧！非但如此，我们在考察了信用二重性矛盾的正面作用之后，在研究了它的矛盾的主要方面之后，我们还得再来考察信用二重性矛盾的负面作用与矛盾非主要方面的作用。所以这样做，是为了避免犯只肯定其一，而忽略其二的形而上学的"一点论"的错误。就信用二重矛盾的负面作用或二重性矛盾的非主要方面的作用而言，是不可小觑的。如前文所述，信用为单个资本家提供在一定界限内绝对支配别人的资本、别人的财产，从而别人的劳动权利，对社会资本而不是对自己资本的支配权。从另一方面来说，就是导致资本的集中，从而是对别人财产的剥夺。但是，这种剥夺是在资本主义制度本身内，以对立的形态表现出来，即社会财产为少数人所占有；而信用使这少数人越来越具有纯粹冒险家的性质。因为财产在这里是以股票的形式存在的，所以它的运动和转移就纯粹变成了交易所赌博的结果。在股份制度内，这种向股份形式的转化本身，还是局限在资本主义界限之内；因此，这种转化并没有克服财富作为社会财富的性质和作为私人财富的性质之间的对立，而只是在新的形态上发展了这种对立。这当然是说，信用的负面作用或二重性矛盾的非主要方面的作用，只是造成了社会财产被少数人占有，信用使少数人越来越具有赌博、冒险、欺诈、投机的冒险家的性质；而作为表现为通向一种新的生产形式的单纯过渡点的一个自行扬弃的矛盾，是在资本主义生产方式本身范围内的扬弃，这种向股份形式的转化并没有改变财富作为

① 马克思．资本论（第三卷）[M]．北京：人民出版社，1975：496.

私人财富和作为社会财富的性质之间的矛盾。所以，这种对立的扬弃是消极的扬弃，而非积极地扬弃。如果我们期望积极的扬弃，恐怕也只能期待“资本所有权的潜在的扬弃”。

以上是我们从信用和信用制度所固有的二重性及其正负面作用和信用的二重性矛盾的主要方面与非主要方面来解构信用悖论的。不过，应当注意到的是：这种正面作用与负面作用和矛盾的主要方面与非主要方面也并不是一成不变的，而是互相贯通，互相转化，互易其位的，当然是在一定条件下。这一点，也无疑是辩证的。正是从这一点出发，在信用和信用制度二重性矛盾或信用悖论的问题上，一般都认为，矛盾的主要方面似乎应是它的正面作用，即促进生产的发展，又是转到一种新生产方式的过渡形式。但事实上，与其说将其正面作用当成矛盾的主要方面，不如将其负面作用当成矛盾的主要方面。因为如果我们将其负面作用看成是矛盾主要方面的话，就是把它当作重点来看待，这不仅符合辩证法的重点论，而且也符合实际，所以，负面作用必须被当成矛盾的主要方面即重点来加以考察研究。因为无论资本主义生产方式的现实，还是社会主义生产方式的现实，都必须重视信用二重性的负面作用。这是由于负面作用导致的信用危机、经济危机、货币危机，以及赌博、欺诈、冒险、投机、失信等已经构成了信用这个上层建筑的经济基础。不是吗？在资本主义生产方式下一些经济上重要的事实：由于信用杠杆的撬动，“代表着股份公司的二次方和三次方的一些新的工业企业形式发展起来了”。但与此相反，我们必须重温马克思的教诲：“结果是全面的经常的生产过剩……总之，历来受人称赞的自由竞争已经日暮途穷，必然要自行宣告明显的可耻破产。”① 我们还应该牢记马克思对“信用”的告诫：“而信用使这少数人越来越有纯粹冒险家的性质。因为财产在这里是以股票的形式存在的，所以它的运动和转移就纯粹变成了交易所赌博的结果；在这种赌博中，小鱼为鲨鱼所吞掉，羊为交易所的狼所吞掉。”② 的确，信用在资本主义生产方式下所起的负作用造成的负面结果比比皆是；尔虞我诈、冒险赌博、投机欺诈、背信弃义、“大鱼吃小鱼，小鱼吃虾米”的实证太多太惨。然而，在社会主义生

① 马克思．资本论（第三卷）［M］．北京：人民出版社，1975：495.

② 马克思．资本论（第三卷）［M］．北京：人民出版社，1975：497.

产方式下，这些信用负作用的劣迹就一扫而光了吗？不是的，在中国，这些孽债劣迹曾一度销声匿迹，但后来又死灰复燃了。信用的底蕴即“有借有还，再借不难”本来在中国人的心里是扎下根的，但后来在一些人的心里还是被拔起来了。这一点最为典型的事实是20世纪90年代，中国的企业与企业之间所形成的“三角债”难解难分，让当时的国务院总理都犯难了。这种解不开的“三角债”的形成当然是多种原因造成的，但是，失信、背信弃义、不讲信誉，是这个解不开的“三角债”的最为重要的原因，并且这个原因几乎是死结，难以解开。为人最怕不守信、不诚信，这是古今中外做人的一条戒律。在当今社会主义市场经济条件下，任何人做任何事都是离不开诚信的，不讲信用，休想成就任何经济事业与交易，因为社会主义市场经济不仅是建立在法治基础上，也是建立在德治基础之上的。不守信、不讲信用，这是德治的大忌。然而，在我国当今社会，这种道德缺失，信用缺失，仍是经济行为的短板。君不见，以次充好、制假贩假、投机欺诈、坑蒙拐骗、不守信用、不守合同、欠债不还！反悔赖账、网络诈骗等行为屡屡发生，这难道不应引起人们的高度重视吗？所以，作为履霜之戒，应当将信用二重性的负面作用视为矛盾的主要方面，当作重点来防治。在宏观层面，在加强法治的同时，要加大德治尤其是信用建设的力度。

廿一、虚拟资本悖论

虚拟资本是作为能够定期带来收入，以有价证券形式存在的资本。其具体形式一般包括股份公司的股票、国家发行的公债券、企业债券、汇票期票、银行券、不动产抵押单等。各种形式的有价证券，之所以表现为资本，是因为：一方面，由于它们可以保证定期取得一定的收益，并且可以通过将它们出售取得它们的资本价值的补偿，所以它们能当作资本；另一方面，它们和以货币资本、生产资本、商品资本形式存在的职能资本不同，它们本身无价值，也不能作为价值符号，更不能在资本主义的直接生产过程中发挥作用。因此，它们不算是真实的资本，而只是虚假的、想象的资本。

1. 虚拟资本的产生

马克思曾明确指出："因此，银行家资本的最大部分纯粹是虚拟的，是由债权（汇票）、国家证券（它代表过去的资本）和股票（对未来收益的支取凭证）构成的。在这里，不要忘记，银行家保险箱内的这些证券，即使是对收益的可靠支取凭证（如国家证券），或者是现实资本的所有权证书（如股票），它们所代表的资本的货币价值也完全是虚拟的，是不以它们至少部分地代表的现实资本的价值为转移的；既然它们只是代表取得收益的权利，并不是代表资本，那么，取得同一收益的权利就会表现在不断变动的虚拟货币资本上。"① 更何况，这种虚拟的银行家资本，大部分并不代表他自己的资本，而是代表公众在他那里存入的资本。所以，马克思

① 马克思．资本论（第三卷）[M]．北京：人民出版社，1975：532.

才说，银行家资本的最大部分纯粹是虚拟的，这是千真万确的，绝不是空穴来风之说，而是证据确凿之词。

那么，为什么这种“货币资本”的最大部分纯粹是虚拟的？这是因为“在生息资本意义上的货币资本”是和信用与信用制度的发展相伴相随的。在信用与信用制度发展的条件下，一切资本好像都会增加一倍，有时甚至增加两倍，因为有各种方式使同一资本，甚至同一债权在不同的人手里以不同的形式出现。同一货币额根据它的流通速度可以完成许多次购买，它可以完成许多次借贷，因为购买使货币从一个人手里转到另一个人手里，而借贷只是货币不通过购买而从一个人手里到另一个人手里的转移。因此，无可争辩的事实是，今天你在 A 那里存入的 1000 镑，明天又会付出，在 B 那里存入。后天又由 B 付出，在 C 那里存入，依此类推，以至无穷。这样，同一个 1000 镑货币可以通过一系列的转手，成倍地增长为一个绝对无法确定的存款总额。斯密说：存款只是大众给予银行家的贷款的特别名称。同一些货币可以充当不知多少次存款的工具。① 所以，正像马克思所概括的：“全部存款，除了准备金外，只不过是对银行家的贷款，但它们从来不是作为保管的现金存在的。”② 因此，毫无疑义，正如在这种信用制度下一切东西都会增加一倍和两倍，以至变为纯粹幻想的怪物一样，人们以为终究可以从里面抓到一点实在东西的“准备金”也是如此。③ 因为这些“准备金”最后实际上并入英格兰银行，而英格兰银行将它大部分发行了银行券，还是虚拟资本即“纯粹幻想的怪物”。由此可见，货币资本在生息资本意义上的货币资本之所以最大部分是纯粹虚拟的，这是信用与信用制度使然。

2. “纸制复本”自身作用的矛盾

我们说，虚拟资本是相对于现实资本而言的，虚拟资本不是现实资本，它只是资本的所有权证书。所以如此，这是由于我们用货币购买任何形式的有价证券，货币就归证券出售者所掌握和使用，而我们作为购买者

① 马克思．资本论（第三卷）［M］．北京：人民出版社，1975：535.
② 马克思．资本论（第三卷）［M］．北京：人民出版社，1975：534.
③ 马克思．资本论（第三卷）［M］．北京：人民出版社，1975：535.

只是持有证券，对支付出去的货币所转化的货币资本、生产资本和商品资本等现实资本，不能支配，也不能提取。但是，这种购买到的有价证券证明一定数额的资本价值为持有者所有，并使持有者可以凭借证券定期取得一定的收入，同时还有权将证券变卖，从而把资本价值从有价证券形式再还原为一笔货币。因此，正是从这个意义上说，有价证券是资本所有权证书，是获取收益的权利证书。国家公债券诚然是“已经消灭的资本的纸制复本”,① 但它却是对收益的可靠支取凭证，股票固然是“现实资本的纸制复本”,② 但它是有权取得未来剩余价值的所有权证书。

从以上分析可知，虚拟资本本身是没有价值的，当作虚拟资本的有价证券，其价格只是收入的资本化。这是因为在资本主义信用制度下，人们把凭借所有权带来的定期收入按平均利息率来计算，把它算作是按这个利息率贷出的资本所提供的收入。正是这样，就把这个收入给资本化了。比如一只股票每年能带来 100 元收入，在利息率 5% 时，对于股票持有者来讲，这 100 元的年收入实际上表示他投在股票上的资本的 5% 的利息，即 2000 元资本的年利息。正由于这样，这只股票无论它的票面额是多少，都可以按 2000 元的价格出卖。可见，作为只是资本的所有权证书的虚拟资本的有价证券是一种特殊商品，它能够进行买卖，它的市场价格是由收入的资本化所引起的。③

虚拟资本和现实资本有着根本性的差异，虚拟资本价值额的变动是独立的运动，所以它和现实资本在数量关系的变动上也是有区别的。就是说，虚拟资本的价值额不是随现实资本价值的增减而发生增减。现实资本价值的变动，是由组成资本的商品价值的大小决定的，而最终则由生产商品的劳动生产率高低来决定的。而作为虚拟资本的有价证券是特殊商品，其价格有独特的运动和决定方法。如马克思所说：“它们的市场价值，在现实资本的价值不发生变化（即使它的价值已增殖）时，会和它们的名义

---

① 马克思．资本论（第三卷）[M]．北京：人民出版社，1975：540.

② 马克思．资本论（第三卷）[M]．北京：人民出版社，1975：540.

③ 邱丹．范畴、概念//宋涛．资本论辞典 [M]．济南：山东人民出版社，1988：646.

价值具有不同的决定方法。”① 在这里，需要指出的是，有价证券本身没有价值，它的名义价值是票证价值，这只代表原来投资在证券上的资本价值额。所以，它所具有的价值，实质上始终只是资本化的收益，即一个幻想资本按现有利息率计算可得到的收益。由此可知，有价证券价值额的变动是由证券的定期收入和利息决定的。因此，有价证券的市场价值（市场价格）的涨落与定期收入的多少成正比，与利息率的高低成反比。例如，一只股票的名义价值是100元，在利息率为5%且不变时，当股票的定期收入（股息）由5%即5元提高到10%即10元，则股票的市场价值就会从100元上涨到200元，因为10元的定期收入按5%的利息率资本化，这只股票现在代表200元的虚拟资本。然而，如果在股息是5%且不变时，当利息率由5%升高到10%，这只可以有保证取得5元收入的股票现在只代表50元的资本，其市场价值就会从100元跌到50元。因为50元的定期收入按10%的利息率资本化，可得利息5元。② 除此之外，因为有价证券的买卖是投机发财的手段，故市场上对股票供求的竞争，也会引起股票的市场价值的涨跌，如马克思所指出的：“在货币市场紧迫的时候，这种有价证券的价格会双重跌落：第一，是因为利息率提高；第二，是因为这种有价证券大量投入市场，以便实现为货币。”③ 总而言之，由于决定价格变动的方法不同，有价证券的贬值或增殖，可以同它们所代表的现实资本的价值变动无关，虚拟资本的价值变动是独立的运动。可见，有价证券形式的虚拟资本在本质上是不同于现实资本的。不仅如此，二者的不同还表现在其他多方面，这足以说明它们的显著差异，有差异，就有矛盾；有矛盾，也就会有悖论。为此，我们有必要进一步考察虚拟资本与现实资本的关系。从总体上讲，二者既有联系，又有区别；既有同一，又有对立；一个虚拟，一个现实；它们在本质上是不同的。除了上述我们已经分析了二者在资本价值额的变动的方法上是不相同之外，我们不妨再来分析一下二者在资本的积累上的不同。在一定的情况下，生息的货币资本即虚拟资本在

---

① 马克思．资本论（第三卷）［M］．北京：人民出版社，1975：530.

② 邱丹．范畴、概念//宋涛．资本论辞典［M］．济南：山东人民出版社，1988：647.

③ 马克思．资本论（第三卷）［M］．北京：人民出版社，1975：530.

量上的积累不一定反映现实资本的积累，虚拟资本的供应量和现实的货币供给量也并非一致。那么，虚拟资本积累在什么程度上是现实的资本积累的标志，又在什么程度上不是这种积累的标志呢？虚拟资本的过剩或不足又在什么程度上反映现实资本的过剩或不足呢？这正是马克思通过分析虚拟资本与现实资本的关系所要解决的矛盾。他分别考察了有价证券、商品票据和由银行本身集中起来的货币资本的积累与现实资本积累的关系，分析了二者同向变化与反向变化，即分析了二者的对立统一关系。

第一，就有价证券形式的虚拟资本而言，由于它在本质上不同于现实资本，因而其量的积累也不同于现实资本量的积累。如投在国债券上的资本早就被国家非生产地花掉了，它的积累与现实资本的积累毫无关系。股票的积累，则只有在体现了新建的铁路、矿山等产业的实际积累时，才和现实资本的积累相一致。但是，股票的积累量直接取决于股票的发行量和每只股票的价格，而不取决现实资本的积累。而股票的发行量和价格的变化，又会因为单个资本合并成股份公司，利息率的变化、交易所内的各种投机欺诈甚至谣言等与现实资本积累量的变化毫不相干所引起。事实上，在大多数情形下，虚拟资本即有价证券的积累并不反映现实资本的积累量，而且总是大大超过现实资本的积累量。① 这当然是说，无论是国债券还是股票，它们作为有代表性的虚拟资本，其量的积累，要么与现实资本的积累量毫不相干，要么总是大大超过现实资本的积累量。也就是说，虚拟资本量的积累与现实资本量的积累是不同的，有很大差别，这就是矛盾的起始，是悖论的发端。然而，作为有价证券形式的虚拟资本量的积累并非与现实资本量的积累在任何情况下都毫无关系。应当说，股票的积累，当它在体现了新建的矿山、铁路等产业的实际积累时，它才和现实资本的积累相一致。这就是说，虚拟资本与现实资本既有差别，又有联系，差别大于联系，因为，在大多数情况下，虚拟资本其量的积累即有价证券的积累并不反映现实资本的积累即不相一致。

第二，由职能资本家相互提供的各种商业票据，尽管它们是商业信用的代表，然而，在产业周期的各个阶段上，这种商业信用的扩张与收缩即

① 林岗．范畴、概念//宋涛．资本论辞典［M］．济南：山东人民出版社，1988：620.

商业票据的积累量的变化都反映了职能资本的扩张与收缩，即现实资本积累的变化。也就是说，在这里，虚拟资本的积累变化与现实资本的积累变化相一致。但是，在经济危机期间，就是另外一种相反的情况了，即现实资本的过剩表现为商业票据的收缩或虚拟资本紧缩。① 二者正好相背反。

第三，由银行信用集中的生息货币资本积累与现实资本积累的关系比较复杂，有三种情况：①在产业周期不同阶段，二者的变化方向有异有同：在萧条阶段，银行货币资本过剩，而现实资本积累萎缩；在危机阶段则是前者短缺，后者过剩。只是在复苏和繁荣阶段，二者才是同方向变化即相向而行的。②在生产规模不变从而现实资本积累不变时，由于某些闲置资本转化为银行存款，或采用某种技术手段加快了货币流通速度，从而节约了执行流通手段的货币等原因，借贷资本的积累量也可以增加，即现实资本积累不变时，虚拟资本积累量由于多种原因使然也可增加积累量。③当借贷资本积累和现实资本积累同向变化时，前者会大大超过后者。出现这种情况，影响的因素是多种多样的：有可能是由生产资料价格下降导致货币游离出产业资本循环等与现实资本积累有关，但又与现实资本积累不完全是一回事的原因引起；也可能是由剩余价值中由于资本家消费的部分暂时转化为存款等作为现实资本积累结果的因素引起；甚至还可能是找不到出路的职能资本转为借贷资本等体现现实资本积累萎缩的因素形成的。正是由于这些因素的作用，在产业周期的一定阶段上总会出现货币资本过剩，这种过剩又会随着信用的扩大而扩大，从而导致生产过程突破资本主义固有的界限，加速生产过剩危机的爆发。②

总而言之，虚拟资本是随着资本主义银行信用的发展而发展的，因此，虚拟资本是生息资本发展的必然结果。作为生息资本的虚拟资本虽然在一定程度和范围内反映着现实资本的积累，但它在绝大多数情况下不反映现实资本积累的变化，它已经与现实资本相脱离，相对独立运动，且自我扩张。因此，现实资本的供求与生息资本的供求出现了明显的差异，生

---

① 林岗．范畴、概念//宋涛．资本论辞典［M］．济南：山东人民出版社，1988：620.

② 林岗．范畴、概念//宋涛．资本论辞典［M］．济南：山东人民出版社，1988：620.

息资本的过剩与不足，往往并不是现实资本的过剩与不足的反映。这种差别集中地表现在危机爆发时，此时，对借贷资本的需求最大而供给却最小，而体现现实资本供求的商品供求，反倒是供给过剩，需求最小。这种反差当然就是矛盾。这种在危机爆发时刻的借贷资本因狭义的货币资本即生息资本或虚拟资本占其中绝大部分却供给最小，而现实资本体现商品供给反倒过剩即供给最大。这种“一小一大”的差别或矛盾，恰恰正是虚拟资本的悖论所在。这也正是一般经济危机的最基本的特征：一方面产品大量积压过剩；另一方面货币紧缩后奇缺即货币危机。那么，是什么引起并形成虚拟资本矛盾或悖论的呢？简单地说，信用和信用制度是虚拟资本悖论形成的最大推手。因为虚拟资本是生息资本发展的必然结果，而生息资本又是随着资本主义的信用和信用制度的发展而产生与发展的。就生息资本来说，它是通过暂时让渡资本的使用权，只是单纯地凭借资本的所有权来获取利息的，也就是说，单凭借债权证书可以获得定期的收入。由此，这就使得人们把任何凭借所有权得到的固定收益，都看成是利息。不仅如此，人们把收入的资本化，幻想成是一定量资本带来的利息。这样幻想的结果是，有价证券等一切所有权证书都变成了一定量资本的代表，从而不知不觉地形成了虚拟资本。于是，虚拟资本成了资本主义的最一般的经济现象。在资本主义生产方式下，商业信用得到了空前的发展，商业票据（期票、汇票）成了真正的商业货币，货币经营业发展为银行业，货币资本的借贷发展为银行信用，银行券使票据发展成为信用货币，银行不仅进行货币现金的直接存贷，还以各种票据、有价证券和银行券等形式进行存贷。在这时，银行信用又大大促进股份公司和股票发行的异常发展与发达。这样的结果，使得大量的资本以票据、有价证券的形式得以存在，从而更加稳定地形成了虚拟资本。虚拟资本是以借贷资本为基础的，与借贷资本一样，都是资本主义借贷的信用形式；与借贷资本的差别，只是它不是用实际的货币资本而是用各种票证来作为生息资本的。因此，说到底，虚拟资本的实质是资本主义的信用关系。究其实，这种信用关系实际上是货币资本家、职能资本家以及资产阶级国家利用这种信用工具共同剥削雇佣工人的剥削与被剥削关系。

如上所述，虚拟资本无疑是资本主义信用的工具，因为它本身就是随着资本主义信用的发展而产生的。虚拟资本作为资本主义信用的工具，它的作用也是二重的。一方面，它可以加速资本的循环周转和转移流动，促进资本的集中和股份公司的发展和壮大，并且由于它可以广泛利用社会上的各种闲散货币，从而满足资本主义扩大再生产的需要，促进社会经济的发展与增长。另一方面，由于证券、票据等又是资本主义信用投机的手段，它会造成虚假繁荣和泡沫经济假象，这样会加速经济危机的爆发，从而加深资本主义基本矛盾和各种派生矛盾的对抗。总之，以证券、票据等为形式的虚拟资本作为资本主义信用的工具，其自身的作用的二重性，既存在正面促进经济发展的作用，又存在负面的加速经济危机的作用，显然双重作用是矛盾的，是背反的。这应该说，虚拟资本悖论形成的基础就在于它自身作用的矛盾的二重性。当然，我们也不应排除虚拟资本与现实资本积累的不一致性的矛盾，尽管这个矛盾具有派生的性质，但它仍然是形成虚拟资本悖论的重要支撑点。更不用说，除了虚拟资本与现实资本积累的非一致性矛盾外，还存在二者的增长的速度与规模比例的非一致性问题，也是构建虚拟资本悖论的不可忽略的支点。

3. 值得探讨的问题

首先，既然虚拟资本作为资本主义信用的工具，其作用具有二重性，并且这种正反面作用有一个临界点，即虚拟资本在一定规模内，它对于加速资本周转与转移，对于扩大再生产的货币需求，对于经济发展和增长有促进作用；但是，当虚拟资本规模快速扩大，其规模大大超出实际资本，与现实资本失去了合理的比例时，这时就出现泡沫经济、虚假繁荣现象，就会加速危机的爆发，加深资本主义的基本矛盾的对抗。这就是说作用与反作用之间存在一个虚拟资本规模的临界点，就像规模经济一样，规模太小不经济，规模过大或超规模也不经济，只有在一个适度规模内才经济。对于虚拟资本的规模来说，怎样一个规模是适度的，这不是“神威”和“天河”超级计算机能计算得出来的，经济是动态的，是人参与的，矛盾纷繁复杂，它不可能依靠超级计算机计算出一个死的数据来。现在看来，虚拟资本的规模必须以适应现实经济的需要为标准，出现泡沫是红线，可以依据经验数据保持一个虚拟资本的弹性区间，不断跟踪测算相关数据，只要在弹性区间内的规模，就是安全的，也是正向的促进作用。不过，这个问题似乎比较模糊，不好操作和把握，不出问题当然好，出了大问题即危机，谁也担不起责任。尤其是对于社会主义市场的信用来说，更加值得重视。

尽管中国在这个问题上实际操作比较好，但在理论上还需要进一步探索。探讨虚拟资本和现实资本的规模比例，尤其是虚拟资本规模，还有一点不应忽视：有鉴于股份公司的普遍快速发展，有价证券的涨价趋势，以及多种债券数量的与日俱增，虚拟资本的增长比实际资本的增长要快得多、大得多，这表明食利者阶层的发展与壮大，即完全靠“剪息票”为生的剥削者的队伍已形成食利阶层，这不仅加深了资本主义的寄生性和腐朽性，而且也大大伤及社会，伤及以劳动为生的雇佣工人和普通劳动人民。试想，一个社会出现越来越多的超规模的不进行劳动即不劳而获，靠“剪息票”为生的阶层，它们脱离生产和管理的过程，却享受着资本再生产过程的果实，坐享其成；并且不是少数人，而是越来越多的人，形成了食利阶层，这对一个社会来说是多么可怕的事，对于资本主义来说，这是制度性的，是资本主义私有制的制度产物。然而资本主义也未必能容忍这个食利阶层的日益庞大，这个食利阶层的巨大压力也是资本主义生产力未必能承受得了的，因为虚拟资本已经大大超过了实际资本的规模了。至于说到社会主义市场经济下的有限的有价证券形式的虚拟资本，控制它的有限规模，发挥它的正面作用，就更加具有重要意义了。社会主义公有制绝不让资本主义的寄生性和腐朽的东西在我们社会死灰复燃，绝不让靠“剪息票”为生，不劳而获的食利阶层这根毒瘤在我们这里滋生繁衍。

当然，我们并不是要彻底铲除以有价证券为形式的虚拟资本，削除虚拟资本借以运动的信用银行和信用制度，而是要清醒地科学地将它限制在适应实体经济、服务实体经济的规模内，发挥它加速资本周转和转移，促进资本的集中和股份公司的健康发展，满足实体经济扩大再生产的需要的正面作用和效应，切切不可让它超规模的副产品——食利阶层这种剥削者阶层在社会主义的中国大地再生再现。在这里，我们还是要记住马克思的教诲：“因此，利息对他来说只是表现为资本所有权的果实，表现为抽掉了资本再生产过程的资本自身的果实，即不进行‘劳动’，不执行职能的资本的果实”,[①] 还要记住列宁的话：“于是，以‘剪息票’为生、根本不做任何事情、终日游手好闲的食利者阶级，确切地说，食利者阶层，就大大地增长起来。”[②]

其次，既然各种形式的虚拟资本是由银行信用的发展而产生和发展的，所以，信用的危机，尤其表现为信用道德上的危机，在虚拟资本的运动中也有所凸显，特别是股票的交易是夹带着投机欺诈甚至谣言等违反社会道德的行为甚嚣尘上的，这就在很大程度上抑制和阻碍了虚拟资本的正面作用的发挥，反面刺激和引诱了虚拟资本的负面作用的蚕食，因此，需要加强对虚拟资本运作的法治化建设的力度，一些法制管理必须精准到位；不要让制度上出现漏洞，让不守法的人有缝可钻。同时，也要加强道德文明建设，反欺诈，反投机，反谣言，反失信。也就是说，对于社会主义市场经济中的虚拟资本这个外来物种，必须双管甚至多管齐下，使这个外来物种不要伤及我们的老物种。不要让它伤害了我们的制度，或腐蚀了我们的制度。我们应当有我们的制度自信，完善我们的基本制度和具体制度，而不是借改革之名否定我们的基本制度。

---

① 马克思．资本论（第三卷）［M］．北京：人民出版社，1975：420.

② 列宁．帝国主义是资本主义最高阶段//列宁选集（第二卷），［M］．北京：人民出版社，1960：818.

下篇

廿二、市场悖论

市场有多种含义。一般认为市场是商品交换的场所，如各种商店、交易所、集市等。当商品得到长足发展之后，市场的概念就扩大了。因此，市场不仅指商品交换场所，而是指商品交易关系的总和。所以，现代市场是以等价交换为准则的经济活动的场所或形式、方式或方法的交换关系的总称。如在互联网上进行的交易活动形式称为“网购市场”，技术转让的经济活动方式称为“技术市场”，又如因资源配置方式不同，有生产要素市场，包括劳动力市场、金融市场、技术市场等；也有商品市场，包括小汽车市场、服装市场、家具市场等。再如由于市场范围或场所不同，有农产品市场、工业消费品市场、生产资料市场；由于市场销售方式的不同，有现货市场、期货市场等。

1. 市场机制的二重性

我们认为，市场悖论源于市场机制，即源于市场机制的二重作用。这一点在前面的价格悖论、经济人悖论中已经有所涉及，此处再进一步从一个新角度或总体的层面上对市场机制这种二重性作用及其相关问题做一个系统性、辩证性的论述。

作为市场机制，它是以市场为联系方式，即在商品等价交换的基础上，各种经济活动之间内在的机理功能和相互作用，或各种经济行为形成的内在功能和相互联系。不可否认的是，市场机制作为市场经济的功能机制，对市场资源的配置起着基础性作用。市场机制主要包括价格机制、供求机制、竞争机制等，它通过市场上各种价格的变动、供求关系的变化以及生产者之间的竞争，来推动经济运行和实现资源的配置。其作用具有二重性：从一方面说，它依靠价值规律，通过市场机制自发调节社会经济活动。它以竞争为特征，通过市场价格支配着人、财、物等资源在产业间和企业间的移动。由价格高低调整着各个生产部门之间的资源投入，从而实现资源在各个经济部门之间的分配，使社会生产和需求趋于平衡。但这并不排除，市场机制这种对资源的自发调节作用也隐含着造成资源和社会劳动巨大浪费的可能，而且事实上亦即如此。从另一方面看，市场机制起着激励技术创新、择优汰劣的作用与功能。由于一切市场主体为了追求利益最大化，为了在竞争中居于优势地位，就必然不断改进技术，不断创新，不断改进经营与管理，提高劳动生产率，以此促进社会生产力的发展；但这也就意味着，在这种竞争中，又必然淘汰落后的商品生产者，造成垄断势力的形成，造成两极分化，对社会经济发展起阻碍作用。这就是说，市场机制作为市场的最基本的联系方式，其功能具有二重性作用，即既有正面作用，又有反面作用。这显然是自相矛盾的，是背反的，当然它们又是统一于一体的，即对立统一。这种正面作用与反面作用无疑就构成了市场悖论。

我们必须进一步要问，为什么市场机制的功能与作用是二重性的呢？这无论从理论上进行研究，还是从实践上进行考察，又不能不涉及完全竞争市场和不完全竞争市场的问题。这也就是说，市场机制的二重性与完全竞争市场和不完全竞争市场是直接相关的。

就完全竞争市场而言，西方经济学规定，具有如下特征的市场为完全竞争市场：进入市场的为数众多的买者和卖者都是既定价格的接受者，而不是价格的决定者；所有卖者向市场提供的产品都是同质的，对买者来说没有任何差别；所有资源都可以自由活动，进入或退出市场；没有垄断力量；个人的数量相对于总量是可以忽略的；利润为零和一切活动的报酬都均等；价格等于边际成本和要素报酬等于边际产品的价值；以及市场配置的帕累托效率和看不见的手的有效性等。西方学者认为，完全竞争的理论占有主要的市场份额（市场结构中的主导因素——厂商的市场份额）；没有一套思想像完全竞争市场的逻辑那样，被经济学家们使用得如此广泛，如此成功。但是，同时，一些西方学者又认为，“没有重要的市场能充分满足完全竞争的条件，甚至大部分市场似乎还没有接近这些条件。”① “西

① 约翰·罗伯茨．完全竞争市场和不完全竞争市场//新帕尔格雷斯经济大辞典（中译本）[M]．北京：经济科学出版社，1996：897.

方经济理论家似乎越来越具有这样的看法：某种像不完全竞争的东西才是基本思想。"① 实际上，西方学者几乎普遍承认，完全竞争市场的这些假设条件非常严格，在现实中是难以存在的。他们总是把完全竞争市场的分析形式当作市场理论的占有明显市场份额的优势，当作一个理想的极端特例来和现实相比较。西方学者认为，完全竞争市场最有经济效率：成本最小，资源利用最充分，价格最低。市场机制能以最有效率的方式来使消费者获得最大满足，即资本主义经济实现了"消费者经济"。由此，把资本主义描绘成一种"客里空"（虚构浮夸）的理想社会。然而，上述的结论是建立在一系列严格的假设条件上的。

事实上，连西方学者也承认，这些假设条件根本是无法得以满足的。因而，这些以假设条件为前提的完全竞争的经济效率，只不过是西方经济学在理论上的虚构而已，完全是空中楼阁。许多西方学者自己也都承认，完全竞争的假设条件在现实中根本难以存在。例如，假设条件规定，市场参与者，包括所有买者与卖者，都具有完备的信息。由于信息的不对称，这是不可能的。又如，假设条件规定，所有卖者向市场提供的产品都是同质的。这也是不可能的，因为生产者提供的产品哪怕只是形式上的差别，或者只是消费者心目中以为可能的差别，都会使产品同质这一假设条件不能满足。

为了得出成本最小，资源利用最充分、价格最低的结论，即为了得出完全竞争市场最有效率的结论，平均成本曲线和边际成本曲线必须是 U 形的。因为只有这样，边际成本曲线才能同平均成本曲线相交于后者的最低点。如果成本曲线不具有 U 那样的形状，西方学者就得不出上述的美化、吹捧资本主义的结论。② 实际上，到现在为止，西方经济学家也无法用事实证明成本曲线的形态就是他们理论上所设计的那种形状。因此，西方学者对完全竞争市场理论的分析虽然具有严谨的逻辑和美妙的图像，但是，由于脱离现实的假设条件，他们的分析结果只不过代表一种在现实中难以

---

① 新帕尔格雷斯经济大辞典（中译本）（第三卷）［M］. 北京：经济科学出版社，1996.

② 高鸿业，吴易风．现代西方经济学（下册）［M］. 北京：经济科学出版社，1990：160.

存在的虚构的东西。[①] 在此，毋庸置疑，我们认为，完全竞争市场出现了理论与现实相脱离的矛盾，理论与现实如此不一致，即理论与实践的矛盾，这种理论与实践的矛盾，与其他所有的矛盾一样，同样存在同一性和斗争性这一事物矛盾的两种相反的属性；既互相对立、互相反对、互相否定、互相限制、互相分化；又互相联系、不可分离、互为条件、互相依存、互相转化；统一于一体。在此，单就理论向实践转化而论，同一切矛盾双方的转化一样，它是在一定条件下实现的。对于这种“纯理论”向实践或现实的转化，第一位的是这种“纯理论”作为指导实践的理性认识是否具有正确性，这是实现理性认识向实践飞跃的前提。但是，完全竞争市场理论如此脱离现实的假设条件根本无法满足，这种分析和认识的结果不过是表现在现实中难以存在的虚构的理论，又如何能跨过理论向实践转化必须以其正确性为前提的门槛呢？显然，完全竞争市场自身的这个矛盾是无法克服的，因为矛盾的转化不能成功。既然完全竞争市场的自身矛盾无法转化，无法克服，那么，它的市场机制的功能与作用的二重性，又从哪儿说起呢？它由于转为实践或指导实践不能成功，已经被束之高阁了，还谈什么作用的二重性？这诚如：好箭，好箭，而不能发出去，算什么好箭呢？不过是海市蜃楼而已！

我们再来看一看不完全竞争市场。西方经济学一般在分析完全竞争条件下要素价格的决定之后，由于这种假设条件很难与现实相符，于是又转而放弃完全竞争假设，来分析不完全竞争条件下要素价格的决定。在这里，不完全竞争是指完全竞争以外的所有市场结构，主要包括垄断、垄断竞争和寡头等。现代西方学者认为，完全竞争和垄断只是两种极端情况，普遍情况是垄断竞争或不完全竞争。所以，不完全竞争在这里是指一种既有垄断因素又有竞争因素的市场结构。其特征是：存在产品差别，厂商很多。不完全竞争理论的另一重要概念是生产集团，如汽车集团等。不完全竞争理论其假设是：一是有差别的产品由很多厂商生产，每一厂商的产品都可以成为生产集团中的其他厂商产品的替代品；二是一个生产集团中的厂商很多，多到使每一厂商可以忽视其他厂商的行为对自己的利益所产生

① 高鸿业，吴易风．现代西方经济学（下册）［M］．北京：经济科学出版社，1990：160.

的影响；三是一个生产集团中各个厂商具有相同的需求曲线和成本曲线。西方学者认为，不完全竞争市场的效率低于完全竞争市场，不完全竞争市场的产量也低于完全竞争市场，但按价格来说，不完全竞争市场的价格高于完全竞争市场。西方学者还认为，不完全竞争市场厂商的真实的产品差别可以满足消费者的多种需求，并且在非价格竞争中，不完全竞争厂商必然提高技术，改进产品，因而不完全竞争厂商比完全竞争厂商更有利于创新。于是，也就出现了20世纪30年代的所谓“不完全竞争革命”，追溯了完全竞争思想的历史发展，并注意到完全竞争这些特征中的许多种表现，还用文件证明人们越来越认识到似乎是完全竞争的必要条件或充分条件的严格性。如此而已，岂有他哉！这就是说，所谓的不完全竞争依然穿着捧着完全竞争的衣钵，并未离开完全竞争的老巢。当然，这并不是说，二者没有相互矛盾。应当说差别和矛盾还是有的，是客观存在的，这也正是不完全竞争市场和完全竞争市场相背反之处，更明确地说，不完全竞争与完全竞争市场其实共处于市场这个矛盾的统一体之中，二者之间既互相联系、互相依存、互相转化、你中有我，我中有你，但又相互背反、相互差别、相互冲突。因此，不完全竞争市场和完全竞争市场共同处于市场矛盾的统一体，这当然就是市场悖论的基本含义，即市场悖论的题中应有之义。

从实际情况看，不完全竞争尽管并未从完全竞争的躯壳中蛹化出壳，但仍受到一种标准对它的抱怨，认为它包含着太多的模型，做出了互相矛盾的预测；认为它缺乏令人满意的多市场的表述；认为它的理论显然是不完整的。然而，从科学的意义上讲，完全竞争理论和不完全竞争理论都是有缺陷的，都是不能令人满意的，都是有违科学的。据以上分析可知，完全竞争市场那种无法得到满足的假设条件脱离现实的虚构，那种为了得出完全竞争市场最有效率的结论而假设平均成本曲线和边际成本曲线必须是U形的虚构，自然是违背科学的；至于不完全竞争市场的学者认为，只有完全竞争厂商和市场存在供给曲线，而不完全竞争厂商和市场都没有发现供给曲线的存在，这在理论分析上具有很大的片面性，在事实上又具有非客观的主观性，当然也是违背科学的。诚然，我们在评论完全竞争市场理论和不完全竞争市场理论时，也不必“一刀切”地一概否认这两种市场理论。也就是说，我们有可借鉴之处：对竞争的积极作用的一面应予肯定并加以运用；对厂商利润最大化条件的分析方法也有参考之用；对于西方学者对各种成本的分析同样有借鉴之处。总之，对完全竞争市场和不完全竞争市场作为市场的两根主要支柱，或作为市场这个矛盾的统一体中的矛盾的两个方面，它们又是承载着市场悖论的根据。市场机制的二重性，即决定着市场悖论产生原因的市场机制的二重作用，并分别由完全竞争市场和不完全竞争市场来承担。前文我们已对市场的正面作用，即市场积极作用在社会经济中的推动或促进功能做过了一番描述和肯定，而作为市场负面作用，即市场消极作用在社会经济中的阻碍功能尚未做出详尽描述与概括。作为市场悖论的矛盾的两个方面，必须全面论述，缺一不可，不可犯片面性的错误。所以，下面我们将完成对市场负面作用的论述，以完成对市场悖论产生原因的市场机制二重作用的完整而系统的论证。

2. 市场失灵与市场悖论

关于市场失灵，我们先从市场成功说起。所谓市场成功即指聚集理想化的竞争市场使资源均衡配置达到帕累托最优状态的功能。这个由古典经济学家亚当·斯密粗略地推测的市场特点，在现代完全竞争市场理论中得到明确的表达，即①假如有足够的市场；②假如所有的消费者和生产者都按竞争规则行事；③假如存在均衡状态，那么，在这种均衡状态下的资源配置就达到帕累托最优状态。但是，当情况不符合上述条件和结论时，即市场在资源配置方面是低效率的时候，就意味着出现市场失灵。西方学者认为，市场失灵常常成为对市场进行政府干预的理由，其帕累托干预的可行性和可取性，取决于对市场失灵的根源有一个深刻的理解。

就第一项条件即要求有足够的市场而言，西方学者认为，虽然对什么是“足够”并没有确定的标准，但一般原则是如果任何经济行为者关心某一个和另外的至少一个经济行为者相互作用的某物，那么，对此物必须有一个市场；它必须有一个价格（阿罗，1969 年）。不论某一物是指面包、工厂里排放的烟雾，还是国防开支总额，原则总是如此。如果我们要实现帕累托最优化资源配置，这三者都必须定价；没有各自的市场，经济行为

者就可能无法使别的经济行为者获悉可以使双方都得到改善的互利的贸易。①

在西方学者看来，市场失灵只不过是市场太小所致，因此，努力使市场完善，看来是纠正市场失灵的一种容易的办法。征税和补贴（庇古，1932）以及重新分配产权（科斯，1960），这些能补救市场失灵的建议，就是从这种看法中直接得出的。然而，西方学者又不得不承认，在建立这些市场后有时可能发生非期望的后果。在一些情况下，增设市场会使上述第②、③条件成为虚假。这样，消除了一种形式的市场失灵却又导致了另一种形式的市场失灵。

就第二项条件即所有的市场参与者都必须按竞争规则行事而论，西方学者认为，这意味着各个参与者的行为都像是他们不能影响价格，而价格既已固定，他们似乎就是遵循最优化的行为。但是，市场参与者能影响接受均衡价格的价值，并为此而行动以从中得到好处时，这项条件就可能被违反。在这里，违反这项条件致使市场失灵的标准例子就是垄断，即如果一个市场参与者是某种产品的唯一供应者。这个参与者可以人为地限制供应，提高价格，从而使市场失灵。这种由不按竞争规则行事所造成的市场失灵，可否加以纠正呢？西方学者认为，至关重要的是市场的深度，关键在于经济行为者相对于市场而言的资源的规模大小，无论是实际资源还是信息资源，都是如此。于是为了解决非竞争行为造成的市场失灵的办法，似乎是要确保所有经济行为者的实际资源和信息量都很小。这当然就必须通过直接干预，如美国的反托拉斯法和证券市场管理条例，而这样可能是行不通的。因为实际上，垄断厂商很容易表面看来似乎定价与边际成本相等，却采用虚假的成本曲线来进行欺骗，外部的观察者不可能把这种非竞争行为与竞争行为区别开来，所以，一般地说，非竞争行为造成的市场失灵，只要依然保持着市场，就很难予以纠正。②

就第三项条件即存在均衡状态来讲，西方学者认为，第一个而且也是

---

① 新帕尔格雷夫经济学大辞典（中译本）（第三卷）[M]．北京：经济科学出版社，1996：351.

② 新帕尔格雷夫经济学大辞典（中译本）（第三卷）[M]．北京：经济科学出版社，1996：353.

最简单的是增加生产的规模效益。但是，如果这个厂商在同行业中按竞争规则行为，如果价格高于边际成本，该厂商就会无限量地供货；如果按边际成本定价或低于边际成本，该厂商就不愿意进行生产。这里并不存在那种供求相等的价格，所以，均衡也就不存在。这种情况的真正含义不是市场不均衡或交易不发生，而是存在自然的垄断。在存在自然垄断的情况下，自然也就不可能存在均衡状态。第二个是涉及外在不经济的问题。如果上游有一家工厂把河水污染了，下游一家工厂在生产过程中需要输入清洁水。由于这种外在不经济的存在，下游的这家工厂做出不行动的选择，即停产，无投入又无产出，成本等于零，那么，该国经济扩大到允许有足够的市场时，其生产可能性集是非凸的（集中是不凸显的），竞争均衡也就不可能存在了，如扩大市场数目以解决外在不经济造成的低效率问题，可能导致竞争均衡的消失。第三个是信息不对称引起的。如果不知情的经济行为者没能从另一个经济行为者的行为中推测出实际状况，那么，各人就会突出不同的价格，于是均衡（理性预期）将不可能存在。如果知情者想进行推测，价格却将不给他信息，而不知情者不想进行推测，价格却将给他信息。而且很容易看出，如果设置一个信息市场的话（隐瞒信息的动机略去不计），结果造成的可能性集一般是非凸的，在这两种情况下均不存在均衡。①

总而言之，如上所述，如果出现市场太少、非竞争行为或均衡的不存在，市场失灵就可能出现，即市场在资源配置上的低效率。这与“市场成功”即使资源配置达到帕累托最优状态相对立或相矛盾，即本书所称的市场悖论。但是，这种市场矛盾或市场悖论如何解决呢？要解决这一矛盾或悖论，关键似乎是如何解决市场失灵。西方学者提出了解决市场失灵的许多办法，如税收—补贴计划、财产权重新分配和特别定价措施等，这些措施其实都不过是建立更多市场的办法。如果这些措施能避免非凸性和确保参与深度的方式加以实行，那么，这种补救办法可能是有益的，新的资源配置应当是有效率的。但是，另一方面，如果增设市场造成非凸性或导致参与程度肤浅，那么，纠正由于市场太少造成的市场失灵的努力，只会导

① 新帕尔格雷夫经济学大辞典（中译本）（第三卷）[M]. 北京：经济科学出版社，1996：353.

致由于垄断行为造成的市场失灵。而这后面的一种情况下的市场失灵是具根本性的。例子如前所说的自然垄断、外在不经济、公共财货和信息的垄断。如果我们想要在这种根本性市场失灵的情况下做到资源有效配置，那就必须接受自私自利的行为和探讨一些非市场性的可供选择的办法。[①] 在这里，西方一些学者对解决市场失灵给人有力不从心的感觉，似乎有点无奈，甚至考虑接受对自私自利行为和非市场性的选择办法来补救市场失灵以解决市场矛盾或悖论。

3. 辩证解决市场悖论及“试错法”

（1）头痛医头，脚痛医脚，是解决不了市场悖论的

“市场成功”和市场失灵之悖论或矛盾，以头痛医头，脚痛医脚的治疗方法是根本无法治愈的。因为这一矛盾症结的治愈必须从病根上加以根治。然而西方学者所采取的税收—补贴计划、财产权重新分配和特别定价等措施，尽管这些措施对于建立更多市场，对于新的资源配置效率是有益的，但这种纠正由于市场太少造成的市场失灵的努力，并无法阻挡由于垄断造成的市场失灵，如自然垄断、外在不经济、公共财贷和信息的垄断等。事实上，这些医治市场失灵的措施仍属于头痛医头，脚痛医脚，因而难以治疗市场失灵的病根，这一点，连一些西方学者也不否认，甚至认为，对于这种根本性的市场失灵，必须寻求接受自私自利的行为和一些非市场性的可供选择的办法。这就是说，这些西方学者也认识到要从深度的方式上或根本性问题上寻求治疗或解决市场失灵或市场悖论的方法和方式。从唯物辩证主义的角度看，解决矛盾或悖论的基本形式有三种：矛盾的一方克服另一方；矛盾双方“同归于尽”；有些矛盾对立面最后“融合”成一个新的事物。依笔者陋见，市场悖论的矛盾双方，即“市场成功”与市场失灵，可通过“矛盾的一方克服另一方”，即采取新的生产关系克服旧的生产关系的方式来解决市场悖论。这里所指的旧的生产关系当然指的是资本主义生产关系，如资本主义生产资料占有形式，包括有资本家个人占有、股份公司和各种垄断企业等资本家集团占有，以及资产阶级国家垄

① 新帕尔格雷夫经济学大辞典（中译本）（第三卷）[M]. 北京：经济科学出版社，1996：353.

断等形式。唯物辩证的历史观历来首先坚持生产力决定生产关系的原理，同时又一贯重视生产关系的能动的反作用。并指出，生产关系对生产力的反作用有时会表现得非常突出，如在新旧生产关系合乎规律的交替过程中，不变革旧的生产关系，生产力就不能继续发展的时候就是如此。在此情况下，生产关系对生产力的巨大反作用，就会异乎寻常地表现出来。市场作为商品交换关系的总和，无疑是生产关系的重要方面或重要环节。它在生产、交换、分配和消费等环节中享有特别重要地位，因此，在当今世界市场中，另一半是西方的资本主义生产关系下的资本主义市场经济，一半是东方的社会主义生产关系下的社会主义市场经济，两个市场，两种生产关系。从目前情况看，西方市场的失灵状况严重，即生产关系阻碍生产力发展的状况严峻。当生产关系同生产力不能相容，就必须改革生产关系，使其适应生产力的发展。就市场矛盾或悖论而言，从表面看是“市场成功”与市场失灵的矛盾对抗，但归根结底是生产关系同生产力的矛盾对立，因此，要解决这一矛盾或悖论，仅仅采取一些头痛医头，脚痛医脚的治疗方法是无济于事的，必须改变以生产资料所有制为基础的生产关系以及建立其上的自私自利的私有观念，才有可能从根本上医治市场失灵之症。当然，这也不能急于求成，等到生产力冲破旧的生产关系的内在力量已经成熟的时候，才能水到渠成。但是，即使新的生产关系克服了旧的生产关系，这种市场失灵之悖论就算完全解决了吗？怕也未必。例如，社会主义市场就不存在市场失灵之悖论吗？从理论上说，社会主义生产关系包括商品交换关系是应当基本适应生产力发展的，加之还有看得见的手的调节，是不会发生市场失灵之悖论的。然而事实上，社会主义市场虽然是建立在公有制基础之上，却仍有多种所有制并存，也并未能消除利己即自私自利的观念，因此，不仅市场看不见的手调节失灵，看得见的手也有可能失误。所以，市场失灵的可能性依然存在，市场悖论也照样可能发生，必须谨慎从事，正确对待，不可有丝毫的麻痹大意。

（2）对市场社会主义的认识

波兰经济学家兰格批驳了米塞斯、哈耶克、罗宾斯等人关于社会主义不可能解决资源配置的论点，着重论证了社会主义完全可以用竞争市场上的“尝试法”或“试错法”来实现资源的合理配置。兰格的市场社会主义模式的核心是中央计划指导下的多层次决策体系，即中央计划委员会、企业、家庭或个人三级决策体系。在这种模式下，有真正的消费品和劳务市场，但没有真正的生产资料市场，因为只存在由国家计划组织的生产资料的模拟市场。中央计划委员会确定生产资料配置价格、社会红利分配积累率以及企业行为准则等。企业根据中央计划委员规定的生产资料配置价格，从自身生产目标函数出发，自主进行生产经营决策，但决策目标不是最大利润，而是用最有效的方式满足消费者的需要。消费者的需要是指导生产和资源配置的标准；家庭个人根据劳动服务价格（工资）自由地选择职业，根据消费价格自由选购消费品。由此实现社会利益、企业利益和个人利益三者的有机统一。为了形成模拟市场竞争机制的条件，兰格认为要在坚持以公有制为主体的条件下，允许个体经济和小私有企业存在，并实行按劳分配为主体的多种分配方式。兰格的结论是，社会主义制度下完全可以实现资源的合理配置。他首次提出并论证了市场机制在社会主义经济中的运行和作用问题，这些论述无疑包含有不少合理的因素和成分，尽管他当时把自己的市场社会主义学说置于西方福利经济学的基础之上。既然如此，这就表明，市场社会主义经济理论是以福利经济学为理论基础的。就西方福利经济学而言，他提出了一些问题，对于思考和研究社会主义面临的任务也许会有一定的参考价值，比如什么是经济效率？什么是合理收入分配，什么是公平？当效率与公平发生矛盾时，是以公平为代价保持效率，还是以效率为代价保持公平？或者二者兼顾？等等。但是，必须注意到，西方福利经济学是微观经济学论证“理想社会”的一个重要组成部分。西方学者美化资本主义的意图最突出地表现在论证完全竞争的资本主义市场经济符合帕累托最优状态这一基本点上。他们认为，在帕累托状态下，资源配置是最优的。福利经济学宣称完全竞争的资本主义市场可以同时达到要素在生产者之间的最优分配和商品恰好能满足所有消费者在最优状态下的需要。这样，西方学者就把资本主义描写成了一个“理想社会”。然而，迄今为止，西方学者主观设计的福利经济学也未能接近于资本主义现实，仍旧是镜花水月之幻梦。就连萨缪尔森也不得不承认：“从福利经济学的观点可以看到，任何资本主义制度都可能在三个主要方面偏离被认为是社会的最优状态：不正确的收入分配、垄断和外部影响以及失业的不稳定性。”① 可见，兰格以福利经济学为理论基础的市场社会主义理论，虽然它批驳了社会主义不可能合理的配置资源的观点，在当时具有进步意义，并且他论证的市场机制在社会主义经济中的运行和作用的论述中，也包含有不少合理正确的因素，应该说也是我们可以借鉴的，具有重要的启发性意义。但是，他的理论仍属于西方经济学范畴，并未从西方经济学的殿堂中迈出它的门槛。这一点也应该是无歧义的。

① 高鹏业，吴易风．现代西方经济学（下册）［M］．北京：经济科学出版社，1990：237.

廿三、计划经济与市场经济悖论

计划、计划经济与市场、市场经济既是矛盾的，又是统一的，是矛盾对立统一的两个方面。我们必须以唯物辩证的思维来认识并且处理好两者之间的辩证关系。市场、市场经济并非西方资本主义的“专利”，东方社会主义也可以有市场、市场经济；同样，计划也并非东方社会主义的“专利”，西方资本主义也可以运用计划手段。但是，重要的是，计划经济或计划经济体制却只属于社会主义，资本主义是不可能拥有的，除非资本主义制度被社会主义制度所替代，而果真如此，那计划经济也就仍然不属于已被替代的资本主义了。就市场经济而言，正如我们不能像迷信计划经济那样，我们也不能像当今一些人那样如此迷信市场经济。不然的话，一个社会或一个国家就不可能健康、协调、稳定、快速的发展；反之，有可能走向腐败、混乱、危机、滞胀的衰落。这个法则和道理早已被东西方的历史经验和教训及当今西方资本主义市场经济的低迷及困境所证实。这是任何一个持唯物史观的人所承认的，少数历史虚无主义或历史唯心论者，他们可能采取选择性的盲视，那就另当别论了。

1. 悖论如此产生

从 20 世纪 50 年代开始的计划经济国家所进行的经济体制改革的过程中，在确立经济体制改革的目标上，自始至终存在着对计划、计划经济与市场、市场经济两者关系的认识与分歧。在这里，我们无须赘述 20 世纪 50 年代东欧南斯拉夫、匈牙利、捷克斯洛伐克、波兰所进行的“工人自治”、引入市场机制、扩大企业自主权、缩小集中计划等经济体制改革中有关计划、计划经济与市场、市场经济的关系问题；我们也不必陈述 20 世纪 60 年代到 70 年代在苏联、民主德国、保加利亚、罗马尼亚、波兰、匈牙利、捷克斯洛伐克所实行的利润刺激、经济核算、放弃行政命令性的计划体制、用方向性计划代替指令性计划、逐步向市场机制过渡、取消指令性计划等经济体制政策中有关计划、计划经济与市场、市场经济之间的关系摩擦；我们仅从我国在探索经济体制改革目标过程中如何处理计划与市场这个看似水火不相容的对抗关系的。中国很早就对传统的高度集中的苏联的计划经济体制的弊病有深刻的认识。毛泽东1956年就指出，这一体制的弊病主要在于权力过分集中到中央，统得过多，卡得太死，因此改革的根本措施是向下级政府和企业下放权力和给其更多的独立性。1958年，中国开始了经济改革，向省市下放了大多数原属部委领导的企业。到了1982年9月，中共十二大提出，改革要遵循“计划经济为主，市场调节为辅”的原则，这就是要求在计划经济的主体框架内部分地引入市场机制，作为有计划生产和流通的辅助。此时，市场调节是从属的、次要的，但又是必需的、有益的。应当说，这一原则与当时把计划与市场视为水火不相容的传统认识，大相径庭，向前迈进了一大步。紧接着，1984年的中共十二届三中全会提出社会主义经济“是在公有制基础上的有计划的商品经济”。这是在经济体制改革目标确立中的一个重大突破，“有计划的商品经济”是将商品经济作为社会主义经济运行的基本架构，同时又给予计划的指导。由于马克思、恩格斯等经典作家过去未曾设想在未来社会主义社会还存在商品经济，以及我国过去的社会主义实践中有排斥市场调节的背景，因此，“有计划的商品经济”的提出被称为社会主义经济理论的一个崭新的发展。

到了1987年10月中共十三大提出，社会主义有计划商品经济的体制应该是计划与市场内在统一的体制；并指出：新的经济运行机制总体上应当是“国家调节市场，市场引导企业”的机制，即国家运用经济手段、法律手段和必要的行政手段调节市场供求关系，创造适当的经济和社会环境，以此引导企业正确地进行经营决策。可以认为，这一新提法，确立和提高了市场的地位。不过，到了1989年之后，针对20世纪80年代中期的经济过热和经济秩序的混乱状况，国家开始了治理整顿工作。在这段时间里，直接计划调控的作用有所加强。所以在制定第八个五年计划中，又将“计划经济与市场调节相结合”的提法再改回来，这一提法是对完全排斥市场调节的原来计划经济体制的否定，但这时所指出的计划经济又保留了进一步缩小范围的指令性计划，且强调了指导性计划的指导作用。

此后，到1992年10月召开的中共十八大正式提出：“我国经济体制改革的目标是建立社会主义市场经济体制”。这一提法明确强调，我国经济体制改革不是对原有经济体制的细枝末节的修剪，而是要对原有经济体制进行根本性的变革。从党的十四大以来20多年间，对计划、计划经济与市场、市场经济的关系，我们一直在根据实践和认识来寻找新的科学定位。党的十五大提出“使市场在国家宏观调控下对资源配置起基础性作用”，党的十六大提出“在更大程度上发挥市场在资源配置中的基础性作用”，党的十七大提出“从制度上更好发挥市场在配置资源中的基础性作用”，党的十八大提出“更大程度更广范围发挥市场在资源配置中的基础性作用”。十八届三中全会《决定》将市场在资源配置中的“基础性作用”修改为“决定性作用”。至此，当我们把市场在资源配置中的“基础性作用”修改为“决定性作用”之后，可以认为，这在我国改革开放的历史进程中是迄今为止的一次最大的理论突破，因为在计划与市场或政府与市场的关系上，在资源配置中是市场起决定作用，还是计划起决定作用，这是一个重大的理论核心问题。在这个问题上，即在计划与市场的关系上，正如毛泽东所说，“这也是一个矛盾”“世界是由矛盾组成的”“没有矛盾就没有世界”。① 的确如此，计划与市场的矛盾，无论在国外，还是在国内；无论在理论上，还是实践上，从现代市场发轫以来就自始至终存在着既互相联系、互相依存，又存在互相对立、互相对抗的矛盾的发生与发展。这也就是本文所要解构的计划经济与市场经济悖论的由来与产生。

2. 两种经济体制矛盾透析

我们在这里所说的计划经济是指：人们有意识、自觉地在全社会范围内计划、组织、控制、管理社会经济活动的一种经济运行方式和管理方式。这是由马克思主义经典作家根据历史唯物主义的发展观即唯物史观，在以资本主义市场经济的各种弊病尤其是市场缺陷的严厉而又深刻批判的基础上，对未来共产主义的一种科学设想。诚然，马克思设想的未来共产

① 毛泽东．论十大关系［M］．北京：人民出版社，1976：11，28.

主义的计划经济前提是全社会的直接的社会化大生产和生产资料的完全的社会公有制，其基本特征是按比例分配社会劳动，有计划地发展社会经济，直接地分配社会产品，不存在商品生产与交换。然而，后来社会主义革命成功的苏联以及东方落后国家并不具备实行生产资料全社会公有制这个计划经济实行的大前提，即生产力的发展水平较低不适应以所有制为核心的生产关系的转变。而是人为地、勉强地进行彻底消灭私有制、排斥商品经济即市场经济、建立高度集中的计划经济的主观努力，这显然违背了生产关系一定适应生产力发展这条人类社会发展的共有规律，因此必然激化了计划经济与市场经济的矛盾，从而使计划经济不能在社会主义实践中得以成功实行，反倒影响甚至在一定程度上阻碍了社会主义生产力的发展。但是，反过来说，这是否就证明马克思主义经典作家所设想的“计划经济”本身就是不科学的，不正确的呢？当然不是，要知道，马克思主义经典作家设想的计划经济是针对资本主义市场经济的各种弊病或市场经济缺陷的批判而提出的，是经过论证和实证的科学的设想。我们不妨再来看看现在被一些学者捧上天的市场经济的缺陷。市场经济自身的最大的缺陷就是它宏观经济运行的“无政府状态”。资本主义市场经济这种近乎完全的自由竞争式的资源配置方式，存在着严重的弊病，蕴含着造成资源和社会劳动巨大浪费的必然性，因为这种通过市场机制即通过市场价格调节人、财、物等资源在产业之间与企业之间的分配，这种调节带有自发性、盲目性、滞后性，缺乏社会有意识、自觉的计划调节的指导与干预，因而其调节过程往往伴随着产业部门比例的破坏和社会生产力浪费；同时，这种激烈的自由竞争的无序性，又会造成商品生产者的两极分化，形成垄断势力、垄断行为，阻滞社会经济的发展。恰恰相反，计划经济的设想正是基于市场经济的弊端和缺失而确立的，并在一定时期的社会主义经济建设的实践中发挥过重要的积极作用。特别是在集中力量办大事方面，充分体现了社会主义制度的巨大优越性，比如20世纪50年代苏联援建的156个项目的建设中，中央就集中人、财、物投入了所有这些大项目的建设，从而奠定了我国现代化工业的基础，这是功不可没的，是市场经济根本无法办到的大事。

我们无法想象，市场机制能够实现资源的最优配置。事实上，市场失效或市场失灵，它决定了市场机制不可能实现资源的最优配置。在微观经济领域，市场失效对资源配置的严重影响有如下几种情况：①不完全竞争，特别是垄断导致市场失灵。新古典经济学认为，完全竞争的市场经济可以实现资源配置的帕累托最优化，但完全竞争的条件非常严格，现实中的市场总是不完全的，不完全竞争是市场的常态。因此，在垄断势力存在的情况下，市场价格及资源配置均偏离自由竞争均衡，从而使资源不能达到最优配置，并由此导致市场失效。既然市场调节失效，当然也就无法想象会有资源的最优配置和高效的经济增长与发展。②外部性导致市场失效。外部性的存在会使得资源配置中的边际私人成本与边际社会成本、边际私人收益与边际社会收益不对等。因而，市场主体在进行经营决策时只考虑私人成本和私人收益，而不会关心社会成本和社会收益，这就会导致从整个社会角度看的资源配置的失误。当然，这种资源配置的失误是由市场失效导致的，而这种市场失效又是外部性所致。③在公共产品的提供上存在的市场失效。公共产品的特性，是对公共产品享用上的非排他性即共享性，使得不为公共产品提供做出贡献即付出成本的人也能够获得公共产品或享用公共产品，这就形成了所谓的“搭便车困境”。搭便车困境意味着公共产品不可能靠个人的自觉自愿提供来解决。这也就意味着仅靠市场机制不可能解决公共产品的供给问题。换言之，市场机制在公共产品的资源配置上是失效的。④在解决社会公平上的市场失效，包括新古典经济学家在内的许多西方经济学家都注意到市场不能很好地解决社会公平问题。尽管公平与效率二者的关系如何处理的问题，一直是西方福利经济学中的一个争论不休的难题。多年来，西方学者不断努力改进他们的福利经济学理论。比如，新福利经济学批评旧福利经济学，社会福利函数论批评补偿原则论，不可能性定理批评社会福利函数论，次优理论批评最优理论等，然而，这些改进理论的努力至今也未能接近于他们主观设计的福利经济学理论的资本主义现实，未能实现福利经济学所宣称的完全竞争的资本主义市场经济可以同时达到要素在生产者之间的最优分配和商品在消费者之间的最优分配，所有的生产者在最优状态下生产的商品恰好能满足所有消费者在最优状态下的需要这样一个主观设计，即西方学者所论证的完全竞争的资本主义市场经济符合帕累托状态下资源配置是最优的理论构想，而恰恰相反，资本主义市场经济的现实是不断地出现市场失效，如不正确的收入分配、垄断、外部影响、公共物品生产和消费、公平与效率等方面，市场机制偏离自由竞争均衡，偏离资源的最优配置而失效已近乎常态。这一点，就连新古典综合学派的代表人物萨缪尔森都是承认的。

以上是从西方微观经济学的一个重要组成部分福利经济学的角度论证资本主义市场经济是否符合帕累托最优资源配置状态的问题，结论是“不可能”！而只能是“失效”或“失灵”。我们还可以从宏观经济领域来看资本主义市场经济的市场失效问题。虽然在这个问题上，主要是凯恩斯主义经济学家的看法。他们认为，萨伊定律即市场机制能够自动保证总供求平衡是错误的。因为，在市场经济条件下，有三大心理规律的作用会使有效需求不足。它们是：①心理上的消费倾向使消费品增长赶不上收入的增长，会引起消费需求不足；②心理上对未来资产收益的预期和心理上的“灵活偏好”，使预期利润率存在偏低趋势，而与利息率不相适应，引起投资需求不足。因此，有效需求不足会导致非自愿性失业的存在和宏观经济的不平衡，造成资源闲置和浪费。这就是说，资本主义市场经济的宏观经济领域也同样存在市场失效。

综上所言，西方学者试图论证的完全竞争的资本主义市场经济符合帕累托状态资源配置最优的基本论点是不能成立的，其主观设计的“理想社会”也是不存在的。因为，在资本主义现实中，无论是宏观，还是微观，都无疑存在市场失效的客观事实；并且，无论理论上，还是实际上，西方学者中一些追求真理的学者，不仅从理论上论证且否定这种市场经济的市场机制不可能造就资源配置的帕累托最优状态，而且从事实上反证了市场失效的不完全竞争的市场常态。这种不完全竞争市场和市场失效的状态正好成了主张政府干预经济的一些经济学家的最强有力的理由。事实上，马克思主义经典作家不也正是基于资本主义市场经济的弊病提出了计划经济吗？在这一点上，马克思主义经典作家和西方一些追求真理的学者似乎是不谋而合的。不过，马克思是在150年前就已提出计划经济的科学设想，而现代一些追求真理的西方学者不可能穿越时空隧道去与马克思不谋而合，而是他们有可能从马克思的科学设想中得到了启发和教导，而有所悟，有所得！

3. 应给计划经济正名

计划、计划经济在我国改革开放的进程中，随着“我国经济体制改革的目标是建立社会主义市场经济体制”的确立，市场、市场经济由对资源配置的“基础性作用”到“决定性作用”的地位的转变，计划、计划经济便远远离我们而去了，且带着“恶名”和“骂名”无奈地退出了历史舞台，仿佛它们是历史的罪人，十恶不赦，必须把它们扫进历史的垃圾箱而后快。然而，这难道是罪有应得？显然不是，这难道是历史的误会，显然也不是。那究竟为什么会出现彻底否认计划、计划经济的结局呢？过去曾广泛使用“计划”的概念不再使用了，各级政府的计划委员会的牌子也不再挂了，原来一部分省市副省长、副市长兼任计委主任的也不再兼职了，甚至一些高校教计划学的教授也不得不转业了，计划经济从此被打入冷宫甚至地狱了。尽管当时（20 世纪 90 年代）也曾有经济学家杨坚白教授坚定地主张过“要敢于倡导经济的计划化”，但无济于事，并未挽回这种退步的趋势；尽管还有周新成教授、杨德明教授也都大声疾呼“社会主义市场经济体制不应否认计划经济的作用”“不能否认计划管理体制”“让看不见的手包打天下”，同样，仍旧无济于事，也未能阻止这种倒退的趋势。计划被市场打得趴下了。这难道是公平的，难道是科学进步的？当然不是，要知道计划经济是马克思主义经典作家在批判资本主义经济无政府状态的弊病基础上提出的科学设想，它是社会主义的基本特征之一，是科学的理论设想，尽管它在社会主义初级阶段还不完全具备实行计划经济的条件，但也不应彻底否定或一棍子打死它。就像西方的完全市场经济假说也不符合实际，也不完全具备市场经济的条件，然而西方主流经济学派却竭尽全力来维护它。这就使我们不难看出，我们的冠以“社会主义”的市场经济，却完全丢掉了“社会主义”的本质要求，被一些学者甚至知名的大学者鼓吹成绝对的市场化或过度的市场化。要知道，这种畸形的近乎宗教信仰的市场化理论，不仅误导我国政府对改革方向的正确认知与决策，也会贻误我国经济的健康发展和人民的美好需求。世界上的事情往往总是这样，在社会主义计划经济实行的条件尚不完全具备之时，推行社会主义市场经济，这是无可非议的，并且它应该是改革的方向，我国一些学者包括一些大学者，在推动我国市场化改革上有贡献、有成绩、有功劳的，但是市场是有边界的，是有限度的，也是有缺陷的，绝不可无边无际地推行市场化，否定计划与计划经济，否定计划经济制度和政府的有效控制与管理。一些学者在计划与市场上的极端观点甚至比西方大名鼎鼎的萨缪尔森的“混合经济”的观点还有过之而无不及，走到了市场的极端，走进了谬误。的确如此，真理再前一步就会变成谬论。所以，我们必须把握辩证法，经济学更应如此。从理论上讲，从科学方法上讲，我们不应彻底否定计划与计划经济，况且，计划与计划经济在我国改革之前三十年的实行，并非是乏善可陈的，而恰恰是功不可没，成绩斐然的。我们有什么理由这样不公正、不科学地对待它呢？如此全盘否认它呢？这无疑是历史的错误，是对历史唯物主义的践踏，也是对辩证法愚蠢的否定。当然也是与社会化大生产的客观要求相悖的。所以，我们主张给计划和计划经济“正名”，让它们在社会主义初级阶段有一席之地，哪怕是“半边天”也可以，因为这是天经地义的，因为中国是社会主义国家，是具有中国特色的社会主义国家。绝不能将“社会主义市场经济”前面的限制词“社会主义”抛弃，只留下“市场经济”，如果这样，我们确定改革目标的“市场经济”与现代资本主义“市场经济”还有什么区别呢？在这里，我们不妨听听一个美国的马克思主义者是如何评价“市场经济”的。这位美国的马克思主义者在美国日渐式微的大背景下来中国参观，他在中国社会科学院曾说：“市场经济是架绞肉机，你们掉到了绞肉机里还自以为控制了绞肉机。”作为现代资本主义市场经济最发达的美国的马克思主义者对待资本主义市场经济有如此深刻、尖锐、形象的批评，实在令人敬佩，尽管他对市场经济的看法有些片面，有失辩证，并且也未能认同“社会主义市场经济”理论，但与我们国内披着马克思主义外衣的一批学者相比，不知要强多少倍！站在这位美国马克思主义者的面前，我们的一些著名经济学家难道不为之羞愧吗？实际上，我们冠以“社会主义”的“市场经济”与资本主义市场经济有着本质的区别，它首先是社会主义的。要知道，中国特色社会主义最本质的特征是中国共产党的领导，而中国共产党的领导又是中国特色社会主义制度的最大优势。所以，决不可抛弃“社会主义”，也不可冷冻“计划经济”。

4. 计划与市场的矛盾是对立统一的

追溯人类社会发展史，计划与市场是相伴而生，相伴而行，相互矛盾对立而又统一的。自原始公社尽头处的物物交换的市场诞生之日开始，人类在进行物物交换之前也会为市场的以物易物做一定的算计、谋划，即计

划，比如自己需要什么？拿自己的什么东西去换回自己所需要的东西，交换比例是多少？我的一把石斧能换回多少兽皮或粮食？等等。这就是说，计划与市场是相伴而生的。如果要以哲学的思维来问：是先有鸡，还是先有蛋？我想在这里可以肯定地说，作为人们的经济行为或交换行为，是一种理性行为，必然是交换双方先有交换的意愿或需求，并且双方还应先有算计、筹划、计划，然后才有市场交换的实践和结果。然而，就是在这里，在古代原始公社的尽头处，这种物物交换就已经有了矛盾。计划和市场在此时就已经蕴含着矛盾了。因为交换双方虽然都事先有计划，但成交却是困难的，矛盾的。原因很简单，交换双方的需求往往不一致，你需要他的物品，但他不一定需要你的物品；交换量的比例也难得一致，难以落实双方事先确定的计划。可见，计划与市场自它们诞生日起，虽然相伴而生，相伴而行，但它们却又相互对立，相互矛盾，当然，它们也是相互依存，对立统一，不可分割的。

随着社会生产力的发展，人类的生产和交换活动也得到长足的发展，从市场发展到市场经济；从计划发展到计划经济，这自然是遵循从量变到质变的规律前行的。在经历了人类社会漫长的变迁和演绎之后，直到近代才产生了以私有制为基础的资本主义和以公有制为基础的社会主义两种社会制度，同时也相应产生了市场经济体制和计划经济体制。尽管现代经济学的各种派系对市场经济和计划经济褒贬不一，但是，两者相互对立、相互矛盾而又相依相伴，相互统一，对此他们在一定程度上达成了共识。他们甚至认为，不同社会制度的不同国家，在计划经济和市场经济之间是不可以也不可能走极端的。被标榜为自由市场经济典范的美国建国二百多年来，并未有过完全不要政府干预的纯粹的市场经济。相反，在政府的调控和计划削弱时，市场过度自由和失灵时，在出现经济危机时，政府不得不加强计划性、指令性。英国作为老牌的资本主义市场经济国家也不例外，它从来就不是一个真正的纯粹的市场经济国家，政府对社会经济的指令、干预毫不掩饰，它甚至还保留少量的封建经济残余，当然他们还是自诩自己是资本主义市场经济国家。①

① 吴松营．计划市场——老路、邪路与正道［M］．北京：东方出版社，2017：156.

苏联作为世界上第一个实行计划经济体制的社会主义国家，建国一开始，列宁的“新经济政策”就是引入市场经济，想以此借助市场手段来打破国内外敌对势力的经济封锁。社会主义的新中国在改革开放的前30年，即1949年到1978年，实际上也并非纯粹的计划经济，而只不过是以计划经济为主，也有少量市场经济或商品经济成分。改革开放后，邓小平再三强调：“我们要继续坚持计划经济与市场调节相结合，这个不能改。……以后还是计划经济与市场调节相结合。”①

以上事实证明，市场、市场经济，计划、计划经济，二者不但是不能决然分开的，而且二者是相互兼容的，这是否意味着二者就可以不对抗、不矛盾呢？不是的，二者的关系是既矛盾，又包容；既对抗，又统一的；如同世界上所有事物都存在的矛盾相同，它们之间也存在对立统一的矛盾。计划经济体制和市场经济体制从本质上讲是对立的，因为公有制和私有制在本质上是对立的，以公有制为基础的计划经济体制与以私有制为基础的市场经济体制在本质上当然也是对立的。市场经济的根本性特征是追求自由竞争，无休止地追求利润最大化，处于自由放任的无政府状态；而计划经济体制则有对全体民众高度负责任的政府，实行按比例发展国民经济，对市场过度竞争和无休止地追逐利润最大化进行管控和干预。一言以蔽之，计划经济体制和市场经济体制是具有不同属性的，从一定意义上讲，计划经济姓“社”，市场经济姓“资”，两种不同属性是对立的，是矛盾的。这一点是无须讳言的。

诚然，计划经济和市场经济又是可以统一的，这完全符合辩证唯物主义原理。毛泽东曾说过：“事物矛盾的法则，即对立统一的法则，是自然和社会的根本法则，因而也是思维的根本法则。”他又说：“矛盾着的事物依一定的条件有同一性，因此能够共居于一个统一体中，又能够互相转化到相反的方面去，这又是矛盾的特殊性和相对性。”② 这就是说，事物的矛盾不仅是对立的，而且也是统一的即“同一性”，亦即“共处于一个统一体中”。也就是说，事物矛盾的双方，一方面是相互对立、互相转化；并且矛盾的双方不是绝对静止不变的，而是处于运动和变化之中，尤其是，

① 邓小平．邓小平文选（第三卷）［M］．北京：人民出版社，1993：148.

② 毛泽东．毛泽东选集（第一卷）［M］．北京：人民出版社，1952：324.

双方在一定条件下，可以相互转化，变成统一的东西；当然，统一的东西，在一定条件下，又可变成对立和对抗的两个方面。① 在这里，就计划经济和市场经济而言，我们一定要谨记毛泽东的教导："当我们研究矛盾的特殊性和相对性的时候，要注意矛盾和矛盾方面的主要和非主要的区别。"这就是主要矛盾和非主要矛盾的区别，也是矛盾的主要方面和非主要方面的区别。在计划经济与市场经济这对矛盾中，矛盾的主要方面和非主要方面在社会主义社会和资本主义社会是各不相同的。在资本主义社会中，市场经济是占主导地位的，是矛盾的主要方面，其所谓"混合经济"或"计划经济"只能是非主导地位即矛盾的非主要方面；对于社会主义来说，计划经济无疑应占主导地位，即矛盾的主要方面是计划经济，市场经济应当是矛盾的非主要方面。在这一点上，切不可颠倒"东西"，不要让市场经济在社会主义社会中占据主导地位，即使是中国特色社会主义也不例外，不能丢掉"社会主义"的老本，这应是底线。不难理解，十九大修改党章中提到党面临的考验中特意提及"市场经济考验"，我们体会，除了接受市场负作用和市场失灵的考验外，还应该包含着不能把资本主义市场经济全都搬过来，让它在计划经济与市场经济的矛盾中占主导地位或矛盾的主要方面的含义。当然，事实上，虽然当今世界，市场经济以其私有和自由的品性大行其道，但在中国，改革开放近40年来，尽管大力推行市场经济，但在国民经济运行中从来没有放弃过计划经济和计划调控，一直在计划与市场之间探索前进。1992年春天，邓小平南方谈话中说："资本主义有计划，社会主义有市场"，他主张社会主义可以搞市场经济，但从未排斥计划经济，认为以后还是计划经济与市场调节相结合。

总而言之，在中国特色社会主义市场经济中，一定要警惕在计划经济与市场经济的对立统一矛盾中，不要让这个矛盾的主要方面和非主要方面的转化朝着资本主义市场经济占统治地位的同一性方向变化，更不能任市场经济对中国经济的发展起决定性的作用，也不要追求少数人鼓吹的以西方承认中国为市场经济国家地位为目标，否则，新时代中国特色社会主义市场经济与现代西方资本主义市场经济还有什么不一样呢？不就"趋同"

---

① 吴松营．计划市场——老路、邪路与正道［M］．北京：东方出版社，2017：160－161.

了吗？“社会主义”不就丢失了吗？“中国特色”又何在呢？中央人民政府的计划与调控职能又如何发挥呢？中国特色社会主义的政治、文化的影响和制约不也就落空了吗？所以，在计划与市场、计划经济与市场经济的矛盾对立统一中，切忌走极端，切忌走极端的市场经济道路，彻底否定计划经济，而要唯物辩证地对待这个对立统一的矛盾，正确处理这个矛盾，不要听信国内外少数新自由主义经济学家所鼓噪的“要市场经济，不要计划经济”的荒唐论调，还要记住我们中华老祖宗所说的“物极必反”、“有无相生、易难相成”、阴阳对立与“和合”的朴素辩证思想，也要记住西方古典哲学家的“对立面的和谐”等对立统一的法则。

廿四、“看不见的手”与“看得见的手”悖论

“看不见的手”和“看得见的手”，作为一种比明喻更为贴切的隐喻，在当今社会已广为流传，经济界似乎也人人皆知。然而，如何认识从斯密的“看不见的手”到凯恩斯“看得见的手”的理论演绎？怎样产生两只手互相打架以致悖论？恐怕知之者并不多，甚至知者亦不以为然。何以如此，这大概是由于人们往往不愿打破砂锅问到底，或者是不习惯于格物致知吧！当然，也许还有各自不相同的原因，这里无须再去纠结了。我们认为，理论研究还是需要格物致知这一点精神的，唯独这般，才能厘清问题，解构悖论，走近真理。

1. “两只手”相反相生

亚当·斯密在他的《国富论》（1776年）中，当论述到限制从外国输入国内能生产的货物时，他指出：“由于他管理产业的方式目的在于使其生产物的价值能达到最大程度，他所盘算的也只是他自己的利益。在这场合，像在其他许多场合一样，他受着一只看不见的手的指导，去尽力达到一个并非他本意想要达到的目的。也并不因为事非出于本意，就对社会有害。他追求自己的利益，往往使他能比在真正出于本意的情况下更有效地促进社会的利益。”① 这就是“看不见的手”首次在经济学著作中的出现。当然，早在1759年斯密的伦理学著作《道德情操论》中已经提到过“看不见的手”这一隐喻，之后在《国富论》中曾先后两次使用这一著名隐喻。应当承认，斯密在使用这一隐喻时，大多从伦理或道德的角度来叙述

① 亚当·斯密．国民财富的性质和原因的研究（下卷）[M]．北京：商务印书馆，1974：27.

或阐释“看不见的手”的作用，即描述这样的原理：于个人行为非故意的结果，一种能产生善果的社会秩序得以出现。然而，后来经济学界的人士以及现代学者，大都理解为：市场供求关系运行机制不需要政府干预，市场自然会进行自我调节达到供需平衡。但无论如何解释，“看不见的手”的确产生了，这是毫无疑义的。但是，“看得见的手”又是怎样产生的？现在学界一般认为，“看得见的手”是凯恩斯在1936年出版的《通论》中提出的。对此，本人颇有异议。现代一些学者认为，“看得见的手”其理论渊源是凯恩斯的宏观经济学即《通论》，其具体提法即起名“看得见的手”是谁，已无从考究。但据我们的研究表明，“看得见的手”其理论渊源可以追溯到亚当·斯密，即斯密在提出“看不见的手”的同时，也提出了“看得见的手”，尽管也像凯恩斯一样，并未起名“看得见的手”，但却描述了事实存在的另一只手的作用。斯密指出：“国家的第三种义务就是建立并维持某些公共机关和公共工程。这类机关和工程，对于一个大社会当然是有很大利益的。但就其性质说，得由个人或少数人办理，那所得利润决不能偿其所费。所以这种事业，不能期望个人或少数人出来创办或维持。”① 斯密所说的这些工程是指道路、桥梁、运河、港湾等。这些公共机关是指政府的管理机构、税务部门以及其他服务机构等。斯密认为，在市场作用无能为力的场合，政府应该提供公共工程和公共制度及政府管理。斯密还强调，国家干预之所以正当，是因为市场失灵。他说：“因此，我们可以反问：国家对人民的教育，不应该加以注意么？”② 又说：“普通人民，则与此两样，他们几乎没有受教育的时间。就是在幼年期间，他们的双亲，也几乎无力维持他们。”③ 他还接着说：“因此，国家只要以极少的费用，就几乎能够便利全体人民，鼓励全体人民，强制全体人民使获得这

① 亚当·斯密．国民财富的性质和原因的研究（下卷）[M]．北京：商务印书馆，1974：284.

② 亚当·斯密．国民财富的性质和原因的研究（下卷）[M]．北京：商务印书馆，1974：338.

③ 亚当·斯密．国民财富的性质和原因的研究（下卷）[M]．北京：商务印书馆，1974：341.

最基本的教育。”[①] 从斯密以上表述中可以看出，斯密不仅有“看不见的手”的思想，而且同时也有“看得见的手”的思想，只不过斯密将早就存在于18世纪初期一些学者的著作中的这一基本思想，在其《道德情操论》和《国富论》中隐喻成“看不见的手”这一概念而已，而“看得见的手”虽然斯密也有同样的思想，但他并未将它概括并隐喻为“看得见的手”，不仅斯密未能如此，后来的凯恩斯亦如此。在这里，需要指出的是，斯密的思想就像他的其他理论观点一样，是存在二重性的，存在矛盾的，之后我们还要详细论述，在此就不多说了。话得说回来，“看得见的手”，也称“有形的手”，究竟是谁提出的呢?

如上所说，虽然斯密已经有了在市场无能为力或市场失灵时，政府或国家有义务建立和维持某些公共工程和公共机关的想法，有政府管理和服务的思想，有国家创办和强制人民教育的思想，但是，斯密的同时代人，尤其是后人，并没有重视甚至忽视了他的“看得见的手”这一概念或隐喻。况且，客观地说，斯密的“看不见的手”是居于矛盾的主要方面，他在他的《国富论》中是反复强调在市场上社会成员出于个人利己的目的，通过对买卖双方都有利益的市场交换来实现人们的有效需求，市场机制自行调节这种有效需求，无须政府施以干预。这种机制不是出自个人本意所建立的，而是在市场上自行建立的自由而又自然的一种社会秩序或机制。斯密的这种自由市场经济思想及其《国富论》的问世，正是英国资本主义的成长时期，正迫切要求一个自由的经济学说为其鸣锣开道，所以，当时一些资产阶级学者把它奉为圣宝，超常鼓吹这只“看不见的手”的神奇功能，不仅对英国资本主义的发展，产生了重大的促进作用，而且对世界资本主义的发展，也曾产生过广泛深远的影响。甚至时至今日，一些新自由主义经济学家仍然抱着自由而又自然的市场机制不放。然而，历史早已把它的局限性和机制的缺陷暴露无遗了。

20世纪30年代以前，西方经济学界占统治地位的是以马歇尔等为代表的传统古典经济学理论，即继承了斯密和李嘉图的古典经济学理论。与斯密一样，他们认为资本主义经济能够借助于市场供求机制自动调节达到

---

① 亚当·斯密．国民财富的性质和原因的研究（下卷）［M］．北京：商务印书馆，1974：341.

市场均衡状态。第一次世界大战结束后，英国遭遇长期的经济失调与严重的失业，凯恩斯认为这是经济紧缩导致的，主张政府采取通货管理政策，通过价格控制通胀来调整经济。本来凯恩斯作为马歇尔和庇古的学生，赞同斯密等古典经济学派的观点，然而此时，他已开始有点脱离古典经济学的体系。因为20世纪20年代的失业使他觉得自由经济并非完全能够自我调节，自由放任也不能带来第二次世界大战后的经济复兴。直到1929—1933年爆发了资本主义历史上最为严重、最为持久、最为广泛的经济危机，传统的自由经济理论已无法解释萧条中的经济现象，更不能提供摆脱危机的有效对策。就是在这种情况下，凯恩斯为了寻求摆脱危机的措施，于是潜心研究经济理论，于1936年发表《通论》，该书问世大大动摇了古典的传统经济理论。

在《通论》中，凯恩斯否定了古典的以斯密为代表的传统经济理论。他认为，资本主义不存在自动达到充分就业均衡的机制，因而主张政府干预经济，通过政府的政策，特别是财政政策来刺激消费和增加投资，以实现充分就业。这就是学界一般认为“看得见的手”的思想理论。同样，与斯密一样，凯恩斯在其《通论》中也未明确提出“看得见的手”这个隐喻；但不同的是，斯密是在主张资本主义的自由市场经济可以通过自行调节来达到市场供需均衡的基础上，自相矛盾地提到市场在无能为力或失灵时，政府有义务和责任进行市场干预，而凯恩斯则是在否定传统的斯密的所谓均衡即自动达到充分就业和供求均衡的基础上，提出政府干预经济，即“看得见的手”来干预经济。所以，学界一般都认为“看得见的手”的理论渊源出自于凯恩斯，应该说是不错的，但是他们只是没有注意到早在160年前斯密就已经有这种政府和国家管理或干预经济的思想，虽然在他那里政府干预和不要政府干预是自相矛盾的。当然，“看得见的手”的隐喻在凯恩斯的《通论》中也未曾找到，那究竟是谁提出来的呢？我们说理论渊源出自凯恩斯，还可以追溯到斯密，但此二人均未明确提出这个隐喻的概念，那究竟是谁提出的，现在看来这是难以考究的，不过，就有关资料和信息显示，最早看到“看得见的手”是钱德勒教授在1977年出版的《看得见的手》一书，该教授是企业史学家，曾在美国哈佛、麻省等多所大学任教授，他在《看得见的手》一书中，指出政府干预通过制订计划（经济手段）指明经济发展目标、任务、重点；通过制定法规（法律手段）

规范经济活动参与者的行为；通过采取命令、指示、规定等行政措施（行政手段）迅速调整和管理经济活动。其最终目的是补救“看不见的手”的失效或失灵。他认为这样干预，在微观经济运行中能带来巨大的生产力和丰厚的利润，能提高资本的竞争力。鉴于此，钱德勒教授于1993年曾获经济学诺贝尔奖提名，但瑞典皇家学院以“很难确切定位钱德勒的地位”，使他与诺贝尔奖失之交臂。但无论如何，这是“看得见的手”这个隐喻概念在现存信息资料中见到最早的显示。之后，2008年全球金融危机时，又有诺贝尔奖得主斯蒂格利茨等人出版合编的《看得见的手》一书，似乎在此之后，“看得见的手”就广为传诵，不胫而走了。

2. 解“两只手”相背相克之悖论

“看不见的手”或“无形的手”，它与“看得见的手”或“有形的手”之间是既相生相依，又相背相克。也就是说，这两只手在斯密的《国富论》和《道德情操论》中，一方面，这两只手互相联结、互相依存，相生共存于一个统一体，具有同一性；另一方面，这两只手又相互背离、相互对立、相互矛盾，具有对抗性。这两只手的相反相成的对立统一关系在斯密的《国富论》与《道德情操论》中得到了充分的反映。斯密既反复强调自由且又自然的自由市场经济，指出市场价格对资源配置进行自由和自发的自行调节，使市场有效供求达到平衡，受着一只看不见的手的指导，去尽力达到一个并非他本意想要达到的目的。这种自行调节是不需要国家“这种管制”或“那种管制”的，不需要“以法律禁止”的，① 但斯密反过来又强调：“在这种情况下，实际上在任何情况下，法律和政府可以看作是富者压迫贫者的联合体。”② 他认为只有在市场作用无能为力的情况下，政府才应该提供公共工程公共制度、公共服务和政府管理。在市场失灵的情况下，例如人民教育或穷人的教育，国家干预才是正当的，国家以极少的费用鼓励全民、强制人民获得最基本的教育。这就是说，斯密着重指出在特定场合，即在公共工程、公共教育上，追求自己利益即利己的个

---

① 亚当·斯密．国富论（下卷）［M］．北京：商务印书馆，1974：29－30.

② 亚当·斯密．关于法学的演讲//新帕尔格雷夫经济学大辞典（第四卷）［M］．北京：经济科学出版社，1996：389.

人或少数人如果办理此种公共工程或公共教育，“其所得利润决不能偿其所费”，“这种事业不能期望由个人或少数人出来创办或维持”。这也就是说，在这种事业上，市场“看不见的手”是失效的、无能为力的，必须依靠政府或国家来办理或政府干预、管制，即由“看得见的手”来承担。

从以上叙述可知，斯密的思想与理论是矛盾的，一方面认为“看不见的手”可以自行调节供求达到平衡，无须国家或政府管制，即不需要“看得见的手”来管；而另一方面又认为在“看不见的手”无能为力的场合，又必须由政府的义务来管制，即需要“看得见的手”来尽其责任。显而易见，在这里，斯密的思想上对“看不见的手”和“看得见的手”（虽然斯密并未明确提出“看得见的手”的隐喻）是既有相依相存的一面，又有相背相克的一面，是自相矛盾的。对于斯密有关“看不见的手”和“看得见的手”的自相矛盾的观点，我们首先应该肯定地说，由于这两只手原本就存在矛盾，所以斯密的思想客观反映了两只手的矛盾，主客观一致，这是正确的。但是，在两只手上的自相矛盾又反映了斯密自身思想的二重性。斯密处于资本主义尚不够充分发达的时代，即“它从批判封建的生产形式和交换形式的残余开始，证明它们必然要被资本主义形式所代替”① 的时期，他认为资本主义是合乎人性、合乎自然的，让每个人以他的劳动或资本，与任何其他人一道参加自由竞争，资本主义就会自由而自然地建立起来，并永远发展下去。然而，正是在这个意义上确立的他的有关价值的较为正确的观点或思想，一旦碰撞到资本主义本身的矛盾时，他的思想和理论就止步不前了。并且由此产生他的二重的方法论，即一面对内部联系的考察，一面对外部现象的考察，由于他不能把握事物变化的内因与外因的唯物辩证关系，使得他的一些正确观点都表现为半截的、半途而废的，甚至自相矛盾的东西。比如，有关劳动量决定商品价值这个关键性论点，他在一定场合认为商品价值是由生产商品所耗费的劳动量决定的，但在另一些场合，又说商品价值是由商品在交换中所能获取的劳动量来决定，还在其他场合，强调商品价值是工资、利润和地租构成，这就为后来的庸俗经济学家留下庸俗的成分。当然，不仅只是劳动创造价值上的对与错的矛盾

① 恩格斯．反杜林论［M］．北京：人民出版社，1970：147.

说法，在其他有关货币的职能、资本积累等论述上，都存在正确与错误、科学与庸俗的观点杂然并存。对于斯密在理论观点上的自相矛盾，马克思却给出了历史唯物主义的评价，认为“在政治经济学的创造者那里，这是很自然的事情，因为他必然要摸索、试验，同刚刚开始形成的观念的混乱状态进行斗争……”① 所以，斯密的著作，包括《国富论》，就其剖析资本主义生产关系来看，的确存在不少错误和矛盾，就论述的“看不见的手”和“看得见的手”而言，自然也存在自相矛盾，这同样是很自然的事情。这里必须强调的是，“看不见的手”和“看得见的手”确实存在着矛盾，这个矛盾从斯密时代沿继到凯恩斯时代，直到当今新时代。这两只手的矛盾依然存在。不过两只手的矛盾的主要方面和非主要方面显然发生了变化。斯密时代矛盾的主要方面是“看不见的手”，到了凯恩斯时代，矛盾的主要方面变成了“看得见的手”。当然，这种转化不是转化为别的东西，而是转化为自己的他物，是向自己的对立面转化，是矛盾主要方面和非主要方面的相互贯通、相互转化。在这里，我们仍坚持唯物辩证法的“两点论”，不能只肯定其一，而否定其二，如果这样，就从根本上否认了矛盾，就成了形而上学的“一点论”。应当说，在此我们还要坚持辩证法的“重点论”，也就是说研究任何一种矛盾，要着重把握矛盾的主要方面，否认重点，把矛盾的两个方面平均看待，就会变成形而上学的均衡论。所以，在此，我们必须重视“看不见的手”和“看得见的手”的矛盾的主要方面这个重点，必须重视矛盾的主要方面与非主要方面的转化。

现在的问题是，为什么斯密时代两只手的矛盾主要方面是“看不见的手”，而到了凯恩斯时代矛盾的主要方面却转化成“看得见的手”呢？可以认为，这种转变或演变是由于“市场失灵”所导致的。因为市场机制或“看不见的手”发挥调节作用是有条件的，它主要包括两方面，一是必须有完善的市场信息；二是必须有完全的市场竞争。但是，市场信息往往是非对称的、不完善的；市场竞争也常常是不完全的、非完全自由的，这样市场就必然存在缺陷和失灵，为了补救市场的失灵或“看不见的手”的失效，原来大行其道、占主要方面地位的“看不见的手”就不得不让位于原

① 恩格斯．反杜林论［M］．北京：人民出版社，1970：230.

来软弱无能的、居非主要方面地位的“看得见的手”。诚然，这种转变或转化，不仅是建立在对传统的斯密的市场“自行调节”和萨伊的“供给自行创造需求”定律的否定基础之上，而且重要的是这种转化还以“自行调节”失灵的1929—1933年的经济大危机为实践依据。不过，这种转化即矛盾的主要方面和非主要方面的转化，并不意味着两只手之间的矛盾的消失或解决，矛盾既未能“一方克服另一方”，也未能双方“同归于尽”，矛盾的双方即“看不见的手”和“看得见的手”还会相互依存，相互对立，这个悖论还会持续下去，这个矛盾还会持续下去，尽管矛盾主要方面和非主要方面会因生产力和生产关系、经济基础和上层建筑的矛盾变化而变化，这绝不会改变两只手之间存在自始至终的矛盾运动，哪怕是一刹那的无矛盾状态也是不可思议的。毋庸置疑，这一点是完全符合辩证矛盾的客观普遍性原理的。

3. 如何认识和运用“两只手”

(1) 对“两只手”认识的升华

如果说市场经济和计划经济在本质上是对立的、对抗的，那是由于公和私是对立和对抗的，计划经济体制是以公有制为基础产生的，而市场经济体制是以私有制为基础产生的。但是，“看不见的手”和“看得见的手”虽然对立和对抗，却不是本质上的对立与对抗，而是非本质的对立与对抗。我们认为，计划经济与市场经济之间的对抗矛盾是根本矛盾，而“两只手”之间的对立矛盾是非根本的矛盾。之所以如此，是因为根本矛盾是贯穿于事物发展过程的始终并规定事物及其过程本质的矛盾。例如，同化和异化是生物体的根本矛盾；又如中国人民同帝国主义、封建主义和官僚资本主义的矛盾贯穿于中国资产阶级民主革命过程的始终并规定这一过程的本质，因而它是中国资产阶级民主革命所要解决的根本矛盾。① 所以，毫无疑问，计划经济与市场经济的矛盾贯穿于社会主义革命过程始终并规定这一过程的本质，因而它是社会主义革命所要解决的根本矛盾。然而，“看不见的手”和“看得见的手”的矛盾不是这种根本矛盾，而是非根本

① 李秀林，王于，李淮春．辩证唯物主义和历史唯物主义原理［M］．北京：中国人民大学出版社，1982：144.

矛盾，因为非根本矛盾是不规定事物及其发展过程的基本性质或本质，也不一定贯穿事物发展过程始终的矛盾。例如，生物运动中包含着物理、化学等性质的矛盾，虽然贯穿于生物发展过程的始终，但它们并不规定生命过程的本质，因而是非根本矛盾。又如，民主革命过程中，各革命阶级之间的矛盾、反动阶级内部各集团、各派系之间的矛盾，也是非根本矛盾，因为这些矛盾不决定民主革命过程的本质。① 同理，“看得见的手”和“看不见的手”尽管贯穿于市场经济发展过程的始终，但它并不决定市场经济发展过程的本质。因为“两只手”的矛盾虽然与计划经济和市场经济的矛盾有联系并受其制约，但它毕竟是这个根本矛盾的派生矛盾，且从一定意义上讲，它具有工具性、手段性、方法性、杠杆性，谁都可以使用它，资本主义市场经济可以使用，社会主义计划经济也可以使用，难道事实不是如此吗？斯密在重点强调使用他所提出来的“看不见的手”自动自发调节市场经济的同时，不也指出在市场无能为力的公共工程、公共教育上要使用他事实上已提出的“看得见的手”吗？凯恩斯在经济大危机之后，虽然否定了“看不见的手”的自动调节作用，提出了政府干预这只“看得见的手”，强调或重点强调了“看得见的手”的作用，但也未放弃另一只“看不见的手”。

所以，事实上，资本主义在大危机之前，不仅主要使用“看不见的手”，也使用“看得见的手”；大危机之后，更多地使用“看得见的手”，尤其在危机或滞胀时，更急迫使用这只手；社会主义，特别是改革开放之后，社会主义中国就更多地使用“看不见的手”，但也同时使用“看得见的手”。这充分说明，这两只手已超越了社会主义和资本主义的本质对立与对抗，跨越了市场经济与计划经济的根本矛盾，以其工具性和有用性的多种手段被市场经济体制和计划经济体制的国家广泛使用，并以其非根本矛盾继续贯穿于市场经济发展过程的始终，等待人们如何正确处理这个辩证矛盾，期待经济社会怎样解开这个令人费解的悖论。

（2）正确运用“两只手”

当今世界，市场经济固然大行其道，不可阻挡，但与它同行的计划经

---

① 李秀林，王于，李淮春. 辩证唯物主义和历史唯物主义原理［M］. 北京：中国人民大学出版社，1982：145.

济在社会主义的中国乃至整个世界也实然并行不悖，难以遏制。计划经济与市场经济的根本矛盾也正在世界范围内继续演绎着对立统一的辩证法则。萨缪尔森和诺德豪斯两位西方经济学家也不得不承认说：“当今世界上没有任何一个经济完全属于上述两种极端之一（注：指市场经济和计划经济）。相反，所有的社会都是既带有市场经济的成分也带有指令经济的成分的混合经济。”① 唯其如此，我们并不赞同这两位西方经济学家的诸多学术观点，但就不同社会制度的不同国家在市场经济与计划经济之间是不可以走极端的观点来说，我们并无歧义。因为这是现实的客观世界无数事实所充分证实的。老牌资本主义国家英、美、法是这样的，它们一方面标榜自己是自由市场经济国家，实行市场机制的自行调节；另一方面，又不掩饰对社会经济的指令、干预，甚至还设有国家的计划管理部门，尤其是1929年大危机和“凯恩斯主义革命”之后，政府更加加强了计划性、指令性，即加强了宏观调控干预。实行计划经济的社会主义国家也是如此，无论是世界上第一个社会主义国家苏联，还是社会主义的新中国以及其他社会主义国家，也都没有实行单一的计划经济，而是都引入了市场经济，有市场经济成分，有市场调节在发挥着资源配置的作用。

有鉴于此，作为市场经济和计划经济自身所派生的“两只手”：“看不见的手”和“看得见的手”，它们怎样受命并执行指令且发挥作用呢？由计划经济与市场经济两个对立统一的具有根本矛盾的两个大脑指挥着“看得见的手”与“看不见的手”这两只也是对立统一的具有非根本矛盾的手来发挥配置社会资源的作用，这看起来是复杂、困难的，是难以协调、难以正确运用的两只手。但是，我们如果把两个大脑变成了一个大脑，摒弃“二元论”，去掉“两头”指挥，变成一个头脑指挥，用“一元论”统一调控，也许就可以克服“两头”指挥，“两只手”无所适从的困境。实际上，矛盾是对立统一的，市场经济与计划经济之间的矛盾是根本矛盾，但仍然是可以统一的，统一成“混合经济”，这是矛盾的同一性所赋予的。只要不是两个大脑对立矛盾的指挥，各唱各的调，各喊各的号，两只手的非根本的矛盾也就解决了，听从统一的指令，行动就一致了。当然，一个

① 吴松营．计划市场——老路、邪路与正道［M］．北京：东方出版社，2017：155.

大脑指挥也仍然存在问题，即一个大脑也存在矛盾，存在对计划经济与市场经济以及派生的“看得见的手”和“看不见的手”的认识矛盾：或肯定这个，或否定那个；肯定这个多一点，肯定那个少一点，等等。所以，我们必须把大脑的不同认识统一到这样高度：中国特色的社会主义市场经济，必须是计划经济与市场经济相结合，不能肯定这个否认那个，也不能肯定那个，否认这个。如邓小平所说：“以后还是计划经济与市场调节相结合。”既然如此，由计划经济和市场经济派生的“看得见的手”和“看不见的手”，理所当然也要两手都要用，不可偏废这只手，也不可偏废那只手，一定时期，这只手用得多一点，另一只手用得少一点；在另一时期，那只手用得多一点，这只手用得少一点。灵活一点，都是可以的，但不能走极端，用这只手，不用那只手，或用那只手，不用这只手。同时，还要把握一个度，作为中国特色社会主义市场经济，计划经济成分理应大于市场经济成分，因而，“看得见的手”的运用也应多于“看不见的手”的运用，何况市场失灵的事实是经常的、多方面的发生，“看不见的手”是无能力的、失效的。概言之，我们必须辩证地处理两只手的矛盾，“两手”并用，就如同人的左右手一样，让两只手共同作用社会主义市场经济，为中国特色社会主义做出它们应有的贡献。

在此，还必须指出的是：“看得见的手”的运用，既是我们的绝对优势，又是我们的比较优势，这突出体现在“集中力量办大事”上，过去我们体验过这种优势，现在我们也正在体验着这种优势。未来我们难道不应该发挥这种优势吗？当然应该充分地无可争辩地发挥这种制度的优势，而要发挥这种优势，我们在运用这两只手时，就应该多用点“看得见的手”，少用一点“看不见的手”，让“看得见的手”在集中力量办大事上多做出一份贡献，这不仅是社会主义经济制度的客观要求，也是我们对“制度自信”的表征与回馈，当然也是对一些缺乏“制度自信”的学者和人士的一种考验和检束。

廿五、公平与效率悖论

社会主义经济的运行要不要同资本主义经济的运行一样进行社会评价？如果需要进行评价的话，评价的标准又应当是什么呢？对于社会主义经济来讲，究竟怎样才算是分配公平，怎样才算是有经济效率？如果当社会主义经济中出现分配公平与经济效率相互发生矛盾时，是以牺牲公平为代价保持经济效率，还是以牺牲经济效率为代价保持分配公平，抑或是分配公平和经济效率二者兼顾？所有这些问题，在西方福利经济中尽管曾经争论不休且绵延至今，但始终没有得到很好的解决。实际上，在资本主义私有制的条件下，这个矛盾是不可能得到根本性的解决。在社会主义公有制为主体的条件下，这个矛盾有从根本上解决的可能，但也必须正确妥善、科学辩证地解决，方能把解决问题的可能性变为现实性。

1. 悖论从西方而来

西方资本主义的起点，即资本的起点，是商品流通。如马克思所说："商品流通是资本的起点。商品生产和发达的商品流通，即贸易，是资本产生的历史前提。世界贸易和世界市场在十六世纪揭开了资本的近代生活史。"① 诚如马克思所指出的，商品生产和发达的商品流通使资本得以产生，并在16世纪揭开了资本的近代史。这就是说，商品流通即贸易从16世纪开始到1688年的英国的资产革命，使资本主义在英国得到确立，在世界上的其他地方，如亚洲，北美洲等地区得到扩张，从而加快了资本主义在世界贸易和世界市场的发展。如果让我们追溯资本主义的产生、确立和

① 马克思．资本论（第一卷）[M]．北京：人民出版社，1975：167.

发展过程的资本的近代生活史，不难发现：以私有制为基础的资本主义，比起它所替代的封建主义有更加强烈的贸易意识，即商品交换与流通的意识，亦即商品经济、市场经济的意识。随着商品经济或市场经济的发展，资本主义和资本的力量创造了人类历史上令人惊叹的奇迹和社会财富。也正如马克思和恩格斯在《共产党宣言》中所指出的："资产阶级在它的不到一百年的阶级统治中所创造的生产力，比过去一切世代创造的全部生产力还要多、还要大。自然力的征服，机器的采用，化学在工业和农业中的应用，轮船的行驶，铁路的通行，电报的使用，整个大陆的开垦，河川的通航，仿佛用法术从地下呼唤出来的大量人口，过去哪一个世纪料想在社会劳动里蕴藏有这样的生产力呢?"的确如此，资本主义创造了如此之多、如此之大的生产力和财富，这种社会的财富表现为"庞大的商品堆积"。

但是，这种以资本主义生产方式占统治地位的社会的财富，这种由社会劳动里蕴藏的生产力创造的巨大财富，是如何进行社会分配的呢？是否公平呢？从另一方面说，即从对立统一的生产商品的劳动二重性原理来说，抽象劳动所形成和创造的商品即物质财富的价值总量，又是如何进行社会分配呢？是否公平呢？对于这一点，其实我们只要重温一下马克思关于"资本总公式的矛盾"就清楚了。我们知道，资本总公式（G—W—G'）最大的特点就是经过流通会产生剩余价值，但剩余价值的产生却有一个很大的矛盾，即它不能从流通中产生，因为在流通领域无论是等价交换还是不等价交换都不能创造价值和剩余价值；但它又不能离开流通，因为流通是商品所有者的全部相互关系的总和，在流通以外，商品所有者不跟其他商品所有者接触，就不可能有价值增殖，从而也就不能使货币转化为资本即带来剩余价值或增殖。马克思分析资本总公式本身的内在矛盾是为了探索解决矛盾的条件，也就是揭示剩余价值的来源。既然资本总公式的内在矛盾是：不在流通中产生，又不能不在流通中产生。因此，要解决资本总公式的矛盾就不能违背商品流通的客观要求即价值规律，也就是说，必须在等价交换的条件下，寻求解决矛盾的条件。它既在流通中进行，是由于"它是以流通为媒介，因为它以在商品市场上购买劳动力为条件，它不在流通中进行，因为流通只是为价值增殖过程作准备，而这个过程是在生产领域中进行的。"① 所以，按照马克思的本意十分明显，资本总公式（G—W—G'）的矛盾是它不能从流通中产生，又不能不从流通中产生。解决矛盾的条件是劳动力成为商品。其结论当然是：劳动力成为商品，货币才能转化为资本。

马克思分析和揭示资本总公式的矛盾清晰地告诉我们，资本的果实即剩余价值或利润其实是劳动力创造的。虽然一些庸俗经济学家以"他预付自己的货币""由此生出更多的货币"的魔术般的假象来企图掩盖资本增殖或赚钱的真相，但这显然是徒劳的。资本总公式矛盾的解决，无可争辩地说明，资产阶级虽然创造了巨大的生产力，这是社会劳动的生产力；资本主义尽管带来了庞大的"商品堆积"和巨额的商品价值和使用价值即财富，但归根结底，都是劳动的社会生产力所创造的。这就是说，劳动创造价值，劳动创造使用价值即财富。然而，不幸的是，在以私有制为基础的资本主义社会，创造价值和使用价值或财富的劳动者，却很少分享到他们自己创造的价值和使用价值，劳动力使用后所创造的价值大于它的交换价值，即劳动力自身价值。他们受到沉重的、极大的剥削，处于穷困潦倒的地步；而资本和资本的所有权者却凭借着这种占有取得更多更大的无偿的占有。所有权对于资本人格化的资本家来说，表现为占有别人无酬劳动或产品的权利，而对于工人来说，则表现为不能占有自己的产品。在这种情况下，必然形成"在一极是财富的积累，同时在另一极，是贫困的积累。"② 财富愈加积累，无产阶级愈加贫困。这是因为：资本就是积累起来的剩余价值。以利己为驱动力实现利益最大化的资本家，以疯狂的致富欲为竞争力的所有权者，以无休止地追求剩余价值或赚钱为绝对目的的资本化的资产阶级，他们的确创造了很高的经济效率和生产力，但与此同时，他们也创造了这个地球上最大的不公平，即财富分配的极度不公平。这种公平与效率的悖论，不仅存在于18世纪的马克思所批判的资本主义时代，而且也存在于现代资本主义社会。

当今资本主义社会，一方面是以私有制为基础的市场经济运行中的竞争的高效率，另一方面是收入分配的极大的不公平；同样，一极是富者越

① 马克思．资本论（第一卷）［M］．北京：人民出版社，1975：220.
② 马克思．资本论（第一卷）［M］．北京：人民出版社，1975：708.

来越富，一极是穷者越来越穷，贫富悬殊，两极分化严重，马太效应越来越凸显。社会财富越来越集中到少数人手中，大多数人手中的财富越来越少。公平与效率的矛盾尖锐突出。西方国家过去如此，现在仍然这样，就拿美国这号称世界经济体量最大又最富有的国家来说，美国是发达国家中收入分配最不公平的国家。10%的非劳动人口占有50%的社会收入，4600万美国民众生活在贫困线以下。美国国会发布的一项关于收入分配不均的报告就显示，从1993年至2012年间美国最富有人群（人口的1%）的实际收入暴增86.1%，而剩下的人群只收获6.6%的增长。当然，美国是个资本主义国家，资本的本性就是攫取劳动创造的剩余价值，出现贫富差距之大似乎不足为奇。因为资本家的绝对不变的目的就是榨取剩余价值，在分配上劳动者永远处于受剥削的地位，所以，只要资本存在一天，这种贫富差距就不可能消除。这与一些国人印象中的美国就像天堂一样是大相径庭的。另据美国《商业内幕》报道，经济政策研究所（EPI）的一份最新报告显示：2013年，美国收入最高的1%富人的收入占美国全部收入的20.1%。不仅如此，从2009年至2013年，在全部收入增长中，他们占了85.1%。此外，这部分人的收入是美国人平均收入45567美元的25.3倍。该报告发现，自20世纪70年代起，收入不公平现象在各个州有所抬头，经济危机后愈演愈烈。2009—2013年，全美24个州的收入增长部分超半数进入了1%富人的腰包。而在15个州中，全部收入增长都被1%的富人拿走。这就是说，这种不平等现象在各个州以及大都市普遍存在。最不平等的都会区是地处怀俄明和爱达荷的杰克逊，这里最富有的1%的收入是底部99%的213倍，而最不平等的县是怀俄明州的特顿县，它是杰克逊大都会区的一部分。在这里，最富有的1%的收入是底部99%的233倍。这说明1%的富者掌握99%的财富并非空穴来风。作为判断分配平等程度的指标基尼系数，美国的基尼系数不断上升，2012年达到0.568，创人口普查局1967年开始统计家庭收入以来的最高，也创发达国家基尼系数的最高位。这当然说明，像美国这样最大的发达国家，收入分配不公平现象严重存在，不过它的经济效率在西方发达国家中也是引领风骚的。效率与公平的矛盾在西方发达国家是如此对立，是如此背反。这个悖论长久地纠缠着西方资本主义国家，是它自身解决不了的悖论。

2. 解析公平与效率悖论

公平与效率的关系问题，一直是西方福利经济学中一个长久争论不休而又无法回避的问题。福利经济学其实是研究资源有效配置的理论。在这一理论中，福利是指消费者和生产者通过市场交易活动所获得的收益。消费者所获得的收益表现为从购买商品（或服务）中所获得的满足程度，即效用。生产者所获得的收益表现为生产和出售商品（或服务）所获得的利润。福利经济学有正反两个定律：正定律为在完全竞争市场中，通过个人追求利益最大化和价格的调整来实现均衡，即完全竞争均衡，实现帕累托最优配置；反（逆）定律指资源的每种帕累托最优配置对于其初始配置来讲，都是竞争性均衡。帕累托最优配置是一种有效的资源配置，不考虑公平问题。但是，正是在这一点上，即公平与效率的关系上，福利经济学的不同学派有着不同观点。比如，英国经济学家庇古的旧福利经济学就认为平等和效率都重要，主张福利经济学既要研究最优资源配置即效率，又要研究最优收入分配即平等。他承袭并拓展了斯密的有关在市场失效时政府有义务和责任承担公共工程的原理，认为政府收税且承担公共工程，可以避免市场失灵，从而实现他的“庇古均衡”，达到最佳资源配置即效率，又可达到最优收入分配即平等的目标。而卡尔多、希克斯等人的新福利经济学则认为福利经济学不应该研究收入分配，只应研究资源配置，即不应研究公平而只应该研究效率。这位出生于布达佩斯的英国剑桥大学的经济学教授，尽管他也是私有制市场经济的维护者，但他却时常奉劝政府进行干预，以使资本主义经济既有较高的生产效率，又有较公平的收入分配。并为此设计了许多方针政策。他赞赏琼·罗宾逊的不完全竞争市场理论，批评新古典主流学派理论。他用“积累性因果关系”的论断来解释不同国家有着不同的发展工业的道路，生产效率较高的国家，增长会进入良性循环，其他国家则会陷入低速增长的恶性循环，如让工资与劳动生产率挂钩，实际上不足以抵消这一积累性因果关系。因此，他认为效率与公平是各自“各行其道”的，这种不平衡发展的恶性循环的解决，这种收入再分配问题应由统一的财政体系所具有自动进行收入再分配的功能来解决，不应由福利经济学来解决。他强调主要是怎样用政策来确保共同利益，同时又不加重贫困落后地区的困难。卡尔多指出，要把税收当作改进收入分配的最可行的手段，以使不同来源的收入趋于公平，尤其是如何保证财产收入所负担的赋税份额能够公平合理。这是政府干预的重点，这不是福利经济学所能解决得了的。

然而，萨缪尔森、伯格森等人的社会福利函数理论却认为不应把收入合理分配问题即公平问题排除在福利经济学之外。伯格森于1938年发表了定义和讨论个人主义社会财富函数的论文，该函数能使在避开个人间的比较且在没有建立基本效用的情况下，完成计算经济最优化的必要条件。这一原理后被萨缪尔森使用与发展。广泛利用伯格森社会福利函数来解释帕累托最优化概念的定义以及解释在“亚当·斯密的看不见的手的思想中的真理萌芽。”因此，社会福利函数成了福利经济学的不可缺少的部分。然而，伯格森论文的作用仍然是有待争论的问题。阿罗（1967年）就批评萨缪尔森未能将这一概念同实际政策决定联系起来，未能观察社会福利函数背后的现象。阿罗（1983年）还更加全面评价萨缪尔森福利经济学，同时还给予以上类似的批评。他认为，一个给定的社会福利函数与一个给定的偏好轮廓相联系，与各个不同的偏好相联系的各个社会福利函数之间没有必然的关系，他用不可能性定理来批评社会福利函数论，即认为“不存在满足所有这些条件的制度”。阿罗以为伯格森等人提出的社会福利函数或社会偏好，从理论上讲，必须在已知社会所有成员的个人偏好次序的情况下，通过一定程序，把各种各样的个人偏好次序归纳成为单一的社会偏好次序，才能根据社会福利函数确定最优社会位置。可是，从实际情况看，这是很困难的。因为，在一般情况下，当社会所有成员的偏好为已知时，有没有可能通过一定程度从个人偏好次序达到社会偏好次序？有没有可能通过一定程序准确地表达社会全体成员的个人偏好或者达到合理的社会决策？阿罗以为，企图在任何情况下从个人偏好次序达到合乎理性的社会偏好次序或社会福利函数，这是不可能的。阿罗用“投票矛盾”论证了自己的“不可能定理”，即社会选择不能同数理逻辑上的可逆性发生矛盾，而实际上，这种社会选择同可逆性显然是矛盾的。因此，阿罗认为，用投票的方式不可能把个人的偏好集中起来，形成合乎理性的社会偏好或社会福利函数。这就说明，建立社会福利函数是困难的，不可能的。至此，早先广泛利用伯格森社会福利函数来解释帕累托最优化概念的萨缪尔森在受到阿罗的批评后宣称：伯格森的社会福利函数和阿罗的制度函数是截然不同的概念，虽然这个说法难令人信服。①

从以上论述可知，多年以来，西方学者在不断地努力改进他们所谓的福利经济学，如前所述，新福利经济学批评旧福利经济学，社会福利函数批评补偿原则论，不可能定理批评社会福利函数论，次优理论批评最优理论，等等，不一而足，这都是他们这些西方学者试图改进福利经济学这一理论所做出的种种努力。然而，这种种努力都是徒劳的，这种努力迄今也未能使他们主观设计的福利经济学理论接近于资本主义的现实，也未能解决资本主义现实中存在的效率与公平的矛盾或悖论。必须看到的是，西方福利经济学是现代西方经济其微观经济学论证“理想社会”的一个重要组成部分。西方学者美化资本主义的企图最突出地表现在论证完全竞争的资本主义市场经济符合帕累托最优状态这一基本点上。在他们看来，在帕累托最优状态下，资源配置是最优的。由此，福利经济学公开宣称：完全竞争的资本主义市场经济可以同时达到要素在生产者之间的最优分配和商品在消费者之间的最优分配，所有的生产者在最优状态下生产的商品恰好能满足所有消费者在最优状态下的需要，实现了“庇古均衡”，实现了公平与效率二者的“兼得”。这样，西方学者所描绘的资本主义不就是一个“理想社会”了吗？但是，事实并非如此。完全竞争市场并不存在，帕累托最优状态并不存在，生产者之间和消费者之间的最优分配也并不存在，即公平并不存在。但是，无论如何美化资本主义为“理想社会”，公平与效率的悖论仍旧存在。关于这一点，连萨翁都不得不承认：“从福利经济学的观点可以看到，任何资本主义制度都可能在三个主要方面偏离被认为是社会的最优状态：不正确的收入分配、垄断和外部影响以及失业的不稳定性。”②

虽然许多西方经济学家把福利经济学说成是可以超脱阶级利害关系的规范经济学，但实际上，福利经济学所依托的价值判断和社会目标并不是超阶级的，而是隐蔽地把资本的利益，说成社会的福利。例如，福利经济

① 新帕尔格雷夫经济学大辞典（中译本）（第四卷）[M]. 北京：经济科学出版社，1996：254.

② 高鸿业，吴易风. 现代西方经济学 [M]. 北京：经济科学出版社，1990：237.

学说，如果至少有一个人的境况好起来，而没有一个人的境况坏下去，整个社会的境况就算好了起来。按照这一逻辑，资本家的境况好起来就可以被说成是社会福利的增进。可是，资本的利益总是以牺牲劳动的利益为代价的。①

试问：这里还有什么社会福利，有什么社会公平呢？又哪里存在什么超脱阶级利害关系呢？从根本上讲，西方经济家不断讨论、努力改进的这个争论不休的福利经济学，之所以无法解决公平与效率的矛盾，是因为它是资本主义市场经济的理论，它是为资本主义服务的，为私有制基础上的市场经济服务，为资本和垄断资本服务的。尽管它的一些理论是隐蔽的，但明眼人是可以看出的。因此，我们认为，只要私有制为基础的资本主义市场经济在，只要资本和垄断资本在，公平与效率的悖论就不可能解决。因为这个矛盾是一个根本性矛盾、制度性矛盾。不改变萨缪尔森所承认的"任何资本主义制度"，这个制度性、根本性的矛盾，即公平与效率悖论是不可能消除，不可能解决的。

3. 正确处理公平与效率的辩证矛盾

在西方，经济学者近年来又重新讨论公平与效率的关系。例如，奥肯认为，平等与效率之间存在替代关系，二者不可兼得。据此，社会面临的选择：或者以效率为代价，得到多一点公平，或者以公平为代价，得到多一点效率，这就是所谓的公平与效率替换。他主张，必须给市场一定的位置，以保持效率；又必须给市场一定的约束，以保持公平。当公平与效率发生冲突时，为了效率可以牺牲一些公平，为了公平也可以牺牲一些效率。奥肯不赞成把效率放在优先地位，也不赞成把公平放在优先地位，而是主张实行平等和效率的妥协。② 自库兹涅茨的"倒U假说"之后，经济学家几乎普遍接受"先扩大，后缩小"或"转折点"的观点。然而，多数发展中国家仍旧继续沿着极化增长的累积循环过程迈进，区域差距不见缩

---

① 高鸿业，吴易风．现代西方经济学（上册）［M］．北京：经济科学出版社，1990：237－238.

② 高鸿业，吴易风．现代西方经济学［M］．北京：经济科学出版社，1990：234.

小，公平与效率也并未见到最优结合。① 因此，1975 年，理查德森又将空间平等与总体效率的冲突解析为一条选择曲线。这条曲线的内涵是：在市场失灵引起过度极化增长时，政府干预目标在于寻求一个社会可以接受的平等与效率的均衡点。②

在东方，特别是社会主义的中国，我们也曾做出过“效率优先，兼顾公平”的理论与政策导向，这对于提高我国经济发展的总体效率是有很大贡献的。但是，我们也应以历史唯物主义的态度和观点来对待曾经在我国改革开放之中实行了近 40 年的“效率优先，兼顾公平”的原则或政策。然而，时至今日，对“效率优先”所带来的区域之间经济增长差异的扩大，收入差异的扩大，社会不公平以及两极分化、贫富悬殊的事实，我们不能视而不见，充耳不闻，甚至采取掩耳盗铃，不敢正视客观现实的唯心主义态度。据有关资料显示，我国目前的基尼系数已跨过 0.4 的警戒线，达 0.46，这是不争的事实，中国社会的贫富差距已经突破了合理的限度，总人口 20% 的最低收入人口占总收入的份额仅为 4.7%，而总人口中 20% 的最高收入人口占总收入的份额高达 50%。毫无疑问，市场经济的负面效应已在中国经济发展过程中发生了最大影响，市场失灵是造成中国社会收入分配不公平以及两极分化后果的必然，对此，中国经济学家的社会责任和为民良知要求重新审视“效率优先，兼顾公平”的原则，正确认识公平与效率的辩证统一关系，用唯物辩证主义的思维来对待这一辩证矛盾。切不可重视其一，轻视其二，也不可重视其二，轻视其一。要力图寻求二者的最佳权重系数或最优结合点。如果说公平与效率之悖论在以私有制为基础的资本主义市场经济中是制度性矛盾，是无解的话，那么这个悖论到了社会主义公有制为基础的社会主义市场经济条件下，已摒弃制度矛盾的属性，应该说是有解的，至少已存在解决这个矛盾的可能性。当然，要解决这个矛盾，是必须具备多种条件的，而首要的条件是我们务必放弃形而上学的走极端的思维方式，务必用辩证思维来武装头脑，着重把握如下两点：

（1）没有公平就没有效率，就没有中国经济的可持续发展。这个道理

① 周扬明．中观经济本论［M］．北京：经济科学出版社，2006：348.

② 周扬明．中观经济本论［M］．北京：经济科学出版社，2006：348.

其实很简单了然，因为如果没有公平，就必然挫伤参与经济活动的绝大多数人的积极性，抑制他们的创造性，甚至可能扼杀他们主动性，这样是不可能给经济活动带来活力，带来高效率的。可想而知，由于社会有失公平，不但伤害了劳动者的积极性，使他们在劳动过程中或在经济活动中表现出不主动、不作为，甚至有可能产生消极行为、产生负效应，以至于带来低效率或零效率，乃至负效率。诚然，就总体效率而言，技术效率和经济效率是最主要的。在这其中，劳动效率或人力资本效率又恰恰是独领风骚的。人的主动性、积极性和创造性的发挥或激发乃是效率的主要源泉。生产要素是否得到了有效利用，难道不是人去利用？如果没有公平，就不会有人的积极性的迸发，也就不会有高效率的产生。然而，我们说没有公平就没有效率，就没有经济的可持续发展，这是否意味着有了公平就一定有效率呢？从理论上看，似乎应该如此，但从实际情况看，又并不一定。这是因为影响效率高低的因素虽然是以人力资源为主，但毕竟还有诸多因素，如体制、资本、技能、环境、土地等。更何况追求公平，也常常会牺牲一定的效率。不过，在当前社会有失公平的情况下，以一定的效率牺牲为代价还是值得的，因为这种牺牲不仅可以带来公平，还可以带来更高的效率，这种以较小的效率牺牲为代价换来更高的效率加公平，何乐而不为呢？当然，我们还是要把握一个“度”，这也是至关重要的，① 更是辩证的。

（2）有效率不一定就有公平。实事求是地说，有效率不见得会带来公平。相反，效率往往容易挤兑公平。这是唯物的，也是辩证的。在现实经济生活中，人们常常把效率作为收入分配的标准，并被公认为是以按劳分配法则作为理论依据的。人们似乎都普遍认为，蛋糕之所以做得如此之大，不就是由于你的高效率完成的吗？正因如此，不管你的胃需要不需要蛋糕，你可以“理所当然”地分得大部分蛋糕，而可以不去管别人的饥饿，不必去兼顾公平。这样，公平也就这样被无“同情心”给挤兑了。对此，我们还可以反过来问，即使你的劳动效率高，难道就全然属于你个人吗？这也恐怕不见得，因为你的“高效率”有可能是以别人的“低效率”

① 周扬明．中观经济本论［M］．北京：经济科学出版社，2006：249－250.

为代价换取的。也就是说，你的“高效率”常常包含着别人“低效率”的因子，你的“高效率”也往往隐含着社会所承受的“高污染”的分子。这样的事实或例证在我们当今的社会现实中难道还少吗？因此，可以认为，由于你的高效率就理直气壮地分得蛋糕的大部分，这显然是以不公平为代价的。据此，我们完全可以说，有效率不见得就有公平。① 当然，再反过来讲，如果没有效率，是否就有公平呢？那倒也不是的。无效率的公平或低效率的公平，古往今来，倒也不少见。这就是所谓的同甘共苦式的公平：一个烧饼掰成两半分着吃，一碗饭几个人分着吃。尽管生产力水平不高，效率也不很高，但分配很公平。这种同甘共苦式的公平也许就是“富人经济学”所讥讽的那种“穷公平”吧！不过，“穷公平”也是有其客观必然性的。因为如不公平分配那仅有的低效率的生产物，人们的生存就难以维持，所以不得不公平分配。这恰是“穷人经济学”更应关注和研究的。诚然，我们是不能躺在低效率公平的穷苦的温床上睡大觉，而是要在生存竞争中去争取高效率公平的未来，摒弃高效率不公平的过去以及低效率公平的过去。摒弃低效率公平的过去是困难的，我们已经克服战胜了这一困难，完成了这一历史赋予的使命；然而，摒弃高效率不公平的过去仿佛更难，这大概是由于“只能共患难，不能共富贵”的警言禁锢吧！迄今为止，这种克难攻坚形势依旧严峻。难就难在难以割舍许多人对“高效率、不公平”的留恋情结与纠结。但是，不管怎么讲，我们还是要坚持“高效率均富”即高效、公平的目标。这还是需要“穷人经济学”去着力探索的问题，而决不能指望“富人经济学”会在这一方面创造出什么奇迹来。②

综上所述，尽管公平与效率的悖论在社会主义条件下有解决的可能，但仍然存在两难选择，不过我们有理由对公平与效率的权重做出最优抉择。我们认为，我国在实行了近 40 年的“效率优先，兼顾公平”的原则已经完成了它应尽的历史使命，应该终止执行这一原则。我们强调效率与公平不能偏废，但要权其重，依据矫枉必须过正的思想，我们主张将原先的“效率优先，兼顾公平”的原则颠倒过来，改为“公平优先，兼顾效

① 周扬明．中观经济本论［M］．北京：经济科学出版社，2006：350.

② 周扬明．中观经济本论［M］．北京：经济科学出版社，2006：351.

率”。之所以如此，是因为将效率放在首位的改革开放的40年来，效率已经不是我国经济的“瓶颈”或“短板”问题，相反，公平却成了我国社会经济发展的最为突出的问题，分配不公，两极分化一直困扰着我们，也困扰着整个世界。所以，我们必须调整公平与效率的权重关系，辩证地解决这个辩证矛盾，使公平与效率悖论在我们社会主义制度下得到有效的消除。

廿六、赤字经济悖论

赤字经济就其主要体现为赤字财政或赤字预算的问题而言，在经济学界也是一个意见分歧、纷争不断的问题。之所以如此，应该是因为这个问题本身也是一个矛盾。既然是一个矛盾，它同样存在对立统一的关系，而对于矛盾的对立统一关系，又往往容易产生不同的认识，由于不同认识就相应有不同的认识纷争，这也算是正常的。当然，赤字经济矛盾的二重性也是引起纷争另一个重要原因，由于“赤字”是一把“双刃剑”，它既有积极的一面，又有消极的一面，这两面都作用于经济增长和发展，既可以带来赤字经济，也可以带来赤字不经济。这完全相反的两种不同的结果，自然也会造成人们对这个问题的争议不断。

1. 赤字经济悖论的一般

赤字多用于财政，意为亏本，即财政年度内财政支出大于收入的差额。因为会计上习惯于用红字表示故而得名。在我国，财政收支是通过国家预算来平衡的，财政赤字或预算赤字通常表现为预算执行结果支出大于收入的差额，故也称预算赤字。一个国家一年的财政收入代表可供国家当年集中掌握支配的一部分社会产品，财政支出大于收入，出现赤字，这意味着由于这部分支出所形成的社会购买力没有相应的社会产品作为物质保证。为了弥补财政赤字，国家不得不增发纸币，即增加没有物资保证的货币发行。如财政赤字过大，财政性货币发行过多，物资供应长期不能满足需求，就会发生通货膨胀，造成物价上涨，致使居民生活水平下降。所以，应该按照量入为出的原则安排财政支出，保持财政收支平衡，不发生赤字。但是，由于计划工作失误或发生战争、严重自然灾害等意外事故，也往往会使财政短收或超支，形成赤字。在一般情况下，社会主义国家财政是坚持收支平衡，略有结余，不打赤字的。但资本主义国家就不同了。一些资本主义国家把赤字财政作为政府干预的手段，用赤字财政加大政府投资，扩大内需，拉动经济的发展，被称作“赤字经济”。

的确，财政赤字对社会经济是有很大影响的，其主要影响表现在三个方面：其一，影响货币供给。出现财政赤字，意味着财政收入的货币满足不了必需的开支，其中有一种弥补办法就是向银行借款。而财政向银行借款会增加中央银行的准备金从而增加基础货币，但财政借款是否会引起货币供给过度，则并不是必定的。在现代信用制度下，在发生财政向银行借款时，只要银行能控制住贷款总规模，就不会发生货币供给过量的问题，但如赤字额度过大且持续，商业银行又有超额储备，就可能扩大贷款规模，于是贷款总规模就难以控制，从而增加货币供给。其二，使总需求扩张。财政赤字可以是作为新的需求叠加在原有总需求水平之上，使总需求得以扩张。其三，促使国债发行。发行国债是世界各国弥补财政赤字的普遍做法，也被认为是一种最可靠的弥补财政亏空的途径。但债务的增长也会反过来加大财政赤字。

当然，值得重视的是，财政赤字对社会经济不仅有一般意义上的影响，而且还会有特定的影响，且这种影响或作用是有正负两方面的，即既有积极作用，又有消极作用。财政赤字的作用存在二重性。就其积极作用而言，赤字财政政策是作为在经济运行处于低谷时期所使用的一项短期政策。在此短期内，经济若处于非充分就业状态，社会的闲散资源并未充分得到利用时，赤字财政可以扩大总需求，带动相关产业的复苏与发展，刺激经济回升与增长。正是从这个意义上说，赤字财政是一个国家宏观调控的手段，它能较为有效地动员社会资源，积累庞大的社会资本，刺激且促进社会经济的增长。在这种情况下，赤字财政是一个国家社会经济发展处于低谷时一种企稳回升的手段，是国家宏观干预经济的一种手段，自然也是国家信用稳定和调控经济的一种标记。但是，辩证地、一分为二地看问题，赤字财政也有它另一面的消极作用或负面影响。这主要是：①赤字财政并非是包治百病的良药。实行扩张性政策，刺激投资，期望扩大生产能力，但有可能是用进一步加深未来的生产过剩的办法来暂时减轻当前的生产过剩。因此，如果长期扩张积累，其后果必然导致更加猛烈的经济危机的爆发。②赤字财政可能增加政府的债务负担，引发财政危机或财政风险。这里所说的财政风险是指财政不能提供足够的财力致使国家机器的运转遭到严重损害的可能性，当这种可能性转化为现实时，轻者导致政府财政入不敷出，重则引致财政危机和政府信用的丧失。所以，赤字财政规模存在一个具有客观性质的合理界限，如果赤字规模过大，会引发国家信用危机。对于财政赤字风险性的评价，国际上通常用四个指标作为警戒线，我们必须予以足够的重视。③赤字财政孕育着通货膨胀的隐患，可能诱发通胀。从一定程度上说，赤字财政与价格水平的膨胀性上升有着固定关系。因为赤字财政会导致货币需求量的增加，而现存的商品和劳务供给量却未以相同的比例增加，必然使经济产生通货膨胀的缺口，引起价格水平上升，从而诱发通胀。

从以上对赤字财政的积极作用和消极作用的分析可以看出，两重作用是相反相成的，一方面它有刺激社会经济增长的效用；另一方面又有引发经济危机的风险。可以说，赤字财政既经济，又不经济；既刺激经济增长，复苏经济；又诱发经济危机，造成不经济，正是从这个意义上讲，我们把这种赤字财政称为赤字经济。如上所说，这种赤字经济是一个矛盾对立统一体，是一个难以解决的矛盾，就像一个烫手的山芋，拿也不是，放也不是。它标记着赤字经济的确是一个难解的悖论。

2. 赤字经济与赤字不经济

我们在这里所论述的赤字经济，既指国家财政预算执行后支大于收的差额所引致的赤字经济，也指事先有意安排的赤字财政或赤字预算在执行前就存在的支大于收的差额所引致的赤字经济。当然，我们的解构重在后者。大家知道财政赤字或预算赤字与赤字财政或赤字预算是有所不同的。前者是财政预算执行后出现的赤字，后者是财政预算执行前预算的赤字。所以，在明确两者的差别后，我们主要分析后者即解构财政预算执行前就已确定的赤字，即有意安排的赤字，这实际上是国家财政政策的一种，即赤字财政或赤字预算。在资本主义国家，尤其是垄断资本主义国家里，经常运用这种赤字财政政策，干预国家经济，刺激经济增长，特别是在经济危机时，就更加惯用这一手。例如，在1929—1933年那次资本主义最天昏地暗的世界经济大危机之后，西方主要资本主义国家都采取了种种所谓反危机的措施，其中就包括实行国民经济军事化，兴办规模巨大的公共工程

用以增加投资和就业，实施各种社会福利措施用以增加劳动群众对消费品的有效需求等。毫无疑问，这些措施的实施，它需要庞大的政府开支，这是政府的收入无法相抵的，必然形成赤字预算。这是资本主义国家所特有的赤字财政或赤字预算。这种赤字财政即赤字经济现象具有如下主要特征：

（1）不是财政偶然入不敷出，而是常年出现的财政赤字；不是预算执行后的赤字结果，而是预算执行前的直接安排的赤字预算；不是个别国家的经济现象，而是主要垄断资本主义国家的普遍现象；不是赤字规模越来越小，而是赤字规模呈现越来越大的趋势。

（2）赤字预算是垄断资本的“反危机”措施，但反过来又加深危机并促进新危机的爆发。之所以如此，是由于试图通过赤字财政和其他手段刺激有效需求，尽管能使经济危机暂时得以缓解，经济有所回升，但为了弥补巨额的财政预算赤字，不管是发行公债还是直接增发纸币，其结果都必然导致信用扩张和通货膨胀，形成物价飞涨，其结果也定然适得其反，进一步缩小劳动人民的有效需求。从另一方面讲，通过财政支出进行大量军事订货，也只会有利于垄断资本，不利于劳动人民，反倒会加重垄断资本对劳动人民的剥削，进而加深资本主义的基本矛盾，即资本主义的私人占有制和生产的社会化的矛盾由此越来越加深，从而促进新的经济危机的爆发。

（3）赤字预算本来是国家垄断资本主义条件下产生的，是为了应对经济危机而采取的，然而，它又常常延续到资本主义再生产周期中的萧条、复苏、高涨等各个阶段，取得了一种既与经济危机相结合又相对独立的常态化的存在形式。

（4）赤字预算是垄断资本主义国家所推行的国策，并且以凯恩斯主义为核心，形成了系统的“理论”。由于在凯恩斯看来，只有依靠国家“看得见的手”对经济活动进行干预，扩大政府开支和扩张信用，实施通货膨胀，才能刺激有效需求，扩大消费，增加投资，从而得以消除失业，摆脱经济危机。按照凯恩斯的这种理论，国家的财政支出不再像过去那样由财政收入来决定，相反，是由财政支出来决定财政收入，而财政支出的多少，又取决于国家干预和调控经济的需要。这种理论完全颠覆了过去国家财政“量入为出”即财政收入决定财政支出的原则，以财政支出来决定财政收入的“干预”理论取而代之。这种理论或赤字经济理论难道会有用武之地吗？能够拯救财政危机或经济危机吗？当代资本主义的实践证明：赤字预算或赤字财政是不可能消除财政危机和经济危机的，虽然它会短暂地缓解危机，复苏经济，但它会长久地带来一面通货膨胀一面生产停滞不前即所谓的“滞胀”的严重后果。何以如此？这是由赤字预算或赤字财政自身的二重作用决定的，是由赤字经济矛盾的主要方面和非主要方面导致的。但归根结底是由资本主义的基本矛盾所决定的。如前所说，赤字财政或赤字预算最早产生于资本主义的经济大危机，是资本主义私有制的产物，同时也是资产阶级政府拯救经济危机刺激经济回升的干预手段。

现在的问题是，赤字财政何以是资本主义的基本矛盾所决定的呢？赤字经济矛盾何以产生于资本主义的经济大危机呢？这两个问题从根本上说，是一个问题，或者说是一个问题的两个侧面。在我们看来，资本主义社会是必然要发生经济危机的，这是必然性加实然性的，所以这样，这是由资本主义经济制度本身所决定的。作为生产过剩的资本主义经济危机，其根源在于资本主义的基本矛盾即生产社会化和资本主义私人占有制的矛盾。必须指出的是，恰恰正是这个资本主义基本矛盾它必然要表现为生产无限扩大的趋势同广大劳动人民有支付能力的需求相对缩小的矛盾。完全可以认为，生产社会化的发展为生产的扩大提供了广阔的可能性，资本家为了追逐超额利润，为了在竞争中击败同行业对手，竟相采用新技术、新工艺，提高劳动生产率。所有的资本家，谁都不甘落后，因为落后就会在激烈竞争中被人击败，甚至被吃掉吞掉，谁也无法逃避这种“大鱼吃小鱼，小鱼吃虾米”的竞争法则。资本家之间这种追逐最大利润的致富欲的残酷竞争，却使生产规模迅速扩大，并且呈现出无限扩大的趋势。但是，与此同时，为了追逐利润最大化，资本家又拼命残酷地剥削工人，这样就严重束缚了广大劳动人民购买力的增长。因此，一方面是社会生产的不断绝对增长，另一方面是劳动人民有支付能力的需求相对萎缩，生产与消费之间的裂缝越来越大，资本主义的相对生产过剩也就越来越严重，最后必定爆发经济危机。

当然，资本主义基本矛盾还必然要表现为个别企业生产的有组织性和整个社会生产的无政府状态之间的矛盾。生产的社会化客观要求相互联系的各个生产部门、企业、车间、工段、工种之间密切地互相配合与协调。社会化大生产的这种客观要求在一个资本主义企业内是能够实现的，因为在任何一个资本主义企业里面，所有的工人都必须服从资本家这个司令官的支配、使用与指挥。企业内部的各个车间、各个工段、各个工种之间，也可以有严密的组织性和协调性。但是，在资本主义的整个社会范围内，各个企业隶属于各个不同的资本家所有，每一个资本家都是自己企业的司令官，谁也管不了谁，所以整个社会化的大生产是无政府状态。这就是说，生产社会化和资本主义私人占有制的基本矛盾，就表现为个别企业生产的有组织性和整个社会生产的无政府状态之间的矛盾。当资本主义经济发展处于高涨时，产业资本家竞相扩大生产，商业资本家竞相扩大经营，这时的生产的无政府状态常常掩盖了本来已经开始出现的生产过剩。而当生产过剩最终掩盖不住的时候，产业资本家于是抢先抛售自己的产品，此时商业资本家则常常停止或缩减进货，以库存商品应付市场。这时，资本主义社会的生产的无政府状态就会导致生产与消费的矛盾就像雪崩一样暴露出来，从而形成相对生产过剩的经济危机。

以上分析不难看出，资本主义的基本矛盾即生产社会化和资本主义私有制的矛盾，必然表现为生产无限扩大的趋势同广大劳动人民有支付能力的需求相对缩小的矛盾；必然表现为个别企业生产的有组织性同整个社会生产的无政府状态之间的矛盾；必然导致生产与消费的矛盾，必然引发资本主义的经济危机。为了拯救经济危机，就不得不启用赤字财政或赤字预算，试图获取经济复苏与回升或赤字经济，然而，这并非能够如愿以偿，何莫不然？因为赤字财政是一把“双刃剑”，一剑刺去，一面是赤字经济，一面是赤字不经济。于是，赤字经济与赤字不经济就形成了矛盾的对立面双方，既相互依存，相互贯通，又相互否定、相互限制；作为这样的矛盾统一体而存在于资本主义社会，作为这样一个资本主义制度自身无法解除的悖论而存在。这是由于赤字经济矛盾或悖论，它同样是资本主义基本矛盾的必然表现或派生，是不可能依靠资本主义经济制度自身来加以解决的。

3. 辩证认识赤字经济悖论

赤字经济这个既经济又不经济的悖论，它实质上是一个对立统一的矛盾，而就矛盾而论，其发展又是不平衡的。这种不平衡性不仅表现在主要矛盾和非主要矛盾的双方力量的不平衡上，而且也表现在矛盾的主要方面和非主要方面的力量的不平衡上。撇开主要矛盾和非主要矛盾的不平衡发展不论，单就矛盾的主要方面的非主要方面的发展来讲，就赤字经济矛盾而言，它作为一个矛盾同样存在矛盾的主要方面和非主要方面，并且一方处于支配地位，一方处于被支配地位。赤字经济的性质，主要是由矛盾的主要方面决定的。矛盾的主要方面和非主要方面的关系当然也是辩证的，它们相互制约、相互作用，并在一定条件下互易其位，相互转化。赤字经济矛盾何尝不是如此？应当说，赤字经济矛盾的主要方面和非主要方面亦如此这般，在研究赤字经济这种矛盾时，我们既要注重研究这种矛盾的主要方面，又要注重研究其非主要方面。如果只肯定其一，而否定其二，就从根本上否认了矛盾，这当然就是形而上学的一点论，因为它否定了事物一分为二的辩证论。诚然，我们在研究赤字经济时，还要特别注重把握矛盾的主要方面，由于其主要方面非但决定事物的性质，并且也由于不能平均看待两个方面，以致滑入“均衡论”陷阱的原因，因此，我们一定要抓住重点，这个重点就是矛盾的主要方面。就赤字经济这个矛盾而言，如前所述，它既经济又不经济，经济与不经济双方，哪一方面是矛盾的主要方面，哪一方是矛盾的非主要方面呢？我们认为，从理论与实践结合上来判断，既然我们不可能平均看待矛盾的两个方面，而要把握重点，重点理所当然落在“不经济”的一方。从理论上讲，这是由赤字悖论这个矛盾性质所决定的，不然就不会存在这个悖论，不存在这个矛盾。从实践上看，这是极为重要的，因为实践是检验真理的唯一标准。从赤字经济起源于资本主义经济危机的实践过程看，赤字经济带给资本主义经济的只是暂时经济回升或复苏，反倒造成长久的不经济即“滞胀”，即不死不活。所以，在资本主义私有制条件下，实行赤字经济是一个矛盾，是一个悖论，矛盾的主要方面当然是“不经济”。矛盾的重点，当然也是“不经济”。我们应当这样辩证地来看待赤字财政以及赤字经济。或许有人质疑：既然赤字财政会带来如此的“不经济”，那为什么如此高智商的资本主义私有制的护卫者还要采用它呢？我们的回答是：除此以外，难道他们还有别的什么办法吗？事实上，对于根源于资本主义私有制的经济危机的拯救者而言，他们已经黔驴技穷了，他们只能无奈采取这样的医治方案，哪怕是饮鸩止渴，他们也似乎不得已而为之。

但是，赤字经济的这种矛盾，其矛盾的主要方面和次要方面在一定条件下，也是可以转换的，即矛盾的双方发生换位。在资本主义制度下，由于资本主义基本矛盾并未发生变化，受它制约和决定的赤字经济矛盾也就难以发生矛盾的主要方面和非主要方面的转化，因为这种转化必须具有一定条件，不具备一定条件，这种转化是不可能实现的，就像鸡蛋一样，没有一定温度是孵不出小鸡的。然而，到了社会主义公有制的条件下，这个由财政赤字导致的赤字经济的这个矛盾，其矛盾的主要方面和非主要方面就可能发生转化，因为社会主义和资本主义有本质的区别，资本主义的基本矛盾是生产社会化与私人占有制之间的矛盾，它必然表现为生产无限扩大的趋势同广大劳动人民有支付能力的需求相对缩小的矛盾和个别企业生产的组织性同整个社会生产的无政府状态之间的矛盾，由于资本主义生产是以追求剩余价值或赚钱或利润最大化为目的的，所以，资本主义生产越是扩大，生产与消费的矛盾也就越大，以致爆发经济危机。社会主义的基本矛盾是人民群众日益增长的美好需求同社会生产发展不平衡、不充分的矛盾，由于社会主义生产的目的是最大限度满足人民日益增长的美好需要，所以，生产越是扩大，生产与消费的矛盾越是缩小。

正因如此，社会主义的基本矛盾与资本主义基本矛盾是性质根本不同的矛盾，它必然表现与资本主义基本矛盾不同，它不会表现为生产无限扩大趋势同广大劳动人民有支付能力的需求相对缩小，也不会表现为个别企业生产的有组织性同整个社会生产的无政府状态。相反，它会表现为生产的扩大与增长同广大劳动人民有支付能力需求的扩大与增长相统一，它也会表现为个别企业生产的有组织性同整个社会生产的有计划按比例发展的有政府状态相统一。所以，社会主义不会发生像资本主义那样制度性的经济危机，也不存在为了拯救这种危机而采取赤字财政乃至赤字经济，尽管社会主义条件下，由于天灾人祸、爆发战争、工作失误或市场失灵，也会出现经济下滑、波动甚至财政赤字以致发生经济危机，但是，社会主义出现的这种经济危机不是制度性的，不是根本性的。由社会主义基本矛盾及其所必然表现的矛盾所制约和决定财政赤字或赤字经济的矛盾，尽管也是一个矛盾，但矛盾是非对抗性的，或者说其矛盾的主要方面和非主要方面与资本主义的这个矛盾相比，完全是颠倒性的不同，矛盾双方即主要方面与非主要方面全面转化了。因为这个矛盾转化所要求的一定条件完全具备了，这给这个矛盾双方的转化提供了最大可能性。当然，把这种转化的可能性完全变为现实性，仍然要受到多种因素的作用与影响，需要一个转化的过程。

实际上，社会主义国家把财政赤字视为一种宏观调控的对象，用政府这种“看得见的手”进行调控，已经尝试利用过，效果良好，比较经济，而非不经济，赤字经济矛盾的主要方面和非主要方面发生了转化。这仿佛令人不可思议，同样的“赤字”，同样的“干预”，怎么会出现两种相反的结果：经济与不经济。事实上，尽管是同样的“赤字”、同样的“干预”，但外部条件不一样，一个是在资本主义私有制条件下，一个是在社会主义公有制条件下；一个是事先“赤字”财政，一个是事后赤字财政；一个是常态赤字，一个非常态赤字；一个是“赤字”超警戒线的，一个是赤字不超警戒线的。正是由于这四个不同，才使得赤字经济这个矛盾的主要方面和非主要方面发生换位，才使得赤字由资本主义条件下的“不经济”变为在社会主义条件下的“经济”。不过我们再反回来说，在社会主义公有制条件下，虽然存在这种赤字经济矛盾向好转化的可能性和现实性，但如果“干预”不好或运作不好，甚至出现工作失误，也同样会落得“不经济”的结果。就是说赤字经济这个矛盾的主要方面和非主要方面既可以从资本主义制度下的“不经济”转化为社会主义制度下的“经济”，也有可能由于弄不好再从“经济”转化为“不经济”，即这个矛盾的主要方面和非主要方面是可能来回转化的。这就给我们提了一个醒：赤字财政或赤字经济如果作为一个宏观经济手段，我们在一定时期和一定条件也是可以有限利用的，运用得当可以带来经济效益的，但是我们一般不应赤字当头或赤字在前，而应在赤字之后；不应常态化，而应适时机动化；不应超赤字警戒线，而应严格掌控不超赤字警戒线。

要特别重视不超赤字警戒线，对于不超赤字警戒线，具体讲，要把控四个指标：①财政赤字率。即赤字不超 GDP 的 3% 为警戒线。②债务负担率。即国债余额占 GDP 之比不超过 60% 为警戒线。③债务依存度。即当年国债发行额/（当年财政支出 + 当年到期国债还本付息），一般以不超过 30% 为警戒线。④国债偿还率。即当年国债还本付息/当年财政支出，一般不超过 10% 为警戒线。如不遵守这些原则与指标，有可能引发财政危机、通货膨胀、产能过剩，导致更大的经济下滑和危机。所以，社会主义国家一般还是采取平衡预算的稳健的财政政策，不在经济出现下滑或波动时，不在天灾人祸出现财政赤字较大时，是不采取赤字财政或赤字经济手段的，即使在以上情况出现之时，采取赤字财政或赤字经济政策，也需要谨慎，有界限的。

廿七、“杠杆化”悖论

杠杆一词原是物理学概念，后来经济学也借用这一概念，并赋予了经济学含义。最早提出杠杆原理的是古希腊科学家阿基米德（前287—前212年），他在《论平面图形的平衡》一书中提出这一原理，且留下千古名言：“给我一个支点，我就能撬动起整个地球！”我国在战国时代，墨子（前468—前376年）比阿基米德早一百多年在其《墨经》中就曾有两条专门记载杠杆原理的内容，这两条专门记载对杠杆的平衡讲得很全面，这在世界物理学史上是非常有价值的。

经济学中早已广泛使用杠杆概念和原理。作为经济杠杆是指国家或经济组织利用价值规律和物质利益原则影响、调节和控制社会生产、交换、分配、消费等方面的经济活动，以实现国民经济和社会发展的经济手段，包括价格、税收、信贷、工资、奖金、汇率等。所有这些经济杠杆一般都具有对社会经济的调节作用或推动作用。就其调节作用而言，如利用价格杠杆，提高短线产品价格可以促进这些产品的生产；降低长线产品价格可以减少该产品的生产。在流通领域，通过提高供不应求商品价格减少需求，降低供过于求的商品价格可以限制生产。这就是所谓的调节供求使之平衡。就其推动作用而言，同样可以利用价格杠杆调动企业合理地利用能源，以低价限制生产，以高价推动生产。如低价限制煤炭生产，高价推动石油生产。这些都是发挥经济杠杆的控制作用。除此以外，作为经济手段的其他杠杆，如信贷杠杆、税收杠杆、奖金杠杆、汇率杠杆等也都在经济领域发挥着这种调节、控制经济活动的作用。

1. “杠杆化”模式与“以小博大”

经济杠杆有广义和狭义之分：狭义是指财务杠杆。一个企业在自有资金不足的情况下，通过借贷筹集资金，投入生产，获取更多收益。也就是用别人的钱办自己的事。但是，这样做风险也很大。如果生产赔了，亏损大过自有资金的量，就成了资不抵债。当然，一般企业都会找一个合适的平衡点，既能多挣钱，又保证风险可控，其指标就是“资产负债率”。广义杠杆可以说它涵盖所有“以小博大”的经济行为，当然其核心还是借贷杠杆。比如，在期货市场，你有一元钱，但市场允许你下十元钱的单（相当于临时借贷），期间如亏损到一元钱，你就只能强制退出。就借贷杠杆来说，之所以称其为杠杆的核心，是由于它最为典型、最为准确地代表着杠杆机理，即实现了“杠杆化”。当然，所谓“杠杆化”，是指以很少的本金获取特别高的收益的过程或模式。可以说，这种模式在金融危机爆发之前为不少企业和机构所欣然采用，尤其是投资银行，杠杆化的程度一般都相当高。一些实体经济的杠杆率也很高，高得令人吃惊！必须指出的是，在此我们说的“杠杆”是企业或你的负债，而“杠杆率”是指资本金/总资产，即资本金/（资本金 + 总负债）。但我们实际上说的“杠杆”，是指杠杆倍数，即总资产/资本金。例如，你买 100 万元房子首付 20%，那么杠杆率为 1 ∶ 5，杠杆倍数是 5 倍。如果忽略资本成本，加上你花 20 万元买 100 万元的房子，房价如上涨 10%，即 10 万元时，你的收益率是 10 万元/20 万元 = 50%，“杠杆”把你的收益率放大了。当然，同时，“杠杆”也能将亏损扩大，如房价下跌 10%，即 10 万元时，你的亏损率也是 10 万元/20 万元 = 50%，“杠杆”把你的亏损率也放大了。

我们认为，当资本市场向好时，这种以很少的本金获取特别高收益的杠杆化模式，往往使人们容易忽视高风险的潜在，但等到资本市场走下坡路时，杠杆效应的负面作用开始凸显时，这种风险被迅速放大，于是，对于杠杆使用过度的个人、企业和机构来说，资产价格的上涨可以使它们轻轻松松获得高额收益，而资产价格一旦下跌，亏损则也会非常巨大，超过资本，从而迅速导致破产倒闭。金融危机爆发之后，高杠杆化的风险开始为更多的人所认识，企业和机构开始考虑去杠杆化，它们通过抛售资产等方式降低负债，逐渐把借债还上。这个过程造成大多数资产价格如股票、债券、房地产的下跌。在这里，我们可以综合地讲，去杠杆化就是一个公司或个人减少使用金融杠杆的过程，把原先通过各种方式或工具“借”到的钱退还出去的转变。单个公司或机构去杠杆化并不会对市场和经济产生多大的影响，但如果整个市场都进入去杠杆化这个过程，大部分机构和投资都被迫或主动地把过去采用杠杆的方法“借”来的钱都吐出来的话，这个影响就非同一般了。因为在经济繁荣时，金融市场充满了大量复杂的、杠杆倍数高的投资工具，但如果大部分机构和投资者都加入到去杠杆化的转变潮流，这些投资工具就会被解散，而衍生品市场也会面临着萎缩，相关行业必然受创，随着市场流动性的大幅度缩减，将会导致实然的经济衰退。

综上所述，作为以较小的本金获高收益的杠杆化模式，作为“以小博大”或“四两拨千斤”的杠杆原理，作为“借”钱生钱或借别人的钱办自己的事的生财之道，这个“杠杆”是一把“双刃剑”：既可能带来高收益，也可能带来高亏损；既可能带来一夜暴富，也可能带来一朝穷光蛋。为什么？因为在金融中，杠杆化本身就是能够放大收益和损失的机制。这就是矛盾，是对立统一的矛盾。正如毛泽东所说：“没有什么事物是不包含矛盾的，没有矛盾就没有世界。”① 是的，这就是矛盾普遍性法则。杠杆这把“双刃剑”当然也不例外，就是说，杠杆化的“以小博大”包含着两种对立的方面：一方面，它博出大收益，博出经济繁荣；另一方面，它博出大亏损，博出经济危机。这不仅是矛盾，也是悖论，这个悖论也同样让人疑惑，令人费解。

2. 解构杠杆化悖论

如前所说，“杠杆化”以很少的本金获取高收益，即“以小博大”的杠杆原理之模式把收益放大了。但是，与此同时，贷款利率也被同样放大了，只是人们在行情上涨的盛宴中遗忘了这一客观存在的事实。未曾想到，资金借入时被忽略的高额成本或贷款利息，露出了狰狞面目了，与收益被放大一样也被放大了，高杠杆下的利息，迅速吞噬了投资者的本金，让他们不得不一次又一次割肉平仓，而这一轮的相互踩踏，让本来平静的市场再掀波澜，高倍数杠杆的高收益被高利息所消灭，平仓使得市场下跌波及低倍数杠杆，甚至使得没使用杠杆的投资者也难逃厄运。这个市场此

① 毛泽东．毛泽东选集（第一卷）[M]．北京：人民出版社，1952：293.

时一荣俱荣，一损俱损。这就是杠杆效应的负面作用。它在带来高收益的同时，也会带来高风险，尤其是杠杆使用过度的企业和机构更加首当其冲。当前，世界范围内最常见的经济风险就是“债券”，债务风险在众多经济风险中当推首位。最为典型的债务风险莫过于2007年的美国的债务危机，又称次贷危机。当年美国经济不振，为了刺激经济增长，投资银行竟然调整杠杆率，以其低杠杆率贷款给不具备资质的房地产商，结果事与愿违，贷款收不回来了，贷款转换成金融衍生品充斥金融市场，信用锁链断裂，非但未能推动经济增长，反倒带来了次贷危机以至金融危机。造成兄弟银行破产倒闭，给美国经济造成重大创伤。所以，从本质上看，债务其实就是对信用的一种过度透支，滥用信用就会造成债务风险，并最终导致债务危机，美国尽管目前仍然是世界上第一大经济体，但它也是世界上最大的债务国家。美国财政部发布的2008年政府财政报告显示：其债务总额早已超过它的GDP，达65.5万亿美元，是GDP的4倍多，并超过全球各国年度GDP总和。联邦政府的赤字已达59.3万亿美元，年均赤字超4万亿美元。美国的老百姓自二战后养成了不存款、超收入消费或超前消费的习惯，所以才出现了在我国流传的中国老太太和美国老太太购房的大跨度时间差之说：中国老太太攒了一辈子钱，到老了时才买一套房住下；而美国老太太在年轻时就贷款买了一套房子已住了几十年。消费观念如此巨大的反差，使多数美国人基本上没有什么存款在银行，据说近两年美国也开始鼓励老百姓存款。中国就大不一样，中国老百姓2015年在银行有55.2万亿元人民币存款，人均已突破4万元大关，储蓄率长期排全球第一位。这为我国经济发展提供了巨额资金支撑。相反，美国这样庞大的经济体，是借别人的钱来支持的，是靠赤字财政来支撑的，是靠美元这一国际货币来剪发展中国家的羊毛活着的。有人半开玩笑说，如果美国的国内外债权人同一个时间向美国讨债，美国整个国家就要破产。因为它将所有的家底和盘端出来也不够还清这笔巨额债务。当然，这种同一时间所有债权人逼债的概率很小，所以美国尽管债台高筑，但债多不压人，反而活得很滋润，甚至还很张扬。为什么？靠信用勉强支撑着，靠军事强力支撑着，靠霸权横行支撑着。然而信用不可侮，债务不可赖，信用危机、债务危机迟早总会到来，只不过是早晚的事，强弩之末，拭目以待。从目前世界上情况看，不仅在美国，在其他西方国家，信用危机、债务危机也时有发生，杠杆力臂似乎也用尽了，投资者与借贷者面临着借贷成本不断上升的窘境，廉价资本时代即将远去，去杠杆化时代似乎正向我们走来。

正如前面所指出来的，杠杆即负债，杠杆是指杠杆倍数。所以，我们完全可以认为，债务危机等同于杠杆危机，因此它势必要求去杠杆化。然而，债务危机又势必引发信用危机，且信用危机的实质是制度危机。关于这一点，美国当年的次贷危机及其中发现的大量金融欺诈现象便是最有力的实证。次贷危机从本质上说就是信用危机。事后，人们发现在危机中存在大量金融欺诈、侵害金融消费者合法权益的现象，这表明美国无论是信用制度，还是信用文化都面临挑战。这种涉嫌在一种次贷衍生金融产品的设计和销售中存在欺诈行为的高盛公司，虽然尚未最终定论，但高盛"欺诈门"还是反映西方契约信用的先天不足。为什么如此断言呢？这是因为高盛的"欺诈"行为是西方契约所包含的唯利是图精神的深刻体现，它与中国传统信用文化一向倡导的"信"与"义"的理属性，即把"义"看作是"信"的基础和践行的前提，迥然不同。也就是说，中国传统信用更加看重约定的正当性、含义性，超越了西方契约信用以个体利益为核心，更加注重约定形式的合法性要求。以个人利益最大化为导向的西方契约信用在这方面存在明显的局限性和制度缺陷。所以说，就西方信用而言，其信用危机实质是制度危机，这是毋庸置疑的。并且还可以由此认为，这种实质为制度危机的西方信用危机，是它自身不可能克服的，因为以私有制为基础的资本主义的基本经济制度就是以个体利益或一己利益最大化为神圣理念的，只要资本主义私有制这一基本制度尚存，这种从本质上决定着信用制度和信用文化的制度缺陷也就不会得到改变。在这里值得一提的是，我国有一些学者，把我国20世纪末曾发生过的"三角债"，即国有企业难以清偿的不良债务和国有企业很难收回的大量不良资产所形成的企业之间、银企之间、银银之间的债务危机也称为信用危机，并认为这种信用危机也是制度危机或制度诱致性信用危机。在他们看来，目前的实际情况是不讲信用的收益由于制度方面的漏洞很容易获得，而不讲信用的成本由于被制裁的概率很低而实际上变得微不足道，这是信用危机产生和蔓延的制度激励机制。他们认为国有企业约束激励机制不对称和代理人问题、银行资源的公共性特征、经济领域的双轨制、二元性，这样的制度安排鼓励企业或个人背弃商业信用，逃避银行债务。对于少数学者的观点，我们无意一概肯定，也无意一概否定。但这些学者把中国当年出现的“三角债”定义为中国的信用危机，并强调这种信用危机实质上是制度危机或称作制度诱导性危机的论断，实在不敢苟同。所谓制度，有多种划分或分类，其中有一种划分为基本制度和具体制度或机制。我们在分析美国次贷危机这一信用危机，就指出这一信用危机本质上是制度危机，就是指的基本经济制度，至于具体的信用制度它上不了“制度危机”这个层面。依据这种通常为大家所接受的划分规则，他们所说的“制度危机”也应是指基本制度。况且，他们口口声声的“国有”与“民营”“公共性”“二元性”“双轨制”都涉及基本经济制度。反过来说，他们所指的制度危机如果是具体制度或机制，就不应登上“制度危机”的台面，如果无意登上台面，让人误会也不应怨天尤人，因为是你自己有意无意蒙混即浑水摸鱼的结果。一句话，他们的“三角债”信用危机实质是制度危机的观点非但不能给予点赞，反倒要给予批评指正，如果他们的“制度危机”说不是企图抹黑社会主义基本制度、颠覆基本经济制度的话，但至少也是对中国的基本经济制度缺乏自信的标记，当然对于学者来说总不会是居心招摇过市吧！然而，令人费解的是，这些学者都人为地、非客观地把“三角债”说成是制度安排，鼓励企业或个人背弃信用，逃避债务。殊不知，中国当年的“三角债”明明是市场经济的负面影响使然，是改革开放之初外面飞来的几只绿头苍蝇叮吸所致，怎么不把账算到西方制度危机的身上，反倒怪罪中国的基本制度？中国信用传统的“义利观”，以义为先，重义轻利与这种背弃信用、逃避债务是完全背道而驰的，况且中国人的传统中不到万不得已或青黄不接是不借债的，即使万不得已借债，也是有借有还，信守承诺，根本不存在逃债的传统文化或信用文化，倒是西方信用文化中习惯超前消费，习惯借债消费，并且以利己为核心个人利益最大化是容易出现逃债，背弃信用的现象。所以这些学者如此罔顾事实真相，把本来是从西方引进的负面东西，强行安在中国人的头上，安在中国制度身上，如此张冠李戴，无异于栽赃陷害，这究竟为什么，不得不使人怀疑这些学者的用心何在！难道仅仅是戴了有色眼镜？难道仅仅是对中国的基本经济制度缺乏自信？难道仅仅是缺乏辩证思维？

应该承认，“三角债”发生的当时，正值改革开放的初期，我国应对市场经济的信用制度还不健全、不完善，金融监管不到位、不给力，且机构内部还有蛀虫，外部还有新自由主义兴风作浪，无端作祟。但这决不意味着我们尚未健全和完善的信用制度就出现危机，更不可能是我们的基本经济制度发生危机。如此挟洋自重，危言耸听，实在让人费解！

话说到此就打住吧！我们还是回过头来再谈杠杆化悖论吧！信用危机我们已赘述得够多够细了。当然，这也未离题，信用危机不也就是杠杆危机，即杠杆悖论所使然吗？事实上，我们在这里强调信用危机，就是强调了信用的负面作用，也就是强调了杠杆的负面作用，但是我们并未因此而淡忘或否定了信用的积极作用，杠杆积极作用。尤其是对杠杆的积极作用，我们在此还要予以重视。如前所述，杠杆作为负债，作为杠杆倍数，它既可以多倍放大收益，也可多倍放大亏损；放大了经济繁荣，也放大了经济风险，这就是杠杆的功与过，也是杠杆的积极作用与负面作用。这当然也是统一于一体的矛盾，是难解的悖论。如何解决这一矛盾呢？怎样消除这一悖论呢？这是需要我们深入研讨的问题。

3. 消除杠杆化的对策

杠杆化如此有利有弊，如何评估杠杆化以及采取怎样的对策，归纳起来有三点：

（1）去杠杆化

去杠杆化，就是指公司或个人减少使用金融杠杆，把原先通过各种方式“借”到的钱还出去。在经济繁荣时期，金融市场充满了大量复杂的杠杆倍数高的投资工具，如果大部分投资者和机构都加入到去杠杆化的行列，则这些投资工具就会被解散，而金融衍生品市场也就会面临着萎缩，相关行业也会受到创伤，随着市场流动性的大幅度缩减，将会全面导致经济衰退。当然，此时的杠杆悖论也就不复存在了，不过杠杆矛盾很可能转移到别处了。

尽管“金融产品去杠杆化”对中国的影响很小，这是由于我国实行资本账户的管制，中国绝大多数对外金融投资都是以中央银行外汇储备投资的形式进行的，基本不涉足高度杠杆化的金融产品，即使有损失，也不能与其他投资者的损失相提并论；再者，“金融机构的去杠杆化”和“投资者去杠杆化”对中国经济的影响也相对较小。这是由于中国银行业对外开放程度有限，同时外国金融机构在中国市场上的份额和金融中介所起的作用很小，我国国际收支长期顺差，中国经济不依赖外部资金。所以，国际金融机构和投资者去杠杆化，一般不会对中国产生显著的负面影响。如此说来，中国经济为何还要去杠杆化呢？去哪些杠杆呢？我们认为，中国经济正面临供给侧改革和结构性改革，应让金融服务于实体经济，挤压现有信用创造链条中的泡沫，减少金融空转虚耗，增加金融对实体经济的支持效率，降低社会融资成本。减少政策套利，以及降低或避免系统性风险，并将套利链条纳入监管，提高货币政策效率等。为此，中国经济需要去杠杆化。去杠杆化主要包括三种杠杆：一是金融行业的投资杠杆；二是企业财务杠杆；三是个人投资杠杆。就金融行业的投资杠杆来说主要是衍生金融工具杠杆，通过期权、期货、保证金交易等金融工具实现杠杆化。例如，对冲基金利用衍生金融工具杠杆化其资产，通过 100 万元的现金保证金可以控制价值 2000 万元的原油，并得到由其价格激励所产生的收益或损失。去杠杆对于金融行业来说就是降低杠杆率，之前你投资 100 万做保证交易，杠杆率 1 ∶ 20，你可操纵 2000 万元资金，现在去杠杆，杠杆率调到 1 ∶ 5，你投资 100 万元，只能操纵 500 万元资金做交易。就企业财务杠杆而言，主要是企业通过负债融资扩大财务杠杆，在不增加权益资本的情况下，扩大企业的投资能力。如果企业运用负债融资，借入 200 万元，那么企业可运用 300 万元（加原投资 100 万元）进行经营，即通过财务杠杆扩大了投资能力。现在去杠杆了，你 100 万元的权益没法再向银行举债 300 万元来经营，因为在你的资产负债表里面，等号右边的债务太高。① 就其个人投资杠杆或综合杠杆来说，如房产投资杠杆，去年 100 万元买的房子，首付 20 万元，到今年同期可卖 150 万元。去年只付了 20 万，如果今年卖掉为 150 万元，还 80 万元贷款，再减去中间费用 10 万元，你变现现金 60 万元，即净赚 40 万元，杠杆倍数高达 5 倍。如果去杠杆，首付提高 30 万元，卖掉的 150 万元，还贷款 70 万元，减去中间费用 10 万元，变现现金 70 万元，净赚只有 30 万元，杠杆倍数减至 3. 34 倍。去杠杆，资产的负债率大大降低了，杠杆率大大降低了。从短期看，会制约企业的发展，因为企业借到的钱少了，影响到流动性和扩大生产，但从长远看，去杠杆有助

① 杜明．知乎用户［J］．中国周刊，2016.

于减小企业的经营风险，有利于宏观经济稳定。诚然，去杠杆还应当包括去地方政府杠杆，这个很不透明的地方政府债务的存在，其杠杆率也高得令人震惊。不去杠杆肯定是不行的。因为一些地方经济隐性危机就潜伏在这个债台高筑之中，高度杠杆率一触即发就会引发这种隐性经济危机。

（2）发掘中华民族优良的信用文化

中华民族素有节衣缩食、艰苦奋斗的传统，不到万不得已，不到青黄不接之时，总是不愿举债的，总是尽量做到量入为出，不超前消费，不寅吃卯粮的。即使在万不得已借债时，也一定是有借有还，信守承诺，说话算数的。中国人在借贷上的理念是后人敬佩崇尚的，那就是秉承“义利”观，即以“义”为上，以“利”为下，“义”“利”结合。这种中国人所特有的义利价值观是大大优于西方人的利己价值观的，尽管中国人中也有极少数抱着“人不为己，天诛地灭”的信条不放，但绝大多数中国人是重“义”轻“利”的。这种优良的民族信用文化精神应当传承，应当发扬光大。应将它贯穿融合到“去杠杆”“守信用”“少借贷”的经济工作中去，并且用信用制度化加以稳固、加以弘扬。并使之造成“势”或“场”，或者是一种舆论，做到人人皆知，个个争做，形成一个大好民族风的局面。

（3）对杠杆力的思辨

有人认为，在账户同等资金条件下，做同等手数（一张合约称一手）的情况下，杠杆比例越高，风险越小。我们认为，杠杆是一把“双刃剑”，杠杆率过高或过低都不好，过低博取的利益小，过高风险大。风险越大，利润越高，二者成正比，这是市场竞争的一般法则。因此，如何使用杠杆，对于一个企业来说极为重要。一个企业当自己的资金不足时，都想通过借贷筹集资金，扩大生产，获取更大收益，即借别人的钱来生钱或称借鸡生蛋，但是这样做风险也很大，如果做赔了，亏损超过自有资金量，就出现资不抵债了。所以，为了规避风险，企业一般采取选择一个合适的平衡点，既能够获取更多收益，又能保证风险在可控范围。而这就需要一个指标来确定这个平衡点，这个指标就是资产负债率。一般来说，资产负债率的适宜水平在 40% ~60% 。资产负债率 70% 称为警戒线。如超过或达到 100% ，则说明公司已经没有净资产或资不抵债。因此，作为负债总额与资产总额的比例关系一般在 50% 上下为适当的平衡点，也就是说，这个平衡点恰巧在杠杆的中间点，不左不右居正中。这恰是中国古代的中庸之道所说的“天地之道，极则反，盈则损”的朴素辩证思想，居正中是平衡点，居正中就能保证企业既多得利，又无险。所以，杠杆虽有“四两拨千斤”之力，但因杠杆力“以小博大”是有风险的，且杠杆力使用越大风险就越大，即杠杆倍数越高风险越大，所以，我们以“四两拨千斤”之时，切记要辨证施力，不及不过，注意极则反，盈则损，注重老子所言：不如守中。这也就是说，对于杠杆即负债，不能不用，也不可多用，不如守中。守住资产负债率50%的平衡点，企业就可以维稳发展，又可以开拓前进，立于不败之地。应当说，这对企业而言，尤其是对我们的国有企业来说是至关重要的。当然，个体投资者亦可照此办理，进行正确的投资经营，既可获得好的效益，又可规避风险。

廿八、私有制悖论

上一个世纪，即20世纪的整个一百年，是一个风雷激荡、风云变幻的年代。国际共产主义运动风起云涌，遍布全球。世纪之初，社会主义革命首先冲破了资本主义私有制的薄弱环节，在俄罗斯的大地上建立了第一个社会主义公有制的国家，接着在40年代、50年代、60年代，社会主义公有制的国家一个个相继建立，其中最令世人瞩目的当然是中华人民共和国的成立，它标志着社会主义革命在中国大地上取得了伟大成功，它意味着灾难深重的东方巨人从此站起来了，它显示着社会主义公有制战胜了资本主义私有制。可以毫不夸张地说，20世纪中叶这几十年，是社会主义革命如火如荼的几十年，是国际共产主义运动处于高潮的几十年，是马克思主义关于社会主义公有制代替资本主义私有制理论付诸实践的几十年，是人类社会变迁最为辉煌、史无前例的几十年。在这几十年里，国际共产主义运动发展处于高潮，相反，国际资本主义的发展处于低潮。

然而，经过这短暂的几十年之后，从20世纪七八十年代开始，世界资本主义开始反攻倒算，新自由主义卷土重来了。这个换汤不换药的资本主义私有制披着新的华丽外衣，向社会主义公有制发难了。它的第一个攻击对象是苏联。堡垒是最容易从内部攻破的，苏联内部背叛社会主义公有制的头面人物与西方新自由主义里应外合，在所谓改革的旗帜下，一举将社会主义公有制变成了资本主义私有制，致使苏联共产党丢掉了执政党地位和权力，苏联最终解体。这是20世纪初第一个成功建立的社会主义的共产党一党执政的国家在20世纪末土崩瓦解了，被颠覆了。这使国际共产主义运动不得不由高潮转入低潮，“大道之行，天下为公”也暂时进入低谷；而此时，西方新自由主义即资本主义私有制反倒由此转入高潮。出现了“天下为私，大行其道”的势头。三十年河东，四十年河西，资本主义私有制与社会主义公有制各领风骚几十载。这无疑说明，私有制与公有制对立的矛盾，此起彼落，跌宕起伏，互为对立面，相互依存、相互对立、相互贯通，但又相互统一、相互兼容、相互转化，进而形成私有制与公有制悖论，令人难分难解。当然，私有制自身也存在矛盾，并且是自相矛盾，这又构成了私有制自相矛盾的悖论。

1. 私有制的历史功过

私有制的产生应在社会分工的出现之后，即在原始社会的末期，随着社会生产力的发展，人类社会出现了第一次社会大分工，即农业和畜牧业的分工。社会分工提高了劳动生产率，剩余产品开始出现，剩余产品的出现为原始公社之间的交换提供了条件，农业部落和游牧部落各自都需要获取本部落内部不能生产的产品，由此就开始出现交换，也许这种刚开始出现的以物易物的产品交换还称不上是真正意义上的商品交换。但是，随着社会生产力的进一步发展，出现了第二次社会大分工，即手工业与农业的分离，同时，由于私有制的出现，使以交换为目的商品生产得以发展起来，于是就有了商品经济，虽然只是简单的小商品经济，但它的形成和发展又反过来推动了生产力的发展。随着生产力进一步发展，商品交换的日益频繁和交换范围的日益扩大，于是就出现了不从事生产只从事商品交换的商人，这就产生了第三次社会大分工，即商人阶层从生产部门中分离出来。由于社会生产力的进一步发展，第三次社会大分工的产生，又反过来促进了生产力的发展和私有制的产生，而私有制的产生也反作用于社会生产力和商品经济。

在这里，我们必须明确：社会分工是商品经济的基础和前提，也是私有制产生的前提，然而，生产力的发展又是二者的基础和前提。只有在生产力发展的基础上才能产生社会分工，只有在生产力发展的基础上，在社会分工的前提下，才能产生私有制，才能产生商品经济。如果只有社会分工，没有私有制即不存在产品属于不同所有者的条件下，是不可能出现商品经济的，如古印度氏族社会虽然已经存在社会分工，但当时并没有出现商品经济，就是最好例证。这是因为商品经济的产生，必须有两个条件：一是社会分工；二是产品属于不同所有者即私有制。由此可见，私有制对商品经济的产生是有历史功绩的，是功不可没的。当然，不仅如此，私有制在商品经济的发展进程中更加功勋卓著。这又是由于商品经济的基本经济规律即价值规律是通过商品市场的竞争来实现的，要实现属于不同所有者即私有者的商品价值，只有通过市场的优胜劣汰的竞争才能使优者获胜，实现自己的商品的价值，并且获利，而劣者不但不能实现自己的商品的个别价值，反而要亏本。这就促进了千千万万的商品生产者改进技术，提高自己的个别劳动生产率，从而促进了社会生产力的发展和社会的进步。所以，私有制在商品经济发展中的作用远远大于它在商品经济产生中的作用。它是在生产力发展的基础上产生的，但反过来它对社会生产力的发展起着相当大的反作用。无疑，私有制对社会生产力的反作用主要是通过对商品经济发展的促进作用来推动社会生产力发展的。不管怎么说，私有制从它诞生之日起直到它历经奴隶社会、封建社会以至资本主义社会，它之所以贯穿人类社会多个时代，不能不承认它是具有历史的进步性的，必须从历史唯物主义的观点来看待私有制的产生及其存在于人类社会的多个历史时代的进步意义、积极作用。因为有了私有制，才有了社会的具体和细微的分工，是它促进社会分工具体化和优化；因为有了私有制，它作为不可或缺的条件使得商品经济得以产生，它以私有观念和私有制度激发人们的竞争心、创业心，促进商品经济的发展，从而推动社会生产力的发展。

然而，我们从辩证的观点来看私有制，它又并不是不可以一分为二的，它从产生之日开始，就有先天不足，就存在先天缺陷。作为私有制产生的第一个人类社会制度的奴隶制，由于私有制的产生，奴隶主占有财产和奴隶，剥削和压迫奴隶，形成奴隶主阶级和奴隶阶级的殊死对抗，它是人类社会最早而又最残酷的剥削制度、人压迫人的私有制度。这就是说，私有制从开始产生时起，这个私有制自身就充满着对立与对抗，就像所有事物都存在矛盾一样，私有制也存在矛盾，并且是一个自相矛盾的悖论：一方面，它的产生标志着人类社会的进步，由此产生了阶级和国家，产生了小商品经济，推动了社会生产力发展；另一方面，它又产生了人压迫人、人剥削人的社会不平等的社会制度及其社会的反动性和阶级的局限性，阻滞了社会生产力的发展。在这里，所谓反动性当然是指阻碍生产力发展的反动，也是指事物发展一定朝相反方向运动的辩证之“反”。这里的局限性是指私有阶级的局限性即私有制阶级的先天缺陷。自此之后，有

关私有制的“反动性”和“局限性”也都围绕阻碍生产力发展和私有制自身缺陷来展开论述。

在奴隶社会里，奴隶毫无人身自由，被奴隶主关押着，在皮鞭的抽打下进行劳动，还有什么积极性呢？还能发挥什么生产力主体因素作用呢？还会有什么劳动生产的效率呢？显然这是不可能的，是被否定的。所以，奴隶私有制社会，生产力的发展必定受制于这种野蛮的私有制的生产关系的严重阻碍，只能在停滞中爬行。到了封建社会，佃农也只有半个人身自由，人身依附关系并未完全解除，由于一年辛辛苦苦种田的粮食大部分要交给地主作地租，佃农所剩无几。这种封建的租佃关系即生产关系也必定阻碍生产力的发展，因为生产力主体——人的积极性无法发挥出来，所以封建社会的生产力也只能像蜗牛一样慢慢爬行向前。就中国封建社会而言，长达二千多年的封建社会，由于这种封建私有制的束缚，严重地阻碍了社会生产力的长足进步。只有到了资本主义私有制社会，社会生产力的发展较它之前的封建社会和奴隶社会大不一样，取得了长足的发展，创造了巨大的生产力。与封建社会和奴隶社会相比，同是私有制，为何生产力的发展如此不同呢？原因至少有如下几点：

首先，资本主义私有制在替代封建私有制之初，也就是在资本原始积累之初，它为自己的确立创造了条件，即造就了千千万万一无所有的“自由人”，成为准雇佣劳动者，如英国的圈地运动，羊吃人，把自耕农赶出土地，圈地养羊，并用铁血政策逼迫他们就范，不让流浪，只能出卖劳动力走进资本主义的工厂。这些准雇佣劳动者，虽然一无所有，但人身却有“自由”了。这与资本主义确立时的口号也就是“自由、平等”是吻合的。作为生产力的主体因素的人，不再像奴隶社会、封建社会那样，完全没有人身自由或半人身自由，而是真正获得了人身“自由”，“自由”得一无所有。这种自由人出卖自己的劳动力为资本家干活卖命，会比奴隶和佃农要卖劲得多，因为他们做一天工，拿一天工资，势必要焕发出积极性，这也就必定促进资本主义生产力的发展。

其次，人类社会长期积累的科学技术知识的大爆炸，科学技术在生产中的应用，生产力的第二要素即生产工具的革新，蒸汽机的发明，生产工具的改进，为社会生产力的发展插上了翅膀，大大提高了劳动的社会生产率，推动了社会生产力的突飞猛进。

再者，大机器生产带来的分工和协作劳动，使生产社会化从资本主义开始登上了历史舞台，这种许多人在一起来分工和协作的社会化劳动，不费分文，就带来了巨大的协作的劳动生产力，自然也促进了整个社会生产力的发展。所以，毫无疑问，“资本主义在它的不到一百年的阶级统治中所创造的生产力，比过去一切世代所创造的全部生产力还要多、还要大。”① 这是马克思对资本主义私有制的历史进步性所做出的历史唯物主义的最为高度的评价。

然而，马克思对资本主义私有制还有另一面的批判：由于社会化分工和协作与资本主义私有制的结合，致使资本生产力在发展到资本主义时期已经异化为一种剥削人、压迫人的异化生产力，即生产力的发展已走向自己的反面。也就是说，生产力的发展脱离了人作为生产力的主体要素，甚至在一定程度上使生产力的发展恶化了主体要素的贫困化，雇佣劳动的异化。劳动的果实变成资本的果实。生产力的主体要素人的主动性、积极性、创造性受到了极大的挫伤，遭到严重的残害。尽管这种生产力为人的解放创造了前提，但如果不抛弃其异化的性质，则由生产力异化引起和决定的剥削人、压迫人的生产关系的异化也必然会反过来阻碍破坏生产力的进一步发展。资本主义在其发展的过程中所发生的一次又一次的周期性经济危机，使其生产力的破坏和倒退的事实就是最好的证据。俄罗斯的资本主义私有化，使其生产力一落千丈的事实，当然也是最典型的反证。

总而言之，私有制既可以促进生产力的发展，又可促使生产力的倒退；既有积极的作用，也有消极的作用。这就是私有制的二重性和二重作用。这正是私有制的矛盾所在，也正是私有制自相矛盾的悖论所在。这个矛盾或悖论，对于资本主义私有制自身来说，是无解的。虽然资本主义在其自身的私有制范围内可以通过调节、改良、变革，借以在一定程度上缓解矛盾或悖论，但资本主义的基本矛盾即生产的社会化和私人占有制的矛盾决定的这一促进或促退生产力的悖论或自相矛盾是无法解决的，除非期待资本主义这一自私、狭隘、僵化的、人类历史上最后的私有制被社会主义公有制所替代。这就是马克思、恩格斯在《共产党宣言》里所庄严宣告

① 马克思，恩格斯．共产党宣言//马克思恩格斯全集（第四卷）［M］．北京：人民出版社，1958：471.

的："共产党人可以把自己的理论概括为一句话：消灭私有制。"① 消灭私有制，建立公有制，这是共产党不能忘记的初心，也是共产党人必须牢记的光荣的使命。

2. 私有制与公有制的辩证矛盾

纵观历史，一切私有制都是以少数人剥削多数人，为少数人谋私利的，因此就生产力主体的多数人劳动者而言，是难以产生主动性和积极性以致生产效率的；而社会主义公有制的确立，消灭了少数人剥削多数人的剥削制度即私有制，使绝大多数劳动者为自己劳动，必然焕发出巨大的主动性和积极性，从而促进劳动生产率的提高和生产效率的跃升。这种积极性和主动性是社会主义公有制所特有的，资本主义私有制不可能具有。关于这一点，就连被称为管理之父的泰勒也不得不惊呼："每个工人的眼光里都充满着仇恨，并总是感觉到这个世界上每一个人都是我的敌人。"② 因此，对于社会主义公有制来说，这种主动性、积极性是一种自觉的、自主的、正向的积极性，而对于资本主义私有制来说，它至多是一种异化的、扭曲的、被迫的、逆向的积极性。这已被社会主义公有制和资本主义私有制的历史和现实充分证实了的。但是，这里似乎还有一点什么不能令人心悦诚服之处：为什么在我国社会主义公有制建立之初的一个相当长的时期内曾多次出现的社会主义建设高潮中广大劳动者的那种巨大的劳动积极性和高度的生产效率，到后来渐渐地减弱了呢？这显然说明，这里存在一个先天的制度性积极性和后天的机制性的积极性问题。就先天的制度性积极性来说，社会主义公有制比资本主义私有制具有无可比拟的绝对先天优势；而就后天的机制性积极性来说，已经经历了几百年的资本主义私有制其后天机制性积极性仍胜于社会主义公有制的机制性积极性。鉴于此，这就出现了公有制与私有制在生产关系的基础之上的产权关系（所有权关系）对劳动者积极性或活力的激发作用的分歧与对立的矛盾，矛盾的双方

① 马克思，恩格斯．共产党宣言//马克思恩格斯全集（第四卷）［M］．北京：人民出版社，1958：480.

② 吴琼琼，等．现代管理心理学纲要［M］．长沙：湖南人民出版社，1987：507.

各执一端，非此即彼：一方认为只有公有产权才具有发展经济的活力，才能激发劳动者的积极性，才能提高生产效率；另一方认为只有私有产权才具有发展经济的活力，才能提高经济效率。这两种观点相互对立、相互否定，公说公有理，私说私有理。这就是产权活力悖论，确切地说，是私有制与公有制悖论。我们认为私有产权与公有产权悖论或私有制与公有制悖论可以规定为两个“二律背反”命题：（1）私有制是没有活力和效率的，它又是有活力和效率的；（2）公有制是有活力和效率的，又是没有活力和效率的。也许有人会质疑，这不是自相矛盾吗？是的，这是矛盾的。“同一个属性”不能同时“既属于又不属于同一主体”，因为它违反了同一律、不矛盾律和排中律。然而，悖论本来就是逻辑与数学中出现的特殊的思维矛盾，这种矛盾既具有逻辑矛盾的形式，又具有辩证矛盾的性质，它是一种具有中介性质的思维运动的环节，已超出形式逻辑的极限，最终必须依靠辩证逻辑思维来解决。所以，就让我们用辩证思维来解构这种特殊的辩证矛盾吧，用实践来检验思维中出现的逻辑矛盾和辩证矛盾。

第一个命题是：

正题：私有制是没有活力和效率的；

反题：私有制是有活力和效率的。

社会主义论者认为，私有制或私有产权是没有活力的，特别是资本主义私有制（私有产权）与其生产社会化的矛盾构成资本主义基本矛盾，不但在资本主义制度内无法解决，而且它严重阻碍社会生产力的发展，也就是说，它严重压抑挫伤着劳动者积极性、主动性的发挥，即活力的激发，当然也就不会有生产效率。在资本主义私有制基础上，劳动力所有者出卖自己的劳动力变成资本家的雇佣工人，“尾随于后”“战战兢兢，畏缩不前，像在市场出卖了自己的皮一样，只有一个前途——让人家来鞣”。[①] 处于这种奴隶般境地的劳动者还能有什么活力？这种为资本家赚钱的劳动难道还会有多么高的效率？所以，完全可以说，私有制或私有产权是没有活力和效率的命题（正题）是真实的，是正确的。然而，在资本主义私有制或私有产权下，雇佣劳动者又有“好像害了相思病”的劲头开始去“劳

① 马克思．资本论（第一卷）[M]．北京：人民出版社，1975：200.

动”，表现出雇佣劳动者这种“活劳动”的特有“活力”，这又作何解释呢？这一事实又可以说明“私有制或私有产权是有活力和效率的”（反题）也是真实、正确的。于是，矛盾又出现了。一方面认为私有制或私有产权没有活力和效率；另一方面又认为私有制和私有产权有活力和效率。其实，这仍然是一个辩证矛盾，是客观事物内在固有的对立统一关系的反映。双方同时并存，亦此亦彼。因此，正题与反题的合题应该是：私有制或私有产权既没有活力和效率又有活力和效率。就私有制或私有产权的本质、使命、终极目的而言，它对出卖劳动力的整体劳动者来说，是没有活力和效率的。但是，就具体的劳动者个体来说，由于物质利益机制的调节，在一定时空和一定程度上，雇佣劳动者个人又是有活力和效率的。①

第二个命题是：

正题：公有制是有活力和效率的；

反题：公有制是没有活力和效率的。

改革开放以来，不时听到一些学者说：公有制是没有活力和效率的，公有制甚至使人懒惰。在现实经济生活中，也的确可以见到一些国有企业缺乏活力和效率低的事实。据此，我们是否可以肯定上述反题而否定上述正题呢？当然不能。因为，尽管反题是可以证实的，但正题同样是可以得到证明和证实的。从理论上讲，社会主义公有制或公有产权的确立，它使全体劳动者变成了生产资料的主人，劳动者既是生产资料的所有者，又是劳动者，他们在生产劳动中必然焕发出巨大的主动性和积极性，激发出活力，提高生产效率。从实证分析看，社会主义公有产权确立的国家，无论是苏联还是中国，其经济发展速度都大大超越同期私有产权的国家，尤其是中国的第一个五年计划期间，人民群众意气风发，表现出前所未有的活力，有着高涨的劳动生产率和生产效率，这是人所共知的历史事实。由此可见，这不仅表明反题是真实的、正确的，正题也同样是真实的、正确的。这不又是矛盾吗？是的，但这不是逻辑矛盾，而是辩证矛盾。辩证矛盾是客观事物内在所固有的对立统一关系在思维中的反映，对立双方可以同时并存，亦此亦彼。所以，上述正题与反题的对立统一关系可以形成以

① 周扬明．企业动力与活力研究［M］．北京：地质出版社，1998：152－153.

下科学合题：公有制既有活力和效率又没有活力和效率。就社会主义公有制或公有产权的本质、使命、终极目的来讲，全体劳动者是有着巨大活力和效率的，但从具体的特定的时空中的少数劳动者来说，由于受到体制障碍等主客观条件限制，在一定程度上又是没有活力和效率的。①

以上对私有制和公有制在所有制的核心即产权与活力和效率的矛盾或悖论进行了解构，事实上，活力和效率不仅与产权有关，而且还与其他因素有关，也就是说私有制与公有制的矛盾或悖论不仅体现在所有制的基础和核心的产权之上：产权可以“呼唤活力、提振经济效率”；但产权分配不公又可以抑制活力，挫伤经济效率。非但如此，活力和效率还与公平、精神、管理、竞争等诸多因素有关。也就是说，私有制与公有制的矛盾或悖论还体现在活力和效率与公平、精神、管理、竞争之上。就公平而论，公有制的产权分配公平，由产权决定的收入分配亦公平，无疑可以提高劳动者的积极性并激发活力，增进效率；反之，私有制的产权分配不公平，由它所决定的收入分配定然不公平，当然会抑制劳动者的活力并挫伤其主动性和积极性，从而削弱、降低效率。就精神而言，如马克思所说，人总是要在“精神上掌握自然”的。人与自然之间的物质变换过程即劳动过程，是劳动者的劳动能力的发挥过程。这种劳动能力的发挥应是体力、智力和意志力的总和。就劳动者的“活智力”而论，它在劳动过程中可以发挥出神奇的精神力量。就意志力来讲，它是引起、调整、控制人与自然之间物质变换过程的关键。如果没有人的意志力去启动人的主动性和自觉性，再好的体力又有何用？再高的智力又能何为？所以，精神的力量，尤其是其中的“活灵魂”（意志力）是活力的源头，是效率推进器。在这一点上，私有制，特别是资本主义私有制不可能赋予劳动者这样的意志力，因为这个制度以赚钱为始终不变的目的，雇佣劳动者仅仅是它赚钱的会说话的工具而已，谈何精神力量呢？社会主义公有制建立之后，全体劳动者成了社会的主人、国家的主人、企业的主人，这个公有制赋予了全体劳动者以无限美好未来，赋予了他们实现美好未来的巨大精神追求与力量。这是公有制与私有制的最大差别。在资本主义私有制那里，是见物不见人

① 周扬明．企业动力与活力研究［M］．北京：地质出版社，1998：151－152.

的，重物质利益轻精神力量的。在它看来，只有物质利益出活力和效率；殊不知，精神力量也能出活力和效率，并且精神力量所焕发出的活力和效率要比物质利益所激发的活力和效率大得多、高得多。在西方经济学的劳动供给曲线即劳动者个体活力的直角坐标图中表明：单个劳动者在各种可能的物质需求满足程度下，所提供的劳动供给曲线在达到一定高度后随即向右下方弯曲向下，甚至可能趋近于零。但直接精神需求满足程度与单个劳动者提供的劳动供给量不存在以上反向的情况，其劳动供给曲线为一条向右上方倾斜的曲线。这是一条渐渐趋近劳动供给量最大值的曲线，它随着直接精神需求满足程度的提高，劳动者提供的劳动量也逐渐增大直到趋向最大值。这种由物质利益刺激劳动者的积极性的有限性和渐退性与由精神需求激发劳动者积极性的无限性和渐近性，就连西方学者都不得不承认的理论与实践，而我们的一些经济学家反倒对此模糊不清，实在令人揪心不已！

这就是私有制与公有制的矛盾或悖论在产权、公平、精神等方面表现出的活力和效率上的对立、对抗与同一、相容的对立统一关系，至于在管理、竞争等其他多元函数关系和辩证关系在此就不再分别予以叙述了。

3. 私有化绝非灵丹妙药

私有化浪潮出现在20世纪七八十年代的一些西方国家，其私有化有多种形式，“如：将国有资产出售给或部分出售给私有部门；国有企业实行股份化，建立股份公司，将50%以上的股份卖给私人持股者；依照租约将国有企业资产转让给私有部门；将国有企业改变为多种结构的公私合营企业；将国有企业改变成生产合作组织和消费合作组织；将控制权或收益权从公有部门转移到私有部门；等等”。① 在这股私有化浪潮的影响下，我国经济理论界一些人尾随其后，竭力鼓噪什么社会主义公有制尤其是国家所有制没有活力、没有效率，与市场经济不相容。因此，“他们要求改变公有制的主体地位，要求‘非国有化’或‘私有化’”，他们之中有人“提出将国有财产‘量化到个人’”；有的提出“公民产权本位论”，说什么

① 吴易风．当前经济理论界的意见分歧［M］．北京：中国经济出版社，2000：85.

“公民产权应是社会主义社会的经济细胞”；有的提出“可能经济发展的规律逼着我们通过先把国有财产分到个人腰包这个弯路”；有的提出“‘细分’公有权”，“把国有资产明确地划分到全体国民个人头上”。[①] 还有所谓的“退出”论、“让位”论、“调整”论等形形色色的非国有化主张，以及更加露骨地出卖国有企业，当然还有隐藏秘密动机的国有企业的股份制改革等。甚至还有新自由主义者违背人类社会发展的制度变迁规律，公然赤裸裸地叫嚣什么“人间正道私有制”，高喊“私有制万岁”等口号。显而易见，这些观点和主张就是要求非国有化或私有化的。如果我们采取这些新自由主义经济学者的主张，就必然会使社会主义公有制变成资本主义私有制，从而变社会制度为资本主义制度。这不仅是对马克思主义经济学基本原理的背叛，也是对社会主义基本经济制度的背离，更是对全体劳动人民的根本利益的违背。马克思在研究资本主义经济基本经济规律时指出：“生产剩余价值或赚钱，是这个生产方式的绝对规律。”在研究资本积累时不仅指出其结果就是资产阶级财富积累和无产阶级贫困积累。而且指出随着资本积累的不断增长，生产的社会化和资本主义私人占有制的基本矛盾日益尖锐化，其历史趋势是资本主义制度的必然灭亡和社会主义制度必然胜利，即社会主义公有制必然替代资本主义私有制。这是人类社会制度变迁的总趋势所在，而我们少数学者逆历史潮流而动，背反马克思主义基本原理，竟要把已经替代私有制的公有制再复辟为私有制，岂不冒天下之大不韪？

就社会主义公有制而言，它是社会主义的一项基本经济制度。生产资料所有制是生产关系的基础，它决定了生产关系即经济关系的方方面面。因此，生产资料所有制是迄今为止区分各个不同社会经济形态的主要标志。社会主义制度同资本主义制度的根本区别，就在于社会主义生产资料公有制。只有确保公有制的主体地位，才能保证社会主义社会性质，破坏或动摇了社会主义公有制的主体地位，就必然破坏社会主义经济制度的基础，也就从根本上改变了我国社会的性质。所以，对社会主义基本经济制度的背离，必然首先否定生产资料公有制。

---

① 吴易风. 当前经济理论界的意见分歧 [M]. 北京：中国经济出版社，2000：85.

就违背全体劳动人民的根本利益来讲，由于社会主义公有制就是社会主义社会的全体劳动者或部分劳动者共同占有生产资料的制度。由于所有权属全体劳动者或部分劳动者，则分配权当然也属于全体劳动者或部分劳动者，这就保证了劳动者的根本利益，如果将国有企业和集体企业私有化，就会使全体劳动者丧失生产资料的所有权和分配权、控制权，沦为资本家的雇佣工人，受剥削、受压迫，没有基本的生存保障。俄罗斯私有化的灾难就是最好反证。俄罗斯在搞无偿私有化时，每个人确实免费领到了一张私有化的证券面值一万卢布，但是到最后，一万卢布面额的私有化证券仅仅值5美元，被俄罗斯人自己称为“一次性的副食补贴”。我国如果也按一些学者所鼓噪的那样，照所谓的平均、平等地“量化到个人”，或“分到全体国民个人头上”，搞证券私有化，其结果也不会比俄罗斯好，甚至更糟糕。① 事实胜于雄辩，俄罗斯实行私有化后，经济严重衰退，并未能证实私有制的公平、效率，2015 年，人均 GDP 下降到 6787 美元，首次被中国人均 GDP 增长到 8068 美元所超越。关于这一点，俄罗斯的经济学家沙塔林也承认说：“原以为私有化的企业在效率方面必定高于国有企业，现在看来并非如此。”②

联合国开发计划署《1993 年人文发展报告》说：“私有化绝非灵丹妙药。”罗马尼亚《经济论坛》1995 年 5 月 17 日发表论私有化的文章说：“过高期望私有化能带来奇迹是东欧国家所犯的新的错误。人们不该指望只要进行私有化就可以保证让国家走出危机。”③ 事实上，私有化不仅使俄罗斯和东欧一些国家的经济学家有错误的期待，有错误的言行，而且对于中国的一些经济学家来说，也同样有错误的期待，有错误的言行。然而，亿万人民是不愿意、不可能接受私有化的，因为这是违反全体劳动人民的根本利益的。这是民心所在，民心所向，少数新自由主义经济学家岂敢违背民心和民意！

---

① 吴易风．当前经济理论界的意见分歧［M］．北京：中国经济出版社，2000：85.

② 吴易风．当前经济理论界的意见分歧［M］．北京：中国经济出版社，2000：131.

③ 吴易风．当前经济理论界的意见分歧［M］．北京：中国经济出版社，2000：151.

廿九、经济改革悖论

古今中外，世界各国都曾有过许多改革或改良，它大大地促进了人类社会的进步与发展。可以认为，求变化、求进步、求发展，是人类文明演进的基本路径，当然也是中华民族探索繁荣富强道路的进步方向。然而，20 世纪以来，世界各国虽然有过许多成功的改革，也有过不少失败的改革。就成功改革而言，其中影响较大的有苏联革命刚成功时的新经济政策、美国的罗斯福新政和中国的改革开放。就失败改革而言，其中影响最大的莫过于俄罗斯的社会主义改革的重大失误、美国医改的失误等。但是，改革无论成功或失误，并未阻止各国改革的步伐。自 20 世纪中后期以来，这种改革的声浪似乎一浪高一浪地向前推进，如果说在此之前已经有些国度开始改革的萌动的话，那么到了 20 世纪中后期这股改革的浪潮就开始呈现出汹涌澎湃之势，在许多国家风起云涌，特别是在一些社会主义国家更加势不可挡。然则，你说改革，我也说改革；你在改革，我也在改革。但令人不得不关注的是，同在改革的大旗下，说改革和抓改革难道都一样吗？只要稍加考察，不难发现，在改革大旗下的各国的改革却是大相径庭的。改革的形式与内容、目标与步骤、动力与方向、底线与边界等，都相差甚远。概言之，改革存在两种差别、对立的改革观。由于改革观不同，改革的目标、内容、本质、底线、方向等也盖然地存在根本的差别，即使是同一种改革观指导下的改革也会在不同国度和不同时期存在大同小异即细枝末节上的差别。正因为如此，我们认为，“差异就是矛盾”,① 矛盾就是悖论。矛盾不仅存在于客观世界中，也普遍存在于人的主观世界。

① 毛泽东．毛泽东选集（第一卷）［M］．北京：人民出版社，1952：295.

人类思维和科学认识中两极性的观念及其他矛盾观念，如在此处所说的两种改革观，都是对客观矛盾的反映，都或然地成为难解的悖论。

1. 两种经济改革观相悖

不容回避，关于两种经济改革观的分歧，即两种改革观的矛盾或悖论在世界范围内的纷争由来已久，众说纷纭，莫衷一是。尽管对两种经济改革观并未形成共识，但纷争的双方都承认两种改革观的分歧或矛盾是客观存在的，是不可否认的，是不以任何人的意志为转换的。这一点完全符合唯物史观。我们先撇开对两种改革观的理论分歧的是非之争，从实践的角度，看看各国改革的实践，是否有这样的案例或例证来证明两种改革观的理论之争的是与非。在我们看来，证实这两种改革观的是与非，这个典型案例就是俄罗斯和中国的经济改革。这两个国家同是社会主义国家，几乎是在同一个年代，同是泱泱大国，所不同的是它们有着对立的两种改革观，有着完全不同的两种改革结局。如此说来，这两个社会主义的大国，几乎在同一年代的社会主义改革，有什么样不同的两种改革观呢？事实上，两个国家两种不同的改革观的不同集中体现在经济和政治上，在经济上体现在产权制度改革上。两种改革观表现为“两条路径”的分歧，即一条渐进式改革，即自我完善；一条是激进式改革，即休克疗法。这两条路径完全背道而驰、南辕北辙。一条是一步到位，倒退到私有制，将社会主义公有制变为私有制，即私有化，而且必须在较短时期内完成，如俄罗斯500天计划。另一条路径是渐进式改革，即我国所采取的改革路径，它是渐进的，并且是以完善、坚持公有制为主体的社会主义基本经济制度作为改革的目标和底线的，两种改革观的分歧或矛盾反映在是坚持还是否定国家现有的基本经济制度这一点。实际上，资本主义国家和社会主义国家都是如此，资本主义国家在进行改革时无疑是坚持维护资本主义私有制这个基本经济制度的，社会主义国家在进行改革时难道不应该坚持维护社会主义公有制这个基本经济制度吗？显然，这非但是天经地义，无可非议的，而且就“改革”而言，这才是题中应有之义。何为“改革”，改革不就是改革那些不适应生产力发展的生产关系的部分或环节吗？改革上层建筑包括意识形态中那些不适应生产力发展的部分或环节吗？反之，我们的改革是不能改革那些适应或基本适应生产力发展的生产关系或上层建筑的绝大部分或环节。如果果真如此“改革”，那就不是“改革”，不是“改革”的题中应有之义，它超越了“改革”概念的内涵，超越“改革”的边界。那样，根本就不是“改革”，而是“革命”。因为，只有“革命”才是这种颠覆性的改革，才是对现存基本经济制度革命性的否定或颠覆。现代资本主义的私人占有制与生产力的社会化的基本矛盾已经到了马克思所说的“资本主义丧钟已经敲响了”的时候，但资本主义却并未自我革命，只是在原有基本制度上改革或修修补补以勉强适应其生产力的发展，而我们社会主义公有制基础上的生产关系基本上适应生产力发展，只需改革那些不适应生产力发展的部分或环节即可，为什么还要“自我革命”，自我否定呢，采取“革命”行动呢？如果这样，那显然是改革的误区，是改革的指导思想的错误，是正确与错误的两种改革观的颠倒。

诚然，两种不同的改革观不但表现在经济上，还表现在政治上。苏联的政治体制改革，是在盲目推崇西方国家现代政治制度和所谓的民主与自由的意识形态下进行的。特别是到了 20 世纪 90 年代，戈氏完全背叛了共产主义信仰和社会主义制度，在改革的名义下主动放弃了共产党执政的政治制度，放弃了社会主义意识形态阵地，并主动与美国总统布什于 1989 年 12 月在马耳他确认两国不再视对方为意识形态上的敌人。这一错误改革观指导下的苏联政治体制改革，必然导致了苏联“改革”的宿命式的悲剧。然而，对于美国的“和平演变”与“奶头乐”战略家布热津斯基来说，这可能是最大的成功，并且是“不战而屈人之兵”式的成功。但是，布热津斯基虽已去世，其追随者也不要高兴得太早。中国的改革在政治体制改革方面，仍然与经济体制改革一样即完善社会主义生产关系和上层建筑，必须坚持共产党的领导，必须坚持社会主义道路，必须坚持马列主义，必须坚持无产阶级专政，即“四个坚持”。对此，国内外一些人质疑：中国的改革只有经济改革，没有政治改革！我们可以光明正大地告诉质疑者：中国的改革不仅有经济改革，也有政治改革。不过中国的政治改革可能不是质疑者所期待的那样的政治改革，甚至比经济体制改革更加辜负你们的期盼。从我们大多数人的角度看，中国经济之所以取得如此举世瞩目的巨大成功，中国的政治制度即社会主义人民民主的政治制度，是一个关键的不可或缺的因素。这个政治制度有着独具中国特色的优势，它包括特别值得关注的一党执政、新型的民主集中制、人民代表大会制、政治协商制度等。中国人民的绝大多数人对这一政治制度是信任有加的，是充满自信的。因为这个政治制度及其社会主义的意识形态是基本适合并适应经济基础的，是基本适合社会主义生产力发展的，其中不适应的部分和环节一直在不断发展中进行着微调和改革，以适应各种新的挑战。我们自信我们的自主选择的政治制度，无须照搬或套用西方现代的国家政治民主制度模式。

两种对立的改革观还体现在两种截然不同的改革结局上。俄罗斯的改革在其错误的资本主义化的改革观的指引下，由俄罗斯改革的顾问、哈佛大学年轻的经济学博士萨克斯实施“休克疗法”，在所谓长痛不如短痛的口令要求下，企图一个晚上就将公有产权的国有企业一棍子打休克，让它变成私有企业。然而，当萨克斯的休克疗法不奏效，弄得俄罗斯的经济一落千丈，一塌糊涂时，他又仓皇而去。并坦言：看来把私有制变为公有制很难，然而把公有制变为私有制更难。唯其如此，俄罗斯的激进式改革依然在其资本主义化的路程上快速走下去了，其错误的改革观并未改弦更张。这就注定了它的失误及其后果是不堪设想的，它是20世纪最严重、最真正的悲剧。正如俄罗斯总统普京在2005年发表国情咨文时十分痛心地说：“苏联的解体，是20世纪最严重的地缘政治危机；对于绝大多数俄罗斯人民来讲，它是一场真正的悲剧。”在政治上，抛弃了马克思主义，背离了社会主义道路，否定了共产党的领导，解散了苏维埃国家无产阶级政权。在经济上，丢弃了社会主义公有制，使经济一落千丈，使政治分崩离析。据统计，从1991年苏联解体到20世纪末，苏联的主要继承者俄罗斯的GDP比1990年下降了52%，而1941—1945年的卫国战争期间仅仅下降了22%。卢布大幅贬值，物价飞涨6000多倍。这对那些至今仍想在中国走资本主义化改革的新自由主义者来说应该是一个响亮的警醒。又据2016年世界银行报告发布各国GDP数据显示：中国的GDP是11.06万亿美元（排世界第二位），俄罗斯是1.33万亿美元（排世界第13位），中国的GDP是俄罗斯的近9倍。苏联解体之前，1985年的GDP是8000亿美元，是当时中国的近4倍。解体后，中国2015年的GDP是110630.89万亿美元，苏联各加盟共和国总计GDP是19823.15万亿美元，占中国GDP的17.92%，是中国的1/6；反过来说，中国的GDP是苏联各国总量的近6倍。而改革之前的1970年，15个加盟共和国GDP合计总量是中国的4.68

倍。从人均GDP的情况看，2015年，中国人均GDP增长到8068美元，苏联各加盟国人均GDP下降到6787美元，首次被中国超越。从以上数据可见，中国和苏联是两个最大的社会主义国家，在20世纪80年代都进行了改革，但由于两个国家持有两种不同的改革观，产生了两种截然不同的结局：一个成功，一个失误；一个正确，一个错误；一个坚持了社会主义；一个否定了社会主义；一个变成了东方巨人；一个变成“瘦死的骆驼”。这就是两种改革观之悖论的深切而准确的体现，是两种改革观矛盾对立统一运动的相反相成的结局。

2. 辩证解析中国经济改革之悖论

中国自20世纪80年代以来，进行了近40年的渐进式的改革，与俄罗斯放弃社会主义制度，推行西方的多党制、议会制和自由市场经济模式的失误相比，中国的改革确实取得了令世界震惊的伟大胜利。既然中国的改革取得如此巨大的成功，那又何谈中国改革之悖论呢？这不是自相矛盾吗？其实，悖论就是矛盾，就是自相矛盾。矛盾是无处不在，无时不有的。这不正是矛盾的普遍性所规定的吗？事实上，中国近40年的改革，也同样存在两种改革观之矛盾的对立斗争，也存在这两种改革观的同一与转化，也存在因失误走过弯路，也存在新自由主义私有化与市场化骚扰，也存在改革的红利未能惠及百姓，也存在改革底线或边界模糊问题，也存在公平与效率失衡问题，更有甚者是出现了两极分化现象，凡此种种，难道不是成功的背后，也还有失误、试错、弯路吗？是的，“世界上无论什么事物，总是一分为二的”,①“对于我们的工作的看法，肯定一切或者否定一切，都是片面性的”。② 对于中国40年的经济体制改革，一定要一分为二，既不要肯定一切，也不要否定一切。要辩证唯物地看待成功与失误，成功与失误有时只是一墙之隔。由于立场差异，明明是失误，有人却以为是成功。例如，俄罗斯改革的失误。在共产党人及其同路人看来，这是地地道道社会主义改革的失误，但少数想搞资本主义化的人却认为这是他们

① 毛泽东．建国以来毛泽东文稿（第10册）［M］．北京：中央文献出版社，1993：401.

② 毛泽东．毛泽东文集（第7卷）［M］．北京：人民出版社，1999：100.

的成功。

实际上，中国经济改革从一开始就存在两种改革观的纷争。一种认为改革就是完善社会主义制度，巩固社会主义制度，改革生产关系和上层建筑中那些不适应生产力发展、不适应经济基础的部分或环节，而不是从根本上否定社会主义的基本经济制度。因为社会主义公有制基础上的生产关系和上层建筑是基本适应社会主义生产力发展的，是被社会主义建设的实践所一再证明了的，是绝大多数人民认同和拥护的。然而，另一种改革观则认为，要改公有制为私有制，实行私有化，推行西方的自由主义市场经济模式，可以采取渐进式分步走的方式推进。在政治上则要求实行民主社会主义，抛弃共产党领导或一党执政，否定马克思主义和毛泽东思想。不可否认的是，这两种改革观在我国近40年的改革开放过程中，自始至终都存在着，贯穿着，不过两种改革观时隐时现，若即若离，有时好像就只存在一种改革观一样，即仅存在前一种为亿万人民所认同的改革观。然而，事实上，另一种改革观潜沉着，时而浮出水面，经常隐蔽着，韬光养晦，时而激烈地与公开的为亿万人民所认同的改革观相碰撞，时而又低调地与公开的光明正大的改革观捉迷藏。就是说，这两种改革观的对立与矛盾，直接对抗、斗争的机会不多，“地下斗争”、隐蔽战线上的交锋时有发生。这也许就是中国的特色！是中国改革两种改革观矛盾的特殊性吧！是中国经济改革之悖论的特殊性吧！

就中国经济改革中所客观存在的两种改革观的矛盾来讲，它是中国改革开放过程中的特殊矛盾，当然也是中国改革开放过程中的根本矛盾。因为这个矛盾贯穿于改革开放过程的始终并规定改革开放及其过程的本质。这个特殊矛盾或根本矛盾的双方即两种改革观，其力量是不平衡的，一方处于支配的地位，起着主导作用；另一方则处于被支配的地位，起着次要作用。前者为矛盾的主要方面，后者为矛盾的非主要方面。事物的性质即改革开放的性质是由矛盾的主要方面决定的。矛盾的主要方面和非主要方面的关系也是辩证的，相互制约、相互作用，并在一定条件下相互转化，甚至互易其位。我国改革开放过程中的这个特殊矛盾即两种改革观的矛盾的双方在改革开放的不同阶段或不同时期，尽管有所变化即有转化的势头和动向，但矛盾的主要方面基本还在代表着完善、巩固社会主义基本经济制度和坚持共产党领导的一方。但是，矛盾的非主要方面即企图搞资本主义化即私有化和否定共产党执政的一方，时隐时现，蠢蠢欲动，虽然并没有谁在高喊不要社会主义、不要共产党，但他们在其改革观的支配下，其隐晦的行径，其无声的呐喊，又是呼风唤雨，制造舆论，什么私有制比公有制有活力、有效率，企图变公有制为私有制；又是上下其手，遮天蔽日，诋毁人民共和国的缔造者，诋毁共产党；又是什么“国退民进”，鼓吹萨缪尔森的“混合所有制”，卖掉国有企业，为极端私有鸣锣开道。他们隐喻20世纪90年代是中国改革开放的黄金时期，其实这一阶段恰是中国改革走了弯路的时期。这一阶段也是持错误改革观的一些人自以为得势的时期，当然也正是两种改革观之矛盾的非主要方面差一点要与矛盾的主要方面换位的时期。不过，这未能得逞。

可以认为，中国经济改革中两种改革观的矛盾作为一种特殊矛盾始终贯穿于改革几十年的全过程，其矛盾的主要方面和非主要方面相互作用、相互反对、相互否定也从未间断过，当然，双方的互相依赖、互相渗透、相辅相成也从未间断终止过。这种矛盾的对立的斗争，对立的统一，既统一又斗争，双方的力量处在此消彼长的不断变化中，推动着事物的发展。同理，中国经济改革的进程与发展也正是这两种对立的改革观之间矛盾的双方力量在此消彼长的不断变化中推动中国改革向前发展的。值得研究的是：如何保证这个矛盾的主要方面能够克服非主要方面，即完善、巩固社会主义制度的改革观能克服否定、抛弃社会主义制度的改革观。如果做不到这一点，我们已经付出的如此巨大的改革代价就等于白白付出了。我们还可能要面对更大的代价：资本主义复辟，人民吃二遍苦，受二茬罪。这是令亿万中国人民不能不忧心忡忡的，甚至不无理由而心有余悸，说起改革，就有谈虎色变的畏惧感。何以如此？因为已有苏联改革失误的前车之鉴，也有中国改革某种失误和穷富悬殊、两极分化、医改失当等教训和苦果的反思与品尝。这就是中国改革悖论之所在，也正是中国改革两种改革观之矛盾双方博弈时矛盾的非主要方面偶尔占上风，甚至转化为矛盾的主要方面占支配地位时的不良后果，这种改革的不良后果是违民心、违民意，也有违改革者的初心和良心的。

在此，我们不妨来看看中国经济改革悖论的最为突出的“两极分化”现象吧！据国家统计局公布的数据显示：中国全国居民收入的基尼系数在2008年达到最高值0.491，随后开始逐步回落。10年间，基尼系数全部高于0.4。按照国际一般标准，0.4以上的基尼系数表示收入差距较大，即0.4为国际公认的警戒线。所以我们仅仅就国家统计局公布的数据来说，10年间的基尼系数都超0.4，近0.5，这是超国际警戒线的，是贫富悬殊的公认标识，是两极分化的典型标识，应该说这是无可争辩的事实。这是与改革之初亿万人民拥护改革的愿望相违的。两极分化对多数人来说，仿佛是一场梦魇！改革造成了少数人一夜暴富，并且并非劳动致富；数千万职工下岗，给多数人带来“四难”的贫困。这难道不算是改革的失误，用改革的总设计师的话来说：“如果导致两极分化改革就算失败了”，① 又说：“社会主义与资本主义不同的特点就是共同富裕，不搞两极分化”，② 还说：“如果我们的政策导致两极分化，我们就失败了；如果产生了什么新的资产阶级，那我们就真是走了邪路了”。③ 然而，尽管改革的总设计师如此警示，“如果改革导致两极分化，改革就算失败了”“如果搞两极分化，情况就不同了，民族矛盾、区域间矛盾、阶级矛盾都会发展，相应地中央和地方的矛盾也会发展，就可能出乱子”。④ 但实际上，两种改革观的特殊矛盾的主要方面和非主要方面的对立统一的辩证关系，由于双方力量对比的不平衡导致矛盾发展也存在不平衡性。总设计师的警言有可能改变矛盾的主要方面和非主要方面力量对比的平衡，使完善和坚持社会主义的矛盾主要方面得以处于支配地位，起主导作用，使中国改革取得很大的成功，但又不可能排除想要以改革否定社会主义的矛盾的非主要方面仍然处于非支配地位、起非主导作用，使中国改革发生失误、失策、失当存在实然性，甚至在一些情况下，也难以吓退那些新自由主义的卫士及其既得利益集团的权贵，在国外某种势力和“和平演变”与“奶头乐”战略的诱惑下，在某一时点成为中国改革两种改革观的特殊矛盾的主要方面，起支配地位、发

---

① 邓小平．一靠理想，二靠纪律才能团结起来//邓小平文选［M］．北京：人民出版社，1993：110－111.

② 邓小平．改革是中国发展生产力的必由之路//邓小平文选［M］．北京：人民出版社，1993：139.

③ 邓小平．搞资产阶级自由化就是走资本主义道路//邓小平文选［M］．北京：人民出版社，1993：123.

④ 邓小平．善于利用时机解决发展问题//邓小平文选［M］．北京：人民出版社，1993：364.

挥主导作用，从而使中国的改革走向极端私有化、极端市场化的或然性增大。幸亏有以习近平同志为核心的党中央坚持中国特色社会主义的决心和能力在，有亿万人民对社会主义公有制的制度自信在，才使得一些假改革派试图使中国改革归于失败的用心暂时未能得逞，使苏联改革的悲剧暂时未能在中国这块土地上重演。但是，那些认为“改革就是推行私有化”“唯一的出路是私有化”“人间正道私有制”的精英或公知们是不甘心认输的，还会兴风作浪，劳动大众对此必须保持高度警惕。

3. 未来中国经济改革的矛盾

中国的改革开放，已经40年了，但仍旧方兴未艾，并未宣告结束，并且是要全面深化下去。未来的改革前景如何？如何将改革深入进行下去？要不要反思或总结40年改革的经验与教训？中国经济改革的目标与底线要不要重新予以审定或确认？这一连串的设问需要我们在进行未来全面深化改革之前进行认真而又严肃的思考，这种思考必须是唯物辩证的，这恰恰是我们一些公知所缺失的。

中国自古以来就不乏改革，有成功的，也有失败的。无论是奴隶社会管仲富国强兵的改革，还是地主阶级的封建化的政治改革，如商鞅变法、李悝变法等；也无论是封建统治者为挽救统治危机而调整政策的改革，如王莽改制、王安石变法、张居正改革等，还是汉高祖、唐太宗、康熙帝等对统治政策的调改，都有成功与失败的案例。但有人研究表明，改革的成败通常有几个决定性的原因：①是否顺应历史发展的潮流；②改革派与保守派的力量对比；③有否触动当时财政经济基础；④改革所处王朝的时期。联系当今中国改革的未来，我们认为有三点是特别要引以为戒的。一是改革是否触动或改变中国现存社会主义基本政治制度和经济制度；二是改革的既得利益集团的代理人和代言人的力量强弱；三是改革是否顺乎民意与民心。

对于中国未来的全面深化改革，清华大学孙立平教授认为：要将公平正义这一核心价值植入这一轮改革之中，作为这一轮改革的基本价值取向和目标。从这种意义上说，以公平正义取向的改革，并不是上一轮改革的简单深化，而是一次新的改革。为什么要将公平正义放在这么重要的位置？孙教授回答说：“上一轮改革后期改革的走样变形，已经部分地使改革丧失了道义上的正当性”，“从这个时候开始，一种扭曲改革的机制已经形成，即使是一些出发点良好，甚至是设计良好的改革措施，也往往是被扭曲，走样变形。这种情形，在国企改制中达到了高潮，自此以后，改革在老百姓的心目中已经变味儿，改革开放失去民众的支持”。孙教授判断：“要真正启动这场改革，必须推倒既得利益格局这堵厚厚的墙”。①

以上是孙立平教授对中国未来全面深入改革的目标和基本价值取向的一个深刻的论述。对未来改革的成功与失败，他认为还难以判断。不过他强调未来改革是一场新的改革，其阻力来自于既得利益集团及其代理人，必须推倒这堵墙，不然改革的成功无从谈起。他的这些理论观点，我们认为是值得未来改革参考的，尤其是既得利益集团的代理人，腐败及弊政，要加大力度防范，这股既得利益集团的反未来改革或搞假改革力量是不可小觑的，中国古代一些改革的失败就是这帮既得利益官僚反作用的结果。苏联改革的失误也在很大程度上是既得利益的新权贵的反作用所致。

在这里必须强调指出的是，中国的改革开放，不管是哪一阶段，既得利益集团的代言人起着不可忽视的作用，他们在改革的方向和改革成功与失败上，其作用相当关键。就中国经济改革来说，从一开始的理论务虚会，就是给改革造势、造舆论，这其中大部分人都是专家学者，后来一部分人都成了既得利益集团的代言人。他们中一部分人又都成了新自由主义在中国的代言人。这一部分人尽管数量不多，但呼风唤雨的能量很大，特别擅长造势、造舆论，中国改革在后一阶段之所以变形走样，走了弯路，甚至失策、失误，弄得少数人暴富，多数人贫穷，使改革有失公正性，使苏联改革的悲剧在中国重演的概率大增，所有这一切，难道不与新自由主义的代言人，既得利益的代言人有关吗？应该说，把这些改革的负面东西归罪于这些新自由主义的代言人是不为过的。正如尹国明研究员所说：“在中国能够摧毁中国经济的，就是新自由主义鼓吹的私有化和自由化”。中国改革开放，正式开始于20世纪80年代，正是新自由主义在资本主义主要国家取代凯恩斯主义地位的时期，而这个时候，美国通过福特基金会培训合作项目，开始帮中国培训经济学家，中国现在的主流经济学家，一

① 孙立平．改革的两个陷阱：左陷极权，右陷权贵［J］．国际战略专家．2017－7－29.

部分都接受过美国基金会资助的培训。后来，这些人学成回国，成为中国经济学术圈、高校财经专业、政府智库的主导者，一些人还学而优则仕，出现在经济管理部门的重要岗位上。所以一直到现在，新自由主义在中国具有强大的影响力，在学术界，占据着最大话语权，“中国如果输给新自由主义势力，那不仅意味着中国社会主义的彻底终结，也意味着中国民族独立的终结。如果新自由主义势力胜出，中国就不要谈民族复兴了”。①。所以，新自由主义作为美国在中国的别动队的生力军，从经济、政治，到教育、艺术、媒体，接近中国的心脏地带，妄图从风险积累最高的中国房地产和金融领域“扳倒中国”

从以上分析可知，中国未来经济改革的矛盾犹存，悖论犹存。也就是说，两种改革观的特殊矛盾依然存在，它贯穿中国改革开放的全过程。我们反思我国改革40年的经验与教训，应当从分析这个特殊矛盾出发，不讲矛盾，改革就失去动力，失去理论基础，就不是科学的。这符合伟人毛泽东“不承认矛盾的普遍性，不承认矛盾的发展和转化，不承认社会主义社会发展的动力还是矛盾改革”的科学论断。② 当然，这个特殊矛盾的运动并非凝固不变的，而是可变化的，特别是矛盾的主要方面和非主要方面在矛盾特殊性的目的、对象、动力、力量上都有所变化。如果说未来新一轮中国经济改革的目标或目的是社会的公平正义的话，在这样的旗帜下，两种改革观这特殊矛盾的主要方面与非主要方面的双方在动力源上会有所变化，对于在上一轮改革中已经失去信心、失去动力的普通民众来说，会重新焕发出对改革的希望和动力，但对于矛盾的非主要方面来说，原先作为改革动力的一部分人现在变成了既得利益者，他们想维稳，不想追求公平正义，他们对新一轮的改革必定不动心、无动力，甚至成为阻力，这在一定程度上加大了矛盾非主要方面的力量，即增大了改革的阻力。由此，矛盾的非主要方面会不会转化为矛盾的主要方面，存在不确定性。但是，如果未来改革目标是建立公平正义的社会主义的保障制度和体系的话，它从

---

① 尹国明．大变革信号：中国经济新一轮积极巨变的前夜［J］．昆仑研究院：http：//mp. weixin. qq. com.

② 毛泽东．毛泽东读社会主义政治经济学批注和谈话．中华人民共和国国史学会，1997：742.

本质上区别于资本主义号称公平正义的社会福利制度，那定然要招到新自由主义势力的极力反对，这当然又会使中国改革中两种改革观这一特殊矛盾的非主要方面即资本主义化的一方再添力量，矛盾非主要方面如增大力量，会不会使矛盾的双方发生易位或转化呢？这仍然存在很大的不确定性。我们所以在此如此强调这个特殊矛盾的主要方面和非主要方面的盖然性换位或转化，是因为非主要方面转化为主要方面，意味着以公平正义为目标的未来改革的阻力更大，因为矛盾主要方面是决定矛盾的性质的，起支配地位，起主导作用的，作为资本主义化的非主要方面如果变成了矛盾的主要方面，中国未来的改革就不可能成功。但是，或许我们的想法只是杞人忧天，中国未来的改革如果以公平正义为目标，必然会取得成功，因为我们有以习近平新时代中国特色社会主义思想的指导，有坚定道路自信、理论自信、制度自信、文化自信的坚强后盾，有中国共产党的坚强领导，有中国亿万人民强力支持。只要我们的改革目标符合民意民心，只要我们的改革是改革生产关系和上层建筑中不适应生产力发展的方面和环节，完善和坚持社会主义制度，拥护和坚持中国共产党的坚强领导，未来中国的改革必然取得巨大成功，一定能避免苏联改革的灾难降临中国的大地！

总而言之，经济改革是一个对立统一的特殊的辩证矛盾，存在两种相互背反的改革观，有真伪之改革，有正确与错误的改革，有顺民心与逆民心的改革，有维护现存社会制度与颠倒现存社会制度的改革，有顺历史潮流与逆历史潮流的改革。改革有成功的，也有失败的；改革有出自公心公益的，也有出自私心私利的。一言以蔽之，改革是一个辩证矛盾，是一个难解悖论，因为，说到底，改革的目标是建立社会主义市场经济体制还是建立资本主义市场经济体制，这是两种改革观相反相存的特殊矛盾对抗的核心之核心，所以，我们必须以辩证思维来对待这一辩证矛盾，以唯物辩证方法来解析、解构这一复杂的悖论。

卅、生产力悖论

生产力作为人们解决社会同自然矛盾的实际能力，它是人类征服自然和改造自然使其适应人类社会需求的物质力量。这种物质力量是客观存在的，它存在于人类社会和自然界之间的矛盾运动中。所以如此，这是由于人类要求自然界为人类生活提供越来越多的所必需的物质资料，而自然界又并不可能主动奉献出这些物质资料，于是这种人类社会和自然界之间的矛盾就只能依靠人类的生产实践和科学实验来解决。人类在生产实践和科学实验中解决这个矛盾究竟具有多大的能力，这是客观的，是不以人的意志为转移的一种社会物质力量，这就是我们在此想要论述的生产力。所以，正是从这个意义上讲，生产力是人类征服和改造自然的实际程度和能力的标志，当然也是人类社会发展与进步的标志。并且，它还是整个人类社会发展与进步的最终的决定因素。既然如此，我们为什么还要在这里讨论生产力自身的矛盾和悖论呢？难道生产力也可以“一分为二”吗？的确这样，就像世界上任何事物都可以“一分为二”一样，生产力同样也可以一分为二；就如同“矛盾存在于一切事物的发展过程”中一样，生产力自身发展过程中同样也存在矛盾。

1. 生产力悖论与“劳动异化”

生产力是最活跃、最革命的因素，经常处于不断变化与发展之中，其发展的根本动力在于构成生产力系统的诸要素之间的矛盾运动和矛盾的不断解决，即生产力自身诸要素之间的矛盾运动推动生产力的发展。因此，要解构生产力悖论，必须先从生产力诸多要素构成说起。就生产力的构成而言，它包括劳动对象、以生产工具为主的劳动资料、从事社会劳动实践的劳动者，即所谓生产力构成的“三要素”论。事实上，生产力的构成要素是多元的、复杂的、有机的系统。除“三要素”这一基本要素或实体要素抑或主体要素外，还有科学技术的制约要素和管理的附着要素等。无论是实体要素，还是制约要素，抑或是附着要素，它们在生产力及其发展中都具有一定地位和作用，也都存在一定的差异或矛盾。从实体要素中的劳动对象来看，它作为劳动过程中所能加工的一切对象，它是人类在生产过程中同自然界进行物质变换时作用于自然界，并把自然对象变成了自己劳动的对象。劳动对象之所以成为生产力的基本要素之一，是因为它在生产力中的地位和作用所决定的。首先，劳动对象是进行生产的物质前提。没有劳动对象，也就没有物质生产；劳动者只有使用生产工具作用于劳动对象时才构成现实的生产力。其次，劳动对象是人类征服自然的程度、生产力发展状况的标志之一，即不同的劳动对象直接影响着生产力的发展水平。在劳动者、劳动资料相同的情况下，由于劳动对象不同，生产出的产品数量和质量有很大差别。最后，近代科学技术发展所引起的原材料等方面的重大革命，对生产力的发展无论在质和量的方面都具有巨大的推动作用。[①] 由此可见，劳动对象在生产力实体要素中的重要性是不言而喻的。从实体要素中的劳动资料来看，同样是生产力构成中又一个不可或缺的要素。以生产工具为主的劳动资料的使用，它是人类与动物界相揖别的重要标志。劳动资料是在劳动过程中用以改变或影响劳动对象的物质资料，是人通过劳动资料和自然界发生相互作用，从而生产出人类社会所需要的物质产品的真正的劳动资料。劳动资料中生产工具是最主要的，是具有决定性的要素。生产工具在人类改造劳动对象的过程中，发挥着直接的作用。马克思把它比喻为生产的骨骼系统和肌肉系统，又称之为真正的劳动资料。可见，由人所创造的劳动资料，又是人自身肢体的延长，它使自然物变成人的器官，人们借助它有目的地作用于劳动对象，改变和影响劳动对象，作为人和劳动对象之间的媒介体，这是极为重要和不可或缺的，它在生产力实体中同样占有重要地位和发挥着不可估量的作用。从实体要素中的劳动者来看，这是指具有一定生产经验、劳动技能、知识和智力的人。也就是运用劳动资料作用于劳动对象具有一定劳动能力的人。这种劳动能

① 李秀林，王于，李淮春. 辩证唯物主义和历史唯物主义原理 [M]. 北京：中国人民大学出版社，1982：278－279.

力存在于活的人体之中，它包括直接体现在劳动中的人的生理和精神能力的总和。劳动对象和劳动资料，即生产资料，在没有活劳动参与时，只不过是可能的生产力，只有活劳动即劳动者才能把它变为现实的直接生产力。①

我们认为，劳动对象和劳动资料是生产力构成中的物的要素，是死的劳动，但劳动者是活的劳动，具有特殊的能动性。劳动资料尤其是生产工具，虽然在生产力中占有重要地位，但它毕竟是劳动者的创造物，是劳动者劳动的成果。正如马克思所说："自然界没有制造出任何机器，没有制造出机车、铁路、电板、走锭精纺机等。它们是人类劳动的产物，是变成了人类意志驾驭自然的器官或人类在自然界活动的器官的自然物质。它们是人类的手创造出来的人类头脑的器官；是物化的知识力量。固定资本的发展表明，一般社会知识，已经在多么大的程度上变成了直接生产力，从而社会生产过程的条件本身在多么大的程度上受到一般智力的控制并按照这种智力得到改造。"②

由此可见，劳动者即活劳动不仅是生产力诸要素中的主体因素，而且理所当然的是生产力诸要素中的主导因素。换言之，首要的或第一位的生产力是亿万劳动者本身，包括体力劳动者和脑力劳动者。这是就生产力自身诸要素之间的矛盾运动而言的，而作为人类征服和改造自然使其适应人类社会需要的客观物质力量的社会生产力，在其社会和自然之间的身外矛盾中即与社会生产关系的矛盾，劳动者或活劳动也无疑处于主体地位和发挥主导作用，这是不必详述的。在此，我们仅以社会和自然之间的这个矛盾即生产力自身诸要素之间的矛盾来说，由于它只有依靠人们的生产实践和科学实验来解决，这就决定了劳动者在这个矛盾中必然居主体或支配地位，起决定或主导作用，构成矛盾的主要方面，并与矛盾的非主要方面形成辩证关系，相互制约、相互作用，也相互依存、相互统一。

尽管劳动者、劳动资料和劳动对象构成了生产力的实体或主体部分，

① 李秀林，王于，李淮春．辩证唯物主义和历史唯物主义原理［M］．北京：中国人民大学出版社，1982：280.

② 马克思．马克思恩格斯全集（第46卷）（下）［M］．北京：人民出版社，1963：219－220.

但并非生产力这个复杂系统的全部。除上述基本的实体要素之外，还有科学技术、现代管理等，也构成生产力的制约因素和附着因素。马克思把科学技术“首先看成是历史的有力的杠杆，看成是最高意义上的革命力量”。① 科学技术的发明创造往往引起生产工具、劳动对象和劳动者的重大变化，科学技术在越来越大的程度上转化为直接的生产力。作为物质生产力，当然还需要把这种科学技术成果变成劳动者的技能或体现在机器设备等生产资料之中。至于生产力构成中的管理要素等，如要使其在生产力的发展中发挥作用，同样要使其变为劳动者的劳动活动和生产资料配置的有序和合理上。在此，我们无须继续赘述生产力构成多元要素各自的地位与作用，我们把重点再次转移到生产力要素系统这个对立统一的矛盾上来吧！如上所说，在这个矛盾的对立统一中，在与自然相对立的矛盾中，作为社会生产力的物质力量处于矛盾的主要方面；在社会生产力自身矛盾中，作为生产力主体的劳动者亦处于自身矛盾的主要方面。由于首要的生产力是广大劳动者，劳动者是生产力诸要素中的主导因素和实体因素或主体要素。并且又因为“人”的要素是具有特殊能动性的活物，是活的劳动；而其他要素是“物”的要素，是死劳动，是人劳动的产物，是人的劳动创造的“物”，即使是知识形态的生产力，也是人的智力即脑力劳动的结晶。所以，我们可以说，劳动是人和自然之间物质变换和能量变换的过程，是社会与自然界之间矛盾的主要方面，同时也是社会生产力自身矛盾的主要方面。就社会生产力自身矛盾而言，本来作为矛盾主要方面的劳动者，在一定条件下其支配地位和主导作用，即矛盾的主要方面会与其非主要主面发生互易其位、相互转化。这里所说的“一定条件下”，就是指资本主义私有制条件下。在资本主义私有制条件下，劳动者在生产力自身矛盾中的地位和作用是会发生颠倒性变化的。

对此，我们不得不从劳动者的劳动说起。劳动是专属于人和人类社会的范畴，劳动是人类对自然界的积极改造和征服。人类劳动的根本标志是制造工具，人类制造劳动工具，就需要有制造工具的手，而手的产生又依赖古猿最初的动物式本能的劳动，这种本能式的劳动反过来促进手和脚的

① 马克思．马克思恩格斯全集（第19卷）［M］．北京：人民出版社，1963：372.

专门化发展，逐渐使猿的“手”具备了变为制造和使用工具的人手的可能性。所以，恩格斯说：“手不仅是劳动的器官，它还是劳动的产物。”① 所以，制造工具不仅是真正人类劳动的标志，而且也是“人猿揖别”的标志。制造工具、具有社会关系、抽象思维和语言这些人类所特有的标志，都是在人类祖先的动物本能的活动向人类劳动转化的过程中逐渐形成的，是在劳动的发展中进一步完善的。

纵观人类社会起源的历史，可以看到，劳动是人类最终从动物界分化出来的根本标志，而造成这一分化的推进动力和决定因素也还是劳动。当然，从这个意义上说，是“劳动创造了人本身”。② 不宁唯是，劳动不但把人类社会和自然界分离开，而且又把二者联系起来，即劳动毫不间断地实现人和自然之间的物质和能量的变换，从而使人类社会得以继续存在和发展。这无疑是说，劳动不但促进了人类社会的形成，而且推进了人类社会的发展。所以如此，这是由于：①劳动是人的生命存在和全部社会生活的基础和源泉。如马克思所说：“任何一个民族，如果停止劳动，不用说一年，就是几个星期，也要灭亡，这是每一个小孩都知道的。”③ 离开了劳动，人类就不能存在下去，当然也不再可能有什么社会生活，如政治、宗教、文化和哲学等。②劳动是人类全部社会关系形成和发展的基础。劳动不但生产出人类生存和社会生活所必需的劳动产品，而且也同时生产着人与人之间的社会关系。首先是在劳动过程中结成的人与人之间的生产关系，如劳动资料的占有和使用关系，劳动的分工与协作关系，劳动产品分配、交换与消费的关系等。作为最原始、最基本的、决定一切其他社会关系的生产关系，也必然随着劳动的发展而发展，并由此产生人们之间政治、文化、思想的社会关系。人类社会多元复杂关系，是在劳动的基础上形成和发展的。③劳动是一切历史的前提和基础。在劳动这个最基本的社会实践中，最初就已经孕育着社会有机体未来发展的一切萌芽，并预示着

---

① 恩格斯．马克思恩格斯全集（第三卷）［M］．北京：人民出版社，1960：509.

② 恩格斯．马克思恩格斯全集（第三卷）［M］．北京：人民出版社，1960：508.

③ 马克思．马克思恩格斯全集（第四卷）［M］．北京：人民出版社，1958：368.

由此展开的丰富多彩的社会物质生活和精神生活从低级向高级的发展。马克思正是抓住了这个基本事实，形成和发展了历史唯物主义关于人类社会的生产力和生产关系、经济基础和上层建筑的完整学说。劳动仍然是这一历史唯物主义的基础。① 所有这一切说明，马克思主义创始人正是“在劳动发展史中找到了理解全部社会史的锁钥。”②

这就是马克思主义对劳动在人类社会形成与发展过程中的决定作用的充分揭示，说明了人类的历史归根结底是劳动发展的历史，是劳动者即物质生活资料生产者的历史。然而，这一为历史唯物主义创立奠定坚实基础的理论，并不被剥削阶级的偏见所认同，相反，他们对劳动的鄙视，对劳动作用的贬低，对劳动者的剥削和压迫，同样地形成了劳动和劳动者可歌可泣的血泪的历史。特别是到了以私有制为基础的资本主义社会，当私有制与社会生产力相结合时，于是就出现了资本奴役劳动、物统治人的颠覆性现象，即出现了劳动异化现象和事实。异化劳动的出现，使生产力自身矛盾中的矛盾主要方面（劳动者）和矛盾的非主要方面（生产资料）发生了易位，发生了相互转化。这也正是生产力自身悖论的最典型的标志。这个生产力悖论或者说劳动异化是资本主义私有制条件下形成的，但资本主义私有制是无法解决这一矛盾和悖论的，即无法消除“劳动异化”问题的。

马克思是在《1844 年经济学哲学手稿》中提出“劳动异化”观点的。他揭示了资本主义社会和它之前社会的主要异化形式为“私有制异化”，揭示了资本主义制度下最一般、最深刻的社会关系，其实质表明人所创造的整个世界都变成异己的、与人对立的东西。马克思认为，劳动（自由自觉的活动）是人类的本质特征，但在私有制条件下却发生了异化。其主要表现为：①劳动者和劳动活动的异化。劳动不再是肯定自己，而是否定自己；劳动不再属于自己，而是属于别人；劳动者感到的不是幸福，而是不幸；不是自由发挥体力和智力，而是肉体受折磨，精神遭摧残。②劳动同

① 李秀林，王于，李淮春. 辩证唯物主义和历史唯物主义原理［M］. 北京：中国人民大学出版社，1982：259 - 260.

② 李秀林，王于，李淮春. 辩证唯物主义和历史唯物主义原理［M］. 北京：中国人民大学出版社，1982：259 - 260.

自己的类本质相异化，即人同自由自觉的活动及其创造的对象世界相异化。人与动物的分野在于意识，失去了有意识的生产活动，变成了维持人的肉体生存的手段。人的类本质变成人的异己的本质。人自己的身体和身外的自然界与精神本质已经相异。③劳动者和自己生产的劳动产品的异化。劳动的全部产品本来应该属于劳动者或工人，但由于资本家是资本的所有者，工人得到的只是作为他生存和繁衍必需的那一点点。劳动对象本是物化的劳动，也成为同劳动者相异化的存在物，表现为对象的丧失和被对象的奴役。④人同人的异化。人同人的异化是前三个异化的结果。马克思认为，人自身的任何关系只有通过人对他人的关系才能得以表现和实现，所以当人同自身相对立的时候，他也同他人相对立。劳动产品和劳动活动与劳动者异化后，它会归属于谁呢？马克思一针见血地指出，只能归属于劳动者之外的他人——有别于我的另一个存在物——资本家。

从以上马克思对劳动异化的论述可以看出，劳动者和劳动活动的异化，已经使劳动不再是肯定自己，而是否定自己；劳动不再属于自己，而是属于别人；劳动者感到的不是幸福，而是不幸；不再是自由发挥体力和智力，而是肉体受折磨、精神遭摧残，如此异化劳动，难道还能使生产力构成的主体要素劳动者在其自身矛盾运动中发挥主导作用、占支配地位吗？还能是生产力自身矛盾的主要方面吗？显然是不可能的。这种由劳动异化导致的资本生产力悖论不仅在资本主义私有制条件下无解，而且还会冲击资本主义生产关系，当然也一定会严重阻滞“致富的生产力”的发展。不过，如马克思所说，“异化”是过去历史发展的主要因素之一，但绝不是永恒存在的现象。受资本主义生产关系制约的“异化”，将随其彻底消灭而消灭。事实上，这种异化的资本主义生产力已经走到了自己的反面，走到了自己发展的尽头处。马克思在《德意志意识形态》中指出：“生产力在其发展的过程中达到了这样的阶段，在这个阶段上产生出来的生产力和交往手段在现存关系下只能带来灾难，这种生产力已经不是生产的力量，而是破坏的力量（机器和货币）。”① 这就是本书所阐释的生产力悖论的关键点，也是生产力悖论的要害处。当然更是资本生产力作茧自缚

① 马克思，恩格斯．马克思恩格斯全集（第三卷）［M］．北京：人民出版社，1960：77.

即将冲破其资本主义生产关系外壳的指示器。令人费解的是，一些不懂或反对马克思主义的人，还有什么理由，至今仍在中国重弹“唯生产力论”，企图以假乱真篡改马克思主义的生产力理论?

2. 生产力与“唯生产力论”

马克思指出：“人们在生产中不仅仅同自然界发生关系。他们如果不以一定方式结合起来共同活动和互相交换其活动，便不能进行生产。为了进行生产，人们便发生一定的联系和关系；只有在这些社会联系和社会关系的范围内，才会有他们对自然界的关系，才会有生产。”① 很显然，马克思在此所指出的这种社会关系，就是生产关系。生产关系是人们在社会生产过程中所发生的一定的、必然的、不以人的意志为转移的物质关系。就是说这种生产关系不是按照人的主观意志构造起来的，而是不以人的意志为转移的客观实在的物质关系或经济关系，它本身就是社会有机体这一客观实在的组成部分，它的存在和发展是根源于社会的物质生产力的。生产关系的构成应当包括：生产资料的所有制关系；人们在生产中的地位和交换关系；产品分配关系以及由它所直接决定的消费关系。生产关系是一个多层次的复杂的经济结构，是内部诸环节或诸方面相互联系、相互制约的有机的统一体。当然，在这一复杂的生产关系结构体系中，生产资料所有制是最基本的、决定的方面，或者说，它是生产关系的基础。

生产关系与生产力相结合，构成一个统一整体，这就是社会的生产方式。在这个统一体内，或者说在这个辩证矛盾的统一体内，矛盾的一方面是生产力，生产力是最活跃、最革命的因素，处于不断发展、变化之中；作为矛盾的另一方面是生产关系，是相对稳定的因素。一定的生产关系一经确立之后，只要能满足生产力在一定历史时期的需要，就可以保持相对稳定不变。在生产力与生产关系这一辩证矛盾中，矛盾双方是相互依存、相互联系、相互作用、相互对立的。它们之间的辩证关系可以简要表述为：生产力决定生产关系，生产力的状况（性质、水平、发展要求）决定生产关系的状况。同时，生产关系对生产力起着能动的反作用。也就是

---

① 马克思．马克思恩格斯选集（第一卷）［M］．北京：人民出版社，1956：362.

说，生产力对生产关系的决定作用和生产关系对生产力的反作用是辩证统一的矛盾。正是生产力与生产关系的这种相互作用，形成了生产方式的矛盾运动，这种矛盾运动尽管情况复杂，但基本过程是生产关系和生产力之间由适应到不适应，经过矛盾的解决达到新的适应，如此循环往复，不断前进。诚然，这种适应与不适应都不是绝对的，而是相对的。从生产力决定生产关系的方面看，首先是生产力的性质和水平决定生产关系的性质和水平。有什么样的生产力，就有什么样的生产关系。内容决定形式，形式取决于内容。作为内容的生产力，在其发展到一定质的阶段上，它的性质和水平决定着作为形式的与之相适应的生产关系的性质和具体形式。实际上，每一种现实的生产关系都是建立在一定性质和水平的生产力基础之上的，这是毋庸置疑的。如马克思所言，“手推磨产生的是封建主为首的社会，蒸汽机产生的是工业资本家为首的社会”。① 其次是生产力发展的要求决定着生产关系的变革。马克思说：“各个人借以进行生产的社会关系，即社会生产关系，是随着物质生产资料、生产力的变化和发展而变化和改变的。”② 随着生产力的发展，这个最革命的因素生产力就会使原来由它所建立并同它相适应的生产关系，变得越来越不能适应，以致不能继续保持其稳定不变的状态。在此种情况下，生产关系就不得不进行部分变革暂时维持其存在，但当这种生产关系已经完全不能适应生产力继续发展的客观要求时，就必须进行全面的变革，以新的适应生产力发展要求的生产关系来替代旧的生产关系。应当说，生产力和生产关系之间的作用是相互的，不是单方面的，由生产力所决定的生产关系，反过来也会能动地反作用于生产力。这是一个客观的辩证矛盾。生产关系对生产力的反作用主要表现在：当生产关系同生产力的发展要求相适应时，它就会有力地推动生产力的发展；但当生产关系已不适合生产力发展要求时，它就会严重地阻碍生产力的发展。历史上每一次合乎规律的生产关系变革，都曾促进了生产力迅速发展。

---

① 马克思．马克思恩格斯选集（第一卷）［M］．北京：人民出版社，1956：108.

② 马克思．马克思恩格斯选集（第一卷）［M］．北京：人民出版社，1956：363.

辩证唯物主义的历史观坚持生产力决定生产关系的原理，同时也坚持生产关系对生产力的能动的反作用的原理，决定作用和反作用是辩证统一，不可割裂的。然而，纵观历史，那种只谈生产力，不讲生产关系，割裂二者的辩证统一，还真是不乏其人的。早在19世纪中叶（1841年），德国资产阶级经济学家弗里德里希·李斯特在其所著的《政治经济学的国民体系》中，就提出了较系统的"生产力理论"，不可否认，应该说书中提出了一些有价值的观点，表述了德国资产阶级的利益诉求。但是，由于阶级和历史的局限性，李斯特却是形而上学地脱离生产关系讲生产力，唯心主义地把生产力归于人的"精神本质"。在他的生产力概念中，既包括了人的生产力，也包括了物的生产力；既包括了自然的生产力，也包括了社会的生产力；既包括劳动者的体力劳动的生产力，也包括资产者脑力劳动的生产力；既包括"物质资本"的生产力，也包括"精神资本"的生产力。但其实质是宣扬"精神生产力"，贬低物质生产力，否认生产力是客观的物质力量。这显然是在掩饰资产阶级的剥削，宣扬资产阶级在生产力中的根本作用。尽管他也提到社会的生产力，包含什么社会的、政治、市民的社会制度，仿佛让人觉得他已触及资本主义经济制度，触碰到资本主义生产关系，但事实上，他只是虚晃了一枪，他所指的社会的、政治的、市民的社会制度，充其量只算是资本主义的社会治安制度罢了。因为在李斯特看来，没有这些所谓的社会的、政治的、市民的社会制度来压迫、整治社会治安秩序，社会生产力混乱不堪，其他要素就不可能发挥作用了。所以，李斯特提到的社会的生产力，表面上貌似联系到资本主义的生产关系，但究其实，这连"欲抱琵琶半遮面"都算不上，他只是用心良苦、虚伪地晃了晃"社会的"，而实质上远离生产关系，仅谈生产力，成为最早涉嫌"唯生产力论"的典型代表人物。

马克思于1845年在他的《评弗里德里希·李斯特的著作〈政治经济学的国民体系〉》一文中，批判了李斯特生产力理论的虚伪、谬误，首次把"生产力"作为历史唯物主义的核心概念加以运用。他批判了李斯特生产力理论的唯心主义，指出生产力的本质不是"精神的"，而是一种客观物质力量；他批判了李斯特生产力观点中的资产阶级庸俗化，严正指出不能把人的生产力贬低为"水力、蒸汽力、马力"一样的生产力。他指责李斯特掩饰资产阶级追逐物质利益的虚伪；他批判了李斯特对资本主义生产关系的默认与崇拜，他还批判了李斯特的资本主义生产关系可以包容根本利益不同的对立阶级以及资本主义各国可以和谐相处、共同发展的生产力观点。马克思首次阐述了生产力和生产关系的矛盾发展关系，他把资本主义工业分为两方面：一是工业制度，即资本主义生产关系；二是“工业违背自己意志而无意识地铸造的生产力”。指出资本主义生产力的发展必然促使资本主义生产关系发展变化，最终导致资本主义生产关系的变革；并从生产力与生产关系的矛盾出发，从根本上论述了资本主义生产关系中的阶级利益、阶级对立和阶级斗争；马克思严正揭示了资本生产力中资产阶级榨取的统治利益。在他看来，一切都变成了致富的手段，变成了“致富的生产力”。揭示了在资本生产力中无产阶级被资产阶级摧残作为劳动工具的厄运。马克思还从反面讥讽地指出：“在现代制度下，如果弯腰驼背，四肢畸形，某些肌肉的片面发展和加强等，使你更有生产能力（更有劳动能力），那么你的弯腰驼背，你的四肢畸形，你的片面的肌肉运动，就是一种生产力。如果你精神空虚比你充沛的精神活动更富有生产能力，那么你的精神空虚就是一种生产力，等等，等等。”①

在这里，马克思表述了生产力的六种含义：①生产力是一种客观的物质力量；②生产力是一种实践能力；③工人阶级（现代工业）是生产力的承担者（主体）；④剥削制生产力为剥削阶级的统治利益服务，在剥削制生产力中存在着阶级矛盾、阶级斗争、阶级对抗；⑤生产力与生产关系的对立统一性；⑥揭示了生产力与生产关系的矛盾发展原理。马克思在此还特别强调非常重要的三点：A. 在阶级社会中，只有生产力本身所包含的自然性因素，没有游离于阶级性之外的生产力；B. 生产力理论并非孤立、静止的仅研究生产力的自身，而是要在生产力与生产关系、上层建筑的关系乃至社会基本矛盾的整体运动中，研究和说明生产力。C. 生产力理论自身是科学性、阶级性和革命性的统一。其在反映人与自然关系、自然属性、自然规律的同时，主要反映的是社会关系、阶级属性、社会规律，其自然属性和社会属性有机地融合在一起，这个理论内涵属性的内在统一性不可割裂，尤其是生产力与生产关系对立统一的辩证关系更加不可分割。

---

① 马克思．马克思恩格斯全集（第 42 卷）［M］．北京：人民出版社，1979：261.

但是，历史和现实中，总有那么一些人，总是有意或无意或无知地割裂生产力与生产关系的辩证关系，只讲生产力，宣扬“唯生产力论”，这不仅有李斯特最早涉嫌“唯生产力论”，从伯恩斯坦、考茨基到赫鲁晓夫、戈尔巴乔夫，再到当代的新自由主义者及其代言人，都是在宣扬、坚持“唯生产力论”的观点，销蚀马克思主义的革命灵魂。实际上，“唯生产力论”是生产力发展的最大的反动，物极必反，走极端必然灭亡，脱离生产关系，极端、唯一强调生产力，只能是“资本的生产力”，是“剥削制的生产力”“致富的生产力”，然而，究其实，这“不是生产的力量”“而是破坏的力量”，是生产力与生产关系之间矛盾的最大悖论之所在。这个矛盾或悖论的解决当然也只能期待生产关系的变革，即资本主义经济制度的被替代。但是，当前在中国重谈“唯生产力论”的目的，却正好与此相反，他们是反其道利用这个“唯生产力论”导致的生产力与生产关系的悖论，试图以假乱真，篡改马克思的生产力理论，坚持唯生产力论，改变现有的社会主义生产关系，借以拐入资本主义道路。如果说李斯特不讲生产关系，只讲生产力，宣扬“唯生产力论”，回避资本主义生产关系，只是为了维护、粉饰资本主义经济制度或生产关系的话，那么当今中国的新自由主义人士宣扬“唯生产力论”，避而不谈生产关系，其实就是企图欺骗人民大众，偷换生产关系，蒙混过关，复辟资本主义经济制度或生产关系。这一点，是不言而喻的。

3. 辩证唯物地看待生产力

生产力与生产关系的矛盾运动，充分揭示了生产力与生产关系之间内在的、本质的、必然的联系，这就是历史唯物主义表述的生产关系一定要适合生产力发展的规律。这一规律概括了生产力决定生产关系和生产关系反作用于生产力的对立统一的辩证关系。这种“决定作用”和“反作用”是缺一不可的，是辩证统一的。所以，我们必须坚持辩证唯物地对待生产力，切不可像“唯生产力论”者那样，形而上学地鼓吹生产力唯一至上，脱离生产关系讲生产力；片面、静止地吹捧生产力的绝对化，否定生产关系、上层建筑的反作用。然而，事与愿违的是，在当今中国，总是有那么一些不懂马克思主义或反马克思主义的新自由主义人物，却打着“创新和发展”马克思主义的旗号，兜售形而上学的“唯生产力论”，他们片面宣扬生产力的自然属性，鼓吹生产力发展过程中的GDP、劳动生产率至上，宣扬生产力的“中性”，阉割马克思主义生产力的革命性和阶级性；他们否认生产力本质的物质性，宣扬生产力本质的精神性，藐视劳动群众对生产力的主体作用和意义，否认劳动群众是历史发展的根本动力和决定作用的唯物史观；他们将生产力客体对实现和发展生产力的从属作用、必要作用或重要作用夸大为根本性、决定性作用，借以否定生产力主体即劳动群众对实现和发展生产力的首要作用、核心作用、决定作用；他们抹杀特定生产力与特定社会制度的必然联系，脱离社会主义生产关系讲社会主义生产力，有意混淆社会主义生产力与资本主义生产力的不同社会性质，如此等等，这无疑反映出一些在中国大地上重弹“唯生产力论”的精英们的用心在于贩卖他们自产自销的货色：“私有化才能发展生产力”“招商引资才能发展生产力”“资本就是生产力”“资本家就是生产力”“（西方）先进社会机制、现代企业制度才能发展生产力”“按要素（资）分配才能发展生产力”等。这些人挟洋自重，用其“私货”以售其奸，企图将中国特色社会主义列车拉向倒退，但是，这无异于螳臂当车，谈何容易！当年的伯恩斯坦、考茨基鼓吹“唯生产力论”虽然使第二国际破产；当年的赫鲁晓夫、戈尔巴乔夫鼓吹“唯生产力论”尽管使苏联解体，但此一时，也彼一时也！如今伟大的中国人民在伟大的中国共产党坚强领导下，在习近平新时代中国特色社会主义思想指导下，是完全可以粉碎这种颠倒是非、离经叛道的唯心主义的“唯生产力论”的图谋的；是一定能够纠正这种以偏概全、似是而非的形而上学的“唯生产力论”的极言的，这是因为我们有“四个坚持”在，有“四个自信”在，有“四个全面”在，任何倒逆施、逆潮流而动的人，其复辟梦是难以实现的；任何借题发挥、本末倒置地否认劳动人民在生产力发展中的根本动力、主体地位和决定作用的人士，其异化生产力的所谓理论，在大道之行、天下为公的社会主义大中国，是招摇而无市场的，广大劳动群众是不买你们的账的。在这里，我们还是要再三强调，人民群众是社会物质财富的创造者。人民群众之所以是人类历史的创造者，最根本的原因就在于，它是社会发展的最终决定力量——社会生产力的体现者和主导者，是推动历史前进的最伟大的客观物质力量。可是，就是在这一个最基本的唯物史观的面前，一些不懂和反历史唯物主义的人，却总是极尽离经叛道之能事，片面、极端、静止地宣扬、夸大生产力非主体即生产力客体的从属作用，形而上学地、唯心主义地将其从属作用、必要作用夸大或颠倒为生产力主体劳动群众的根本性作用、决定性作用。这无可争辩地告诫我们，这是对马克思主义生产力理论的最公然的背叛。马克思曾指出，生产力在其发展的一定阶段上会产生一种带来灾难的生产力，这种生产力已经不是生产的力量，而是一种破坏的力量。由此可见，这就是生产力的二重性或二重作用，一方面它可以促进、推动社会经济发展和增长，一方面它又可以阻碍、破坏社会经济的发展。那么，在什么阶段和时候出现这种生产力阻碍或破坏社会经济发展呢？应当说，是在生产力与资本主义私有制相结合的“资本的生产力”或“致富的生产力”的阶段上，在资本主义生产关系同生产力不能相容，必须变革生产关系的时候，即生产关系对生产力的反作用最为突出的时候，当然也是生产力改变生产关系的客观要求最为强烈，生产力冲破旧的生产关系的内在力量已经成熟的时候。[①] 所以，对于生产力本身矛盾或悖论的认识和解析，对生产力与生产关系之间矛盾或悖论的认识和解构，必须以辩证唯物主义的观点来看待生产力。即不仅要坚持唯物的观点，而且要坚持辩证的观点。也就是说，既要坚持物质的客观实在性，坚持物质对意识的根源性、第一性，又要坚持联系的、发展的辩证法的观点；而不是相反，即那种把精神奉为世界本原的唯心主义观点来看待生产力，用孤立、静止的形而上学的观点来看待生产力。一言以蔽之，必须用辩证唯物主义的观点武装我们的头脑，破解生产力悖论，战胜“唯生产力论”以假乱真的欺诈与攻击。

---

① 李秀林，王于，李淮春．辩证唯物主义和历史唯物主义原理［M］．北京：中国人民大学出版社，1982：288.

主要参考文献

[1] 马克思．资本论（第一、二、三卷）[M]．北京：人民出版社,1975.

[2] 马克思．政治经济学批判大纲//马克思恩格斯全集（第一卷）[M]．北京：人民出版社，1956.

[3] 马克思．1844 年经济学哲学手稿//马克思恩格斯全集（第 45 卷）[M]．北京：人民出版社，1979.

[4] 毛泽东．矛盾论//毛泽东选集（第一卷）[M]．北京：人民出版社，1952.

[5] 毛泽东．论十大关系 [M]．北京：人民出版社，1976.

[6] 熊子云．《1844 年经济学哲学手稿》概要 [M]．北京：中国人民大学出版社，1983.

[7] 亚当·斯密．国民财富的性质和原因研究（上卷）[M]．北京：商务印书馆，1972.

[8] 亚当·斯密．国民财富的性质和原因研究（下卷）[M]．北京：商务印书馆，1974.

[9] 陈岱孙．新帕尔格雷夫经济学大辞典（中译本）（第一卷）[M]．北京：经济科学出版社，1996.

[10] 庄宗明，杨旭东．经济人假说：争论与超越 [J]．学术月刊，2001（2）．

[11] 马歇尔．经济学原理 [M]．北京：商务印书馆，1964.

[12] 贝克尔．人类行为的经济分析 [M]．上海：上海三联书店，上海人民出版社，1995.

[13] 周扬明．时空经济学论纲 [M]．北京：人民出版社，2000.

[14] 马克思．关于费尔巴哈的提纲//马克思恩格斯选集（第三卷）[M]．北京：人民出版社，1960.

[15] 恩格斯．路德维希·费尔巴哈和德国古典哲学的终结//马克思恩格斯选集（第四卷）[M]．北京：人民出版社，1972.
[16] 贺卫．寻租经济学 [M]．北京：中国发展出版社，1999.
[17] 马克思，恩格斯．共产党宣言 [M]．北京：人民出版社，1994.
[18] 沙青，徐元英．辩证逻辑简明教程 [M]．石家庄：河北人民出版社，1984.
[19] 陈岱孙．新帕尔格雷夫经济学大辞典（中译本）（第四卷）[M]．北京：经济科学出版社，1996.
[20] 李秀林，王于，李淮春．辩证唯物主义和历史唯物主义原理 [M]．北京：中国人民大学出版社，1982.
[21] 汪子嵩，张世英，任华．欧洲哲学史简编 [M]．北京：人民出版社，1972.
[22] 恩格斯．自然辩证法//马克思恩格斯全集（第 20 卷）[M]．北京：人民出版社，1971.
[23] 凯恩斯．就业、利息和货币通论 [M]．北京：商务印书馆，1983.
[24] 高鸿业，吴易风．现代西方经济学（上册）[M]．北京：经济科学出版社，1988.
[25] 陈岱孙．新帕尔格雷夫经济学辞典（中译本）（第三卷）[M]．北京：经济科学出版社，1996.
[26] 程恩富．现代政治经济案例 [M]．上海：上海财经大学出版社，2003.
[27] 马克思．1857—1858 年经济学手稿//马克思恩格斯全集（第 46 卷）（上）[M]．北京：人民出版社，1978.
[28] 列宁．辩证法和折衷主义//列宁选集（第 4 卷）[M]．北京：人民出版社，1960.
[29] 列宁．谈谈辩证法问题//列宁选集（第 2 卷）[M]．北京：人民出版社，1960.
[30] 马克思．1857—1858 年经济手稿//马克思恩格斯全集（第 46 卷）（下）[M]．北京：人民出版社，1980.
[31] 马克思．马克思致恩格斯（曼彻斯特 1867 年）//马克思恩格斯全集（第 31 卷）[M]．北京：人民出版社，1972.

[32] 恩格斯．反杜林论［M］．北京：人民出版社，1971.
[33] 马克思．利润率趋向下降的规律//资本论（第三卷）［M］．北京：人民出版社，1975.
[34] 马克思．收入及其源泉，庸俗政治经济学//马克思恩格斯全集（第26卷）（第三册）［M］．北京：人民出版社，1974.
[35] 顾金吾．范畴、概念//宋涛．资本论辞典［M］．济南：山东人民出版社，1988.
[36] 林岗：范畴、概念//宋涛．资本论辞典［M］．济南：山东人民出版社，1988.
[37] 列宁：帝国主义是资本主义最高阶段//列宁选集（第二卷）［M］．北京：人民出版社，1960.
[38] 高鸿业，吴易风．现代西方经济学（下册）［M］．北京：经济科学出版社，1990.
[39] 吴松营．计划、市场——老路、邪路与正道［M］．北京：东方出版社，2017.
[40] 邓小平．邓小平文选（第三卷）［M］．北京：人民出版社，1993.
[41] 亚当·斯密．关于法学的演讲//新帕尔格雷夫经济大辞典（第四卷）［M］．北京：经济科学出版社，1996.
[42] 周扬明．中观经济本论［M］．北京：经济科学出版社，2006.
[43] 吴易风．当前经济理论的意见分歧［M］．北京：中国经济出版社，2000.
[44] 马克思．评弗里德里希·李斯特的著作《政治经济学的国民体系》//马克思、恩格斯全集（第42卷）［M］．北京：人民出版社，1979.
[45] 李斯特．政治经济学的国民体系［M］．北京：商务印书馆，1961.
[46] 杨治．产业经济学导论［M］．北京：中国人民大学出版社，1985.
[47] 简新华．产业经济学［M］．武汉：武汉大学出版社，2001.
[48] 洪远明．新编资本论教程（第一卷）［M］．上海：复旦大学出版社，1988.
[49] 洪远明．新编资本论教程（第二卷）、（第三卷）［M］．上海：复旦大学出版社，1989.
[50] 张熏华．《资本论》脉络［M］．上海：复旦大学出版社，1999.

跋

正值拙著即将送出版社付梓之时，恰是个人真正意义上的闲暇浮想之日。仿佛是什么都忘了，但有些事情却是难以忘却的。

记得十几年前，即2000年前后，我与我的同仁们在一起议论经济理论与实践问题，议论的主要问题是商品与货币、货币与资本、使用价值与价值、竞争与垄断、看不见的手与看得见的手、计划与市场、公平与效率、公有制与私有制、生产力与生产关系，等等。大家对这些问题，众说纷纭，然而，却莫衷一是。公说公有理，婆说婆有理，但对立面双方似乎都能自圆其说。

尽管对这些议题有异议、有分歧；但也有认同、有共识。其中最为集中的共识是：这些问题都存在矛盾，或者说是相互矛盾的。嗣后，对以上矛盾问题，本人开始了特意的关注，并拓展了这些矛盾问题的范畴与范围，收集资料与信息，思索矛盾的内在联系与对立关系。

又是几年之后，我发现经济学的理论领域内，不仅还有许多原来没有议论到的命题与论断是矛盾的，而且其中一些问题的矛盾双方或势均力敌，难分高下；或自相矛盾，能自圆其说，但却形成了逻辑或推理的悖论。例如“公有、私有”之矛盾：一方面当今世界是“大道之行，天下为公”；一方面又是“天下为私”“大行其道”。“私天下”与“公天下”并行不悖，“权力私有制”与“权力公有制”“争天下”而盛行不敛。本来的“兄弟争强，外御其敌”，变成了不应有的阋墙之患，因为有外人的插手和诱导。在这样的情况下，我开始立意解构经济学中的若干悖论，并着手进一步收集资料与信息，构建该书的理论框架，且撰写该书的立论提纲。

可以说，在十几年的冥思苦想、辩证思维和社会考察的基础之上，直到2016年初，本人才开始动手为本书写作初稿。正式写作之时，我必须在体力与时间的软约束下，经历了生平最为困难的写作磨砺与磨难，历时两年，最终于今年初才搁笔完稿。然书虽已脱稿，但似乎意犹未尽，还不由自主地浮想联翩。我未忘初衷，执意运用辩证唯物主义的立场、观点和方法来解构经济学中的诸多矛盾或悖论。本人试想不偏不倚、公正正中、不过不及、唯物辩证地论述这些难分难解、难分胜负的矛盾或悖论的双方观点。

话说到此，我又蓦然想起了西方鼎鼎大名的经济学家萨谬尔森的一句话："很明显，我是狗咬狗的市场自由放任世界的辩护士。"说真的，我是不情愿充当狗咬狗的市场自由放任世界的辩护士，倒是有意担当狗咬狗的市场自由放任世界的裁判员。在我看来，这个世界上没有不犯错误的人，也没有不遭人谩骂的人。如果本书出版后会遭人骂的话，我想我是不会介意的。因为我自我感觉良好，不仅问心无愧，而且是心安理得的。诚然，这可能是由于我认为，经济学应该是穷人的经济学，而不应是富人的经济学；应该是劳动大众的经济学，而不应是少数剥削者的经济学。也许有人因此会质疑地说：你这是有失公平的，你脱离了你自己承诺的"不偏不倚"。对此，我要回答的是：这恰恰是最大的公平！站在绝大多数人的立场上说话，这与"不偏不倚"毫不相干。

在学术争论上，我主张"一分为二"，不偏不倚，公正正中，但也并非是不分是非，不分真理和谬误。正好相反，分清是非曲直，分明真理与谬误，把颠倒的黑白重新再颠倒过来，这才是真正的"不偏不倚"，正中或中庸才是"不偏不倚"！所以，在这里，我有信心和毅力操作独木舟在不变的航线上前行而不退缩，不担惊受怕，也不畏惧讪谤！我知道，不该受讪谤的世界第一千年伟人和近现代世界第一伟人都遭小人或无知者的讪谤，更何况我等不能与伟人相比的普普通通的学者之辈呢？

当然，在此书付印之际，无论浮想也罢，联想也罢，我还是真诚地期望我们的经济学能成为解决经济学中理论与实践上的矛盾和悖论的辩证经济学，成为解决当前我国社会的主要矛盾即人民日益增长的美好生

活需要和不平衡、不充分的发展之间的矛盾的人民大众的经济学。如能如愿以偿，本作者就更加心安理得，收之桑榆了，并将鸟尽弓藏，马放南山，且以此书作为个人的收官之作。作者默认，走自己的路，摇着自己的独木舟前行，为广大民众说几句真话，为全体人民写点上善文字，即使背黑锅也是值得的。

我深知，学海无涯，书山有路。本人将热忱地欢迎来自学界同仁的不吝赐教。无论是学术问题的商榷与探讨，也无论是学术观点上的批评与指正，我都毫不犹豫地兼收并蓄。自己的态度是：活到老，学到老，学无止境！向前辈学习，向同辈学习，向后辈学习！终生不止不渝！本人将永远铭记："学习，学习，再学习！"的座右铭。

作者 2018 年 1 月 16 日于山西师大莳英园